作者简介

牟华林 男,生于1970年,四川平昌人。文学博士,贺州学院文化与传媒学院副教授。宜宾学院四川思想家研究中心兼职研究员。四川省语言学会会员、四川省哲学学会会员、中华文学史料学学会会员。2001年获文学硕士学位,2010年获文学博士学位。出版学术著作三种:《温子升集校注》(独著)、《巴蜀两汉思想家全集》(审订)、《唐前帝王诗文校注》(副主编)。发表学术论文10余篇。

贺州学院博士科研启动基金项目资助出版

《古今注》校笺

(晋)崔豹 撰 牟华林 校笺

线装书局

图书在版编目（CIP）数据

《古今注》校笺／（晋）崔豹撰；牟华林校笺.—北京：线装书局，2014.9
ISBN 978-7-5120-1539-5

Ⅰ.①古… Ⅱ.①崔…②牟… Ⅲ.①笔记—中国—西晋时代②《古今注》—注释 Ⅳ.①K237.106.6

中国版本图书馆CIP数据核字（2014）第219104号

《古今注》校笺

撰　　者：（晋）崔　豹
校　　笺：牟华林
责任编辑：杜　语　孙嘉镇
排版设计：秋　水
出版发行：线装书局

　　地　　址：北京市西城区鼓楼西大街41号（100009）
　　电　　话：010-64045283　　64041012
　　网　　址：www.xzhbc.com

经　　销：新华书店
印　　刷：北京彩虹伟业印刷有限公司
开　　本：710mm×1000mm　1/16
印　　张：17
字　　数：305千字
版　　次：2015年1月北京第1版　2015年1月第1次印刷
印　　数：2000册
定　　价：68.00元

凡 例

一、以《四部叢刊》三編子部影明嘉靖芝秀堂翻宋本為底本。

二、《四部叢刊》本附有張元濟之《古今注》校記，自云："據《顧氏文房》本，校者曰《文房》，《古今逸史》曰《逸史》，《漢魏叢書》曰《漢魏》，其不指明某本者，各本皆然也。"是則張氏已用三種明刊校閱過《古今注》，本次但吸收其校記，不再以其所舉明本覆核。而校以顧震福《古今注校正》（簡稱顧本）、馮璧如校蒙文通所藏舊鈔《古今注》（簡稱馮校本。案蒙氏藏本由明本鈔出，明本乃據宋蜀刻本翻刻）、馬縞《中華古今注》（簡稱馬本）、文淵閣《四庫全書》本《古今注》（簡稱四庫本）。又據學者研究，蘇鶚《蘇氏演義》流傳中，後四卷曾誤鈔入《古今注》，故《古今注》中部份內容亦用以比勘。

三、各種類書、前人注疏、字典及辭書於《古今注》之條目亦多所采擷，其有可資參校者，亦盡可能存入相應之條目下（別詳正文各條）。

四、各條校記之下，一般先列張氏校記（簡稱為"張校"），次顧震福之校記（簡稱為"顧校"），次馮校本，次馬本，次《四庫》本，次《蘇氏演義》，次諸家徵引。然又不強求一律，要以方便說明問題為準。筆者案語靈活置於相應位置。一個校記序號下如包括多個校勘項，則各項之間隔以單圈號"〇"。

五、參校本文字與底本同，不出校記。

六、參校本文字與底本異而與"張校"全同或部分相同，出校記。

七、參校本文字與底本及"張校"俱異，出校記。

八、參校本文字互異，出校記。

九、類書一律用簡稱，如《北堂書鈔》稱《書鈔》，《藝文類聚》稱《類聚》，《太平御覽》稱《御覽》等。

十、俗別字、異體字、古體字、避諱字等，一般改為規範字。但專名用字及一些易引發歧義的用字則予以保留。必要時出校記說明。

十一、凡校刪之字加圓括弧"( )"，校增、校改之字加方括弧"[ ]"。

十二、有難字難詞之條目，則予以疏釋，不作過多繁瑣考証。力所不逮者，則付諸闕如。

十三、校、箋分離。校記序號置於所校字句右上角，以"【】"內置阿拉伯數字標示；箋注序號置於一句之末右上角，以"［］"內置漢字數字標示。若校記序號與箋注序號所處位置同，則校記序號置於箋注序號之前。一個箋注序號下包括多個解釋項，各項之間隔以單圈號"〇"。

十四、各家關於《古今注》之相關文字（尤其題跋）有助於加深對該書之認識，故予部份收錄，是為附錄一。

十五、歷代重要官私書目對於《古今注》之記載，有助於瞭解《古今注》之主要傳播情況。今就所見予以收錄，是為附錄二。

十六、諸書所引《古今注》條目不見於底本者，有助於認識該書全貌，則匯為一處，作為《古今注》佚文予以收錄，是為附錄三。

目 录
CONTENTS

古今注上 ·· 1
  輿服第一 1
  都邑第二 49

古今注中 ·· 60
  音樂第三 60
  鳥獸第四 97
  魚蟲第五 115

古今注下 ·· 149
  草木第六 149
  雜注第七 192
  問答釋義第八 201

附錄一 ·· 224
  一、《古今注》跋 224
  二、《古今注》跋 224
  三、《古今注》跋 225
  四、崔豹《古今注》書後 226
  五、讀崔豹《古今注》 227
  六、《古今注校正》自序 227

七、中華古今注跋　228
　八、《宋蜀本古今注校記》前言　229
　九、《古今注》提要辯證　229
　　一〇　236
　　一一　236

附錄二 ·· **238**

附錄三 ·· **244**
　一、《古今注校正》所錄佚文辨析　244
　二、《古今注》佚條補輯　245
　三、《古今注》佚條存疑　247
　四、《古今注》佚句存考　248

參考文獻 ·· **251**

2

古今注上

輿服第一

大駕指南車[一][1]，起於黃帝[2]。帝[2]與蚩尤戰於涿鹿之野[三]，蚩尤作大霧，士皆迷四方[3]，於是作指南車以示四方[4]。遂擒蚩尤而即帝位[5][四]，故後常建焉[6]。

【校】

【1】顧本、馬本、四庫本、《玉海》卷七八引無"於"字。

【2】張校："無'帝'字。"顧本、馬本、四庫本、《玉海》引同張校。今案：當有"帝"字。

【3】張校："'霧'下有'兵'字，無'四方'二字。"四庫本、《玉海》引同張校。顧校："《中華古今注》作'皆迷四方'。《通典》六十四、《通考》十四、《通志·器服略二》并引作'將士皆迷四方'。"〇今案："四方"二字疑涉下"以示四方"而衍。

【4】顧校："《通典》、《通考》、《通志》并引無'四'字。"〇馬本"作"上有"乃"字。

【5】顧校："俗本'位'誤作'立'，吳本、王本不誤。"今案："立"為古"位"字。《周禮·春官·小宗伯》"掌建國之神位"鄭玄注："故書'位'作'立'。鄭司農云：立讀為位。古者立、位同字，古文《春秋經》'公即位'為'公即立'。"〇馬本無"帝"字。〇《玉海》引無"而即帝位"。

【6】馬本"後"下有"漢"字，"常"作"恒"，無"焉"字。〇《玉海》引"故後"作"後代"。〇今案：《御覽》卷一五、《天中記》卷二、《山堂肆

考》卷五引《志林》與此條文字略同，茲附於此備參。其曰：

黃帝與蚩尤戰於涿鹿之野，蚩尤作大霧，彌三日，軍人皆惑，黃帝乃令風后法斗機作指南車以別四方，遂擒蚩尤。

【箋】

[一] 大駕：古代帝王所乘之車。《西京雜記》卷四："漢朝輿駕祠甘泉、汾陰，備千乘萬騎，太僕執轡，大將軍陪乘，名為大駕。"

[二] 黃帝：古帝名，傳說是中原各族的共同祖先。少典之子，姓公孫，居軒轅之丘，故號軒轅氏；又居姬水，因改姓姬；國於有熊，亦稱有熊氏；以土德王，土色黃，故曰黃帝。《史記·五帝本紀》："黃帝者，少典之子，姓公孫，名曰軒轅。生而神靈，弱而能言，幼而徇齊，長而敦敏，成而聰明。"裴駰《集解》："號有熊。"司馬貞《索隱》："有土德之瑞，土色黃，故稱黃帝，猶神農火德王而稱炎帝然也。"

[三] 《史記·五帝本紀》："蚩尤作亂不用帝命，於是黃帝乃徵師諸侯，與蚩尤戰於涿鹿之野，遂禽殺蚩尤。"○蚩尤：傳說中之人物，通常以為古代九黎族首領，以金作兵器，與黃帝戰於涿鹿，失敗被殺。然蚩尤本傳說中人物，因而載籍中對其記載形式多樣，似各有理，略列於此，以廣異聞。或以為炎帝臣（見《逸周書·嘗麥》，《御覽》卷二七〇引《世本》宋衷注、《莊子·盜跖》陸德明《釋文》），或以為黃帝臣（見《管子·五行》、《越絕書·計倪內經》），或以為古之庶人（見《周禮·春官·肆師》賈公彥疏引《五經音義》、《御覽》卷二七〇引《大戴（禮）記》），或以為九黎之君（見《書·呂刑》陸德明《釋文》、《呂氏春秋·蕩兵》、《戰國策·秦策》高誘注），或以為古天子（見《山海經·大荒北經》、《史記·高祖本紀》裴駰《集解》引《漢書》應劭注）。○涿瀍：通作"涿鹿"，古地名，故城在今河北涿鹿縣南。《史記·五帝本紀》裴駰《集解》："服虔曰：'涿鹿，山名，在涿郡。'張晏曰：'涿鹿在上谷。'"司馬貞《索隱》："或作'濁鹿'，古今字異耳。案：《地理志》上谷有涿鹿縣，然則服虔云'在涿郡'者，誤也。"

[四] 《史記·五帝本紀》裴駰《集解》引《皇覽》曰："蚩尤冢在東平郡壽張縣闞鄉城中，高七丈，民常十月祀之。有赤氣出，如匹絳帛，民名為蚩尤旗。肩髀冢在山陽郡鉅野縣重聚，大小與闞冢等。傳言黃帝與蚩尤戰於涿鹿之野，黃帝殺之，身體異處，故別葬之。"司馬貞《索隱》："案：皇甫謐云'黃帝使應龍殺蚩尤於凶黎之谷'，或曰，黃帝斬蚩尤於中冀，因名其地曰'絕轡之野'。"

大駕指南車[1]，舊說周公所作也[一]。周公治致太平[二]，越裳氏重譯來獻[2]白雉一，黑雉一[3]，象牙一[三]。使者迷其歸路，周公錫以文錦二疋，軿車五乘，皆爲司南之製[四]。越裳氏載之以南[4]，緣扶南、林邑海際[五]，朞年而至其國[5]。使大夫■將送至國而旋[6]。亦乘司南而背其所指，亦朞年而還至[7]。始製車，轄轊皆以鐵[六]。及還至，鐵亦銷盡[8]。以屬巾車氏收而載之[9][七]，常爲先導，示服遠人而正四方也[10]。車灋具在《尚方故事》[11]。漢末喪亂，其灋中絕，馬先生紹而作焉[12][八]。今指南車是其遺灋也[13]。（馬鈞[九]，曹魏時人[14]）

【校】

【1】張校："無'大駕指南車'五字。"顧本同張校。○今案：上已有此五字，此不當重出。張校、顧校是。

【2】張校："'獻'作'貢'。"顧本、四庫本、《玉海》卷七八引同張校。○今案："獻"、"貢"二字義同。《書·旅獒》："西旅獻獒。"孔傳："西戎遠國貢大犬。"正以"貢"釋"獻"。

【3】張校："'一'作'二'。"顧本、馬本、四庫本、《玉海》引同張校。

【4】張校："《文房》、《漢魏》'越'上有'使'字。"顧本、馬本、四庫本、《玉海》引同張校。

【5】四庫本"朞"作"期"，下同。今案："朞"同"期"。徐灝《說文解字注箋》："期，又作朞，同。《廣韻》以期為期會，朞為周年，此後人強生分別耳。"○《玉海》引無"而"字。

【6】張校："黑丁作'宴'。'旋'作'還'。"顧本、四庫本同張校。○馬本黑丁同張校，"旋"作"還至"。○《玉海》引作"使大夫送至而還"。○今案："旋"、"還"義同。《廣雅·釋詁四》："旋，還也。"

【7】馬本無"亦乘司南"至"還至"二句。○《玉海》引無"而"、"至"。

【8】張校："無'及'字。"顧本、馬本、四庫本同張校。○《玉海》引無"及"、"至"、"鐵"。

【9】《玉海》引"收而載之"作"藏之"。

【10】張校："無'也'字。"顧本、四庫本、《玉海》引同張校。

【11】馬本無"具"字。○《玉海》引無下數句及括號中注文。

【12】馬本"紹"上有"鈞"字。

【13】張校:"'是其'作'馬先生之'。"顧本、馬本、四庫本同張校。顧校:"'法',吳本並作'灋',同。"

【14】括號中文字為原注。○張校:"《逸史》'鈞'作'釣'。"今案:"釣"為"鈞"之形誤字。○馬本無括號中注文。○今案:《海錄碎事》卷五引此條極簡略,其云:"越裳來貢,忘其歸途,周公與指南車,及到,車轄鐵皆盡。"

【箋】

[一] 周公:西周初期政治家,姓姬名旦,周文王子,周武王弟,周成王叔父。事詳《史記·魯周公世家》。《宋書·禮志五》:"指南車,其始周公所作,以送荒外遠使,地域平漫,迷於東西,造立此車,使常知南北。"

[二]《禮記·王制》鄭玄注:"周公攝政,致太平。"

[三] 越裳:古南海國名。《後漢書·南蠻傳》:"交趾之南,有越裳國。周公居攝六年,制禮作樂,天下和平,越裳以三象重譯而獻白雉。"○重譯:輾轉翻譯。《漢書·平帝紀》:"元始元年春正月,越裳氏重譯獻白雉一,黑雉二,詔使三公以薦宗廟。"顏師古注:"譯謂傳言也。道路絕遠,風俗殊隔,故累譯而後乃通。"

[四] 錫:通"賜"。《爾雅·釋詁上》:"錫,賜也。"《公羊傳》莊公元年:"王使榮叔來錫桓公命。錫者何?賜也。"○文錦:文彩斑斕之織錦。《漢書·貨殖傳序》:"富者土木被文錦,犬馬餘肉粟。"○疋:同"匹"。《廣韻·質韻》:"匹,俗作疋。"《字彙補·疋部》:"匹、疋二字自漢已通用矣。"○軿車:有帷幕之車。《後漢書·輿服志上》:"長公主赤屬軿車。大貴人、貴人、公主、王妃、封君油畫軿車。"《宋書·禮志五》:"漢制,太皇太后、皇太后、皇后……其法駕則紫屬軿車。按《字林》,軿車有衣蔽,無後轅。"

[五] 扶南:古地名,未詳。○林邑:南海古國名。故地在今越南中南部。《晉書·四夷傳·林邑國》:"林邑國本漢時象林縣,則馬援鑄柱之處也,去南海三千里。"

[六] 轄:車軸兩頭的金屬鍵,用以擋住車輪,不使脫落。《說文·車部》:"轄,鍵也。"○輨:套在車軸末端的金屬筒狀物。《方言》卷九:"車輨,齊謂之鏇。"郭璞注:"車軸頭也。"《史記·田單列傳》:"以轊折車敗,為燕所虜。"裴駰《集解》引徐廣曰:"轊,車軸頭也。"

[七] 巾車氏:古代職官名,掌管車馬。《周禮·春官·序官》:"巾車,下大夫二人,上士四人,中士八人,下士十有六人。"鄭玄注:"巾車,車官之

長。"又《周禮·春官·巾車》:"掌公車之政令,辨其用與其旗物而等敘之,以治其出入。"

[八]《宋書·禮志五》:"指南車,其始周公所作,以送荒外遠使。……漢末喪亂,其器不存。……明帝青龍中,令博士馬鈞更造之而車成。"

[九] 馬鈞:曹魏時巧匠。史無傳。《御覽》卷八二四引《魏略》曰:"馬鈞居京都,城内有地可為園,患無水以灌之,乃作翻車,令童兒轉之而灌水自覆,更入更出,其巧百倍於常。"可為其技藝精巧之旁證。

大章車,所以識道里也[1],起於西京,亦曰記里車[2][一]。車上為二層,皆有木人[執槌],行一里,下層擊鼓,行十里,上層擊鐲[3][二]。《尚方故事》有作車瀍。

【校】

【1】《玉海》卷七九、《山堂肆考》卷三七引"識"作"記"。○《玉海》引無"也"字。

【2】《書鈔》卷一四〇引作"亦曰司馬車",異於諸本。○《海錄碎事》卷五引"里"下有"鼓"字。

【3】"執槌"二字,原闕。顧校:"各本'木人'下脱'執槌'二字。'上一層'、'下一層'并脱'一'字,茲據《通典》六十四、《通考》十四、《通志·器服略二》引補。《中華古今注》作'上層擊鍾'。"今案:顧校是,故據增"執槌"二字。○馬本"人"下有"焉"字。○今案:《廣博物志》卷三〇引此條文字頗有差異,茲錄於此備參。其云:"記里鼓車,一名大章車,晉安帝時劉裕滅秦得之,有木人執槌向鼓,行一里,打一槌。"《格致鏡原》卷二九引略同《廣博物志》,惟無"有木人"至"打一槌"三句。又案:此條文字亦載《事實類苑》卷六〇所引《西京記》中,其文如下:"記里鼓者,車上有二層,皆有木人,行一里,則下層擊鼓,行十里,則上層擊鍾,其機法皆妙絕焉。"

【箋】

[一]《宋史·輿服志一》:"記里鼓車,一名大章車。赤質,四面畫花鳥,重臺,勾闌,鏤栱。行一里,則上層木人擊鼓;十里,則次層木人擊鐲。"《卮林》卷五引《四朝志》曰:"吳德仁《記里鼓車制》:車獨轅雙輪,箱上為兩重,刻木人手執木槌。輪一周,行地三步,其中平輪轉一周。車行一里,下一層木人擊鼓,上平輪轉一周。車行十里,上一層木人擊鐲。凡用大小輪八,合

三百八十五齒，遞相鉤鎖，犬牙相制，周而復始。"○道里：道路里程。○起於西京：《事物紀原》卷二："《黃帝內傳》曰：'玄女為帝製司南車當其前，記里車居其右。'則是其制始自黃帝造之，非兩漢所作也。"

[二]《晉書·輿服志》："記里鼓車，駕四馬，形制如司南，其中有木人執槌向鼓，行一里而打一槌。"○鐲：古代軍中樂器，如鐘狀之鈴。《周禮·地官·鼓人》："以金鐲節鼓。"鄭玄注："鐲，鉦也。形如小鐘，軍行鳴之，以為鼓節。"《初學記》卷一六引智匠《古今樂錄》："凡金為樂器有六，皆鐘之類也，曰鐘、曰鎛、曰錞、曰鐲、曰鐃、曰鐸。"

辟惡車，秦制也[一]。桃弓、葦矢，所以祓除不祥[二]。[太卜令一人在車前執弓箭][1][三]。

【校】

【1】顧校："《通典》六十四、《通考》十四、《通志·器服略二》并引作'所以禳祓不祥也，太僕令一人在車前執弓箭'，今本似有脫文。《中華古今注》作'禳除'，《通志》'太僕令'引作'太卜令'。案：《御覽》七百七十五引《鹵簿令》云：'辟惡車，太卜令一人在車執弩箭。'"今案：顧校是，今本無此句，殆傳抄之際誤脫去耳，《編珠》卷四、《唐六典》卷一六、《格致鏡原》卷二九引"祥"下亦有"太卜令一人在車前執弓箭"句可證。茲據諸書增補。○《類說》卷三六此條引作："秦製：辟惡車，懸之於門。桃弓葦箭，以禳不祥。"○《事物紀原》卷二引"祥"下有"所謂辟惡也"句。○今案：此條亦載《海錄碎事》卷五"辟惡車"條、《群書考索》卷四○，"祓除"並作"禳祓"。雖二書未明出處，當亦自《古今注》中鈔出。○又案：孫逢吉《職官分紀》卷一九"辟惡車"條曰："崔豹《古今注》云：（辟惡車）秦制也，桃弓葦矢，所以禳祓不祥。太卜令一人在車執弓箭，平巾幘緋，兩襠大口袴。國朝乾德元年改名崇德車。赤質，周施花板，四角刻辟惡獸，中載黃旗，亦繡此獸，太卜令一人在車執旗，駕四馬，駕士十八人，服繡辟邪。"其"平巾幘緋，兩襠大口袴"當是對太卜令服飾之說明，亦當為《古今注》佚文（《淵鑒類函》卷一六三"辟惡車"條云："崔豹《古今注》：'（辟惡車，）秦制也。桃弓葦矢，所以禳祓不祥。太卜令一人在車執弓箭。平巾櫛緋，兩襠大口袴。'"所引亦有"平巾櫛緋，兩襠大口袴"句。茲其證）。考《玉海》卷七九有"崇德車，本秦辟惡車"語，云出《古今注》，據《職官分紀》"國朝乾德元年改名崇德車"云云，則《玉海》所謂《古今注》殆《續古今注》也。如此，則《職官分紀》

"國朝"以後文字,孫逢吉乃引自《續古今注》也。又《山堂肆考》卷三七"崇德車"條引《宋會要》曰:"崇德車,本秦辟惡車也,上有桃弧棘矢,所以禳却不祥。乾德元年改今名,中載黃旗,太卜令在車執旗。"則《宋會要》此處文字亦鈔撮《古今注》與《續古今注》而成。

【箋】

[一]辟惡車:《庾子山集·三月三日華林園馬射賦》:"秦皇辟惡不足道。"倪璠注:"崔豹《古今注》曰:'辟惡車,秦制也。'按:辟惡,香名,當是香車也。"

[二]《左傳》昭公四年:"桃弧棘矢,以除其災。"杜預注:"桃弓棘箭,所以禳除凶邪,將御至尊。"今案:《古今注》本句即本於《左傳》而略變其文。○祓:古代為除災去邪而舉行的祭禮。《左傳》僖公六年:"昔武王克殷,微子啟如是,武王親釋其縛,受其璧而祓之。"杜預注:"祓,除凶之禮。"《管子·小匡》:"鮑叔祓而浴之三。"尹知章注:"祓,謂除其凶邪之氣。"

[三]太卜令:職官名,秦漢時置,太常屬官。《後漢書·百官志二》"太常"下本注:"有太卜令,六百石,後省并太史。"

豹尾車[一],周制也,所以象君子豹變【1】[二],尾言謙也【2】。古軍正建之[三],今唯乘輿得建之【3】[四]。

【校】

【1】《類說》卷三六引作"周公作豹尾車,象大夫有豹變之志"。

【2】尾言謙也:《錦繡萬花谷·前集》卷八引作"必以尾,示其謙也"。末句下尚有"出則豹尾車最在後",未識為《古今注》佚文否?《通典》卷六四、《文獻通考》卷一一七引作"又以尾者,言謙也"。《玉海》卷七九引作"以尾言者,謙也"。○《爾雅翼》卷一九亦載此條文字,惟不標出處,其"尾言謙也"同《玉海》所引,則知亦出《古今注》矣。

【3】張校:"'之'作'焉'。"顧本同張校。

【箋】

[一]豹尾車:用豹尾裝飾的車子。帝王屬車之一。《後漢書·輿服志上》:"古者諸侯貳車九乘。秦滅九國,兼其車服,故大駕屬車八十一乘,法駕半之。屬車皆皁蓋赤裏,朱轓,戈矛弩箙,尚書、御史所載。最後一車懸豹尾,豹尾

以前比省中。"《編珠》卷四引《漢官儀》曰:"豹尾車,右武衞隊正一人在車執弓箭。"《通典》卷一〇七"次豹尾車"注:"駕二馬,駕士十二人。"

[二] 君子豹變:語出《易·革》:"上六,君子豹變。"孔穎達疏:"上六居'革'之終,變道已成,君子處之,雖不能同九五革命創制,如虎文之彪炳,然亦潤色鴻業,如豹文之蔚縟。"

[三]《爾雅翼》卷一九"豹"條:"《淮南》曰:軍正執豹皮以正其衆。"〇軍正:軍中執法官。《資治通鑑》晉穆帝永和三年:"遐爲軍正將軍,帥步騎二萬拒之。"胡三省注:"古有軍正。《黃帝法》曰,正無屬將軍,將軍有罪以聞。蓋軍中執法者也。張氏遂以爲將軍之號。"

[四] 乘輿:古代特指天子和諸侯所乘坐的車子。賈誼《新書·等齊》:"天子車曰乘輿,諸侯車曰乘輿,乘輿等也。"後則用作皇帝的代稱。蔡邕《獨斷》卷上:"天子至尊,不敢渫瀆言之,故託之於乘輿。乘猶載也,輿猶車也。天子以天下為家,不以京師宮室為常處,則當乘車輿以行天下。或謂之車駕。"

金斧,黃鉞也;鐵斧,玄鉞也[一][1]。三代通相用之斷斬[2][二]。黃鉞,乘輿建之,以純金爲飾[3];玄鉞,諸侯王公得建之[4]。武王以黃鉞斬紂頭[5][三],故王者以爲戒;太公以玄鉞斬妲己[四],故婦人以爲戒。漢制,諸公亦建玄鉞[五],以太公秉之助武王斷斬[6],故爲公之飾焉[7]。大將軍出征特加黃鉞者[8][六],以銅爲之,以黃金塗刃及柄[9],不得純金也。得賜黃鉞,則斬持節[10][七],諸侯王公建之[11]。

【校】

【1】《說略》卷一七引"金斧"作"銅斧"。

【2】張校:"無'相'字。'之'下有'以'字。"顧本同張校。〇《唐六典》卷一七、《職官分紀》卷一九引"之"作"以",餘同張校。

【3】此三句,張校:"作'今以金斧黃鉞為乘輿之飾'。"顧本、四庫本、《蘇氏演義》卷下同張校。惟"今"字,顧本誤作"令"。〇馬本、《唐六典》、《御覽》卷六八〇、《職官分紀》引作"今以黃鉞為乘輿之飾"。《事物紀原》卷二引略同馬本、《御覽》卷六八〇,惟"今"誤"金",無"鉞"字。

【4】張校:"無'侯'字。"顧本、馬本、四庫本、《御覽》卷六八〇引同張校。顧校:"《編珠》二引作'諸公主'。"《御覽》卷三四一引同《編珠》。〇《蘇氏演義》"王"在"公"下,餘同張校。

【5】張校:"無'頭'字。"顧本、馬本、四庫本、《編珠》,《唐六典》、

《御覽》卷三四一、《職官分紀》、《事物紀原》、《說略》引同張校。顧校："《御覽》六百八十引作'斷紂頭'。"

【6】馬本"斷斬"作"斬斷"。○《御覽》卷六八〇引無"秉之"二字。

【7】張校："'公'上有'諸'字。"馬本、四庫本、《蘇氏演義》、《御覽》卷六八〇引同張校。○《御覽》卷六八〇引無"焉"字。

【8】馬本、《御覽》卷六八〇引無"軍"字。○《說略》引無"大"字，"加"作"授"。

【9】以黃金：張校："無'以'字。"《御覽》卷六八〇引同張校。

【10】張校："'節'下有'將也'二字。"顧本、四庫本、《蘇氏演義》同張校。

【11】張校："無'諸侯王公建之'六字。"顧本、馬本、四庫本、《蘇氏演義》同張校。○今案：此六字與前"諸侯王公得建之"義複，當刪。

【箋】

[一] 黃鉞：飾以黃金的長柄斧子。天子儀仗用之，亦用以征伐。《書·牧誓》："王左杖黃鉞，右秉白旄以麾。"孔穎達疏："《廣雅》云：'鉞，斧也。'斧稱黃鉞，故知以黃金飾斧也。"○玄鉞：古代鐵制斧形兵器。《史記·周本記》："斬以玄鉞。"裴駰《集解》引宋均曰："玄鉞用鐵，不磨礪。"

[二] 三代：指夏、商、周。《論語·衛靈公》："斯民也，三代之所以直道而行也。"邢昺疏："三代，夏、殷、周也。"○斷斬：斬殺。《史記·封禪書》："乃斷斬非鬼神者。"司馬貞《索隱》："謂有非毀鬼神之人，乃斷理而誅斬之。"

[三]《史記·周本紀》："（武王）遂入，至紂死所。武王自射之，三發而后下車，以輕劍擊之，以黃鉞斬紂頭，縣大白之旗。"

[四]《史記·周本紀》："已而至紂之嬖妾二女，二女皆經自殺。武王又射三發，擊以劍，斬以玄鉞，縣其頭小白之旗。"裴駰《集解》："《司馬法》曰：'夏執玄鉞。'宋均曰：'玄鉞用鐵，不磨礪。'"據此，則斬妲己者，武王也，非太公。崔氏殆誤記之。○妲己：商紂寵妃，有蘇氏女，姓己字妲。《國語·晉語一》："殷辛伐有蘇，有蘇氏以妲己女焉。"韋昭注："殷辛，湯三十世帝乙之子殷紂也。有蘇，己姓之國。妲己，其女也。"《史記·殷本紀》："好酒淫樂，嬖於婦人，愛妲己。"裴駰《集解》引皇甫謐曰："有蘇氏美女。"司馬貞《索隱》："《國語》：有蘇氏女。妲，字；己，姓也。"

[五] 諸公：眾公卿。《公羊傳》隱公五年："天子八佾，諸公六，諸侯四。諸公者何？諸侯者何？天子三公稱公，王者之後稱公，其餘大國稱侯。"

[六] 大將軍：古代武官名。始於戰國，漢代沿置，屬將軍最高稱號，多由貴戚擔任，統兵征戰並掌握政權，職位極高。三國至南北朝，戰事頻繁，當朝大臣多兼大將軍官號。《宋書·百官志上》曰："大將軍，一人。凡將軍皆掌征伐。周制，王立六軍。晉獻公作二軍，公將上軍。將軍之名，起於此也。楚懷王遣三將入關，宋義為上將。漢高帝以韓信為大將軍。漢西京以大司馬冠之。漢東京大將軍自為官，位在三司上。魏明帝青龍三年，晉宣帝自大將軍為太尉，然則大將軍在三司下矣。其後又在三司上。晉景帝為大將軍，而景帝叔父孚為太尉，奏改大將軍在太尉下，後還復舊。"晉武帝時，大將軍又位列"八公"之一。《宋書·百官志上》曰："晉武帝踐阼，安平王孚為太宰，鄭沖為太傅，王祥為太保，義陽王望為太尉，何曾為司徒，荀顗為司空，石苞為大司馬，陳騫為大將軍，凡八公同時並置，唯無丞相焉。"

　　[七] 持节：官名。魏晉以後有使持節、持節、假節、假使節等多種，其權大小有別，皆為刺史總軍戎者。《宋書·百官志上》曰："前漢遣使，始有持節。……晉世則都督諸軍為上，監諸軍次之，督諸軍為下。使持節為上，持節次之，假節為下。使持節得殺二千石以下；持節殺無官位人，若軍事得與使持節同；假節唯軍事得殺犯軍令者。晉江左以來，都督中外尤重，唯王導居之。宋氏人臣則無也。江夏王（劉）義恭假黃鉞。假黃鉞，則專戮節將，非人臣常器矣。"

鍠，秦改鐵鉞作鍠，秦制也[1][一]。今乘輿、諸侯、王公、妃主通建焉[2]。

【校】

【1】張校："'秦'作'始皇'。'也'下有'一本云鍠秦制也'七字。"顧本、四庫本同張校。顧校："原注：'一本云：鍠，秦制也。'一本云云，各本皆羼入正文，茲訂正。"○《蘇氏演義》卷下無"秦改鐵鉞作鍠"。

【2】張校："無'侯'字。'焉'作'之也'。"○顧本"王"下無"公"字，餘同張校。○四庫本"王"在"公"下，餘同張校。○《蘇氏演義》"王"亦在"公"下，亦無"侯"字。

【箋】

　　[一] 鍠：兵器名。古代用於儀仗。其形狀，依本文所述則似鉞。亦有以為如劍而三刃者。《正字通·金部》引《開元儀禮》："鍠形如劍而三刃，連柄共長三尺五寸，以虎豹皮為袋。今乘輿之前刻木為斧，謂之儀鍠。"《格致鏡原》

卷三一引《宋會要》曰："鍠，鉞屬也，秦漢有之，唐用為儀仗。"

麾[1]，所以指麾[2]。武王執白旄以麾是也[3][一]。乘輿以黃，諸公以朱，刺史二千石以纁[4][二]。

【校】
【1】馬本"麾"下有"者"字。
【2】馬本"指麾"下有"也"字。○《玉海》卷八三引"所以指麾"在最末。
【3】張校："'王'下有'右'字。"顧本同張校。○《李太白集分類補注·送梁公昌從信安北征》楊齊賢注引"執"作"秉"。○《演繁露》卷八、《玉海》卷八〇、《日聞錄》引無此句。
【4】《玉海》卷八三引無三"以"字。○《事物紀原》卷三引"公"作"王"。○馬本"纁"下有"也"字。

【箋】
[一] 麾：旗幟。《說文·才部》："麾，旌旗，所以指麾也。"通作"撝"。《易·謙》："六四：无不利，撝謙。"王弼注："謂指撝皆謙也。"○白旄：古代的一種軍旗。竿頭以旄牛尾為飾，用以指揮全軍。《書·牧誓》："王（引案：謂周武王）左杖黃鉞，右秉白旄以麾。"陸德明《釋文》："馬云：'白旄，旄牛尾。'"今案：《古今注》此句即本《書·牧誓》。
[二]《日聞錄》："是則自人主以至二千石皆可建以麾也。"○纁：淺赤色。《爾雅·釋器》："三染謂之纁。"郭璞注："纁，絳也。"《書·禹貢》："厥篚玄纁璣組。"孔穎達疏："《釋器》云：'三染謂之纁。'李巡云：'三染其色已成為絳，'纁、絳，一名也。"

五輅衡上金爵者，朱[鳥]也[1][一]。口銜鈴，鈴謂鑾[2]，所謂和鑾也[3]。《禮記》云"行前朱鳥"[4][二]，鸞也[5]。前有鸞鳥[6]，故謂之鸞，鸞口銜鈴，故謂之鑾鈴[7][三]。或為鑾[8]，或為鸞[9]，事一而義異也。

【校】
【1】顧校："《廣均》、《均會》并引作'五輅衡上金雀，朱鳥也'。"○今案：顧校中《廣均》、《均會》，即《廣韻》、《韻會》。古"韻"字作"均"。

11

《文選·成公綏〈嘯賦〉》:"音均不恒,曲無定制。"李善注:"均,古韻字也。"又案:"金爵"、"朱雀"似並當從《廣韻》、《韻會》所引,《蘇氏演義》卷下、《爾雅翼》卷一三、《山堂肆考》卷三七引亦作"金雀"、"朱鳥"可證。"爵"即"雀",朱駿聲《說文通訓定聲·小部》:"爵,叚借為雀。"又必得為"朱鳥"者,以上既言"金爵",下不得復言"朱雀"也,且下引《禮記》文亦作"朱鳥"可為證。故據改。

【2】《爾雅翼》引"謂"下有"之"字。○馮校本"鑾"下有"也"字。

【3】馮校本、《爾雅翼》引無"所謂和鑾也"五字。

【4】馮校本、《蘇氏演義》、《爾雅翼》引"禮記"作"禮","鳥"作"雀"。○馮校本、《爾雅翼》引"行"作"衡"。今案:據上"五輅衡上金爵",則此處亦應是"衡"字。然今本《禮記》亦作"行"者,殆本作"衡",後世傳抄改音同之"行"(衡、行俱平聲庚韻匣紐)耳。姑存疑。

【5】鷺也:馮校本、《蘇氏演義》作"或謂朱鳥者,鷺鳥也"。《爾雅翼》引作"或謂朱雀者,鷺鳥"。

【6】《爾雅翼》引"前"上有"以"字。

【7】《蘇氏演義》"鑾鈴"作"鷺鈴"。○《爾雅翼》引"衡"作"有","鑾鈴"作"鑾"。

【8】張校:"'或'上有'今'字。"顧本、《蘇氏演義》同張校。○《爾雅翼》引無"或為鑾"。○此三字,馮校本作"今謂鑾"。

【9】馮校本、《蘇氏演義》、《爾雅翼》引俱無"或為鷺"。

【箋】

[一] 五輅:亦作"五路"。謂古代帝王所乘的五種車子,即玉路、金路、象路、革路、木路。《周禮·春官·巾車》:"王之五路,一曰玉路,錫樊纓,十有再就,建大常,十有二斿,以祀;金路,鉤,樊纓九就,建大旂以賓,同姓以封;象路,朱,樊纓七就,建大赤以朝,異姓以封;革路,龍勒條纓五就,建大白以即戎,以封四衛;木路,前樊鵠纓,建大麾,以田,以封蕃國。"○金爵:本謂屋上所飾銅鳳。《文選·班固〈西都賦〉》:"上觚棱而棲金爵。"李善注引《三輔故事》:"建章宮闕上有銅鳳皇,然金爵則銅鳳也。"引申則可泛稱裝飾用之銅鳳凰。○朱鳥:即鳳鳥。《後漢書·張衡傳》:"纚朱鳥以承旗。"李賢注:"朱鳥,鳳也。"

[二] 引見《禮記·曲禮上》。孔穎達疏:"軍前宜捷,故用鳥。"衛湜《集說》引藍田呂氏曰:"朱鳥在前,前,南方也。"

[三]《爾雅翼》卷一三："鳥之鷟主形，鈴之鑾主聲。鈴之為鑾，亦以象鷟鳥之聲為名耳。"

車輻，棒也。漢朝執金吾[一]，金吾[1]亦棒也。以銅爲之，黃金塗兩末[2]，謂爲金吾[3]。御史大夫、司隸校尉亦得執焉[二]。御史、校尉、郡守、都尉、縣長之類[4][三]，皆以木爲吾焉[5]。用以夾車，故謂之車輻[6]。一曰形似輻，故謂之車輻也[7]。

【校】
【1】《類說》卷三六、《古今事文類聚·別集》卷六引無"金吾"。
【2】《類說》、《古今事文類聚·別集》引無"金"字。〇馬本"末"作"足"。馮校本、《項氏家說》卷七、《演繁露》卷一四、《事物紀原》卷三並引"末"作"頭"。
【3】馬本"謂為"作"故謂之"。〇馮校本、《類說》、《古今事文類聚·別集》、《事物紀原》引"為"作"之"。
【4】四庫本"郡守"作"郡中"，誤。〇《類說》、《古今事文類聚·別集》引無"御史"、"校尉"、"都尉"。〇類：馮校本、《類說》、《古今事文類聚·別集》引作"例"，《事物紀原》引作"屬"。
【5】馮校本無"以"字。《類說》、《事物紀原》引作"皆木為之"。《古今事文類聚·別集》引作"皆以木為金吾"。
【6】馮校本"輻"下有"也"字。
【7】謂之：馮校本作"云"，馬本作"曰"。〇馬本無"也"字。〇《事物紀原》引作"一曰形如車輻故云也"。〇《類說》、《古今事文類聚·別集》引無"一曰"至"輻也"。

【箋】
[一] 執金吾：古官名。就其所執持以名其官也。亦即"金吾"。負責皇帝大臣警衛、儀仗以及徼循京師、掌管治安的武職官員。其名稱、體制、許可權歷代多有不同。漢有執金吾，唐宋以後有金吾衛、金吾將軍、金吾校尉等。《漢書·百官公卿表上》："中尉，秦官，掌徼循京師，有兩丞、候、司馬、千人。武帝太初元年更名'執金吾'。"顏師古注："應劭曰：'吾者，禦也，掌執金革以禦非常。'金吾，鳥名也，主辟不祥。天子出行，職主先導，以禦非常。故執此鳥之象，因以名官。"《演繁露》卷一四"金吾"條："《漢志》'執金吾'

注：金吾，鳥也。金吾執之以禦不祥。……按揚子雲《執金吾箴》曰：'吾臣司金，敢告執瑣。'……今三衛大將立殿陛下，所執杖子者，銀釦兩末。而軍職之呼員僚者，每朝不笏而杖，其制畧與之同。軍伍間呼其杖為封杖，豈古金吾遺制耶？以揚崔（引案：殆為'雄'之誤）之語合而證之，知其為杖不為鳥也亦以明矣。"

[二] 御史大夫：古官名。秦置。漢因之，為御史臺長官，地位僅次於丞相，掌管彈劾糾察及圖籍秘書。與丞相、太尉合稱三公。丞相缺位時，往往即由御史大夫遞升。後改稱大司空、司空。晉以後多不置。《漢書·百官公卿表上》："御史大夫，秦官，位上卿，銀印青綬，掌副丞相。有兩丞，秩千石。一曰中丞，在殿中蘭臺，掌圖籍秘書，外督部刺史，內領侍御史員十五人，受公卿奏事，舉劾按章。成帝綏和元年更名大司空，金印紫綬，祿比丞相，置長史如中丞，官職如故。哀帝建平二年複為御史大夫，元壽二年複為大司空，御史中丞更名御史長史。侍御史有繡衣直指，出討奸猾，治大獄，武帝所制，不常置。"○司隸校尉：校尉，古官名。掌軍職。漢代始建為常職，其地位略次於將軍，並各隨其職務冠以各種名號。司隸校尉即其中之一種。《漢書·百官公卿表上》："司隸校尉，周官，武帝征和四年初置。持節，從中都官徒千二百人，捕巫蠱，督大奸猾。後罷其兵。察三輔、三河、弘農。元帝初元四年去節。成帝元延四年省。綏和二年，哀帝複置，但為司隸，冠進賢冠，屬大司空，比司直。"《宋書·百官志下》："屯騎校尉、步兵校尉、越騎校尉、長水校尉、射聲校尉。五校並漢武帝置。屯騎、步兵掌上林苑門屯兵；越騎掌越人來降，因以為騎也；一說取其材力超越也。長水掌長水宣曲胡騎。長水，胡部落名也。胡騎屯宣曲觀下。韋曜曰：'長水校尉，典胡騎，廄近長水，故以為名。長水，蓋關中小水名也。'射聲掌射聲士，聞聲則射之，故以為名。漢光武初，改屯騎為驍騎，越騎為青巾。建武十五年，復舊。漢東京五校，典宿衛士。自遊擊至五校，魏、晉逮于江左，初猶領營兵，……五營校尉，秩二千石。"

[三] 郡守：郡之長官，主一郡之政事。秦廢封建設郡縣，郡置守、丞、尉各一人。守治民，丞為佐。《漢書·百官公卿表上》："郡守，秦官，掌治其郡，秩二千石。有丞，邊郡又有長史，掌兵馬，秩皆六百石。景帝中二年更名太守。"《宋書·百官志下》："郡守，秦官。秦滅諸侯，隨以其地為郡，置守、丞、尉各一人。守治民，丞佐之。郡當邊戍者，丞為長史。晉江左皆謂之丞。……漢景帝中二年，更名守曰太守……太守，二千石；丞，六百石。"○都尉：古官名。漢景帝時改秦之郡尉為都尉，輔佐郡守並掌全郡的軍事。《漢書·百官公卿表上》："郡尉，秦官，掌佐守典武職甲卒，秩比二千石。有丞，秩皆

六百石。景帝中二年更名都尉。"《宋書·百官志下》："秦滅諸侯，隨以其地為郡，置守、丞、尉各一人。……尉典兵，備盜賊。漢景帝中二年，更名……尉為都尉。"○縣長：一縣之行政長官。秦漢時人口萬户以上的稱縣令，萬户以下的稱縣長。《漢書·百官公卿表上》："縣令、長，皆秦官，掌治其縣。萬户以上為令，秩千石至六百石。減萬户為長，秩五百石至三百石。皆有丞、尉，秩四百石至二百石，是為長吏。"《宋書·百官志下》："縣令、長，秦官也。大者為令，小者為長，侯國為相。……縣令，千石至六百石；長，五百石。"

棨戟[一]，殳之遺象也[1]。《詩》所謂"伯也執殳，爲王前驅"[2]。殳[2]，前驅之器也，以木爲之。後世滋僞[3]，無復典刑[4][三]，以赤油韜之[5][四]，亦謂之油戟[6]，亦謂之棨戟[7]。王公以下通用之以前驅[8]。

【校】
【1】馮校本、《事物紀原》卷三引作"殳，戟之遺象也"。
【2】《御覽》卷六八一引作"殳戟"。○《後漢書·杜詩傳》李賢注、《古今韻會舉要》卷一二"棨"字下、《資治通鑑》世祖光武皇帝建武元年"聞上召見，賜以棨戟"胡三省注、《錦繡萬花谷·前集》卷三八、《四六標準》卷二五《通劉提刑》"顧退須於棨戟"句李劉注、《格致鏡原》卷四二並引作"棨戟"。
【3】後世：《後漢書·杜詩傳》李賢注、《古今韻會舉要》、《通鑑》胡注、《錦繡萬花谷·前集》、《四六標準》李劉注、《通雅》卷三四、《格致鏡原》並引作"後代"。○滋僞：顧校："《後漢·杜詩傳》注、《通疋》三十四并引作'刻僞'，《御覽》六百八十一引作'僭僞'。"馮校本、《事物紀原》引作"澆僞"。《古今韻會舉要》、《通鑑》胡注、《錦繡萬花谷·前集》、《四六標準》李劉注、《格致鏡原》並引作"刻僞"。
【4】《錦繡萬花谷·前集》、《通雅》、《格致鏡原》引"刑"作"制"。
【5】顧校："《通疋》引作'赤油囊'。"○今案："韜"、"囊"俱有"斂藏"義。慧琳《一切經音義》卷六四引《考聲》："韜，藏也。"《管子·任法》："皆囊於法以事其主。"尹知章注："囊者所以斂藏也。謂人皆斂藏過行，以順於法，上事其主。"
【6】《錦繡萬花谷·前集》、《御覽》引、《玉海》卷一五一引、《格致鏡原》無"亦"字。○《御覽》引"油戟"作"赤油戟"。
【7】謂之：馮校本、《後漢書·杜詩傳》李賢注、《御覽》、《事物紀原》、

《古今韻會舉要》、《通鑒》胡注、《四六標準》李劉注引俱作"曰"。

【8】張校："《文房》'王公'作'公王'。"顧本、馮校本、四庫本、《御覽》引同張校。○《御覽》引"用"作"以",無下"以"字。○《事物紀原》引"之以"作"為"。○馮校本"前驅"上有"為"字。○《古今韻會舉要》、《四六標準》李劉注引無"以前驅"。

【箋】

[一] 棨戟：有繒衣或油漆之木戟。古代官吏所用的儀仗，出行時作為前導，後亦列於門庭。《古今韻會舉要》卷一二："《說文》：'棨，信也。从木，啟省聲。'一說：形如戟，有繒，書之，吏執為信。一曰戟衣。《前（漢書）·匈奴傳》：'有衣之戟曰棨戟。'師古云：'以赤黑繒為之。'"《後漢書·輿服志上》："公以下至二千石，騎吏四人，千石以下至三百石，縣長二人，皆帶劍，持棨戟為前列。"《後漢書·杜詩傳》："世祖召見，賜以棨戟。"李賢注引《漢雜事》曰："漢制：假棨戟以代斧鉞。"

[二] 引見《詩·衛風·伯兮》。毛傳："殳長丈二而無刃。"鄭玄箋："兵車六等：軫也，戈也，人也，殳也，車戟也，酋矛也，皆以四尺為差。"陳啟源《毛詩稽古編》卷四："《說文》：'殳，以杸殊人也。《禮》：殳以積竹，八觚，長丈二尺，建於兵車，旅賁以先驅。'徐鉉謂：'積竹者，削去白，取其青合之，取其有力。'是殳用竹也。案：殳之圍，大處至二尺四寸，小處亦不減五寸，不能純用竹青，意必以木為心，而傅積竹於外。……又案：殳，本作杸，通作殳。或云：杸、殳古今字。"

[三] 典刑：舊法，常規。《詩·大雅·蕩》："雖無老成人，尚有典刑。"鄭玄箋："猶有常事故法可案用也。"

[四] 赤油：指用紅油塗過的布帛。古代常用以裝飾器仗或車輿等，以示尊貴。《晉書·輿服志》："（天子法車）以赤油，廣八寸，長三尺，注地，繫兩軸頭，謂之飛軨。"

信幡，古之徽號也[一]，所以題表官號，以為符信，故謂信幡[1]。乘輿則畫為白虎[2]，取其義而有威信之德也[3]。魏朝有青龍幡、朱鳥幡、玄武幡、白虎幡[4]、黃龍幡五[5][二]，以詔四方[6]。東方郡國以青龍幡[7]，南方郡國以朱鳥幡，西方郡國以白虎幡，北方郡國以玄武幡，朝廷畿內以黃龍幡，亦以騏驎幡[8]。高貴鄉公討晉文王，自秉黃龍幡以麾是也[三]。今晉朝唯用白虎幡。信幡用鳥書[9]，取其飛騰輕疾也[10]。一曰以鴻雁、燕虍者[11][四]，[有]去來之信也[12]。

【校】

【1】馮校本"謂"作"曰"。〇張校:"'謂'下有'為'字。'幡'下有'也'字。"四庫本、《康熙字典》卷八"幡"字下引同張校。〇顧本"謂"下有"之"字。〇馬本"謂"下亦有"為"字。

【2】馮校本無"為"字,"虎"下有"也"字。

【3】馮校本"德"下無"也"字。

【4】馮校本無"白虎幡"三字。

【5】馬本"五"作"而五色"。

【6】張校:"'以'上有'而'字。"四庫本同張校。〇顧本"以"上有"面"字。顧校:"各本'面'作'而',茲訂正。"〇馮校本"以"上有"唯以白虎幡立正"七字。〇四方:馬本無此二字。

【7】馮校本、馬本"青龍幡"及以下五"幡"字並作"信","朱鳥"作"朱雀"。〇馬本"畿內"下有"則"字。〇四庫本"青龍幡"以下諸"幡"字並作"旛"。今案:"旛"為古"幡"字。朱駿聲《說文通訓定聲·部》:"旛,今字以幡為之。"

【8】顧校:"《編珠》二引作'麒麟幡'。"馬本同《編珠》。〇今案:"騏驎",亦可作"麒麟",古書通用之。《戰國策·趙策四》:"刳胎焚夭,而騏驎不至。"《管子·封禪》:"今鳳凰麒麟不來,嘉穀不生。"二書正或作"騏驎",或作"麒麟"。

【9】馬本"信幡"上有"書"字。

【10】輕疾:馮校本作"疾而輕也"。

【11】馮校本無"以"字,"雁"下有"疾"字。今案:有"疾"字,於文義更順。〇張校:"《文房》、《逸史》'鳬'作'乙'。"四庫本同張校。〇馮校本、馬本無"者"字。

【12】馮校本、馬本"去"上有"有"字。今案:有一"有"字,文意方暢,故據二本增。〇馮校本"去來"作"來去"。

【箋】

[一] 徽號:又稱"徽識"、"號名",謂旗幟之名號。指旗之式樣、圖案、顏色。舊時作為新興朝代或某一帝王新政標誌之一。《禮記·大傳》:"立權度量,考文章,改正朔,易服色,殊徽號,異器械,別衣服,此其所與民變革者也。"鄭玄注:"徽號,旌旗之名也。"孔穎達疏:"徽號,旌旗也,周大赤,殷

17

大白，夏大麾，各有別也。"《周禮·夏官·大司馬》"辨號名"孫詒讓《正義》："'司常，掌九旗之物名，各有屬以待國事。'注云：'屬謂徽識也。《大傳》謂之徽號。'徽識、徽號、號名，義並同，賈疏云：'即《司常》注：三者旌旗之細者也。'"

[二] 青龍、朱鳥、玄武、白虎：四方之神。《雲麓漫鈔》卷九："朱雀、元武、青龍、白虎爲四方之神。"○黃龍：古代傳說中動物名。讖諱家以爲帝王之瑞征。《呂氏春秋·知分》："禹南省，方濟乎江，黃龍負舟。"○今案："玄武"之神主北方，其形或爲龜，或龜蛇合體。《楚辭·遠遊》："召玄武而奔屬。"洪興祖《補注》："玄武，謂龜蛇。位在北方，故曰玄。身有鱗甲，故曰武。"《後漢書·王梁傳》："《赤伏符》曰：'王梁主衛作玄武。'"李賢注："玄武，北方之神，龜蛇合體。"

[三] 晉文王：謂司馬昭。高貴鄉公討伐司馬昭事在甘露五年（260）。《三國志·魏書·三少帝紀·高貴鄉公髦傳》："（甘露五年）五月己丑，高貴鄉公卒，年二十。"裴松之注引《魏氏春秋》曰："戊子夜，帝（引案：即高貴鄉公）自將冗從僕射李昭、黃門從官焦伯等下陵雲台，鎧仗授兵，欲因際會，自出討文王。"

[四] 燕鳦：即燕子。《詩·邶風·燕燕》："燕燕於飛。"毛傳："燕燕，鳦也。"今案：鳦，或作"乙"，同。《字彙·乙部》："乙，鳥燕也。"又曰："《說文》'燕乙'之乙，'甲乙'之乙，字異音同。隸文既通作乙，而'燕乙'字亦與'甲乙'字同音，故'甲乙'之乙亦云燕鳥。"《大戴禮記·夏小正》："來降燕乃睇。燕，乙也。"

　　重耳[1]，古重較也[一]。文官青耳，武官赤耳[2]。或曰重較在軍車藩上[3][二]，重起如牛角，故云重較耳[4]。

【校】
【1】馮校本作"車耳"。
【2】顧校："案《漢書·景帝紀》：'長吏二千石車朱兩轓，千石至六百石朱左轓。'應劭曰：'車耳反出，所以爲藩屏，翳塵泥也。'是文官車耳色赤，不青。疑舊本作'文官赤耳，武官青耳'，今本或系誤倒。"
【3】馮校本、馬本、《丹鉛摘錄》卷六引無"軍"字。○今案：諸書或無"軍"字。檢《詩·衛風·淇奥》毛傳、孔疏，則"重較"爲卿大夫所乘，非"軍車"也。又凡車，似俱有重較，故不必爲"軍車"所專。然則此處之"軍"

字，殆涉下"車"字形近而誤衍乎？姑存疑。○藩：馮校本作"𪗮"。案："藩"、"𪗮"二字義同，謂車篷，用以遮蔽雨水。《釋名·釋車》："𪗮，藩也，蔽水雨也。"乃以"藩"釋"𪗮"，此可證。

【4】馮校本無"耳"字。

【箋】

[一] 重較：指古代卿士所乘車箱前左右伸出的彎木（車耳），可供倚攀。《詩·衛風·淇奧》："寬兮綽兮，猗重較兮。"毛傳："重較，卿士之車。"陸德明《釋文》："較，車兩傍上出軾者。"孔穎達疏："《輿人》注云：'較，兩輢上出軾者。'則較謂車兩傍，今謂之平較。案《大車》以子男入為大夫，得乘子男車服，則此重較謂侯伯之車也。"《丹鉛摘錄》卷六："車廣六尺四寸，深四尺，軾去輿高三尺三寸，較去式又高二尺二寸，較、式通高五尺五寸。蓋古人乘車立乘，非如今人之坐也。……故乘車，平常則憑較，若應為敬，則落手憑下式而頭得俯。較在式上，若兩較然，故曰重較，輢是兩邊枯木，較橫輢上，較兩而較一。《說文》：'（較，）車輢上曲銅也。'蓋較在軾上，恐其墜，故以曲銅關之。古謂較為車耳，古諺云：'仕宦不止車生耳。'《三國志》吳童謠云：'黃金車，斑斕耳，闔閭門，見天子。'符曲銅之說矣。"

[二] 車藩：亦作"車轓"、"車蕃"。謂古代車旁的遮罩，用以遮蔽雨水。《睡虎地秦墓竹簡·秦律·司空》："及不芥車，車蕃蓋強折列，其主車牛者及吏、官長皆有罪。"《周禮·春官·巾車》"漆車藩蔽"鄭玄注："藩，今時小車藩，漆席以為之。"《後漢書·輿服志上》："景帝中元五年，始詔六百石以上施車轓。"《文選·張衡〈西京賦〉》"倚金較"薛綜注："黃金以飾較也……或曰：車蕃上重起，如牛角也。"

唱上，所以促行徒也[1][一]，上鼓而行節也[2][二]。

【校】

【1】馮校本"促"作"從"。

【2】馮校本"而"作"為"。

【箋】

[一] 行徒：猶行人，行路人。《文選·曹植〈美女篇〉》："行徒用息駕，休者以忘憂。"

19

[二] 行節：殆謂行步之節奏。《儀禮·燕禮》："賓出，奏《陔夏》以為行節也。"賈公彥疏："'賓出，奏《陔夏》以為行節也'者，此及《鄉飲酒》皆於賓出奏《陔夏》，明此為行節，戒之使不失禮。"

　　伺風鳥，夏禹所作也[1]。

【校】
【1】顧校："《廣均》引作'相風鳥'。《中華古今注》同。《通疋》三十四引云：'夏禹所作伺，相竿也。'字誤合二字為一。"今案：《事物紀原》卷二、《格致鏡原》卷三並引"伺風"作"相風"。○馬本"也"下尚有"禁中置之以為恆式"八字，為諸本所無。○《御覽》卷九引"伺"作"司"。

【箋】
　　[一] 伺風鳥：即"相風鳥"，古代用於觀測風向之儀器。《事物紀原》卷二引周遷《輿服雜事》曰："相風，周公所造，即鳴鳶之象。《禮》曰'前有塵埃，則載鳴鳶'，後代改為鳥。"《宋書·禮志五》："又案《周禮》辨載法物，莫不詳究，然無相風、罼網、旄頭之屬，此非古制明矣。何承天謂戰國並爭，師旅數出，懸鳥之設，務察風祲，宜是秦矣。"

　　帢，魏武帝所制[1][一]。初以章身服之輕便[2]。又作五色[3]，以表方面也[4]。

【校】
【1】張校："《文房》'制'下有'也'字。"今案：馮校本同《文房》。
【2】張校："《文房》無'初'字，'章身'作'軍中'。《逸史》、《漢魏》'身'並作'申'。"顧本、四庫本"身"同《逸史》、《漢魏》。馮校本、馬本同《文房》。《蘇氏演義》卷下"章身"同《文房》。○今案：據諸書及《三國志·魏志·武帝紀》裴松之注（見下箋注），頗疑"章身"原本作"軍中"，以魏武帝於"天下凶荒，資財乏匱"情況下乃作此物，其所用者正在軍中也。後傳寫之際，先誤作"章申"（以"軍"與"章"、"中"與"申"形極近也），繼而則誤作"章身"（"申"與"身"俱平聲真韻書紐）矣。姑存疑於此，俟考。
【3】馮校本"帢"作"帙"。○馬本"又"作"有"。

【4】馮校本作"以表四方"。案：上言"五色"，此作"四方"，文義不協。○顧本此條及下"白筆"、"兩漢京兆"二條在"玉佩之纚"條下。

【箋】

[一] 帢：殆"恰"之異體字。"恰"者，便帽，傳爲曹操創制。狀如弁而缺四角，用縑帛縫製。《御覽》卷六八八引服虔《通俗文》曰："帛幘曰恰。"《三國志·魏志·武帝紀》"二月丁卯，葬高陵"裴松之注引《傅子》："漢末王公，多委王服，以幅巾爲雅，是以袁紹之徒，雖爲將帥，皆著縑巾。魏太祖以天下凶荒，資財乏匱，擬古皮弁，裁縑帛以爲恰，合於簡易隨時之義。"

白筆[1][一]，古珥筆[2][二]，示君子有文武之備焉[3]。

【校】
【1】馬本"白"上有"簪"字。
【2】"筆"下：馮校本、馬本有"之遺象也"四字。《類說》卷三六引略同馬本，惟無"也"字。
【3】"示"上：馮校本有"腰帶劍首珥筆"六字。馬本有"腰帶劍珥筆"五字。《類說》引有"要劍首珥筆"五字。○馮校本"文"上無"有"字。○《文房四譜》卷一引有與此條文意極相近者，作"今士大夫簪筆佩劍，言文武之道備也"，或據別本而引乎？

【箋】

[一] 白筆：又稱笏，謂古代侍從官員用以記事或奏事之筆，常插於冠側。《宋書·禮志五》："古者貴賤皆執笏，其有事則搢之於腰帶。所謂搢紳之士者，搢笏而垂紳帶也。紳垂三尺。笏者有事則書之，故常簪筆，今之白筆，是其遺象。三台五省二品文官簪之；王公侯伯子男卿尹及武官不簪。加內侍位者，乃簪之。手板，則古笏矣。尚書令、僕射、尚書手板頭復有白筆，以紫皮裹之，名笏。"《晉書·輿服志》："笏者，有事則書之，故常簪筆，今之白筆是其遺象。尚書令、僕射、尚書手版頭復有白筆，以紫皮裹之，名曰笏。"

[二] 珥筆：古代史官、諫官上朝，常插筆冠側，以便記錄，謂之珥筆。《文選·曹植〈求通親親表〉》："安宅京室，執鞭珥筆。"李善注："珥筆，戴筆也。"劉良注："珥，插也。插筆，謂侍中職。"

兩漢京兆、河南尹及執金吾、司隸校尉[一]，皆使人導引傳呼[二]，使行者止，坐者起[1]。四人皆持角弓[2][三]，違者則射之[3]，有乘高窺闚者亦射之[4][四]。魏晉設角弩而不用[5][五]。

【校】

【1】《御覽》卷三四七引"行者"上無"使"字。今案：《御覽》引此條，不云"崔豹《古今注》"而云"崔豹《輿服注》"，是以卷帙名代書名矣。此亦可見古書稱引之隨意。

【2】馮校本、馬本、《御覽》引無"皆"字。○馬本"角弓"作"弓矢"。

【3】馮校本、馬本、《御覽》引"違"作"走"。○馮校本、《御覽》引無"則"字。

【4】窺闚：馮校本作"視"。《御覽》引作"闚"。今案："窺"、"闚"為異體字。《說文·穴部》："窺，小視也。"《易·豐》："闚其戶，闃其无人。"陸德明《釋文》引李登曰："闚，小視。"○《蘇氏演義》卷下"闚"作"瞰"。今案："闚"、"瞰"殆異體字，義俱為"望"、"視"。《說文·門部》："闚，望也。"段玉裁注："望，有倚門倚閭者，故從門。"《廣雅·釋詁一》："瞰，視也。"二字形旁不同，義各有側重。"闚"偏重"視"者之位置，"瞰"則偏於"視"者之器官耳。

【5】張校："'用'下有'也'字。"顧本、四庫本同張校。○馬本作"魏晉已來則用角弓設而不用焉"。○《蘇氏演義》"弩"作"弓"，"用"下有"焉"字。○《御覽》引"魏晉"乙作"晉魏"，"角弩"作"弓"，"用"下亦有"焉"字。○今案：《龍筋鳳髓判》卷三"金吾衛二條"下劉允鵬注引《中華古今注》此條文字與今本有出入，姑附於此，以見同異，其曰：

馬編《中華古今注》："駕出，執金吾使人導引傳呼，使行者止，坐者起，四人持弓矢，走者則射之，有乘高窺闚者亦射之，謂之馬前弓箭。"

【箋】

[一] 京兆："京兆尹"之省，古官名。謂漢代管轄京兆地區之行政長官，職權相當於郡太守。後因以稱京都地區之行政長官。《漢書·百官公卿表上》："內史：周官，秦因之，掌治京師。景帝二年分置左（右）內史。右內史，武帝太初元年更名京兆尹。"

[二] 導引：前導，引導。《楚辭·王褒〈九懷·尊嘉〉》："蛟龍兮導引，文魚兮上瀨。"王逸注："蚪螭，水禽，馳在前也。"○傳呼：傳聲呼喊。《漢書

·蕭望之傳》："仲翁出入從倉頭廬兒，下車趨門，傳呼甚寵。"顏師古注："傳聲而呼侍從者，甚有尊寵也。"

［三］角弓：以獸角為飾的硬弓。《詩·小雅·角弓》："騂騂角弓，翩其反矣。"朱熹《集傳》："角弓，以角飾弓也。"

［四］乘高：登上高處。○窺闚：同義連文。俱為"望，看"之意。《說文·穴部》："窺，小視也。"徐鍇《繫傳》："視之於隙穴也。"《說文·門部》："闚，望也。"

［五］角弩：用角為飾之強弩。《說文·弓部》："弩，弓有臂者。"

曲蓋，太公所作[1][一]。武王伐紂，大風折蓋，太公因折蓋之形而制曲蓋焉[2]。戰國嘗以賜將帥[3]。自漢乘輿用［之］[4]，謂爲轙輗蓋[5]，有軍號者賜一焉[6][二]。

【校】

【1】顧本此條在"華蓋"條下。○《御覽》卷七〇二引"曲"誤作"典"。○張校："'作'下有'也'字。"顧本、馬本、四庫本同張校。

【2】馮校本"因"上有"故"字，"蓋"下無"焉"字。

【3】嘗：馮校本、馬本、四庫本、《御覽》、《天中記》卷四九、《康熙字典》卷三〇"轙"字下引作"常"。○將帥：《天中記》、《杜詩詳注·信行遠修水筒》仇兆鰲注引作"將軍"。

【4】《御覽》引無"自"字。○"漢"下：顧本、馬本、四庫本、《御覽》、《天中記》引有"朝"字。《康熙字典》卷三〇引有"以來"二字。○之：原作"四"。顧校："'之'，各本誤作'四'。據《天中記》四十九引訂正。"今案：顧校是，《御覽》引正作"之"。據改。○馬本無"之"字。

【5】馬本"為"作"曰"。○《御覽》、《天中記》引"謂爲"作"因謂"。○轙輗：顧校："《天中記》引作'睥睨'。"《御覽》引同顧校。○"蓋"字下，《康熙字典》卷三〇引有"即今之曲柄繖也"七字。

【6】張校："'賜'下有'其'字。"顧本、馬本、四庫本、《御覽》、《玉海》卷九一、《天中記》引同張校。○張校："'焉'作'也'。"顧本、馬本、四庫本同張校。

23

【箋】

[一] 俞樾曰："曲蓋之制，於古無徵。余觀馮氏《金石索》，載嘉祥劉村洪福院漢畫像石，有周公輔成王像，成王居中，旁一人執蓋。其蓋折而下垂，此正古曲蓋之制。蓋太公因折蓋而制曲蓋，自當折而下垂。若曲而上，則失其義矣。世人罕知此制，故特表出之。"(《春在堂隨筆》卷八) ○太公：即太公望，周文王相。《國語·魯語上》："夫齊棄太公之法而觀民於社。"韋昭注："太公，齊始祖太公望也。"

[二] 輣輗：或作"睥睨"、"俾倪"，同。為古代皇帝儀仗之一種。《玉海》卷九一引於"輣輗"下自注曰："唐大駕鹵簿有俾倪十二。今作睥睨。"《急就篇》卷三："蓋繚俾倪枙縛棠。"顏師古注："俾倪，持蓋之杠，在軾中央，環為之，所以止蓋弓之前邻也。"《宋史·儀衛志六》："睥睨，如華蓋而小。" ○軍號：軍中之職銜。

雉尾扇[一]，起於殷世[1]。高宗有雊雉之祥[2][二]，服章多用翟羽[3][三]，[故有雉尾扇][4]。周制以為王后、夫人之車服，輿輦有翣[5][四]，即緝雉羽為扇翣[6][五]，以障翳風塵也[7][六]。漢朝[8]乘輿服之，後以賜梁孝王[七]。魏、晉以來用為常，准諸王皆得用之[9][八]。

【校】

【1】《玉海》卷九一"唐華蓋、羽扇"注引"雉尾"作"翟尾"。○殷世：《御覽》卷七○二、《事類賦》卷一四注、《山堂肆考》卷一八二引無"世"字。《玉海》注、《事物紀原》卷三引作"商"。

【2】《九家集注杜詩·秋興八首其五》"雲移雉尾開"句注、《天中記》卷五八、《山堂肆考》卷三七、《格致鏡原》卷五八引"高宗"上有"商"字。○張校："'宗'下有'時'字。"四庫本、《天中記》卷四九、《廣博物志》卷三九、《杜詩詳注·秋興八首之五》"雲移雉尾開宮扇"句仇兆鰲注引同張校。○雊雉：《白孔六帖》卷一四"雉尾扇"條、《九家集注杜詩·喜聞官軍已臨賊寇二十韻》"雲橫雉尾高"句注、《天中記》卷五八、《杜詩詳注·秋興八首之五》仇兆鰲注引作"雊雉"。《類說》卷三六引作"鴝尾"。《玉海》卷九一引作"鳴雉"。《玉海》注引作"雉翟"。○祥：《白孔六帖》、《天中記》卷五八引作"徵"。

【3】服章：四庫本、《天中記》卷五八、《山堂肆考》卷三七引乙作"章服"。○《天中記》卷五八引"翟羽"作"翟"。

【4】此五字，各本所無，然《初學記》卷二五、《白孔六帖》、《九家集注杜詩·喜聞官軍已臨賊寇二十韻》"雲橫雉尾高"句注、《九家集注杜詩·秋興八首其五》"雲移雉尾開"句注、《玉海》、《天中記》卷五八、《格致鏡原》引並有之，且於文義尤勝，故據增。

【5】周制：《事物紀原》引無"制"字。○以為：《山堂肆考》卷一八二引無。○王后：《御覽》、《事類賦》注、《山堂肆考》卷一八二引作"皇后"。○車服：《事物紀原》引作"服飾"。○輿輦：顧本、四庫本、《天中記》卷四九引作"輿車"。馬本、《事類賦》注、《玉海》、《山堂肆考》卷一八二、《格致鏡原》引作"輦車"。《事物紀原》引作"車之"。○顧校："《初學記》二十五、《御覽》七百二並引'王后'作'皇后'，'輿車'作'輦車'。"○今案：今本《初學記》引仍作"王后"，異於顧氏所見。

【6】即：《山堂肆考》卷一八二引作"乃"。○緝：《事物紀原》引作"織"。○扇翣：《御覽》、《事類賦》注、《山堂肆考》卷一八二引作"之"，《事物紀原》、《玉海》、《格致鏡原》、《杜詩詳注·秋興八首之五》仇兆鰲注引作"扇"。

【7】障翳：《事物紀原》引作"翳"。○也：《事物紀原》、《杜詩詳注·秋興八首之五》仇兆鰲注引所無。

【8】《事物紀原》、《玉海》、《格致鏡原》引無"朝"字。

【9】顧本此條及下"障扇"、"金根車"、"漢舊制"三條在"伺風鳥"條下。○以：馬本作"已"。○來：張校："《文房》、《漢魏》'來'作'求'。"《天中記》卷四九引同張校。今案：作"求"者，形近而訛。○用為常：馬本、《初學記》、《事類賦》注、《格致鏡原》引作"以為常"，《御覽》、《事物紀原》引作"為常"，《天中記》卷四九引作"無常"。○准：張校："《逸史》、《漢魏》'准'作'惟'。"《初學記》、《格致鏡原》引作"唯"。《事物紀原》引作"雖"。○顧校："各本誤作'魏、晉以來無常，惟諸王皆得用之'，茲據《初學記》、《御覽》引訂正。"○今案：今本《初學記》、《御覽》所引，皆異於顧氏所見。○用之：《事類賦》注引作"用也"。

【箋】

[一] 雉尾扇：古代帝王儀仗用具之一。因以雉尾編織而成，故稱。《資治通鑑》齊世祖武皇帝永明元年："臨川王映執雉尾扇。"胡三省注："雉尾扇，編雉尾為之，以障乘輿。"或云為華蓋之遺象。《急就篇》卷四："鷹、鷂、鴇、鴰、翳、彫尾。"顏師古注："翳，謂凡鳥羽之可隱翳者也，舞者所持羽翻，以

25

自隱翳，因名為翳云，今雅樂文康部所持者即此物也。一曰翳者，謂華蓋也，今之雉尾扇是其遺。"《留青日札》卷三一"雉尾"條："朝廷用雉尾扇者，或取雉是離禽，明王於火也。離禽，王火出。"

[二] 高宗：謂盤庚。○雊雉：即"雉雊"，謂野雞鳴叫。此句所記出《書·高宗肜日》："高宗祭成湯，有飛雉升鼎耳而雊。"又見劉向《說苑·辨物》："昔者高宗、成王感於雊雉、暴風之變，脩身自改，而享豐昌之福也。"《漢書·杜周傳》亦載："高宗遭雊雉之戒，飭己正事，享百年之壽，殷道復興。"

[三] 服章：古代表示官階身份的服飾。《左傳》宣公十二年："君子小人，物有服章。"杜預注："尊卑別也。"周輝《清波別志》卷中："政和間，議者謂朝廷制為服章，所以異高卑、別上下，則服之與章，其制相須。"○翟羽：野雞之羽毛。《詩·邶風·簡兮》："右手秉翟。"毛傳："翟，翟羽也。"孔穎達疏："翟，翟羽，謂雉之羽也。"翟，長尾野雞。《書·禹貢》："羽畎夏翟。"孔傳："夏翟：翟，雉名，羽中旌旄。"《山海經·西山經》："女牀之山……有鳥焉，其狀如翟而五采文。"郭璞注："翟似雉而大，長尾。"

[四] 輿輦：車駕。多指天子所乘。《後漢書·光武帝紀下》："益州傳送公孫述瞽師、郊廟樂器、葆車、輿輦，於是法物始備。"李賢注："輿者，車之總名也。輦者，駕人以行。"○翣：古代扇形羽飾的車蓋，以禦風塵。《周禮·春官·巾車》："輦車組輓，有翣羽蓋。"鄭玄注："有翣，所以禦風塵。"

[五]《古今事文類聚·續集》卷二八引《世本》曰："武王作翣。"○扇翣：古代儀仗中之長柄大扇，用以障塵蔽日。又稱"障扇"或"掌扇"。《小爾雅·廣服》："大扇謂之翣。"王煦疏："天子八，諸侯六，大夫四，士二。"《宋史·儀衛志一》："古者扇翣，皆編次雉羽或尾為之，故於文從'羽'，唐開元改為孔雀。"

[六] 障翳：同義連文，俱為"遮蔽、阻擋"之義。《後漢書·陰興傳》："興每從出入，常操持小蓋，障翳風雨。"《慧琳音義》卷一〇引《考聲》："障，蔽也。"《方言》卷一三："翳，掩也。"郭璞注："謂掩覆也。"

[七] 梁孝王：即劉武，漢文帝次子，漢景帝同母弟。《史記》卷五八有傳。

[八]《山堂肆考》卷三七："宋孝武詔：王侯執扇不得用雉尾。"

障扇[一]，長[柄]扇也[1]。漢世多豪俠[2]，象雉尾而製長[柄]扇也[3]。

【校】

【1】顧本、《事類賦》卷一四注引"長"下有"柄"字。顧校："各本脫'柄'字,茲據《御覽》七百二、《事類賦》十四引增。"○今案:顧校是。且"長扇"義含混模糊,不如"長柄扇"明確,故據增"柄"字。下同。

【2】《御覽》卷七〇二引作"漢世豪傑多"。

【3】象:《御覽》引作"為",誤。○張校："'尾'下有'扇'字。"四庫本同張校。○顧本"長"下有"柄"字。顧校："各本亦脫'柄'字。"

【箋】

[一]障扇:長柄扇。帝王儀仗之一。又稱"長扇"(本文即如此),或稱"掌扇"、"擁扇"。《演繁露》卷一五:"今人呼乘輿所用扇爲'掌扇',殊無義。蓋'障扇'之訛也……凡扇言障,取遮蔽爲義,以扇自障,通上下無害,但用雉尾飾之,即乘輿制度耳。"《通雅》卷三四:"擁扇,大障扇也。"《留青日札》卷二三"掌扇"條:"(掌扇,)扇如手掌,偉而立張也。亦曰障扇,可障日也。漢名障翳,翳,華蓋也。"《義門讀書記》卷三〇:"《奉和庫部盧四兄曹長元日朝迴》:'玉珮聲來雉尾高。'注:'唐制,人君舉動必以扇,雉尾障扇四'云云。按:今呼'掌扇'者,'障'之訛也。"

金根車,秦制也。秦并天下,閱三代之興服,謂殷得瑞山車[1],一曰金根[2],故因作爲金根之車[3]。秦乃增飾而乘御[4],漢因不改焉[5][一]。

【校】

【1】《事物紀原》卷二引"殷"作"商"。○劉昌詩《蘆浦筆記》卷六引無"得"字。

【2】張校："'根'下有'車'字。"顧本、四庫本、《謝衛參政差校正書籍》"僅曉金根之讀"句李劉注(《四六標準》卷一一)引同張校。

【3】張校："無'為'字。"四庫本、《謝衛參政差校正書籍》李劉注引同張校。○《事物紀原》引無"因"、"為"二字。

【4】秦:《事物紀原》引無。○飾:《四六標準》李劉注引作"餙"。今案:"飾"、"餙"為異體字。焦竑《俗書刊誤》:"飾,俗作餙。"○乘御:張校:"'御'下有'焉'字。"顧本、四庫本、《謝衛參政差校正書籍》李劉注引同張校。馬本作"乘輿焉"。

【5】張校："'因'下有'而'字。無'焉'字。"顧本、馬本、四庫本、

《謝衛參政差校正書籍》李劉注引同張校。○《事物紀原》引作"漢因為乘輿"。○《蘆浦筆記》引無"焉"字。

【箋】

[一]《後漢書·輿服志上》："秦并天下，閱三代之禮，或曰殷瑞山車，金根之色。漢承秦制，御為乘輿，孔子所謂'乘殷之輅'者也。"劉昭注："殷人以為大路，於是始皇作金根之車。殷曰乘根，秦改曰金根。《乘輿馬賦》注曰：'金根，以金為飾。'"《宋書·禮志五》："秦閱三代之車，獨取殷制。古曰桑根車，秦曰金根車也。漢氏因秦之舊，亦為乘輿，所謂'乘殷之輅'者也。"○金根車：謂以黃金為飾之根車。古帝王所乘。《獨斷》卷下："上所乘曰金根車，駕六馬，有五色安車、五色立車各一，皆駕四馬，是為五時副車。"《舊唐書·輿服志》："金根車，朱質，紫油通幰，油畫絡帶，朱絲網，常行則供之。"田藝衡《留青日札》卷一八"金車銅車"條："《南史·齊志》曰：'殷有瑞，因乘鉤而制車，因桑根而為色，古所謂器車也。桑根車，一曰金根車，言桑色黃如金也。'《漢儀》：'天子法駕曰金根車。'不學之子誤改為金銀車。"○今案："金根車"尚有多種稱謂。或稱"桑根車"。見前舉《宋書·禮志五》、《留青日札》。或稱"金根"。《文選·潘岳〈藉田賦〉》："金根照耀以炯晃兮。"張銑注："金根，瑞車也。"或稱"金車"。《易·困》："來徐徐，困於金車。"高亨注："金車，以黃銅鑲其車轅衡等處，車之華貴者也。"或以為此車又名"耕根車"，以其為天子耕稼時所乘。《蘆浦筆記》卷六："《晉·輿服志》載：'金根車，天子親耕所乘，置耒耜於軾上。'乃知是車蓋耕車也。及攷《東京賦》，有'農輿路木'，薛綜注曰：'此所謂耕根車。'然則金根、耕根，其名又異矣。……《國史·輿服志》載：'耕根車，制如五輅之副，駕六青馬，駕士四十人。'而以金根車為皇后之車。"○輿服：車輿冠服與各種儀仗。古代車輿與冠服都有定式，以表尊卑等級。《左傳》定公五年："王之在隨也，子西為王輿服以保路。"杜預注："失王，恐國人潰散，故偽為王車服。"

漢舊制：乘輿黃赤綬，四采[1]，黃、赤、紺、縹[2]，淳黃圭[3]，長二丈九尺九寸，五百首[4][一]。太皇太后、皇太后、皇后皆與乘輿同[5][二]。諸侯王赤綬[6]，四采，赤、黃、縹、紺，淳赤圭，長二丈一尺，三百首[7][三]。長公主、天子貴人與諸侯王同綬者，特加也[8][四]。諸國貴人、相國皆綠綬[9]，三采，綠、紫、紺，淳綠圭，長二丈一尺，二百四十首[10][五]。公侯、將軍紫綬[11]，二采，紫、白，淳紫圭，長丈七尺[12]，百八十首[13][六]。公主、封君服紫綬[14]。九卿、中二千石、二千石、青綬、三采[15]，青、白、紅，淳青圭，長丈七尺[16]，百二十首[17][七]。自青綬以上，緄皆長三尺二寸，與綬同采而首半之[18][八]。千石、六百石、黑綬、三采，青、赤、紺[19]，淳青圭[20]，長丈六尺[21]，八十首。四百石、三百石長同[22][九]。四百石、三百石、二百石、黃綬，一采，淳黃圭，長丈五尺，六十首[23]。自黑綬以下，緄、綬皆長三尺[24]，與綬同采而首半之。百石，青紺綸，一采[25]，宛轉繆織，圭長丈二尺[26][一〇]。

【校】
【1】四采：顧校："案《御覽》六百八十二引董巴《輿服志》云：'乘輿黃赤綬，五綵。'又引《漢官儀》曰：'乘輿綬黃，青絳緣，五采。'據下云'諸侯王四采'，'諸國貴人、相國三采'，'公侯、將軍二采'，皆以次遞降，似宜作'五采'為是。然《續漢·輿服志》亦云：'乘輿黃赤綬，四采。'茲仍舊。"《初學記》卷二六作"五采"。〇今案：今本《御覽》引董巴《輿服志》仍作"四采"，異於顧氏所見。
【2】張校："'紺、縹'作'縹、紺'。"四庫本、《初學記》、《蘇氏演義》卷下同張校。
【3】張校："'黃'下有'為'字。"顧本、四庫本、《蘇氏演義》同張校。
【4】顧校："董巴《輿服志》云：'淳黃圭，長二丈九尺，五百。'《漢官儀》云：'四百首，長二丈三尺。'《續漢志》云：'淳黃圭，長丈九尺九寸，五百首。'《通志》同。"〇《初學記》、馬本無"九寸"二字。〇《蘇氏演義》"五百首"作"五首"，誤。
【5】此句，張校："移入下二行'三百首'下。注均作大字。"顧本、四庫本、《通典》卷六三、《蘇氏演義》同張校。〇《通典》"皆"上有"其綬"二字。〇《初學記》、《御覽》引董巴《輿服志》入注文。〇《蘇氏演義》脫"皇太后"。
【6】馬本無"王"字。〇《御覽》引董巴《輿服志》無"諸侯"二字。
【7】顧校："《續漢·輿服志》、《通志》同。董巴《輿服志》云：'淳赤圭，長二丈八尺，三百首。'《漢官儀》云：'長二丈一尺，三百六首。'"《通典》、《初學記》同董巴《輿服志》。
【8】張校："《逸史》無'特'字。《漢魏》'特'作'所'。"〇顧本"特"作"不"。顧校："王本作'所朝也'，語不可通，茲從吳本。《續漢·輿服志》（作）'加特也'。《通志》同。"〇四庫本"加"上注一"闕"字。〇《通典》同《續漢（書）·輿服志》。〇《蘇氏演義》同《漢魏》。〇《初

學記》、《御覽》引董巴《輿服志》作"公主大貴人諸侯皆同",入注文中。○《玉海》卷八四引《續漢書·輿服志》作"長公主與諸侯王同",入注文中,置於"公主、封君服紫綬"下。

【9】張校:"'綠'作'綬'。"四庫本同張校。○顧本無"相國"二字。顧校:"各本並作'綬綬'。案司馬(彪)、董巴《輿服志》並作'綠綬',《通志》亦然。此應與後且上'赤綬'下'紫綬'、'青綬'皆以色言,則此'綬'字信為'綠'字之誤,茲訂正。"○《初學記》、《御覽》引董巴《輿服志》無"皆"字。○《御覽》引董巴《輿服志》"諸國"作"諸侯"。

【10】顧校:"司馬(彪)《(續漢·)輿服志》、《通志》同。董巴《輿服志》云:'淳綠圭,長二丈一尺,百四十首。'"

【11】馬本"將"上有"大"字。○《御覽》引董巴《輿服志》無"公侯"二字。

【12】張校:"'長'下有'一'字。"顧本、四庫本、《蘇氏演義》、《御覽》引董巴《輿服志》同張校。

【13】顧校:"司馬(彪)、董巴《輿服志》、《通志》並同。"○馬本"百"上有"一"字。

【14】馬本"主"作"王"。○《初學記》、《御覽》引董巴《輿服志》作"公主封君同",入注文中。

【15】馬本"青"作"綠"。今案:上既言"諸國貴人、相國皆綠綬",此似不得再言"綠綬"。○《初學記》、《御覽》引董巴《輿服志》"中二千石"下有"一云青綢綬"。今案:"一云青綢綬"當是對下"青綬"之注文誤入正文此處。

【16】張校:"'長'下有'一'字。"顧本、四庫本、《蘇氏演義》同張校。顧校:"司馬(彪)《(續漢·)輿服志》、《通志》同。董巴《輿服志》云:'淳青圭,長一丈八尺,一百二十首。《漢官儀》云:綬羽青地,桃花縹,長丈八尺。'"

【17】馬本、《御覽》引董巴《輿服志》"百"上有"一"字。

【18】顧校:"司馬(彪)、董巴《輿服志》並同。"○今案:顧本、四庫本、《通典》、《初學記》、《蘇氏演義》、《御覽》引董巴《輿服志》、《玉海》卷八四引《續漢書·輿服志》此下接"緺者,古佩璲也"一條。又案:《玉海》引《續漢書·輿服志》以注文形式接"九卿、中二千石、二千石,青綬,三采"下,疑是。

【19】《初學記》、馬本"黑"作"墨"。○馬本"三"作"二",無

【20】張校:"'淳'作'純'。"四庫本、《蘇氏演義》同張校。

【21】張校:"'長'下有'一'字。"顧本、四庫本、《蘇氏演義》同張校。顧校:"司馬(彪)、董巴《輿服志》、《通志》並同。《漢官儀》云:'黑綬,二采,長丈七尺。'"

【22】張校:"注(八字)作正文。"顧本、四庫本、《通典》同張校。○《蘇氏演義》"三百"作"五百"。○馬本無此八字。○《玉海》引《續漢書·輿服志》作注文接"千石、六百石,黑綬,三采"下。

【23】《蘇氏演義》無"四百石"。○張校:"'長'下有'一'字。"顧本、四庫本、《蘇氏演義》同張校。顧校:"司馬(彪)、董巴《輿服志》、《通志》並同。《漢官儀》云:'黃綬,八十首,長丈七尺。'"○《初學記》作"四百、三百、二百、百石,皆黃綬,一采,淳黃圭,長丈五尺,六十首"。○馬本"四百石"下尚有"五百石之長同前制也"九字,疑非豹書本文,而為馬縞所添者。○《御覽》引董巴《輿服志》作"四百石丞尉、三百石長相、二百石,皆黃綬,淳一采,黃圭,長丈五尺,六十首"。今案:"丞尉"、"長相"俱當為注文誤入正文。

【24】張校:"('皆'上)無'綬'字。"顧本、四庫本、《蘇氏演義》同張校。顧校:"董巴《輿服志》同,司馬(彪)《輿服志》作'鏪綬皆長三尺',《通志》同。"○《玉海》引《續漢書·輿服志》作注文接"四百石、三百石、二百石,黃綬,一采"下。

【25】張校:"'綸'作'綬'。"《蘇氏演義》、《御覽》引董巴《輿服志》、《玉海》引《續漢書·輿服志》同張校。○顧本"一采"上有"綬"字。○四庫本"紺綸"作"綬"。○今案:據上之行文看,似以四庫本為是。

【26】張校:"'圭'作'織'。'長'下有'一'字。"○顧本"長"亦下有"一"字。顧校:"各本'圭長'作'織長',蓋涉上'織'字而誤,司馬(彪)《輿服志》云:'宛轉繆織,長丈二尺。'茲據訂正。"《通典》同司馬彪《輿服志》。○四庫本、《蘇氏演義》"宛轉"作"婉轉",餘同張校。

【箋】

[一] 參《後漢書·輿服志下》。○《初學記》卷二六:"《漢官儀》曰:'綬者,有所承受也,所以別尊卑、彰有德也。'呂忱《字林》曰:'綬,紱也。'董巴《輿服志》曰:'戰國解去紱佩,留其絲襚,以為章表。秦乃以采組連結於襚,光明章表,轉相結綬,故謂之綬。'"《御覽》卷六八二引應劭《漢

官儀》云:"綬長一丈二尺,法十二月。闊三尺,法天、地、人。"○紺:微呈紅色的深青色。《說文·糸部》:"紺,帛深青揚赤色。"段玉裁注:"紺,《釋名》曰:'紺,含也,青而含赤色也。'按:此今之天青,亦謂之紅青。"○縹:青白色,或淺青色。《釋名·釋采帛》:"縹,猶漂也。漂漂,淺青色也,有碧縹,有天縹,有骨縹,各以其色所象言之也。"○首:古代綬、組的計數單位。《說文·糸部》:"䋞,綺絲之數也。《漢律》曰:綺絲數謂之䋞,布謂之總,綬、組謂之首。"又《後漢書·輿服志下》:"凡先合單紡爲一系,四系爲一扶,五扶爲一首,五首成一文。"○今案:《後漢書》此處文字頗同於《古今注》,疑即自《古今注》鈔錄,或所本同於《古今注》。下並同。

[二] 參《後漢書·輿服志下》。○太皇太后、皇太后、皇后:《漢書·外戚傳序》:"漢興,因秦之稱號,帝母稱皇太后,祖母稱太皇太后,適稱皇后,妾皆稱夫人。"

[三] 參《後漢書·輿服志下》。○赤綬:古代官服上系印紐的赤色絲帶。

[四] 參《後漢書·輿服志下》。○長公主:皇帝之姊妹或皇女之尊崇者之封號,儀服同藩王。後代僅爲皇帝姊妹之封號。《後漢書·皇后紀下》:"漢制,皇女皆封縣公主,儀服同列侯。其尊崇者,加號長公主,儀服同蕃王。"○貴人:女官名。後漢光武帝始置,地位次於皇后。歷代沿其名,而位尊卑不一。《後漢書·皇后紀序》:"及光武中興,斲彫爲朴,六宮稱號,唯皇后、貴人。貴人金印紫綬,奉不過粟數十斛。"高承《事物紀原》卷一"貴人"條:"漢光武置貴人爲三夫人,歷代不常有,宋朝真宗復置貴人也。"

[五] 參《後漢書·輿服志下》劉昭注:"《前書》曰:'相國、丞相皆秦官,金印紫綬。高帝相國綠綬。'徐廣曰:'金印綟綬。'綟,音戾,草名也。以染似綠,又云似紫。紫綬名綟綬,其色青紫。……何承天云:'綟音䙼,青紫色綬。綟,紫色也。'"

[六] 參《後漢書·輿服志下》。劉昭注:"《前書》曰:'太尉金印紫綬。御史大夫位上卿,銀印青綬,成帝更名大司空,金印紫綬。將軍亦金印。'《漢官儀》曰:'馬防爲車騎將軍,銀印青綬,在卿上,絕席。和帝以竇憲爲車騎將軍,始加金紫,次司空。'"

[七] 參《後漢書·輿服志下》。劉昭注:"(青綬)一號青緺綬。"○封君:受有封邑之貴族。秦漢以後,亦及婦女。《漢書·食貨志下》:"封君皆氐首仰給焉。"顏師古注:"封君,受封邑者,謂公主及列侯之屬也。"○九卿:古代中央政府九個高級官職。《周禮·考工記·匠人》:"外有九室,九卿居焉。"鄭玄注:"六卿三孤爲九卿,三孤佐三公論道,六卿治六官之屬。"歷代多設九卿。

周以少師、少傅、少保、塚宰、司徒、宗伯、司馬、司寇、司空為九卿。秦以奉常、郎中令、衛尉、太僕、廷尉、典客、宗正、治粟內史、少府為九卿。漢以太常、光祿勳、衛尉、太僕、廷尉、大鴻臚、宗正、司農、少府為九寺大卿（即九卿）。以後各朝名稱、司職略有不同。茲不備述。

[八] 參《後漢書·輿服志下》。○縌：綬帶，佩玉的絲帶。《漢書·翟方進傳》：「遣使者持黃金印、赤韍縌、朱輪車，即軍中拜授。」顏師古注引服虔曰：「縌即今之綬也。」今案：《後漢書》此處文字全同於《古今注》，殆即鈔撮《古今注》而成。

[九] 參《後漢書·輿服志下》。劉昭注：「《漢官》曰：尚書僕射銅印青綬。」

[一○] 參《後漢書·輿服志下》。○繆織：繳結編織。繆：通「樛」。絞結。《禮記·檀弓下》：「其妻魯人也，衣衰而繆絰。」鄭玄注：「繆，當為木樛垂之樛。」孔穎達疏：「樛，謂兩股相交也。」《漢書·外戚傳下·孝成趙皇后》：「即自繆死。」顏師古注：「繆，絞也，音居虯反。」○今案：《後漢書·輿服志下》劉昭注引成說對各級官員佩綬情況之說可與《古今注》此條所載互為參考，姑錄於此。其云：

丁孚《漢儀》載太僕、太中大夫襄言：「乘輿綬，黃地冒白羽，青絳緣五采，四百首，長二丈三尺。詔所下王綬，冒亦五采，上下無差。諸王綬四采，絳地冒白羽，青黃去緣，二百六十首，長二丈一尺。公主綬如王。侯，絳地，紺縹三采，百二十首，長丈八尺。二千石綬，羽青地，桃華縹三采，百二十首，長丈八尺。黑綬，羽青地，絳二采，八十首，長一丈七尺。黃綬一采，八十首，長丈七尺。以為常式。民織綬不如式，沒入官，犯者為不敬。二千石綬以上，禁民無得織以粉組。」

又引《東觀書》曰：

建武元年，復設諸侯王金璽綟綬，公侯金印紫綬。九卿、執金吾、河南尹秩皆中二千石，大長秋、將作大匠、度遼諸將軍、郡太守、國傅相皆秩二千石，校尉、中郎將、諸郡都尉、諸國行相、中尉、內史、中護軍、司直秩皆二千石，以上皆銀印青綬。中外官尚書令、御史中丞、治書侍御史、公將軍長史中二千石丞、正、平、諸司馬、中宮王家僕、雒陽令秩皆千石，尚書、中謁者、謁者、黃門、冗從四僕射、諸都監、中外諸都官令、都侯、司農部丞、郡國長史、丞、侯、司馬、千人秩皆六百石，家令、侍、僕秩皆六百石，雒陽市長秩四百石，主家長秩皆四百石，以上皆銅印黑綬。諸署長楫櫂丞秩三百石，諸秩千石者，其丞、尉皆秩四百石，秩六百石者，丞、尉秩三百石，四百石者，其丞、尉秩

33

二百石，縣國丞、尉亦如之，縣、國三百石長相，丞、尉亦二百石，明堂、靈臺丞、諸陵校長秩二百石，丞、尉、校長以上，皆銅印黃綬。縣國守宮令、相或千石或六百石，長相或四百石或三百石，長相皆以銅印黃綬。而有秩者，侍中、中常侍、光祿大夫秩皆二千石，太中大夫秩皆比二千石，尚書、諫議大夫、侍御史、博士皆六百石，議郎、中謁者秩皆比六百石，小黃門、黃門侍郎、中黃門秩皆比四百石，郎中秩皆比三百石，太子舍人秩二百石。

凡先合單紡爲一絲，四絲爲一扶，五扶爲一首，五首成一文。文采淳爲一圭，皆廣一尺六寸也。首多者絲細，首少者絲麤[1]。

【校】
【1】張校："（此注文）作正文，且移在'文采淳爲一圭'下。"○顧本、四庫本、《蘇氏演義》卷下此條下接"玉佩之瀙"條，"絲"皆作"系"字，"皆廣一尺六寸也"在句末。顧校："司馬（彪）《輿服志》、《通志》同。董巴《輿服志》諸'系'字並作'絲'，餘亦同。"○《通典》卷六三"乘輿黃赤綬"下注文載有此條文字，"凡"下有"綬"字，"淳"作"純"，無"皆廣一尺六寸也"。○《御覽》卷六八二引董巴《輿服志》"皆廣一尺六寸也"亦在句末，"首少者絲麤"作"少者麤"。

緺者，古佩璲也，佩、綬相迎受，故曰緺[1]。紫綬以上，緺、綬之間得施玉環鐍云[2][一]。

【校】
【1】佩璲：《蘇氏演義》"珮璲"。《初學記》卷二六、馬本作"佩襚"。○張校："'受'作'授'。"顧本、四庫本、《蘇氏演義》卷下同張校。顧校："司馬（彪）《輿服志》、《通志》同，惟'授'並作'受'。董巴《輿服志》云：'緺者，古佩璲也。佩璲相迎受，故曰緺。'"《通典》卷六三同董巴《輿服志》。
【2】張校："'鐍'作'止玉玦'。"顧本、四庫本、《蘇氏演義》同張校。顧校："司馬（彪）《輿服志》作'得施玉環鐍云'，劉注引《通俗文》：'缺環曰鐍。'《通志》同。董巴《輿服志》云：'紫綬、緺之間得施玉環玦。'"《初學記》同董巴《輿服志》。○馬本"鐍"亦作"玦"。

【箋】

[一] 參《後漢書·輿服志下》。○佩瓄：一種瑞玉，供佩帶用。《詩·小雅·大東》："鞙鞙佩瓄，不以其長。"毛傳："瓄，瑞也。"鄭玄箋："佩瓄者，以瑞玉爲佩。"王夫之則以"瓄"為綴玉之絲帶。《詩經稗疏》卷二："瓄者，綬下之維，以綴佩，用絲為之。"○鐍：有舌之環。猶今皮帶上之套環，帶收緊後，以舌納帶孔而固束之。《漢書·雋不疑傳》："佩環玦。"顏師古注："環，玉環也。玦，即玉佩之玦也。帶環而又著玉佩也。《禮記》曰：孔子佩象環也。"《後漢書·輿服志下》劉昭注引《通俗文》曰："缺環曰鐍。"

玉佩之瓄，漢末喪亂[1]，絕而不傳[2]。魏侍中王粲識古佩瓄[3]，更而製焉[4][一]。

【校】

【1】張校："二句上下乙轉。"顧本、四庫本、《蘇氏演義》卷下同張校。

【2】馬本無"絕"字。

【3】馬本"魏"上有"至"字，"佩"下有"之"字。

【4】張校："'更'上有'始'字，無'而'字。"顧本、四庫本、《蘇氏演義》同張校。○馬本無"而"字。

【箋】

[一]《三國志·魏書·王粲傳》"魏國既建，拜侍中，博物多識，問無不對"裴松之注引摯虞《決疑要注》曰："漢末喪亂，絕無玉珮，魏侍中王粲識舊珮，始復作之。今之玉珮，受法於粲也。"○侍中：古代職官名。秦始置，兩漢沿置，為正規官職外的加官之一。因侍從皇帝左右，出入宮廷，與聞朝政，逐漸變為親信貴重之職。晉以後，曾相當於宰相。《漢書·百官公卿表上》："侍中、左右曹諸史、散騎、中常侍，皆加官……侍中、中常侍得入禁中。"袁枚《隨園隨筆·古官尊卑不一》："秦漢侍中本丞相史，不過掌虎子、捧唾壺等事。而晉以後之侍中，乃宰相也。"

攘衣[1]，廝徒之服也[2][一]，取其便於取用[3]。乘輿進食者服攘衣[4][二]。前漢董偃，綠幘青韝[5]，加攘衣以見武帝[三]，廚人之服也。

《古今注》校笺 >>>

【校】

【1】張校："'攘'作'穰',下同。"四庫本同張校。○顧校："各本'攘'並作'穰'。《說文系傳》十引云:'韜,攘衣,厮徒之服,取其便於用,乘輿進食者服之。臣以爲:攘,擅衣袖,蓋以韋韜其袖,恐污食飲。'"○馬本"攘"作"禳",下同。○今案:《古今韻會舉要》卷九所引"攘衣"上有"韜"字。

【2】張校："'徒'作'役'。"顧本、四庫本同張校。

【3】張校："'取用'作'用耳'。"顧本、馬本、四庫本同張校。

【4】馬本"者"下有"有"字。

【5】馬本"韝"作"韛"。○今案:"韝"、"韛"異體。《釋名·釋衣服》:"韛。"畢沅《疏證》:"(韛)亦俗字也。本'韋'旁,作'韝'。《說文》'韝,射臂決也。'"

【箋】

[一] 厮徒:從事雜務而位卑者。《史記·蘇秦列傳》:"厮徒十萬。"司馬貞《索隱》:"厮,音斯,謂厮養之卒。厮,養馬之賤者,今起之爲卒。"張守節《正義》:"厮,音斯,謂炊烹供養雜役。"

[二] 乘輿進食者:爲古代帝王進奉膳食之人。

[三]《漢書·東方朔傳》:"董君綠幘傅韝,隨主(引案,謂館陶公主)前,伏殿下。"顏師古注:"應劭曰:'宰人服也。'韋昭曰:'韝,形如射韝,以縛左右手,於事便也。'綠幘,賤人之服也。傅,著也。韝,即今之臂韝也。"○幘:古代包紮髮髻的巾。《獨斷》下:"幘者,古之卑賤執事不冠者之所服也……元帝額有壯髮,不欲使人見,始進幘服之,羣臣皆隨焉,然尚無巾,如今半頭幘而已。"《宋書·禮志五》:"幘者,古賤人不冠者之服也。漢元帝額有壯髮,始引幘服之。王莽頂禿,又加其屋也。《漢注》曰:'冠進賢者宜長耳,今介幘也;冠惠文者宜短耳,今平中幘也。知時各隨所宜,後遂因冠爲別。'介幘服文吏,平上服武官也。童子幘無屋者,示未成人也。又有納言幘,後收,又一重,方三寸。又有赤幘,騎吏、武史、乘輿鼓吹所服。救日蝕,文武官皆免冠,著赤幘,對朝服,示威武也。宋乘輿鼓吹,黑幘武冠。"○韝:臂套。用皮製成。射箭、架鷹時縛於兩臂束住衣袖以便動作。

　　五伯[1],一伍之伯也。五人曰伍,五長爲伯[2][一],[故稱伍伯][3]。一曰戶伯。漢制:兵吏五人一戶[一]竈[4],置一伯,故[云]戶伯[5],亦曰火伯[6]，以爲一竈之主[7]也。漢諸公行[8]，則戶伯率其伍以導引也[9][二]。古兵士服韋弁[10][三]，今戶伯服赤幘、繐衣、素［裳］、韤、弁[11][四]，［古］之遺法也[12]。

【校】

【1】張校：" '五'作'伍'。"馮校本、四庫本、《蘇氏演義》卷上同張校。

【2】馬本"五長"作"伍長"。○馮校本、《蘇氏演義》"爲伯"作"曰伯"。

【3】張校：" '五長爲伯'下有'故稱伍伯'四字。"顧本、馮校本、四庫本、《蘇氏演義》、《代王縣丞上薛檢正》（《四六標準》卷二）"呼五百而取鼠穴"句李劉注引同張校。今案：有"故稱伍伯"於義爲勝，故據諸書增。

【4】顧本、馮校本、《蘇氏演義》"竈"上有"一"字。顧校："各本'竈'上脫'一'字。案《急就篇補注》三引作'五人一戶一竈置一伯'，《中華古今注》同，茲據增。"

【5】"故"下：馮校本、馬本、《蘇氏演義》有"云"字。今案：有"云"字義勝，故據增。

【6】《蘇氏演義》"曰"作"名"。

【7】馮校本"以"下無"爲"字。○《蘇氏演義》"主"作"掌"。

【8】馬本"漢"下有"制"字，"諸"下有"王"字。

【9】馬本"伯"下有"各"字，"導"作"道"。○今案：作"道"者，用古字。《左傳》隱公五年："請君釋憾於宋，敝邑爲道。"陸德明《釋文》："道音導，本亦作導。"

【10】馮校本無"兵"字。

【11】馮校本、《蘇氏演義》"素"下有"裳"字。今案：據文義，當補"裳"字。

【12】馮校本、《蘇氏演義》"之"上有"古"字。今案：據文義，當補"古"字。○法：馮校本作"灋"。《四六標準》李劉注引作"制"。今案："灋"爲古"法"字。《周禮·天官·大宰》："以八灋治官府。"陸德明《釋文》："灋，古法字。"

【箋】

［一］五長：亦作"伍長"，同。謂一伍之長。古代軍制以五人爲伍，戶籍

37

以五家為伍，每伍有一人為長，故稱。《漢書·韓延壽傳》："置正、五長。"顏師古注："正，今之鄉正里正也。五長，同伍之中，置一人爲長也。"

　　[二] 導引：作為前導，引導。《楚辭·王褒〈九懷·尊嘉〉》："蛟龍兮導引，文魚兮上瀨。"王逸注："蚑蟻，水禽，馳在前也。"

　　[三] 韋弁：古代禮冠之一。天子諸侯大夫兵事服飾。用熟皮製成，淺朱色，制如皮弁。《周禮·春官·司服》："凡兵事，韋弁服。"鄭玄注："韋弁，以韎韋爲弁。"賈公彥疏："韎是舊染謂赤色也，以赤色韋爲弁。"孫詒讓《正義》引任大椿曰："韋弁爲天子諸侯大夫兵事之服。戎服用韋者，以韋革同類，服以臨軍，取其堅也。《晉志》：'韋弁制似皮弁，頂上尖，韎草染之，色如淺絳。'然則形狀似皮弁矣。"夏炘《學禮管釋·釋韋弁皮弁》："惟其去毛而熟治，故可以茅蒐染之，製以爲弁，曰韋弁，此弁名漢書韋之取義也。"

　　[四] 赤幘：赤色頭巾。古代武士所服。《後漢書·輿服志下》："武吏常赤幘，成其威也。"〇縓衣：淺絳色衣服。縓，淺絳色。《周禮·天官·染人》："夏纁玄。"孫詒讓《正義》："《周髀算經》云：'天青黑，地黃赤。'青黑即玄色，黃赤即纁色也。"〇韎：或作"靺"（韋、革義同，可互代）、"韈"（韋、革義同，末、蔑聲近，故可互代），同。即襪子。《釋名·釋衣服》："韈，末也，在腳末也。"

　　警蹕，所以戒行徒也[一]。周禮蹕而不警[二]。秦制出警入蹕【1】，謂出軍者皆警戒，入國者皆蹕止也【2】[三]。至漢朝梁孝王【3】，王出稱警，入稱蹕【4】，降天子一等焉【5】[四]。一曰：蹕，路也，謂行者皆警於塗路也。

【校】

【1】馮校本無"出警入蹕"四字。

【2】張校："'皆蹕止也'下有'故云出警入蹕也'七字。"顧本、馬本、四庫本、《事物紀原》卷三引同張校。

【3】馮校本無"朝"字。

【4】馮校本作"王"作"亦"。〇馬本無上"王出"和下"入"字。

【5】馮校本"焉"作"也"。

【箋】

　　[一] 警蹕：古代帝王出入時，於所經路途侍衛警戒，清道止行，謂之"警蹕"。《史記·淮南衡山列傳》："屬王以此歸國，益驕恣，不用漢法，出入稱警

蹕，稱制，自爲法令，擬於天子。"

〔二〕《周禮·夏官·隸僕》："掌蹕宮中之事。"鄭玄注："宮中有事則蹕。鄭司農云：'蹕，謂止行者清道，若今時儆蹕。'"陸德明《釋文》："儆字又作警，音景。"

〔三〕《宋書·禮志五》："《漢儀》曰：'出稱警，入稱蹕。'說者云，車駕出則應稱警，入則應稱蹕也，而今俱唱之。史臣以爲警者，警戒也；蹕者，止行也。今從乘輿而出者，並警戒以備非常也。從外而入乘輿相干者，蹕而止之也。董巴、司馬彪云：'諸侯王遮迾出入，稱警設蹕。'"

〔四〕《事物紀原》卷三："自漢以來，天子出稱蹕。"

華盖，黃帝所作[1][一]。與蚩尤戰於涿漉之野[2]，常有五色雲氣、金枝玉葉止於帝上，有花葩之象[3]，故因而作華盖也[4]。

【校】
【1】張校："'作'下有'也'字。"顧本、馬本、四庫本、《御覽》卷七〇二引同張校。
【2】《編珠》卷一、《類說》卷三六、《御覽》、《錦繡萬花谷·後集》卷二、《玉海》卷九一、《天中記》卷二、《名義考》卷四引"涿漉"作"涿鹿"。〇《御覽》引"野"作"埜"。今案："埜"，古"野"字。《玉篇·土部》："埜，古文野。"〇馮校本無"之野"二字。
【3】《名義考》引無"金枝玉葉"，"上"作"所"。〇有花葩之象：《類說》引無。顧校："《元（玄）應音義》六、《天中記》四十九並引作'花蘤'，《中華古今注》同。"今案：馮校本、《御覽》、《事物紀原》卷三、《玉海》引亦作"花蘤"。"蘤"、"葩"爲異體字。《廣雅·釋草》："蘤，華也。"王念孫《疏證》："《後漢書·張衡傳》云：'百卉含蘤'。李賢注引張氏《字詁》云：'蘤，古花字也。'……蘤字從艸，從白，爲聲，古音'爲'如'化'，故'花'字從'化'聲而古作'蘤'。"《說文·艸部》："葩，華也。"《慧琳音義》卷二八引《聲類》："秦人謂花爲葩也。"〇《紺珠集》卷一引作"常有五色雲氣、金枝玉葉、花葩之象集於帝所"。
【4】馮校本、馬本"也"作"焉"。〇《編珠》、《玉海》引無"故"、"也"字。〇《初學記》卷一、《錦繡萬花谷·後集》引無"而"字。〇《御覽》引無"也"字。〇《紺珠集》、《類說》、《天中記》、《名義考》引作"因作華盖"。〇《事物紀原》引作"故作華盖"。

《古今注》校箋

【箋】

[一]《漢書·王莽傳下》："或言黃帝時建華蓋以登僊。莽乃造華蓋九重，高八丈一尺，金瑵羽葆。"《古今事文類聚·續集》卷二七"作華蓋"條引《風俗通》："黃帝戰蚩尤於涿鹿，常有五色雲氣、金枝玉葉止於帝上，因作華蓋。"據此，則知《古今注》此條本於《風俗通》。今案：彭大翼《山堂肆考》卷六引有此條文字，云出《史記》。今檢《五帝本紀》，但有戰於涿鹿之事，卻無"五色雲氣、金枝玉葉"之類，亦可見明人引書粗疏如此。○華蓋：帝王或貴官車上的傘蓋。《夢溪筆談·故事一》："正衙法座，香木爲之……每車駕出幸，則使老內臣馬上抱之，曰'駕頭'，輦後曲蓋謂之'筤'，兩扇夾心，通謂之'扇筤'。皆繡，亦有銷金者，即古之'華蓋'也。"《名義考》卷三"華蓋座"條："華蓋，本星名。《晉·天文志》：天皇大帝上九星曰華蓋，所以覆蔽大帝之座也。下九星曰杠，蓋之柄也。古者天子所坐曰華蓋之座，取象於天也。沈存中曰：輦後曲蓋謂之筤，兩扇夾心通謂之扇筤，此華蓋之制。"

貂蟬，胡服也[1][一]。貂者取其有文采而不炳煥[2][二]，外柔易而內剛勁也[3]。蟬[者]取其清虛[而]識[時]變也[4]。在位者有文而不自耀，有武而不示人，清虛自牧[5]，識時而動也[6]。

【校】

【1】顧本此條在"五明扇，舜作也"條下。○《天中記》卷四七引"蟬"下有"冠"字。《天中記》卷五七引"胡"作"古"，殆傳寫時誤脫去"月"所致。

【2】顧本無"貂者"二字。○《御覽》卷九四四引作"貂者取其有文而不雜"。○馮校本、《事類賦》卷三○"體清虛識變之姿"句注、《天中記》卷四七、卷五七引無"采"字。○《事類賦》卷三○"體清虛識變之姿"句注、《天中記》卷四七、卷五七引無"炳"字。

【3】顧校："《說文繫傳》十八引云：'侍中冠以貂為飾，取其和潤而有文。'今無此語。"今案：《繫傳》所引與此條意不協，殆別處文字而誤移於此。○《御覽》引作"外柔而易內順而勁也"。○《事類賦》注、《天中記》卷四七、卷五七並引作"外柔而易內剛而勁"。

【4】《初學記》卷三○、《御覽》、《事類賦》注、《天中記》卷四七、卷五七引"蟬"下有"者"，"虛"下有"而"，"識"下有"時"。揆諸文義，有此

三字為勝，故據增。○馮校本、《蘇氏演義》卷下"蟬"下亦有"者"字。○馮校本"變"作"長"。今案：作"長"似無義可取。

【5】《御覽》引"牧"作"守"。

【6】《御覽》引"時"下有"變"字。今案：此句下，《御覽》引尚有"輝光外映，灼灼於目也"，為諸書所無。玩其義，殆是對"貂蟬"作為服飾從另一角度作出的描述，頗疑為豹書佚文。姑存疑。

【箋】

[一] 貂蟬：貂尾和附蟬，古代為侍中、常侍等貴近之臣的冠飾。《後漢書·輿服志下》："侍中、中常侍加黃金璫，附蟬為文，貂尾為飾，謂之'趙惠文冠'。"劉昭注："應劭《漢官》曰：'說者以金取堅剛，百鍊不耗。蟬居高飲絜，口在腋下，貂內勁捍而外溫潤。'此因物生義也。"

[二] 炳煥：同義連文，俱有"光明，明亮"義。《易·革》："大人虎變，其文炳也。"孔穎達疏："'其文炳'者，義取文章炳著也。"《論語·泰伯》："煥乎！其有文章。"何晏《集解》："煥，明也。"

青囊[1][一]，所以盛印也。奏劾者[2][二]，則以青布囊盛印於前[3]，示奉王法而行也[4]；非奏劾曰[5]，則以青繒為囊盛印於後也[6]。謂劾尚質直[7][三]，故用布；非奏劾者尚文明，故用繒[8][四]。自晉朝以來，[奏劾]之官專以印居前[9]，非[奏劾]之官專以印居後[10]。

【校】

【1】顧本此條及下五條俱在"兩漢京兆"條下。

【2】馬本"者"作"之曰"。

【3】四庫本"則"作"亦"。○《御覽》卷六八三引無"則以"，"青布囊"作"締為囊"。

【4】《御覽》引無"法"、"也"字。

【5】馬本"日"上有"之"字。○馮校本、《御覽》引"日"作"者"。

【6】《御覽》引無"則"字。○張校："無'也'字。"顧本、四庫本、《御覽》引同張校。

【7】張校："'謂'下有'奏'字。"顧本、四庫本、《蘇氏演義》卷下同張校。○馬本"奏"字在"劾"下。

【8】者：四庫本、《蘇氏演義》作"曰"。顧校："各本諸'者'字並誤作

'日',茲據《御覽》六百八十三引改。"○張校:"'繒'下有'也'字。"顧本、四庫本同張校。

【9】奏劾:原作"劾奏",顧本作"奏劾"。顧校:"各本誤倒作'劾奏'。"今案:前"奏劾者"、"非奏劾曰"、"非奏劾者"俱云"奏劾",此處循例亦當作"奏劾"。顧校是。茲據改。

【10】奏劾:原作"劾奏",顧本作"奏劾"。據改。○張校:"'後'下有'也'字。"顧本、四庫本同張校。

【箋】

[一] 青囊:青色口袋。囊:口袋。《詩·大雅·公劉》:"于橐于囊。"毛傳:"小曰橐,大曰囊。"《漢書·王吉傳》:"所載不過囊衣。"顏師古注:"有底曰囊,無底曰橐。"

[二] 奏劾:上奏章檢舉。《說文》:"奏,奏進也。"《急就篇》卷四:"誅罰詐偽劾罪人。"顏師古注:"劾,舉案之也。"王應麟補注:"劾,推究罪人也。漢世問罪謂之鞫,斷獄謂之劾。"

[三] 質直:樸實正直。《論語·顏淵》:"夫達也者,質直而好義。"劉寶楠《正義》:"質直而好義者,謂達者之爲人,樸質正直,而行事知好義也。"

[四] 繒:古代絲織品之總稱。《禮記·禮運》:"故先王秉蓍龜,列祭祀,瘞繒,宣祝嘏辭說,設制度。"鄭玄注:"幣帛曰繒。"《漢書·灌嬰傳》:"灌嬰,睢陽販繒者也。"顏師古注:"繒者,帛之總名。"

文官冠[1]進賢冠[一],古委貌冠之遺象也[2][二]。武官冠惠文冠[三][3],古緇布冠之遺象也[4][四]。緇布冠,上古之法,武人質木[5],故取[6]法焉。

【校】

【1】馬本無"官"下"冠"字。

【2】委:《藝林彙考·服飾篇》卷一引《中華古今注》作"綾"。○貌:四庫本作"皃"。今案:"皃",古"貌"字。《漢書·王莽傳下》:"皃很自臧。"顏師古注:"皃,古貌字也。皃很,言其很戾見於容貌也。"○張校:"('貌'下)無'冠'字。"顧本、四庫本同張校。

【3】馬本無"惠文冠"。

【4】張校:"無'也'字。"顧本、四庫本同張校。

【5】馬本"取"作"須"。

【6】張校："'人'下有'尚'字，無'木'字。"顧本、四庫本同張校。

【箋】

[一] 進賢冠：古時朝見皇帝的一種禮帽，為儒者所戴。《後漢書·輿服志下》："進賢冠，古緇布冠也，文儒者之服也。前高七寸，後高三寸，長八寸。公侯三梁，中二千石以下至博士兩梁，自博士以下至小史私學弟子，皆一梁。"《宋書·禮志五》："進賢冠，前高七寸，後高三寸，長八寸，梁數隨貴賤，古之緇布冠也。文儒者之所服。"

[二] 委貌冠：古冠名，以皂絹為之。《儀禮·士冠禮》："委貌，周道也。"鄭玄注："委，猶安也，言所以安正容貌。"《白虎通·紼冕》："委皃者，何謂也？周朝廷理政事、行道德之冠名。"《御覽》卷六八五引《三禮圖》曰："玄冠，一曰委貌，今之進賢，則其遺象也。夏曰毋追，殷曰章甫，周曰委貌。後世轉以巧意改易其名耳。"《宋書·禮志五》："行鄉射禮，則公卿委貌冠，以皂絹為之，形如覆杯，與皮弁同制。長七寸，高四寸。"

[三] 惠文冠：冠名。相傳為趙惠文王創制，故稱。漢謂之武弁，又名大冠。諸武官冠之。侍中、常侍加黃金璫，附蟬為文，貂尾為飾。侍中插左貂，常侍插右貂。因又稱"貂璫"、"貂蟬"。《漢書·昌邑王（劉）賀傳》："衣短衣大絝，冠惠文冠。"顏師古注："蘇林曰：'治獄法冠也。'孟康曰：'今侍中所著也。'服虔曰：'武冠也，或曰趙惠文王所服，故曰惠文。'晉灼曰：'柱後惠文，法冠也。但言惠文，侍中冠。孟說是也。'"《後漢書·輿服志下》："武冠，一曰武弁大冠，諸武官冠之。侍中、中常侍加黃金璫，附蟬為文，貂尾為飾，謂之'趙惠文冠'。"王先謙《集解》："趙惠文王，武靈王子也。其初制必甚麤簡，金玉之飾，當即惠文後來所增，故冠因之而名。"《宋書·禮志五》："武冠，昔惠文冠，本趙服也，一名大冠。凡侍臣則加貂蟬。應劭《漢官》曰：'說者以金取堅剛，百煉不耗；蟬居高食潔，口在腋下；貂內勁悍而外溫潤。'此因物生義，非其實也。其實趙武靈王變胡，而秦滅趙，以其君冠賜侍臣，故秦、漢以來，侍臣有貂蟬也。徐廣《車服注》稱其意曰：'北土寒涼，本以貂皮暖額，附施於冠，因遂變成首飾乎？'侍中左貂，常侍右貂。"

[四] 緇布冠：古代士與庶人常用的一種冠。古人行冠禮，初加緇布冠，次加皮弁，次加爵弁。《禮記·玉藻》："始冠，緇布冠，自諸侯下達，冠而敝之可也。"《儀禮·士冠禮》："緇布冠，缺項，青組纓屬於缺，緇纚，廣終幅，長六尺。"《晉書·輿服志》："緇布冠，蔡邕云即委貌冠也。太古冠布，齊則緇之。緇布冠，始冠之冠也。其制有四形：一似武冠，又一似進賢，其一上方其下如

43

幘顏，其一刺上而方下。"

［五］質木：質樸。《漢書·地理志下》："民俗質木，不恥寇盜。"顏師古注："質木者，無有文飾，如木石然。"

舄[1][一]，以木置履下，乾腊不畏泥濕也[2][二]，［故曰舄］[3]。天子赤舄。凡舄色皆象於裳[4]。

【校】
【1】馬本"舄"下有"者"字。
【2】顧校："《御覽》六百九十七引'濕'作'溺'。"
【3】此三字底本原無。《廣韻·昔韻》"舄"下、《古今韻會舉要》卷一五"舄"下、《除武岡通判謝葛僉書》"獨嘗侍夫子之履舄"句李劉注（《四六標準》卷八）、《輟耕錄》卷三〇、《說略》卷二一、《格致鏡原》卷一八引並有"故曰舄"三字。《五音集韻·昔韻》"舄"下引有"故曰舄也"四字。《古今合璧事類備要·外集》卷四〇"履"下、《山堂肆考》卷一九〇引有"故名曰舄"四字。雖文字略有差異，然當是豹書佚文無疑。茲據增"故曰舄"三字。
【4】馬本"裳"下有"也"字。

【箋】
［一］舄：古代一種以木為複底的鞋。《周禮·天官·履人》"掌王及后之服履"鄭玄注"複下曰舄"賈公彥疏："重底者名曰舄。"《左傳》桓公二年："帶、裳、幅、舄……昭其度也。"杜預注："舄，複履。"《方言》卷四："履中有木者謂之複舄，自關而東謂之複。"
［二］乾腊：猶言乾燥。腊：乾肉。《釋名·釋飲食》："腊，乾昔也。"故可引申有"乾燥"義。《釋名·釋衣服》："複其下曰舄，舄，腊也，行禮久立，地或泥濕，故複其下使乾腊也。"

履[1]，屨之不帶者[2][一]。

【校】
【1】張校："'履'下有'者'字。"顧本、四庫本同張校。
【2】張校："'者'下有'也'字。"顧本、四庫本同張校。〇今案：《事物紀原》卷三、《古今事文類聚續集》卷二〇引此句下尚有"蓋祭服謂之舄，朝

服謂之屨，燕服謂之屝"三句。未識為《古今注》之佚文否？

【箋】
［一］屨：單底鞋。多以麻、葛、皮等製成。後亦泛指鞋。《周禮·天官·屨人》："掌王及后之服屨。"鄭玄注："複下曰舄，禪下曰屨。"

不借[1][一]，草履也[2]。以其輕賤易得，故人人自有，不假借也[3]。漢文履不借以視朝是也[4]。

【校】
【1】張校："下有'者'字。"顧本、四庫本同張校。
【2】馬本"履"作"屨"。
【3】張校："'借'下有'於人故名不借'六字。"顧本、四庫本同張校。○今案："故名不借"四字殆豹書原有，傳抄之際脫去耳。宋吳坰《五總志》載此條文字亦有"故名不借"四字，堪為旁證。
【4】張校："'漢'上有'又'字，'文'下有'帝'字。無'以'字及'是也'二字。"顧本、四庫本同張校。○馬本"文"下亦有"帝"字。○今案：宋吳坰《五總志》載有此條文字，雖未標出處，當亦出豹書。文字大同小異，茲錄此備參。其云：

不借，草履也。謂其易辦，人人自有，不待假借，故名不借。

【箋】
［一］《方言》卷四："麻作之者謂之不借。……履，其通語也。"戴震《疏證》："不借，言賤易有，宜各自蓄之，不假借人也。"方以智《通雅》卷三六："薄借、不借，乃舄之轉聲。"

五明扇，舜［所］作也[1][一]。既受堯禪[2]，廣開視聽，求賢人以自輔[3]，故作五明扇也[4]。［秦］漢公卿士大夫皆得用之[5]。［魏］晉非乘輿不得用也[6]。

【校】
【1】張校："'舜'下有'所'字。"顧本、馬本、四庫本、《御覽》卷七〇二、《事類賦》卷一四"五明靡麗"條注、《玉海》卷九一、《天中記》卷四

九、《廣博物志》卷三九引同張校。○今案：諸書有"所"字於義為勝，故據增。

【2】馬本"既"作"舜"。

【3】《蘇氏演義》卷下、《類說》卷三六引作"求賢為輔"。

【4】《初學記》卷二五引無"故"字。○張校："'也'作'焉'。"顧本、四庫本、《廣博物志》同張校。○馬本、《初學記》、《御覽》、《類說》、《事類賦》注、《玉海》、《天中記》引無"也"字。○《蘇氏演義》無"五明扇也"。

【5】張校："'漢'上有'秦'字。"顧本、馬本、四庫本、《蘇氏演義》、《御覽》、《事類賦》注、《玉海》、《天中記》、《廣博物志》引同張校。今案：諸書有"秦"字，故據增。○《初學記》、《御覽》、《事類賦》注、《天中記》、《山堂肆考》卷一八二、《書鈔》卷一三四"五明"條陳禹謨補注、《格致鏡原》卷五八引無"士"、"得"二字。○《玉海》引無"皆得"二字。

【6】張校："'晉'上有'魏'字，無'也'字。"四庫本、《初學記》、《事類賦》注、《玉海》、《廣博物志》、《書鈔》陳禹謨補注、《格致鏡原》引同張校。○馬本、《蘇氏演義》、《御覽》、《海錄碎事》卷五、《錦繡萬花谷·續集》卷七、《古今事文類聚·續集》卷二八、《天中記》引亦並有"魏"字。今案：諸書皆有"魏"字，故據增。○顧本無"也"字。○馬本"用"下有"之"字。○《蘇氏演義》"晉"下有"以後"二字，"也"作"矣"。

【箋】

[一]《事物紀原》卷八"扇"條："《黃帝內傳》亦有五明扇之起以五明而制也。陸機《扇賦》曰：'昔武王玄覽，造扇於前。'然則今以招涼者，周武王所作云。故《傳》有武王扇暍之事。一曰夏禹也。"

孫文[臺]獲青玉馬鞍[1]，其光照衢[2][一]。

【校】

【1】臺：原作"基"。張校："'基'作'臺'。"顧本、四庫本、《玉芝堂談薈》卷二六同張校。今案：諸書作"臺"是。"文臺"，孫堅之字。故據改。

【2】《玉芝堂談薈》"照"作"炤"。○馬本"衢"作"於衢路也"。

【箋】

[一]孫文臺：即孫堅（155~191），字文臺，吳郡富春（今浙江杭州富

陽）人，東漢末期名將，孫策、孫權之父。為東吳政權建立之重要人物之一。孫權即位，追諡武烈皇帝。事詳《三國志·吳書》本傳。○衢：四通八達的道路；大路。《爾雅·釋宮》："四達謂之衢。"《左傳》昭公二年："尸諸周氏之衢，加木焉。"杜預注："衢，道也。"

漢世傳高祖斬白蛇劒長七尺[1][一]，高祖自稱提三尺劒而取天下[2][二]。有客問於予[3]，予告之曰："高祖爲泗水亭長[4][三]，送徒驪山[四]，所提劒理當[5]三尺耳。後富貴，當別得七尺寶劒[6]，捨舊而佩之[7]。後世唯聞高祖以佩劒斬白蛇[8]，而高祖常佩此劒，便謂此劒即斬蛇之劒也[9]。"

【校】

【1】張校："'漢'上有'劍'字。"顧本、四庫本同張校。

【2】張校："'高祖自稱'以下二十一字全缺。"顧本、四庫本同張校。○馬本"高"上有"漢"字。

【3】馬本作"有問余者"。

【4】張校："'高'上有'漢'字。"顧本、四庫本同張校。○馬本"予"作"余"，"高祖"作"漢高"，"泗水"作"泗上"。

【5】張校："'當'作'應'。"顧本、馬本、四庫本同張校。

【6】張校："'當'作'則'。"顧本、四庫本"當別"作"則"。○馬本無"當"字。

【7】張校："'舊'下有'劍'字。'佩'作'服'。"顧本、四庫本同張校。○馬本"佩"作"服"。

【8】張校："'後'下有'漢之'二字。'以'下有'所'字。'劍'上有'之'字。"顧本、四庫本同張校。○馬本"後"上有"漢之"二字，"以"下有"所"字。

【9】馬本無"便謂此劒"。

【箋】

[一]《史記·高祖本紀》："高祖被酒，夜徑澤中，令一人行前。行前者還報曰：'前有大蛇當徑，願還。'高祖醉，曰：'壯士行，何畏！'乃前，拔劒擊斬蛇。蛇遂分為兩，徑開。……後人來至蛇所，有一老嫗夜哭，人問：'何哭？'嫗曰：'人殺吾子，故哭之。'人曰：'嫗子何為見殺？'嫗曰：'吾子，白帝子也，化為蛇，當道，今為赤帝子斬之，故哭。'"司馬貞《索隱》："《漢舊儀》

云：'斬蛇劍長七尺。'"《續漢書·郡國志二》："（豐縣）西有大澤，高祖斬白蛇於此。"劉昭注引戴延之《西征記》："縣西北有漢祖廟，為亭長所處。"《西京雜記》卷一："高祖斬白蛇劍，劍上七采珠、九華玉以為飾，雜廁五色琉璃為劍匣，劍在室中，光景猶照於外，與挺劍不殊。十二年一加磨瑩。刃上常若霜雪，開匣拔鞘，輒有風氣，光彩射人。"《玉海》卷一八三"漢靈金內府"條引《三輔黃圖》曰："高祖斬白蛇劍藏於寶庫，惠帝即位，以此庫貯禁兵器，名曰靈金內府。"《晉書·五行志上》："惠帝元康五年閏月庚寅，武庫火。……是以累代異寶，王莽頭，孔子屐，漢高祖斷白蛇劍及二百八萬器械，一時蕩盡。"

[二]《史記·高祖本紀》："醫入見，高祖問醫。醫曰：'病可治。'於是高祖嫚罵之曰：'吾以布衣，提三尺劍取天下，此非天命乎？命乃在天，雖扁鵲何益！'"

[三] 亭長：戰國時，國與國之間為防禦敵人，在邊境上設亭，置亭長。秦漢時在鄉村每十里設一亭，置亭長，掌治安，捕盜賊，理民事，兼管停留旅客。多以服兵役期滿的人充任。東漢後漸廢。《史記·高祖本紀》："（高祖）爲泗水亭長。"張守節《正義》："秦法，十里一亭，十亭一鄉。亭長，主亭之吏。"

[四] 驪山：古地名，在今陝西省臨潼縣東南，因古驪戎居此得名。《史記》："遂殺幽王驪山下。"司馬貞《索隱》："驪在雍州新豐縣南，故驪戎國也。"張守節《正義》："《括地志》云：'驪山，在雍州新豐縣南十里。'《土地記》云：'驪山，即藍田山。'按：驪山之陽即藍田山。"

吳大帝有寶刀三[1][一]，寶劍六。寶劍六[2]：一曰白[虹][3]，二曰紫電，三曰辟邪，四曰流星[4]，五曰青冥，六曰百里。寶刀三[5]：一曰百鍊，二曰青犢，三曰漏影[6]。

【校】

【1】張校："'帝'上有'皇'字。"顧本、四庫本同張校。

【2】張校："無（下）'寶劍六'三字。"顧本、四庫本同張校。

【3】虹：原作"蛇"。張校："'蛇'作'虹'。"今案：顧本、馬本、四庫本，以及《編珠》卷二、《初學記》卷二二、《御覽》卷三四四、《事類賦》卷一三"紫電白虹之異"句注、《紺珠集》卷一、《小學紺珠》卷一〇、《四六標準》卷三《回資官王縣尉謝舉狀》"紫電神鋒"句注、卷一三《回王正奏》"紫電將軍之庫"句注、《玉芝堂談薈》卷二八、《說略》卷二三、《山堂肆考》卷一七九引並同張校。則字應作"虹"。故據改。

【4】馬本"流"作"奔"。

【5】張校:"無'寶'字及'三'字。"四庫本同張校。○顧本"寶刀三"別爲一節。顧校:"('寶刀'上)各本說(脫)'漢文帝'三字,又下合爲一節,作'吳大皇帝有寶刀三,寶劍六。一曰白虹,二曰紫電,三曰辟邪,四曰流星,五曰青冥,六曰百里。刀一曰百煉,二曰青犢,三曰漏景'。案:《編珠》二、《初學記》二十二並引作'漢文帝有寶刀三',又引'吳皇帝有寶劍六',所舉刀劍名與今本同,惟'景'並作'影'。據引,似舊本分爲二節,茲據訂正。"今案:"寶刀三"屬漢文帝、"寶劍六"屬吳皇帝者,惟見《編珠》與《初學記》二書。"寶刀三"仍屬吳皇帝者如馬本,《御覽》卷三四五(曰"吳大皇帝有寶刀三")、《類說》卷三六、《紺珠集》、《海錄碎事》卷一四、《玉海》卷一五一引,以及《廣博物志》卷三二引《刀劍錄》。據此可知:"寶刀三"仍屬吳皇帝,屬於漢文帝者殆偶誤耳。

【6】四庫本、《海錄碎事》、《廣博物志》引"影"作"景"。○今案:"景"乃"影"之古字。《顏氏家訓・書證》:"凡陰景者,因光而生,故即謂爲景。《淮南子》呼爲景柱,《廣雅》云:'晷柱掛景。'並是也。至晉世葛洪《字苑》傍始加彡,音於景反。"

【箋】

[一]吳大帝:即孫權(182~252),字仲謀,吳郡富春(今浙江富陽)人,三國時東吳政權建立者。事詳《三國志・吳書》本傳。

都邑第二

封疆畫界者,封土爲臺,以表識疆境[1][一]。畫界者,於二封之間又爲堳埒[2][二],以畫分界域也[3]。

【校】

【1】張校:"'境'下有'也'字。"顧本、馬本、四庫本同張校。

【2】顧校:"案《後漢書・律歷志》:'爲山而不終,蹄乎一堳。'是'堳'與'黃'同。'堳埒'之'堳'當作'堳'。《廣均》、《均會》並以'堳'爲土埒。"○四庫本"堳"作"堳"。

【3】馬本"界"字在"分"下,"域"誤作"城"。

《古今注》校笺

【笺】

[一] 封疆：界域之標記；疆界。《史記·商君列傳》："爲田開阡陌封疆，而賦稅平。"張守節《正義》："封，聚土也；疆，界也：謂界上封記也。"《文選·司馬相如〈上林賦〉》："封疆畫界者，非爲守禦，所以禁淫也。"

[二] 堶埒：當爲土塊壘砌之矮牆。堶：當爲"墥"之異體字。義爲土塊。《廣韻·怪韻》："墥，俗云土塊。"埒：矮牆。《急就篇》卷三："頃町界畝畦埒封。"顏師古注："埒者……一說謂庳垣也。今之圍或爲短牆，蓋埒之謂也。"

闠者，市之垣也。闤者，市之門也[1][一]。

【校】

【1】張校："無兩'者'字及兩'之'字。"顧本、四庫本、《御覽》卷一九一、《天中記》卷一六引同張校。○馬本"垣"作"牆"，有兩"者"字，無兩"之"字。○《類說》卷三六、《古今事文類聚·續集》卷三、《山堂肆考》卷二七引無兩"也"字。

【笺】

[一]《文選·張衡〈西京賦〉》："爾乃廓開九市，通闠帶闤。"薛綜注："闠，市營也。"又曰："闤，中隔門也。"《初學記》卷二四引顏延之《纂要》："市巷謂之闠，市門謂之闤，巷謂之閎。"

肆，所以陳貨鬻之物也[1][一]。肆，陳也[2][二]。
店，所以置貨鬻之物也[3]。店，置也[4][三]。

【校】

【1】馬本"肆"下有"者"字。○此句，《慧琳音義》卷五九引在"店，置也"下。

【2】張校："'肆陳也'移在'店所以置貨鬻之物也'下。"顧本、四庫本同張校。○馬本、《類說》卷三六、《古今事文類聚·續集》卷三、《天中記》卷一六引無"肆陳也"三字。○此句，《慧琳音義》引在"店，置也"上。

【3】馬本"店"下有"者"字。《古今事文類聚·續集》引"店"誤作"居"。○《康熙字典》卷九"店"字下引無"之"字。○此句，《慧琳音義》

引在"肆，所以陳貨鬻之物也"下。又：此句下，《慧琳音義》引有"肆，亦列也，謂列其貨賄於市也"，為諸書所無，然其當爲豸書佚文。

【4】馬本、《類說》、《古今事文類聚·續集》、《天中記》引無"店置也"三字。

【箋】

[一] 肆：作坊，店鋪。《論語·子張》："百工居肆，以成其事。"邢昺疏："肆，謂官府造作之處也。"○貨鬻：同義連文，義為"賣，出售"。《玉篇·貝部》："貨，賣也。"《墨子·經說上》："買鬻，易也。"《漢書·王襃傳》："百里自鬻，寧子飯牛，離此患也。"顏師古注："鬻，賣也。"

[二]《詩·周頌·時邁》："我求懿德，肆于時夏。"鄭玄箋："懿，美。肆，陳也。"

[三]《龍龕手鑒》卷二"广部"："店，置也。"

長安御溝謂之楊溝，謂植高楊於其上也[1][一]。又[2]曰羊溝，謂羊喜能觸牆垣[3][二]，故爲溝以隔之[4]，故曰羊溝[5][三]。

【校】

【1】謂：馬本、《兼明書》卷五引無。○高楊：《兼明書》引作"楊柳"。《文選·謝朓〈鼓吹曲〉》"垂楊蔭御溝"李善注引作"楊"。○《古今事文類聚·別集》卷六引無"其"字。

【2】張校："'又'作'一'。"○顧本、馬本、四庫本、《兼明書》、《御覽》卷七五引同張校。

【3】能：張校："'能'作'抵'。"顧本、《御覽》、《古今事文類聚·別集》引同張校。馬本、四庫本、《記纂淵海》卷八、《席上腐談》卷上、《格致鏡原》卷一〇引作"觚"。今案：據文意，作"抵"或"觚"是。作"能"者，"觚"字形誤也。又"抵"、"觚"二字同義。《玉篇·角部》："觚，觸也。"《淮南子·說山》："兕牛之動以觚觸。"又案：《兼明書》引無"能"字。○牆垣：張校："'牆垣'二字乙轉。"馬本、四庫本、《兼明書》、《記纂淵海》引同張校。《御覽》引無"牆"字。

【4】故為：《兼明書》引作"作"。

【5】故：《御覽》引作"因"。《古今事文類聚·別集》引作"遂"。《席上腐談》無。○張校："'羊'作'洋'。'溝'下有'也'字。"○顧本、四庫

本、《御覽》引"溝"下亦有"也"字。

【箋】

[一] 長安御溝：流經長安城之河道。因河道上植楊柳，故亦稱"楊溝"。《三輔黃圖》卷六《雜錄》："長安御溝謂之楊溝，謂植高楊於其上也。"《玉海》卷二一"漢御溝"條引戴延之《西征記》曰："御溝引金谷，從閶闔門入。"又引《雍州圖經》曰："金谷水出藍田西終南山，西入霸水。"

[二] 牆垣：亦倒作"垣牆"。同義連文，謂牆壁。《左傳》襄公三十一年："厚其牆垣。"垣：矮牆。《書·梓材》："既勤垣墉。"陸德明《釋文》："馬云：卑曰垣，高曰墉。"

[三] 羊溝：古代宮苑中之溝渠。《中華古今注》卷上："（羊溝）亦曰禁溝，引終南山水從宮內過，所謂御溝。"後則泛指無覆蓋之排水溝。丘光庭《兼明書》卷五"楊溝"條："凡溝，有露見其明者，有以土填其上者。土填其上者謂之陰溝，露見其明者謂之陽溝，言陽以對陰，無他說也。"俞琰《席上腐談》卷上："愚謂今人以水溝在庭內不可見者為陰溝，在庭外可見者曰陽溝。"顧起元《說略》卷二〇："今人謂暗溝為陰溝，明溝為陽溝，所謂楊溝、羊溝，安知非陽溝耶？"

枸欄[1][一]，漢成帝顧成廟[2]有三玉鼎[二]，二真金鑪[3]，槐樹悉爲扶老[三]，枸欄畫飛雲[4]，龍角虛於其上[5][四]。

【校】

【1】張校："'枸欄'作'拘攔'，下同。"四庫本、《通雅》卷三八引同張校。〇馬本無此二字。〇《蘇氏演義》卷上作"鉤欄"，下同。〇《管城碩記》卷二五引作"勾欄"，下同。〇顧本"欄"作"攔"。顧校："'攔'即'欄'俗字。"

【2】廟：《通雅》引作"庿"。今案："庿"，古"廟"字。《說文·广部》："廟，尊先祖皃也。庿，古文。"

【3】鑪：馬本、四庫本作"鑢"。《蘇氏演義》、《丹鉛摘錄》卷九並引作"爐"。今案："鑢"、"鑪"俱為"爐"之異體字。義為"香爐，熏爐"。《文選·江淹〈雜體詩·效休上人"別怨"〉》："青鑪絕沈燎，綺席生浮埃。"李善注："鑪，熏鑪也。"〇《通雅》引無"三"、"二"。

【4】枸欄：馬本作"鉤欄"。《丹鉛摘錄》引作"勾欄"。〇飛雲：馬本無

"飛"字。《通雅》引作"飛龍"。

【5】龍角：《通雅》引作"雲角"。〇張校："無'虛'字。'上'下有'也'字。"顧本、四庫本、《蘇氏演義》同張校。馬本、《丹鉛摘錄》引"上"下亦有"也"字。

【箋】
[一] 枸欄：亦作"拘欄"、"鉤欄"、"勾欄"。曲折如鉤之欄杆。周祈《名義考》卷一二："階際木勾欄曰欄干，亦作闌干。……蓋闌干以橫斜為義，勾欄木縱橫為之，故曰闌干。以木為之，故字从木。"

[二] 顧成廟：漢文帝廟名。《漢書·文帝紀》："（四年冬）作顧成廟。"顏師古注："服虔曰：'廟在長安城南，文帝作，還顧見城，故名之。'應劭曰：'文帝自爲廟，制度卑狹，若顧望而成，猶文王靈臺不日成之，故曰顧成。'賈誼曰：'因顧成之廟，為天下太宗，與漢無極。'如淳曰：'身存而為廟，若《尚書》之《顧命》也。景帝廟號德陽，武帝廟號龍淵，昭帝廟號徘徊，宣帝廟號樂遊，元帝廟號長壽，成帝廟號陽池。'"顏師古曰："以還顧見城，因即為名，於義無取。……應說近之。"

[三] 扶老：謂可供做手杖的樹、藤、竹等。《詩·大雅·皇矣》："其檉其椐。"陸璣《疏》："椐，樻。節中腫，似扶老，今靈壽是也。"阮元《校勘記》："扶老，木名，可以爲杖。"《山海經·中山經》"（龜山）多扶竹。"郭璞注："邛竹也，高節實中，中杖也。名之扶老竹。"

[四] 虛：居；處。《荀子·大略》："仁非其里而虛之，非禮也。"楊倞注："虛讀為居，聲之誤也。"

廟者，貌也[1]，所以髣髴先人之靈貌也[2][一]。

【校】
【1】《說文繫傳》卷一八、《山堂肆考》卷二三四引無"者"字。〇貌：馬本、《說文繫傳》引作"皃"，下同。今案："皃"，乃古"貌"字。《漢書·王莽傳下》："皃很自臧。"顏顏師注："皃，古貌字也。皃很，言其很戾見於容貌也。"

【2】髣髴：張校："《逸史》'髣'作'髴'。"顧校："《說文繫傳》十八、《均會》十八《嘯》並引作'所以仿佛先人之容貌也'。"《山堂肆考》引亦作"仿佛"、"容貌"。

【箋】

[一]《釋名·釋宮室》:"廟,貌也,先祖形貌所在也。"《三輔黃圖》卷五《宗廟》:"廟,貌也,所以髣髴先人尊貌也。"《天中記》卷四二"宗廟"條引《尚書大傳》曰:"廟者,貌也,其以貌言之也。"又引《孝經援神契》曰:"廟,所以尊祖也。"

罘罳,屏之遺象也[1][一]。塾,門外之舍也。臣來朝君,至門外,當就舍更衣,熟詳所應對之事[2]。塾之言[3]熟也[二]。行至門內屏外,復應思惟[4]。罘罳言復思也[5][三]。漢西京罘罳合版為之[6],亦築土為之,每門闕殿舍前皆有焉[7]。於今郡國廳前亦樹之[8]。

【校】

【1】顧本此條及下"城門"條在"長安御溝"條上。○《上李侍郎》(《四六標準》卷一)"巫對罘罳之月"李劉注引作:"罘罳,屏也。罘,復也。罳,思也。"其"罘,復也。罳,思也"云云者,殆豹書之佚文。

【2】張校:"無'衣'字。'熟詳'二字乙轉。'事'下有'也'字。"○顧本、四庫本同張校。○馬本"熟詳"作"詳","所"作"其所應"。"事"下亦有"也"字。○《四六標準》李劉注引"熟詳"作"詳熟思",餘同張校。

【3】之言:馬本作"之為言"。

【4】馬本"思惟"作"思維也"。○今案:"惟"、"維"同。

【5】張校:"無'言'字。"顧本、馬本、四庫本、《龍筋鳳髓判》卷二"點穢罘罳"句劉允鵬注引同張校。

【6】版:顧本、馬本、四庫本、《演繁露》卷一一引作"板"。

【7】顧本無"門"字。馬本無"前"字。

【8】馬本"於"作"如","之"下有"也"字。

【箋】

[一]《廣雅·釋宮》曰:"罘罳謂之屏。"《上李侍郎》(《四六標準》卷一)"巫對罘罳之月"句李劉注:"《玉篇》云:罘罳,樹屏門外也。"○罘罳:網狀之物,用以守望或防禦。而屏風亦為網狀,故亦得稱。程大昌說"罘罳"義甚詳,茲錄於此。《演繁露》卷一一曰:"前世載罘罳之制凡五出:鄭康成引漢闕以明古屏,而謂其上刻為雲氣蟲獸者是。《禮》:'疏屏,天子之廟飾也。'

鄭之釋曰：'屏謂之樹，今浮思也。刻之為雲氣蟲獸，如今闕上之為矣。'此其一也。顏師古正本鄭說，兼屏闕言之，而於闕罘加詳。《漢書》：'文帝七年，未央宮東闕罘罳災。'顏釋之曰：'罘罳，謂連屏曲閣也，以覆重刻垣墉之處，其形罘罳，一曰屏也。罘音浮。'此其二也。漢人釋罘為復，釋罳為思，雖無其制，而特附之義，曰'臣朝君，至罘罳下而復思'。至王莽劚去漢陵之罘罳，曰：'使人無復思漢也。'此其三也。崔豹《古今注》依放鄭義而不能審知其詳，遂析以為二也，闕自闕，罘罳自罘罳。其言曰：'漢西京罘罳，合板為之，亦築土為之。'詳豹之意，以築土者為闕，以合板者為屏也。至其釋闕，又曰：'其上皆丹堊，其下皆畫雲氣、仙靈、奇禽、異獸，以昭示四方。'此其四也。唐蘇鶚謂為網戶，其《演義》之言曰：'罘罳字象形。罘，浮也；罳，絲也：謂纖絲之文輕疏浮虛之貌，蓋宮殿窗戶之間網也。'此其五也。凡此五者，雖參差不齊，而其制其義互相發明，皆不可廢也。罘罳云者，刻鏤物象，著之板上，取其疏通連綴之狀而罘罳然，故曰浮思也。以此刻鏤施於朝屏則其屏為疏屏，施諸宮禁之門則為某門罘罳，而在屏則為某屏罘罳，覆諸宮寢闕閣之上則為某闕之罘罳，非其別有一物元無附著而獨名罘罳也。至其不用合板鏤刻而結網代之以蒙冒戶牖，使雀蟲不得穿入，則別名絲網。凡此數者，雖施寘之地不同，而其罘罳之所以為罘罳則未始或異也。"

[二]《三輔黃圖》卷六《雜錄》："塾，門外舍也。臣來朝君，至門外，當就舍，更熟詳所應對之事。塾之言熟。"

[三]《釋名·釋宮室》："罘罳，在門外。罘，復也，罳，思也。臣將入請事，於此復重思之也。"○思惟：同義連文。思考，思量。《爾雅·釋詁下》："惟，思也。"《漢書·張湯傳》："使專精神，憂念天下，思惟得失。"或作"思維"，同。《說文通訓定聲·履部》："維，叚借為惟。"《三國志·魏書·荀攸傳》："我每有所行，反覆思維，自謂無以易。"

城門皆築土為之。累土曰臺，[故]亦謂之臺門也[1][一]。

【校】

【1】"故"字據諸書增。《留青日札》卷一八引末句下尚有"臺所以登高而望遠也"句，未知豹書佚文否？

【箋】

[一] 臺門：古代天子、諸侯宮室的門。因以土台為基，故稱。《禮記·禮器》："天子、諸侯臺門，此以高爲貴也。"《禮記·郊特牲》："臺門而旅樹。"孔穎達疏："兩邊起土爲臺，臺上架屋，曰臺門。"

闕[1]，觀也[一]。古每門樹兩觀於其前[2]，所以標表宮門也[3]，其上可居，登之則可遠觀[4]，故謂之觀[二]。人臣將朝[5]，至此則思其所闕（多少）[6]，故謂之闕。其上皆丹堊[7][三]，其下皆畫雲氣仙靈、奇禽怪獸，以昭示四方焉[8]。蒼龍闕畫蒼龍，白虎闕畫白虎，玄武闕畫玄武，朱雀闕上有朱雀二枚[9]。

【校】

【1】顧本此條及下"城者"條在"長安御溝"條下。○馬本、宋釋智圓《涅槃玄義發源機要》卷四、《格致鏡原》卷一九引"闕"下有"者"字。

【2】《涅槃玄義發源機要》引"古"下有"者"字。○《天中記》卷一四引"於其"作"宇其"，誤。

【3】標表：張校："'標'作'摽'字。"今案：作"摽"者，形近而誤。《涅槃玄義發源機要》引無"標"字。

【4】遠觀：《古今事文類聚·續集》卷五、《山堂肆考》卷一七〇引作"徧觀"。

【5】張校："無'朝'字。"四庫本同張校。顧校："各本脱'朝'字。茲據《天中記》十四引增。"○則思：《古今事文類聚·續集》引作"而書"。

【6】張校："無'多少'二字。"顧本、馬本、四庫本、《涅槃玄義發源機要》、《天中記》、《格致鏡原》引同張校。今案：諸書無"多少"二字，故據刪。

【7】丹堊：顧本誤作"丹聖"。《古今事文類聚·續集》引作"丹壁"。

【8】《天中記》引"其下"作"其上"，無"昭"、"焉"。○四方：馬本、《格致鏡原》引作"萬民"。

【9】顧校："各本自'蒼龍闕'別提行。茲據《御覽》一百七十九及《天中記》引與上合為一節。"四庫本亦別提為一行。○《古今事文類聚·續集》引"上有"作"畫"。疑是。○《天中記》引作"蒼龍、白虎、玄武、朱雀，並畫其形"。

【箋】

[一]《釋名·釋宮室》:"闕,闕也,在門兩傍,中央闕然為道也。"《蘇氏演義》卷上:"闕者,缺也。……出於門兩旁,中間有道,遂謂之闕。"《五音集韻·月韻》"三闕"下:"(闕)門觀也。《廣雅》:'象魏,闕也。'《釋名》:'闕,在門兩旁,中央闕然為道,故謂之闕。'……蓋為二臺於門外,作樓觀於上,上員下方。以其縣法,謂之象魏。象,治象也,魏者,言其壯魏魏然高大也。使民觀之,因謂之觀。兩觀雙植,中不為門,闕而為道,故謂之闕。"《山堂肆考》卷一七〇"兩觀"條:"天子外闕兩觀,諸侯內闕一觀。"

[二]《釋名·釋宮室》:"觀,觀也,於上觀望也。"《蘇氏演義》卷上:"觀者,樓觀也。又曰:觀,可以於其上望焉。亦曰:觀者,謂屋宇之壯觀。"

[三] 丹堊:涂红刷白,泛指粉刷。《爾雅·釋宮》:"牆謂之堊。"郭璞注:"白飾牆也。"郝懿行《義疏》:"按:飾牆古用白土,或用白灰,宗廟用蜃灰。"

城者[一],盛也[1],所以盛受人物也[2]。

【校】

【1】《資治通鑑》周威烈王二十三年"長子近且城厚完"胡三省注引無"者"字。

【2】張校:"《逸史》、《漢魏》'人'作'大'。"○四庫本同《逸史》、《漢魏》。○顧本、《五音集韻·清韻》"城"字下、《資治通鑑》胡三省注、《山堂肆考》卷二九引"人"作"民"。顧校:"各本('人物')作'大物',茲據《廣均》十四'清'引訂正。《說文系傳》二十六及《均會》八'更'又引作'人物',當是唐人避諱所改。今本作'大',又'人'字之誤。"

【箋】

[一]《呂氏春秋·君守》:"夏鯀作城。"高誘注:"鯀,禹父也,築作城郭。"

隍,城池之無水者也[1][一]。

【校】

【1】張校:"'隍'下有'者'字。"○顧本同張校。

57

【箋】

[一]《說文》:"隍,城池也。有水曰池,無水曰隍。"《爾雅·釋言》:"隍,壑也。"郭璞注:"城池空者為壑。"郝懿行《義疏》:"壑、隍,《釋詁》並云:'虛也。'隍又訓壑者,隍壑雙聲。《詩·韓奕》正義引舍人云:'隍,城池也;壑,溝也。'李巡云:'隍,城池壑也。'"

[紫塞],秦所築長城[1][一],土色皆紫[2],漢[塞]亦然[3],故云紫塞也[4]。塞者,塞也,所以擁塞夷狄也[5]。

【校】

【1】紫塞:底本無。張校:"'秦'上有'紫塞'二字。"四庫本、《蘇氏演義》卷上同張校。顧本、《錦繡萬花谷·後集》卷二五引"秦"上亦有"紫塞"二字。今案:諸書有"紫塞"於義為勝,據增。○所:張校:"無'所'字。"四庫本、《蘇氏演義》卷上、《類說》卷三六、《玉海》卷二四、《苕溪漁隱叢話·後集》卷八、《山堂肆考》卷二九引同張校。《古今事文類聚·別集》卷六引《風俗通》亦無"所"字。○馬本無"長"字。

【2】《類說》引作"皆紫色"。《苕溪漁隱叢話·後集》引、《古今事文類聚·別集》引《風俗通》"色"在"紫"下。

【3】張校:"'漢'下有'塞'字。"今案:諸本皆有"塞"字,《初學記》卷二四、《文選·鮑照〈蕪城賦〉》"北走紫塞雁門"李善注、《錦繡萬花谷·後集》、《玉海》、《天中記》卷一三、《山堂肆考》引亦有之,據增。而《海錄碎事》卷四上引"漢"下有"室"字,"室"殆"塞"指形誤。

【4】云:張校:"'云'作'稱'。"顧本、馬本、四庫本、《蘇氏演義》、《蕪城賦》李善注、《錦繡萬花谷·後集》、《玉海》、《天中記》引同張校。《山堂肆考》引作"名"。《類說》、《苕溪漁隱叢話·後集》引、《古今事文類聚·別集》引《風俗通》"故云"作"謂之"。○也:張校:"'也'作'焉'。"顧本、四庫本同張校。馬本、《天中記》引作"者焉"。《蕪城賦》李善注、《海錄碎事》、《錦繡萬花谷·後集》、《玉海》、《苕溪漁隱叢話·後集》、《山堂肆考》引,《古今事文類聚·別集》引《風俗通》並無之。○四庫本、《蘇氏演義》此句下接"(丹徼,)南方徼色赤"條。

【5】張校:"(此三句十一字)移在下節'徼繞也'上。"顧本同張校。○夷狄:顧本、四庫本並作"戎狄"。《蘇氏演義》作"邊境"。○《類說》引、《古今事文類聚·別集》引《風俗通》作"塞者,壅塞夷狄也"。《苕溪漁隱叢

話·後集》引作"塞則壅塞夷狄也"。

【箋】
[一]《中華古今注》卷上:"秦始皇三十二年得讖書,云'亡秦者,胡也',乃使蒙恬築長城以備之。蓋秦終於二世帝胡亥也,非為胡人所患。"

南方徼色赤[1][一],故謂之丹徼[2]。徼,繞也[3],所以繞逆蠻夷[4],使不得侵入中國也[5]。

【校】
【1】張校:"'南方'上有'丹徼'二字。"顧本、四庫本、《蘇氏演義》卷上同張校。○徼色:《蘇氏演義》作"土色"。○此句,《類說》卷三六、《苕溪漁隱叢話·後集》卷八引、《古今事文類聚·別集》卷六引《風俗通》作"南徼土色丹"。
【2】《類說》、《苕溪漁隱叢話·後集》引、《古今事文類聚·別集》引《風俗通》無"故"字。○張校:"'謂之'作'稱'字。'徼'下有'為南方之極也'六字。"顧本、四庫本、《蘇氏演義》同張校。○馬本"謂之"亦作"稱","徼"下有"焉"字。
【3】張校:"'徼'下有'者'字。"顧本、四庫本、《蘇氏演義》同張校。○《類說》、《苕溪漁隱叢話·後集》引、《古今事文類聚·別集》引《風俗通》"繞"作"遶"。今案:"遶",同"繞"。《篇海類編·人事類·辵部》:"遶,圍遶也。通作繞。"《字彙·辵部》:"遶,同繞。"
【4】張校:"'逆'作'遮'。"顧本、四庫本、《蘇氏演義》同張校。○蠻夷:《蘇氏演義》作"邊境"。
【5】使不得:《類說》引作"貴免",《苕溪漁隱叢話·後集》引作"免"。○張校:"無'入'字。"四庫本、《蘇氏演義》、《類說》、《苕溪漁隱叢話·後集》引同張校。

【箋】
[一]徼:邊界,邊塞。《史記·司馬相如列傳》:"西至沫、若水,南至牂柯為徼。"司馬貞《索隱》引張揖曰:"徼,塞也。以木柵水為蠻夷界。"

古今注中

音樂第三

《雉朝飛》者，犢木子所作也[1]。齊處士，泯宣［時人］[2]，年五十無妻，出薪於野，見雉雌雄相隨而飛[3]，意動心悲，乃作《雉朝飛》之操以自傷焉[4]，其聲中絶[一]。魏武帝時有盧女者[5]，故［冠軍］將軍陰并（一本云計）之子[6]，年七歲入漢宮學［鼓］琴[7]，琴特鳴，異於餘伎[8]，善爲新聲，能傳此曲[二]。盧女至明帝崩後[9]，出嫁爲尹更生妻[10]。

【校】

【1】張校："'犢'上有'牧'字。"○顧本、馬本、四庫本"犢"上亦有"牧"字，下無"木"字。○《李太白集分類補注》卷三《雉朝飛》楊齊賢題注引"木"作"牧"。

【2】張校："'宣'下有'時人'二字。"○顧本、四庫本同張校。○馬本"宣"下有"王時人"。今案：諸本有"時人"，於義爲勝，據增。

【3】張校："'雌雄'二字乙轉。"顧本、四庫本同張校。○馬本無"而飛"。

【4】張校："無'雉'字。'以'上有'將'字。"顧本、四庫本同張校。○馬本"之操"作"曲"。

【5】張校："'時'作'宮人'。"顧本、馬本、四庫本同張校。今案：疑作"宮人"是。○馬本"盧女"作"靈女"，下同。

【6】"將"上：張校："'將'上有'冠軍'二字。"顧本、馬本、四庫本同張校。今案：諸本有"冠軍"二字，故據增。○並：張校："'並'作

'叔'。"顧本、四庫本同張校。○張校："無小注四字。"顧本、馬本、四庫本同張校。○子：張校："'子'作'妹'。"顧本、四庫本同張校。馬本作"姊"。今案："子"，或作"姊"，或作"妹"，未知孰是。

【7】張校："'琴'上有'鼓'字。"○顧本、馬本、四庫本同張校。故據增。

【8】餘伎：張校："'餘伎'作'諸妓'。"○顧本、四庫本同張校。○馬本作"餘妓"。

【9】張校："'後'下有'放'字。"○四庫本同張校。

【10】張校："'生'下有'之'字。"○顧本、四庫本同張校。○今案：有關《雉朝飛》之描述，不僅見於豹書，亦見於揚雄《琴清英》，蔡邕《琴操》，吳兢《樂府解題》。故而諸書或引豹書，或引其餘三書，文字或大同小異，或迥然有別。茲據諸書所引，擇其代表而摘《琴清英》、《琴操》、《樂府解題》各一條於下，以備對照。

《類聚》卷九〇引揚雄《琴清英》曰：

《雉朝飛操》者，衛女傅母之所作也。衛侯女嫁於齊太子，中道，聞太子死，問傅母曰："何如？"傅母曰："且往，當喪。"喪畢，不肯歸，終之以死。傅母悔之，取女所自操琴於冢上鼓之，忽二雉俱出墓中。傅母撫雉曰："女果為雉耶？"言未畢，俱飛而起，忽然不見。傅母悲痛，援琴作操，故曰《雉朝飛》。

【今案】亦參見《御覽》卷五七八、九一七，《古今事文類聚·後集》卷四四，《記纂淵海》卷七八"八曰雉朝飛操"句下，《太平廣記》卷四六一，《樂府詩集》卷五七、《通志》卷四九所引。

顧震福《古今注校正》引惠州本蔡邕《琴操》曰：

《雉朝飛操》者，齊獨沐子所作也。獨沐子年七十無妻，出薪於野，見飛雉相隨，感之，撫琴而歌曰："雉朝飛，鳴相和，雌雄群遊於山阿。我獨何命兮未有家，時將暮兮可奈何？嗟嗟暮兮可奈何？"

【今案】亦參見《類聚》卷九〇、《御覽》卷五七八、九一七，《古今事文類聚·後集》卷四四，《廣博物志》卷二三，《格致鏡原》卷四六所引。

《御覽》卷五七八引《樂府解題》：

《雉朝飛操》者，齊宣王時處士沐犢子所作也。年七十無妻，出薪於野，見雉雌雄相隨則心悲，乃仰天嘆曰："聖王在上，恩及草木鳥獸，而我獨以不獲。"援琴而歌以自傷。

【今案】亦參見《記纂淵海》卷七八"八曰雉朝飛操"句下，《通志》卷四九，《韻府羣玉·四紙》"朝飛雉"下，《山堂肆考》卷一六〇所引。又案：《通志》所引此條未標出處，然檢以《御覽》，似出《樂府解題》。然文字較《御覽》所引尤詳，似是糅合《古今注》、《樂府解題》兩處文字為一條矣。茲全錄於下："《雉朝飛》操，世言齊宣王時處士犢牧子作也。年七十無妻，採薪於野，見雉雌雄雙飛，乃仰天而歎曰：'聖王在上，恩及草木鳥獸，而我不獲。'因援琴而歌，其聲中絕。魏武帝有宮人盧女者，陰叔之妹，七歲入漢宮學鼓琴，琴特鳴異，為新聲，能傳此曲。至魏明帝崩，出降為尹更生妻，故得此聲不絕。"

又樊汝霖引崔豹《古今注》（見宋王伯大《別本韓文考異》卷一"雉朝飛操"條題注）尚載有《雉朝飛》之詞，為今本所無，茲錄於此：

牧犢子，齊宣王時人，五十無妻，出薪于野，見雉雄雌相逐而飛，乃作詞曰："雉朝飛兮鳴相和，雌雄羣遊兮山阿，我獨何命兮未有家，時將暮兮可奈何，嗟嗟暮兮可奈何。"

【箋】

[一]顧注："郭茂倩《樂府詩集》五十七引作'《雉朝飛》者，犢沐子所作也。齊宣王時，處士泯宣年五十無妻，出薪於野，見雉雄雌相隨而飛，意動心悲，乃仰天歎：大聖在上，恩及草木鳥獸，而我獨不獲。因援琴而歌，以明自傷。'又載李白《雉朝飛操》云：'犢沐採薪感之悲。'《中華古今注》亦作'犢沐子'。案《御覽》五百七十八引《樂府解題》：'《雉朝飛操》者，齊宣王時處士沐犢子所作也。年七十無妻，出薪於野，見雉雌雄相隨則心悲，乃仰天嘆曰：聖王在上，恩及草木鳥獸，而我獨以不獲。援琴而歌以自傷。'《通志·樂略一》說略同。《御覽》又引《琴操》：'《雉朝飛操》，沐犢子所作。沐犢子七十無妻，見雉雙飛，感之，作此曲。'惠鈔本蔡邕《琴操》云：'《雉朝飛操》者，齊獨沐子所作也。獨沐子年七十無妻，出薪於野，見飛雉相隨，感之，撫琴而歌曰：雉朝飛，鳴相和，雌雄群遊於山阿。我獨何命兮未有家，時將暮兮可奈何？嗟嗟暮兮可奈何？'又《樂府詩集》亦載此歌，所引《古今注》多與《樂府解題》合。至'牧犢'或作'犢沐'、'沐犢'，'年五十'或作'年七十'，皆傳聞之異。"○今案：《雉朝飛操》之作者，另有一說。《類聚》卷九〇引揚雄《琴清英》曰："《雉朝飛操》者，衛女傅母之所作也。衛侯女嫁於齊太子，中道，聞太子死，問傅母曰：'何如？'傅母曰：'且往，當喪。'喪畢，不肯歸，終之以死。傅母悔之，取女所自操琴於冢上鼓之，忽二雉俱出墓中。傅母撫雉曰：'女果為雉耶？'言未畢，俱飛而起，忽然不見。傅母悲痛，援琴作操，故曰《雉朝飛》。"

[二]《樂府詩集》卷七三《盧女曲》題注引《樂府解題》曰："盧女者，

魏武帝時宮人也，故將軍陰并之姊，七歲入漢宮，善鼓琴。至明帝崩後，出嫁為尹更生妻。梁簡文帝《妾薄命》曰：'盧姬嫁日晚，非復少年時。'蓋傷其嫁遲也。"《事類賦》卷一一"魏稱盧女"條注引《樂志》曰："魏武帝宮人有盧女者，故將軍應叔之姊也，七歲入漢宮學鼓琴，善為新聲。"

《別鶴操》，[商]陵牧子所作也[1]。娶妻五年而無子，父兄[將]爲之改娶[2]。妻聞之，中夜起[3]，倚戶而悲嘯[4]。牧子聞之[5]，愴然而悲[6]，[乃]歌曰[7]："將乖比翼隔天端，山川悠遠路漫漫，□衾不寐食忘餐[8]。"後人因以爲樂章焉[9]。

【校】

【1】商：原作"高"。張校："'高'作'商'。"今案：諸書俱作"商"字，故據改。○牧子：孫汝聽引（見宋魏仲舉《五百家注昌黎文集》卷一"別鶴操"題注），韓愈《琴操十首·別鶴操》題解，陳禹謨引《琴操》（見《書鈔》卷一〇九"別鶴操"條）並作"穆子"。

【2】父兄：《文選·嵇康〈琴賦〉》李善注引，《初學記》卷一八、《白孔六帖》卷九四、《記纂淵海》卷七八引《琴操》，韓愈《別鶴操》題解，《事類賦》卷一一"商陵別鶴"條引《琴錄》並作"父母"。○將：張校："'為'上有'將'字。"顧本、馬本、四庫本，《紺珠集》、《類說》引《樂府解題》亦有"將"字，故據增。《類聚》引《琴操》作"將欲"。○之：馬本、《類聚》引《琴操》無。

【3】起：《類聚》引《琴操》作"警起"。《初學記》卷一八、《御覽》卷四八九引《琴操》作"驚起"。

【4】顧校："《文選·琴賦》注引作'中夜起，聞鶴聲，倚戶而悲'。"○而：《類聚》、《通志》卷四九引《琴操》，《類說》引《樂府解題》無"而"字。○嘯：《通志》引《琴操》作"歌"。《類說》引《樂府解題》作"哭"。

【5】聞：《通志》引作"感"。

【6】顧本"牧子"作"牧之"。顧校："《御覽》五百七十八引《樂府解題》及《琴操》說并與此略同。"

【7】乃：張校："'歌'上有'乃'字。"顧本、馬本、四庫本，《類說》引《樂府解題》同張校。今案：諸書有"乃"字，故據增。

【8】張校："'擥衾'作'攬衣'。'寐'作'寢'。"馬本、四庫本同張校。○顧本"寐"作"寢"。顧校："《樂府詩集》五十八載作'將乖比翼分隔天端，

山川悠遠兮路漫漫，攬衣不寐兮食忘餐'。案惠鈔本蔡邕《琴操》曰：'牧子聞之，援琴鼓之，云痛恩愛之永離，因彈《別鶴》以舒情，故曰《別鶴操》。後仍為夫婦。'與此文異。"

【9】張校："無'以'字。"顧本、馬本、四庫本同張校。○馬本無"焉"字。○今案：此條亦載蔡邕《琴操》、韓愈集、《琴錄》。諸書凡言及《別鶴操》者，多有引《琴操》為說者，且文字不盡一致。茲附引《琴操》差異較大之諸條文字及韓愈集、《琴錄》中所載文字於下，以為參考。

引《琴操》者：

李善引曰（《文選·嵇康〈琴賦〉注》）：

商陵牧子娶妻五年無子，父兄欲為改娶，牧子援琴鼓之，歎《別鶴》以舒其憤懣，故曰《別鶴操》。

《類聚》卷九〇引曰：

商陵牧子取妻五年無子，父兄將欲為改娶，妻聞，中夜警起，倚戶悲嘯。牧子聞，援琴鼓之，痛恩愛之永離，因彈《別鶴》以舒憤，故曰《別鶴操》。

《初學記》卷一八引曰：

商陵牧子娶妻五年無子，父母將欲為改娶，妻聞，中夜驚起，倚戶悲嘯。牧子聞，援琴鼓之，痛恩愛以永離，歎《別鶴》以舒情，故曰《別鶴操》。（又見《初學記》卷一六略引）

《白孔六帖》卷九四引曰：

商陵牧子娶妻無子，父母出之，牧子別妻，援琴而鼓之，作《別鶴操》。（又見《六帖》卷一七略引）

《御覽》卷四八九引曰：

商陵牧子娶妻五年無子，父兄將欲與改娶，妻聞，中夜驚起，倚戶悲嘯。牧子聞，援琴鼓之，痛恩愛永離，歎《別鶴》以舒情，故曰《別鶴操》。（又見《御覽》卷五七八、卷九一六引）

《記纂淵海》卷七八引曰：

商陵牧子娶妻無子，父母將改娶，牧子援琴鼓之，以思憂乖離，故曰《別鶴操》。

《通志》卷四九引曰：

《別鶴操》，商陵牧子娶妻五年無子，父兄為之改娶，其妻聞之，中夜起，倚戶悲歌。牧子感之，為作此曲。或云：其時亦有霜鶴悲鳴，故因以命《操》。

陳禹謨引（見《書鈔》卷一〇九"別鶴操"條）曰：

商陵穆子娶妻五年無子，父母欲其改娶，其妻聞之，中夜悲嘯。穆子感之，而作《別鶴操》曰："將乘比翼隔天端，山川悠遠路漫漫，攬衾不寐食忘餐。"後仍為夫妻。

韓愈《琴操十首·別鶴操》：

商陵穆子娶妻五年無子，父母欲其改娶，其妻聞之，中夜悲嘯，穆子感之而作。（亦見《古今事文類聚·後集》卷七"無子改娶"條引韓文）

引《琴錄》者：

《事類賦》卷一一"商陵別鶴"條引曰：

商陵牧子娶妻三年無子，父母欲為改娶，乃援琴為《別鶴操》。

此外，諸書引崔豹《古今注》者，文字亦與今本有差異，並附於此：

李善引曰（《文選·嵇康〈琴賦〉》注）：

《別鶴操》，商陵牧子所作也，牧子娶妻五年無子，父母將為之改娶，妻聞之，中夜起，聞鶴聲，倚戶而悲。牧子聞之，愴然歌曰："將乘北翼隔天端，山川悠遠路漫漫，攬衣不寢食。"後人因以為樂章也。

孫汝聽引曰（見宋魏仲舉《五百家注昌黎文集》卷一"別鶴操"題注）：

商陵穆子娶妻，五年無子，父兄欲其改娶，妻聞之，中夜起，倚戶而悲嘯。穆子聞之，愴然而悲，乃援琴而歌，為《別鶴操》，亦曰《別鵠操》。詞曰："將乘比翼隔天端，山川悠遠路漫漫，攬衾不寐食忘飧。"後遂為夫妻。

孫雲翼引曰（《橘山四六》卷一六《謝趙總卿舉政績》注）：

商陵牧子娶妻五年而無子，父母欲其改娶，其妻聞之，中夜悲嘯。牧子感之，作《別鶴操》。其詞曰："將乘比翼分隔天端，山川悠遠分路漫漫，攬衾不寐分食忘飧。"後遂為夫婦。

《走馬引》[一]，樗里牧恭所作也[1]。爲父報怨殺人[2]，而亡匿於山之下[3]。有天馬夜降，圍其室而鳴[4]，夜覺，聞其聲，以爲吏追[5]，乃犇而亡去[6]。明旦視之，乃天馬跡也[7]，因惕然而悟曰[8][二]："[豈]吾所處之地將危乎[9]？"遂荷糧而去[10]，入於沂澤中，援琴而鼓之[11]，而爲天馬聲[12]，曰《走馬引》也[13]。

【校】

【1】《走馬引》吳正子題注（《箋注評點李長吉歌詩》卷一）引"走"上有"古"字。〇樗：《白孔六帖》卷九二引《琴操》作"擤"。〇《走馬引》吳正子題注引無"所"字。〇作：《通志》卷四九引《琴操》作"造"。

【2】怨：張校："'怨'作'冤'。"顧本、四庫本，《廣博物志》卷四六

引，《編珠》卷二、《初學記》卷一六、《御覽》卷五七八、《記纂淵海》卷七八引《琴操》同張校。馬本，《山堂肆考》卷一六〇引，《白孔六帖》、《通志》引《琴操》作"雛"。

【3】匿：張校："'匿'作'藏'。"顧本、馬本、四庫本，《山堂肆考》、《廣博物志》引，《初學記》、《白孔六帖》、《御覽》卷五七八引《琴操》同張校。今案："匿"、"藏"二字同義。〇"山"下：張校："'山'下有'谷'字。"顧本、馬本、四庫本、《山堂肆考》、《廣博物志》引同張校。《初學記》、《白孔六帖》、《御覽》卷五七八引《琴操》有"林"字。〇此句，《御覽》卷四八二引《琴操》作："而亡林岳之下"。《走馬引》吳正子題注、《詩話總龜》卷七引作"亡匿山下"。《通志》引《琴操》作"而藏山谷中"。

【4】圍：《詩話總龜》卷七引作"團"。〇《通志》引《琴操》作"鳴於其室"。

【5】《山堂肆考》引"夜覺"上有"其人"二字。〇《走馬引》吳正子題注引無"夜覺"。〇馬本，《御覽》卷四八二引《琴操》"聲"上有"走"字。今案：有"走"字與下文"追"義更諧，當據增。〇吏追：《樂府詩集》卷五八、《古樂府》卷九引作"追吏"。〇此句，《通志》引《琴操》作"聞而驚，以為吏追已"。

【6】《樂府詩集》、《古樂府》引無"乃"字。〇馬本無"去"字。〇此句，《走馬引》吳正子題注引作"乃奔走"。《詩話總龜》引作"乃奔去"。

【7】張校："無'旦'字及'乃天'二字。"顧本、四庫本、《廣博物志》引同張校。馬本"旦"作"朝"。〇《走馬引》吳正子題注引無"明"、"之"二字。〇此二句，《詩話總龜》引作"旦觀，乃天馬跡"。《山堂肆考》引作"及明視之，有馬跡也"。

【8】因：顧本、四庫本作"乃"，馬本作"遂"。今案："因"、"乃"、"遂"三字，義皆近。〇惕：《樂府詩集》引，《白孔六帖》引《琴操》作"暢"，形誤。〇而：張校："'而'作'大'。"顧本、《走馬引》吳正子題注、《詩話總龜》、《古樂府》引同張校。〇此句，《御覽》卷四八二引《琴操》作"乃曰"。《山堂肆考》引作"大悟曰"。

【9】"吾"上：張校："'吾'上有'豈'字。"馬本、四庫本，《樂府詩集》、《走馬引》吳正子題注、《古樂府》、《山堂肆考》、《廣博物志》引同張校。今案：據各本增"豈"字。〇處：張校："'處'作'居'。"四庫本、《走馬引》吳正子題注、《山堂肆考》引同張校。〇之：《詩話總龜》引在"吾"下。〇地：張校："'地'作'處'。"顧本同張校。馬本、《樂府詩集》、《走馬引》

吴正子题注、《诗话总龟》、《古乐府》引无"地"字。○此句，《白孔六帖》引《琴操》作"吾以义杀人，何以藏？"《御览》卷四八二引《琴操》作："吾以义杀人，而天马来降以惊动，（岂）吾处不安以告吾耶？"

【10】张校："'粮'上有'衣'字。"马本、四库本、《广博物志》引同张校。○《诗话总龟》引"粮"作"杖"，无"而"字。○《乐府诗集》、《诗话总龟》引"去"作"逃"。

【11】入于：《诗话总龟》引作"入"。《御览》卷四八二引《琴操》作"惧入"。《通志》引《琴操》作"犇逃入"。○沂泽：《通志》引《琴操》作"川泽"。○张校："无'中'字及'而'字。"顾本、四库本，《山堂肆考》、《广博物志》引同张校。马本亦无"中"字。○鼓：《通志》引《琴操》作"弹"。○"入于"以下数句，《走马引》吴正子题注引但作"遂逃入沂泽，援琴为此《引》"。

【12】而为：马本、《乐府诗集》、《诗话总龟》、《古乐府》、《山堂肆考》、《广博物志》引无"而"字。《通志》引《琴操》作"作"。○顾本，《乐府诗集》、《古乐府》、《山堂肆考》、《广博物志》引，《通志》引《琴操》"马"下有"之"字。

【13】"曰"上：顾本、四库本、《山堂肆考》、《广博物志》引有"号"字。马本、《乐府诗集》、《古乐府》引有"故"字。《通志》引《琴操》有"命之"。○走马引：《山堂肆考》引作"天马引"。○也：张校："无'也'字。"马本、《诗话总龟》、《古乐府》、《山堂肆考》引，《通志》引《琴操》同张校。顾本、四库本、《广博物志》引作"焉"。○《御览》卷四八二引《琴操》此句下尚有"后果雠家候之不得也"句。○顾校："《乐府诗集》五十八引作'为父报怨杀人，而亡匿于山之下'。又引：'觉闻其声，以为追吏，犇而亡去。明旦视之，乃天马迹也，因惕然大悟曰：岂吾处之将危乎？遂荷粮逃入于沂泽中。'所引与今本微异。惠钞本蔡邕《琴操》亦作'为父报怨'，又云：'明视天马迹，乃曰：吾以义杀人，以天马来降以惊动吾处不安以告吾耶？遂感惧入沂泽之中，作《走马引》。后果雠家候之不得也。'《通志·乐略一》作'为父报雠'。"○今案：此条亦载蔡邕《琴操》，诸书凡言及《走马引》者，多有引《琴操》为说者，且文字不尽一致。兹附引《琴操》差异较大之诸条文字于下，以为参考。

《编珠》卷二引曰：

《走马引》者，樗里牧恭为父报冤杀人，亡于山林之下，有天马夜降，围其室，夜觉而走，以为吏追。及明视，乃天马之迹，援琴而作《走马引》。

《初學記》卷一六引曰：

《走馬引》，樗里牧恭作，為父報冤殺人，而亡藏於山林之下，有天馬引之，感之，作此《引》。(《御覽》卷五七八、《記纂淵海》卷七八、《書鈔》卷一〇九"走馬引"條陳禹謨補注、《格致鏡原》卷四六引與《初學記》引同，惟《御覽》"為父"上尚有"牧恭"二字，陳禹謨引"冤"作"仇"。)

《白孔六帖》卷九二引曰：

《走馬引》，樗里牧恭作也，為父報讎，亡藏山林之下，夜有馬圍其室，明旦視之，天馬迹也，暢然悟曰："吾以義殺人，何以藏？"遂作《走馬引》。

《御覽》卷四八二引曰：

樗里牧恭為父報怨，而亡林岳之下，有馬夜降，圍其室而鳴，於是覺而聞走馬聲，以為吏追之，乃奔而亡。明視，天馬迹也。乃曰："吾以義殺人，而天馬來降以驚動，（豈）吾處不安以告吾耶？"乃感，懼入沂澤之中，作《走馬引》。後果讎家候之不得也。(又見《御覽》卷五七八略引)

《通志》卷四九引曰：

《走馬引》，樗里牧恭所造也，為父報仇，殺人而藏山谷中。有天馬夜降，鳴于其室，聞而驚，以為吏追已，犇逃入川澤中，援琴而彈之，作天馬之聲，命之曰《走馬引》。

【箋】

[一]《樂府詩集》卷五八《走馬引》解題："一曰《天馬引》。"

[二] 惕然：惶恐貌。《晏子春秋·雜上九》："景公探雀鷇，鷇弱，反之。晏子聞之，不待時而入見景公，公汗出惕然。"《左傳》襄公二十二年："無日不惕，豈敢忘職？"杜預注："惕，懼也。"

《武溪深》[1][一]，馬援爲南征之所作[2][二]。援門生爰寄生善吹笛[3]，援作歌以和之[4]，名曰《武溪深》。其曲曰[5]："滔滔武溪一何深[三][6]，鳥飛不度[7]獸不能臨，嗟哉武溪兮多毒淫[8][四]！"

【校】

【1】馬本"深"作"歌"。《編珠》卷二引"深"下有"者"字。

【2】"馬"上：張校："'馬'上有'乃'字。'作'下有'也'字。"顧本、四庫本、《廣博物志》卷三五、《杜詩詳注·吹笛》"武陵一曲想南征"句仇兆鰲注引同張校。○為：顧本、馬本、《編珠》、《武溪深行》題注（左克明

68

《古樂府》卷一〇)、《廣博物志》、《吹笛》仇兆鰲注引無。○之：《編珠》引無。○"作"下：張校："'作'下有'也'字。"顧本、馬本、四庫本、《蘇氏演義》卷上同張校。○《後漢桂陽周府君碑》(《集古錄》卷三、《隸釋》卷二一、《寶刻叢編》卷一九)作"昔馬援南征"。

【3】門生：《後漢桂陽周府君碑》作"門人"。○袁寄生：顧校："隋杜公瞻《編珠》二引作'袁寄生'。案《漢書》'爰盎'，《史記》作'袁盎'，是爰、袁古通。"《後漢桂陽周府君碑》、袁文《甕牖閒評》卷五引《韶州圖經》作"轅寄生"。《武溪深行》題注(馮惟訥《古詩紀》卷一三、陸時雍《古詩鏡》卷三一)引同《編珠》。今案：非但"爰、袁古通"，如《廣韻·元韻》："爰，亦姓，出濮陽，亦舜裔胡公之後。袁，或作'爰'。"且"轅"亦通"爰"。《說文·走部》"趄，趄田，易居也"段玉裁注："何(休)云：換主易居。班(固)云：更耕，自爰其處。孟(康)云：爰土易居。許(慎)云：趄田易居。爰、轅、趄、換四字音義同也。"

【4】"以和之"上：左克明《古樂府》、劉履《風雅翼》卷一〇、梅鼎祚《古樂苑》卷三二之《武溪深行》題注引並有"令寄生吹笛"五字。

【5】曲：《後漢桂陽周府君碑》作"辭"。○《吹笛》仇兆鰲注引作"武溪深詞"。

【6】一何深：《御覽》卷六七引、祝穆《方輿勝覽》卷三〇"武溪"條引《善歌錄》並作"深復深"。

【7】度：馬本、《後漢桂陽周府君碑》，《廣博物志》引作"渡"。○此句，《御覽》引《善歌錄》作"飛鳥不能渡，遊獸不能臨"。《方輿勝覽》引《善歌錄》作"鳥飛不能渡，遊獸不能臨"。《吹笛》仇兆鰲注引作"飛鳥不敢度，走獸不敢臨"。

【8】張校："無'分'字。"顧本、馬本、《蘇氏演義》，《廣博物志》引，《方輿勝覽》引《善歌錄》同張校。○多：《後漢桂陽周府君碑》作"何"。○顧校："《中華古今注》作'嘆我武溪多毒淫'。"

【箋】

[一]《通志》卷四九："《武林深行》，一曰《武溪深行》。"元左克明《古樂府》卷一〇《武溪深行》題注："一曰《武陵深行》。"《杜詩詳注·吹笛》："武陵一曲想南征。"仇兆鰲注："廷椇曰：《武陵曲》，即《武溪深》。"

[二]馬援：東漢名將，字文淵，扶風茂陵(今陝西西安北)人。《後漢書》卷二四有本傳。

［三］武溪：一名盧水。源出今湖南吉首市西南武山，東北流經市城南，又東流入沅江。《集古錄》卷三《後漢桂陽周府君碑》："武溪驚湍激石，流數百里。"元劉履《風雅翼》卷一〇《武溪深行》題注："按《後漢書》：武陵五溪蠻反，援為伏波將軍，時年六十二，自請擊之。蓋武溪即武陵溪。杜子美《吹笛詩》云'武陵一曲想南征'是也。"○一何：多麼。《戰國策·燕策一》："齊王按戈而卻曰：'此一何慶弔相隨之速也！'"

　　［四］《御覽》卷六七引《善歌錄》曰："武溪水源出武山，東南流注於溪，故為歌曰：'武溪深復深，飛鳥不能渡，遊獸不能臨。'"○毒淫：瘴氣浸淫。毒：極盛之熱氣，即瘴氣。王充《論衡·言毒》："夫毒，太陽之熱氣也。"淫：浸淫；浸漬。《釋名·釋言語》："淫，浸也，浸淫旁入之言也。"

　　《淮南王》[1]，淮南小山之作也[2][一]。王服食求仙[3]，徧禮方士[4]，遂與八公相攜俱去[5][二]，莫知所往[6]。小山之徒思戀不已，乃作《淮南王》之曲焉[7][三]。

【校】

【1】顧本此節在"《武溪深》"節上。○馬本作"安南王"，誤。○四庫本作"淮南子"，亦誤。

【2】張校："'之'下有'所'字。"○顧本、馬本、四庫本、《樂府詩集》卷五四、《淮南王篇》題注（左克明《古樂府》卷八、梅鼎祚《古樂苑》卷二九）引同張校。

【3】張校："'王'作'淮南'。"○顧本、四庫本、《樂府詩集》、《淮南王篇》題注引同張校。

【4】馬本、四庫本"徧"作"遍"。今案："徧"、"遍"乃異體字。《說文通訓定聲·乾部》："徧，字亦作遍。"

【5】去：《蘇氏演義》卷上作"亡"。

【6】張校："'往'作'在'。"○顧本、馬本、四庫本同張校。

【7】淮南王：原作"小山"。張校："（下）'小山'作'淮南王'。"顧本、馬本、四庫本、《蘇氏演義》、《樂府詩集》、《淮南王篇》題注引同張校。今案：此條既釋《淮南王》曲，則諸書作"淮南王"是，據改。○曲：馬本作"歌"。

【箋】

[一] 小山：文體名。特指淮南王門徒小山之流所作者。王逸《〈楚辭·招隱士〉解題》："昔淮南王安博雅好古，招懷天下俊偉之士，自八公之徒，咸慕其德而歸其仁。各竭才智，著作篇章，分造辭賦，以類相從，故或稱小山，或稱大山，其義猶《詩》有《小雅》、《大雅》也。"

[二] 八公：淮南王劉安門客，有蘇非、李尚、左吳、田由、雷被、毛被、伍被、晉昌八人，稱"八公"。他們奉劉安之招，和諸儒大山、小山相與論說，著《淮南子》。詳高誘《〈淮南子注〉序》。

[三]《通志》卷四九"淮南王篇"解曰："舊說淮南王安求仙禮方士，遂與八公相攜而去，莫知所在。其家臣小山之徒思戀不已，乃作是歌，言安仙去也。此則恢誕家為此說耳，不然亦是後人附會也。"

《箜篌引》[1][一]，朝鮮津卒霍里子高妻麗玉所作也[2][二]。[子]高晨起[3]，刺船而[櫂][4][三]。有一白首狂夫被髮提壺[5]，亂河流而渡[6]，其妻隨而止之不及[7]，遂墮河水死[8]，於是援箜篌而鼓之[四]，作《公無渡河》之曲，聲甚悽愴[9]，曲終，自投河而死[10]。霍里子高還[11]，以其聲語其妻麗玉[12]，[麗]玉傷之[13]，乃引箜篌而寫其聲[14][五]，聞者莫不墮淚飲泣焉[15]。麗玉以其曲傳鄰女麗容[16]，名之曰《箜篌引》[17]。

【校】

【1】本條所校之諸本引書不同，或引《琴操》，或引《樂府解題》，或引《古今注》，或逕不標出處，情況頗為複雜。為校語編寫之便，原則上引同一書者排比一處，引不同書者間用逗號相隔。○"引"下：《樂府詩集》卷二六、《古樂府》卷四《箜篌引》題注、《天中記》卷四三引，《初學記》卷一六"霍歌"下、《類聚》卷四四、《白孔六帖》卷六二"《公無渡河》之曲"下、《古今合璧事類備要·外集》卷一五"霍里歌"下、陳禹謨補注（《書鈔》卷一一〇"箜篌引"條下）引《琴操》，《古今事文類聚·前集》卷一七、《古今事文類聚·續集》卷二二，《古今合璧事類備要·前集》卷七俱有"者"字。○《李憑箜篌引》吳正子題注（《箋注評點李長吉歌詩》卷一）引此句下尚有"即《公無渡河》"句。

【2】霍里子高：《御覽》卷五七八、《記纂淵海》卷七八、《玉海》卷一一〇引《琴操》、《文獻通考》卷一三七"豎箜篌"條作"樗里子高"。《類聚》引作"霍子高"。○《類說》卷五一引《樂府解題》、《通志》卷四九引《琴

71

操》無"也"字。

【3】"高"上：張校："'高'上有'子'字。"馬本，《樂府詩集》、《古樂府》、《李憑箜篌引》吳正子題注、《天中記》、馮惟訥《古詩紀》卷一六《箜篌引》題注、陸時雍《古詩鏡》卷一《箜篌引》題注引，《類聚》卷四四、《公無渡河》蕭士贇題注（《李太白集分類補注》卷三）、陳禹謨補注引，《類說》引，《山堂肆考》卷一六二同張校。今案：有"子"字於義為勝，故據增。《文獻通考》有"樗里子"三字。○《類聚》、陳禹謨補注引，《文獻通考》無"起"字。

【4】櫂：原作"濯"。《李憑箜篌引》題注引，《類聚》、陳禹謨補注引，《古今事文類聚·前集》同。張校："'濯'作'櫂'。"馬本、四庫本、《蘇氏演義》卷上同張校。顧校："吳本'濯'作'櫂'。茲從。吳本與蔡邕《琴操》同。"今案：推較文意，諸書作"櫂"是，據改。○此句，《樂府詩集》、《古樂府》、《天中記》、《古詩紀》、《古詩鏡》引，《類說》引，《通志》、《公無渡河》蕭士贇題注引，《公無渡河》周南瑞題注（《天下同文集》卷四四），《文獻通考》，凌迪知《萬姓統譜》卷一三八"霍里"下、《山堂肆考》但作"刺船"。劉履《風雅翼》卷一〇《箜篌引》題注引作"刺船於河"。○此句至"亂河流而渡"，《白孔六帖》、《古今合璧事類備要·外集》引作"子高見白首提壺涉河"。不僅疏簡，且多脫漏。

【5】有：《通志》引、《萬姓統譜》作"見"。○《類聚》、《箋注評點李長吉歌詩》卷四《箜篌引》吳正子題注（《箋注評點李長吉歌詩》卷四）、陳禹謨補注引，《古今事文類聚·續集》無"白首"。○狂夫：顧校："《白帖》六引作'征夫'。"《古今事文類聚·續集》同顧校。《蘇氏演義》作"狂人"。今案：或當是"征夫"。○披：《初學記》引，《樂府詩集》、《李憑箜篌引》吳正子題注、《風雅翼》引，《古今事文類聚·前集》、《古今事文類聚·續集》，《古今合璧事類備要·前集》，《公無渡河》周南瑞題注，《箜篌引》吳正子題注、陳禹謨補注引，《萬姓統譜》，《山堂肆考》作"被"。○提：《通志》、《公無渡河》蕭士贇題注引、《萬姓統譜》作"攜"。○《類說》引"壺"下有"出"字。

【6】河：張校："無'河'字。"顧本、四庫本，《樂府詩集》、《李憑箜篌引》吳正子題注、《古樂府》、《風雅翼》、《天中記》、《古詩紀》、《古詩鏡》引，《類說》引，《通志》、《公無渡河》蕭士贇題注引，《文獻通考》、《萬姓統譜》、《山堂肆考》同張校。○流：馬本作"游"。○此句，《類聚》引無"亂河流"。《初學記》、《箜篌引》吳正子題注、陳禹謨補注引，《古今事文類聚·續集》作"涉河而渡"。

【7】隨而止之不及：張校："'而'作'呼'。"○顧本、四庫本、《蘇氏演義》，《通志》、《公無渡河》蕭士贇題注引，《山堂肆考》同張校。《初學記》、《類聚》、《箜篌引》吳正子題注、陳禹謨補注引，《古今事文類聚·續集》"隨而"作"追"。《類說》引"隨而"作"呼"。《萬姓統譜》無"隨而"。○《李憑箜篌引》吳正子題注引無"而"、"之"。○《文獻通考》無"而"字，"不"下有"能"字。

【8】此句，各書所引詳略不同，茲就所見列於下。《初學記》引作"墜河而死"。《樂府詩集》、《古詩紀》、《古詩鏡》引作"遂墮河而死"。《類聚》、陳禹謨補注引，《古今事文類聚·續集》作"墮河而死"。《類說》引作"溺死"。《李憑箜篌引》吳正子題注引，《公無渡河》蕭士贇題注引，《萬姓統譜》、《山堂肆考》作"遂溺死"。《風雅翼》引作"遂墮死"。《文獻通考》作"竟溺死"。《白孔六帖》、《古今合璧事類備要·外集》、《箜篌引》吳正子題注引，《天中記》引作"墮河溺死"。《通志》引無。

【9】馬本無"箜篌"下"而"字。○曲：張校："'曲'作'歌'。"四庫本同張校。馬本無"之曲"。○聲甚：馬本、《通志》引作"聲音"。《李憑箜篌引》吳正子題注引無"聲"字。○顧校："《樂府詩集》二十六引作：'於是援箜篌而歌曰：公無渡河，公竟渡河，墮河而死，當奈公何？聲甚淒慘。'慘下注云：'一作愴。'《天中記》四十三引亦有'公無渡河'云云。《通志·樂略一》作'公渡河四'。"今案：今本《通志》引同《樂府詩集》，異於顧氏所見。又《公無渡河》蕭士贇題注引、《萬姓統譜》亦頗同《樂府詩集》所引，惟極個別文字小異而已。○此三句，《初學記》引作"乃號天噓唏，鼓箜篌而歌曰：公無渡河，公竟渡河，渡河而死，當奈公何"（又見《古今事文類聚·續集》，《箜篌引》吳正子題注、陳禹謨補注引，文字略有小異）。《類聚》引作"乃號天噓唏，鼓箜篌而歌"，極簡。《白孔六帖》引作"妻乃援箜篌作《公無渡河》之曲，歌曰：公無渡河，公竟渡河，公墮河死，當奈公何"（又見《古今合璧事類備要·外集》引，《天中記》引，個別文字有異）。《類說》引作"於是援箜篌歌曰：公無渡河，公竟渡河，公墮河死，當奈公何"。據諸書所引可知，《古今注》原有"公無渡河，公竟渡河，公墮河死，當奈公何"之類的文字，不知後來何故竟脫去。○此三句及下數句，《初學記》作"子高援琴作其歌，故曰《箜篌引》"，《文獻通考》作"於是悽傷，援琴作歌而哀之，以象其聲，故曰《箜篌引》"。俱極簡略，不過寥寥數句而已。

【10】自：《初學記》引無。《李憑箜篌引》吳正子題注、《天中記》引，《類聚》引，《類說》引，《古今事文類聚·續集》，《萬姓統譜》無。《樂府詩

集)、《古樂府》、《風雅翼》、《古詩紀》、《古詩鏡》引,《通志》引,《山堂肆考》作"亦"。○《初學記》、《白孔六帖》、《古今合璧事類備要·外集》引,《李憑箜篌引》吳正子題注引,《古今事文類聚·續集》,陳禹謨補注引,《山堂肆考》,《萬姓統譜》無"而"字。

【11】《樂府詩集》、《李憑箜篌引》吳正子題注、《公無渡河》周南瑞題注、《古樂府》、《風雅翼》、《天中記》、《古詩紀》、《古詩鏡》引,《通志》引無"霍里"。○還:《風雅翼》引作"歸"。○此句及下數句,《類聚》但引作"子高援琴作其歌聲,故曰《箜篌引》"(又見《白孔六帖》、《古今合璧事類備要·外集》、陳禹謨補注引及《古今事文類聚·續集》,文字僅小有差異而已)。《風雅翼》引作"子高歸,語其妻麗玉,麗玉引箜篌寫其聲,聞者莫不墮淚,因名之曰《箜篌引》"。《公無渡河》蕭士贇題注引作"子高還,以其聲語麗玉,麗玉傷之,乃引箜篌寫其聲,聞者莫不墮淚"。《萬姓統譜》作:"子高還,以其聲語妻麗玉,麗玉傷之,引箜篌寫其聲,為《箜篌引》"。諸書所引俱較底本簡略,文字亦有別。

【12】以其聲:《風雅翼》引無。《山堂肆考》無"其聲"。○語其:張校:"無'其'字。"馬本、四庫本同張校。馬本作"授"。○《公無渡河》周南瑞題注無"麗玉"。○此句,《樂府詩集》、《古樂府》、《天中記》引作"以語麗玉"。《李憑箜篌引》吳正子題注引作"以聲語麗玉"。

【13】麗:馬本,《樂府詩集》、《李憑箜篌引》吳正子題注、《古樂府》、《風雅翼》、《天中記》、《古詩鏡》引,《類說》引,《古今事文類聚·前集》,《古今合璧事類備要·前集》,《公無渡河》周南瑞題注,《山堂肆考》俱有之,故據增。○《風雅翼》引無"傷之"。

【14】乃引:《李憑箜篌引》吳正子題注引作"以"。《風雅翼》引無"乃"字。《古詩紀》、《古詩鏡》引作"乃作"。今案:作"乃作"誤,箜篌非麗玉所作也。○《李憑箜篌引》吳正子題注、《通志》引無"而"字。

【15】馬本"墮"作"墜"。○《樂府詩集》、《古樂府》引無"焉"字。○《風雅翼》引、《通志》引無"飲泣焉"。○《李憑箜篌引》吳正子題注引、《類說》引作"聞者墮淚"。

【16】張校:"'曲'作'聲'。"四庫本、《通志》引、《山堂肆考》同張校。○《天中記》引"鄰女"作"憐女",殆誤。○此句及下句,《李憑箜篌引》吳正子題注引作"麗玉鄰女麗容乃名曰《箜篌引》"。

【17】《風雅翼》引"名"上有"因"字。○之:張校:"無'之'字。"顧本、馬本、四庫本,《樂府詩集》、《古樂府》、《風雅翼》、《天中記》、《古詩

紀》、《古詩鏡》引,《古今事文類聚·前集》,《古今合璧事類備要·前集》,《通志》引,《山堂肆考》同張校。○張校:"'引'下有'焉'字。"顧本、四庫本、《蘇氏演義》同張校。

【箋】

[一]《箜篌引》:古樂府曲名,或稱《公無渡河》。《山谷外集詩注》卷四《次韻奉送公定》:"去年君渡河。"史容注:"《公無渡河》,樂府篇名,亦曰《箜篌引》。"左克明《古樂府》卷四、陸時雍《古詩鏡》卷一《箜篌引》題注並云:"一曰《公無渡河》。"周南瑞《天下同文集》卷四四《公無渡河》題注:"《公無渡河》,或作《箜篌引》。"《通志》卷四九、梅鼎祚《古樂苑衍錄》卷一引《琴操》並云:"《箜篌引》,亦曰《公無渡河》,亦曰《箜篌謠》。"今案:《箜篌引》與《箜篌謠》當有異。《樂府詩集》卷二六、《古樂府》卷四《箜篌引》題注:"又有《箜篌謠》,不詳所起,大略言結交當有終始,與此異也。"

[二]津卒:看守渡口的隸卒。津:渡口。《論語·微子》:"長沮、桀溺耦而耕,孔子過之,使子路問津焉。"何晏《集解》引鄭玄注:"津,濟渡處。"

[三]刺船:撐船。《莊子·漁父》:"(漁父)乃刺船而去,延緣葦間。"

[四] 箜篌:古代撥絃樂器名。有豎式和臥式兩種。《史記·孝武本紀》:"禱祠泰一、后土,始用樂舞,益召歌兒,作二十五弦及箜篌瑟自此起。"裴駰《集解》引徐廣曰:"應劭云:武帝令樂人侯調始造箜篌。"《隋書·音樂志下》:"今曲項琵琶、豎頭箜篌之徒,並出自西域,非華夏舊器。"《舊唐書·音樂志》:"(臥箜篌)形似瑟而小,七弦,用撥彈之……豎箜篌,漢靈帝好之,體曲而長,二十有二弦,豎抱於懷,用兩手齊奏,俗謂之擘箜篌。"《山堂肆考》卷一六二"箜篌"條曰:"吳兢《解題》:漢武帝祠太乙后土,令樂人侯調依琴作坎侯,言其坎坎應節也。又因其姓侯,故名坎侯,後訛為箜篌。《樂府錄》:箜篌乃鄭衛之音,以其為亡國之聲,故號空國之侯。其制二十有四絃,一曰有二十五絃。或曰:箜篌,師延所作靡靡之樂,出桑間濮上之地。師涓為晉平公鼓焉,鄭、衛分其地而有之,遂號鄭衛之音。"今案:《山堂肆考》以為"箜篌"得名於其製造者,亦不可信從。《通志》卷四九"《箜篌引》,亦曰《公無渡河》,亦曰《箜篌謠》"下自注:"舊史稱漢武帝滅南粵,祠太一后土,令樂人侯暉依琴造坎侯。坎者,聲也。侯者,工人姓也。後語'坎'訛為'空'。然以臣所見,今大樂有箜篌器,何得如此說?"

[五]寫其聲:模仿其聲。寫:仿效,模仿。《周髀算經》卷上:"笠以寫天。"趙爽注:"寫,猶象也。"《淮南子·本經訓》:"雷震之聲可以鼓鐘寫也。"

《古今注》校箋　>>>

高誘注："寫，猶放敷也。"

《吳趨曲》[1]，吳人〔以〕歌其地也[2][一]。

【校】

【1】顧本此條置於"《武溪深》"條下。○顧校："《樂府詩集》六十四引作'吳趨行'。"○吳趨：李壁《王荊公詩注》卷二二《東皋》"吳吟得自怡"句注、方回《文選顏鮑謝詩評》卷三謝靈運《會吟行》注引作"吳趍"。今案："趍"，同"趨"。《詩·齊風·猗嗟》："巧趨蹌兮。"陸德明《釋文》："趨，本又作趍。"黃焯《彙校》："唐寫本作趍。趨，正字；趍，後出字。"

【2】"人"下：張校："'人'下有'以'字。"顧本、馬本、四庫本、《蘇氏演義》卷上，《文選·陸機〈吳趨行〉》李善題注、《樂府詩集》卷六四、《王荊公詩注》、《文選顏鮑謝詩評》注、陸機《吳趨行》梅鼎祚題注（《古樂苑》卷三五）引並同張校。今案：茲據諸書增"以"字。○也：馬本無。○此句，《山堂肆考》卷一六〇作"吳人言其地之美也"。

【箋】

[一] 鄭虎臣《吳都文粹》卷二陸機《吳趨行》注曰："《吳趨行》，《樂府題辭》云：古樂府。吳趨者，行徑趨市也。《文選》注云：'趨，步也。'此曲，吳人歌其土風也。……舊說'吳人歌其地也'。"

《平陵東》，翟義門人所作也[1]。王莽殺義，義門人作歌以怨之[2][一]。

【校】

【1】馬本"人"下有"之"字，似可補入。

【2】顧校："《樂府詩集》二十八引'漢翟義門人所作也'。又引《樂府解題》曰：'義，丞相方進之少子，字文仲，為東郡太守。以王莽方篡漢，舉兵誅之，不克，見害。門人作歌以怨之也。'歌曰：'平陵東，松柏桐，不知何人刼義公。刼義公，在高堂下，交錢百萬兩走馬。兩走馬，亦誠難，顧見追吏心中惻。心中惻，血出灕，歸告我家賣黃犢。'"○馬本無下"義"字，"作"下有"此"字，"之"作"也"。○《蘇氏演義》卷上"怨"作"悲"。

【箋】

[一]《通志》卷四九"平陵東"條注:"古辭云:'平陵東,松栢桐,不知何人劫義公。'取第一句以命篇。"○翟義:漢丞相翟方進之少子,字文仲。事詳《漢書》卷八四《翟方進傳》附本傳。

《薤露》、《蒿里》,並哀歌也[1],出田橫門人[2][一]。橫自殺,門人傷[3]之,爲作悲歌[4]。言人命[如]薤上[之]露[5],易晞滅也[6][二]。亦謂人死魂魄歸于蒿里[7]。故有二章,其一[章]曰[8]:"薤上朝露何易晞,露晞明朝更復落[9],人死一去何時歸?"其二[章][10]曰:"蒿里誰家地,聚斂精[11]魄無賢愚,鬼伯一何相催促,人命不得少踟躕[三]。"至孝武[帝]時[12],李延年乃分(二章)[13]爲二曲[四],《薤露》送王公貴人,《蒿里》送士大夫庶人[14],使挽柩者歌之,世亦呼爲挽歌[15][五]。亦謂之長[歌]短歌[16],言人壽命長短定分[17][六],不可妄求也[18]。

【校】

【1】並:《史記·田儋列傳》"以王者禮葬田橫"張守節《正義》、陳禹謨《駢志》卷三引作"送"。唐胡曾《詠史詩》卷下《田橫墓》"歌傳薤露到今時"句注引《古今注·音樂篇》無。今案:不云《古今注》,而言《古今注·音樂篇》,則並書名、篇名同時引也。此為特例。○張校:"'哀'作'喪'。"顧本、馬本、四庫本,《文選·陸機〈挽歌詩(三首之一)〉》李善注、《樂府詩集》卷二七、李壁《王荊公詩注》卷四《車載板(二首之一)》"可相蒿里挽"句注、《古樂苑》卷一四《薤露》題注引同張校。顧校:"喪,各本誤'傷'。茲從吳本。"又曰:"《史記·田儋列傳》《正義》引'送哀歌也',黃氏《杜詩集注》引作'並哀歌'。"○此句,《初學記》卷一四作"挽歌詞有《薤露》、《蒿里》二章"。

【2】《樂府詩集》、《古樂苑》、《古詩鏡》卷一《薤露歌》題注引"出"上有"本"字。

【3】顧本"傷"作"喪"。

【4】為:《史記·田儋列傳》《正義》、《駢志》引作"而"。○作:張校:"'作'作'之'。"顧本、四庫本,陸機《挽歌詩》李善注引同張校。馬本無。○《初學記》卷一四、《車載板(二首之一)》句注無"為作"。

【5】"人命"下:顧校:"《樂府詩集》二十七引多'奄忽'二字。又引譙周《法訓》云:'輓歌者,漢高帝召田橫,(橫)至尸鄉自殺,從者不敢哭而不

勝哀，故為挽歌以寄哀音。'"《初學記》卷一四無"命"字。《古詩紀》卷一六《薤露歌》題注、《古樂苑》、《古詩鏡》引同《樂府詩集》引。○張校："'命'下有'如'字。'上'下有'之'字。"顧本、馬本、四庫本，《初學記》卷二、陸機《挽歌詩》李善注、《樂府詩集》、《古樂苑》引同張校。《史記·田儋列傳》《正義》、《田橫墓》句注、《車載板（二首之一）》句注、《古詩紀》、《古詩鏡》、《騈志》引"命"下同張校。《初學記》卷一四"上"下同張校。今案：諸書有"如"、"之"字於義為順，故據增。

【6】滅也：《初學記》卷二引無。《史記·田儋列傳》《正義》、陸機《挽歌詩》李善注、《車載板（二首之一）》句注、《騈志》引無"也"字。

【7】魂魄：馬本、《初學記》卷一四，陸機《挽歌詩》李善注、《車載板（二首之一）》句注引作"魂精"。○于：張校："'于'作'乎'。"顧本、四庫本，陸機《挽歌詩》李善注引同張校。

【8】張校："無'其'字。"顧本、四庫本同張校。○張校："'一'下有'章'字。"顧本、馬本、四庫本同張校。今案：諸書有"章"字，據增。○"其一[章]曰"至"少踟躕"，《初學記》卷一四入注文。《田橫墓》句注引極簡略，但作"其一曰《薤上露》，其二曰《蒿里》。"

【9】更：顧本、四庫本作"還"。○落：張校："'落'作'滋'。"顧本、馬本、四庫本同張校。《初學記》卷一四作"結"。顧校："《文選·輓歌》詩注引作'更復落'。《中華古今注》及《樂府詩集》、《通志》並同。"今案："更"與"還"俱有"反而"、"卻"之義。《戰國策·趙策二》："臣以失令過期，更不用侵辱教，王之惠也。"鮑彪注："更猶反。侵辱，刑也。言己宜服刑，王反不刑而教之。"楊樹達《詞詮》卷三："還，副詞，反也。"又案：推校文意，似"落"作"滋"為是，作"結"亦可。

【10】"章"字據馬本、《初學記》卷一四、陸機《挽歌詩》李善注引補入。

【11】張校："'精'作'魂'。"○顧本、四庫本、《初學記》卷一四、陸機《挽歌詩》李善注引同張校。

【12】至：《田橫墓》句注引無。○孝武：馬本、《田橫墓》句注引作"孝武帝"。《樂府詩集》、《古樂苑》引作"漢武帝"。今案：底本"帝"字據三書增。○《初學記》卷一四，《史記·田儋列傳》《正義》、陸機《挽歌詩》李善注、《騈志》引無"孝武[帝]時"。

【13】張校："無'二章'二字。"顧本、四庫本、《初學記》卷一四，《史記·田儋列傳》《正義》、《樂府詩集》、《田橫墓》句注、《騈志》、《古樂苑》引同張校。○今案：諸書多無"二章"，故據刪。

【14】王公：馬本作"公卿"。○士大夫：馬本作"士夫"。

【15】挽柩：《史記·田儋列傳》《正義》、《駢志》引作"挽逝"。○世亦呼為：張校："無'亦'字。"顧本、四庫本同張校。《史記·田儋列傳》《正義》、《駢志》引作"俗呼為"。馬本作"世亦呼"。《樂府詩集》、《古樂苑》引作"亦謂之"。《古詩紀》、《古詩鏡》引無"世"字。○陸機《挽歌詩》李善注"挽歌"下有"也"字。○《初學記》卷一四無此句。

【16】張校："無'亦謂之'三字。"顧本、四庫本同張校。《初學記》卷一四"亦謂之"作"又有"。○張校："'長'下有'歌'字。"顧本、四庫本、《初學記》卷一四同張校。顧校："《通志·樂略一》云：'《古今注》言：長歌乃續命之長。'吳就亦如是說。"今案："長"下有"歌"字為勝，據增。又《通志》所引此句當為豹書佚文。○馬本、四庫本"長歌短歌"下別為一條。《初學記》卷一四"長歌短歌"句及下二句入注文。

【17】《初學記》卷一四無"人"字。○張校："'人'下有'生'字。"顧本、四庫本同張校。○馬本、《初學記》卷一四無"定分"。

【18】馬本、《初學記》卷一四無"也"字。○今案：此條亦載干寶《搜神記》、譙周《法訓》，與《古今注》多有差異，並錄此備參。《搜神記》曰：

輓歌者，喪家之樂，執紼者相和之聲也。輓歌詞有《薤露》、《蒿里》三（引案：三當為二）章，出田橫門人。橫自殺，門人傷之，為悲歌。言人如薤上露，易晞滅也。亦為人死精魄托于蒿里。古辭曰："薤上露，何易晞，露晞明朝更復落，人死一去何時歸。"二章曰："蒿里誰家地，聚斂精魄無賢愚，鬼伯一何相催促，人命不得少踟蹰。"至李延年乃分為二曲，《薤露歌》送王公貴人，《蒿里》送士大夫庶人，使輓柩者歌之。（原注：又有長短歌，言壽命長短不可妄求。）

（引自《御覽》卷五五二引。案：亦見今本卷一六，然較《御覽》所引為略）

《法訓》曰：

挽歌者，高帝召田橫，（橫）至尸鄉自殺，從者悲歌以寄其情，後續之為《薤露》、《蒿里》，以送喪。至李延年，分為二等，《薤露》送王公貴人，《蒿里》送士大夫庶人，使挽者歌之，因呼為挽歌。

（引自施元之《施注蘇詩》卷二〇《鄧忠臣母周挽辭》"作詩相楚挽"句注。《文選》卷二八李善注引《法訓》作："挽歌者，高帝召田橫，至尸鄉自殺，從者不敢哭而不勝哀，故為此歌以寄哀音焉。"較施元之所引為略，文字亦頗有差異）

【箋】

[一] 薤露：樂府《相和曲》名，為古代挽歌。《文選·宋玉〈對楚王問〉》："其為《陽阿》、《薤露》，國中屬而和者數百人。"據此則知《薤露》不出田橫門人矣。又王應麟《困學紀聞·評詩》："《左傳》有《虞殯》，《莊子》有《紼謳》，挽歌非始於田橫之客。"說甚是。《紺珠集》卷八："《薤露歌》，一名《蒿里行》，又名《泰山吟》。"○蒿里：埋葬死者處，因為挽歌名。《漢書·武五子傳》："蒿里召兮郭門閱。"顏師古注："蒿里，死人里也。"《通志》卷四九："《蒿里》，亦曰《蒿里行》，亦曰《泰山吟行》。"原注："喪歌。亦曰挽柩歌。"○田橫：秦末漢初人，齊王田儋從弟。事詳《史記》卷九四《田儋列傳》。張守節《正義》："齊田橫墓在偃師西十五里。"

[二] 晞：消失，逝去。王逸《九思·疾世》："時昢昢兮旦旦，塵漠漠兮未晞。"自注："晞，消也。"

[三] 蒿里：本為山名，相傳在泰山之南，為死者葬所。因以泛指墓地，陰間。《漢書·廣陵厲王劉胥傳》："蒿里召兮郭門閱，死不得取代庸，身自逝。"顏師古注："蒿里，死人里。"○鬼伯：鬼王，閻王。○少：少頃，短暫。《孟子·萬章上》："始舍之，圉圉焉；少則洋洋焉，悠然而逝。"○踟躕：逗留，停留。

[四] 李延年：漢武帝之寵臣，善音樂。事詳《史記》卷一二五本傳。然本傳不載其分哀歌為二曲之事。

[五] 挽柩：牽引棺材。柩：已裝屍體的棺材。《禮記·問喪》："三日而斂，在牀曰屍，在棺曰柩。"○挽歌：挽柩者所唱哀悼死者之歌。今案：據《古今注》，似輓歌起於漢武帝時，其實未必。高承《事物紀原》卷九"挽歌"條曰："摯虞《新禮議》曰：'挽歌出于漢武帝。役人勞苦，歌聲哀切，遂以送終，非古制者。'誤矣。《左傳》哀公十一年：'會吳伐齊，將戰，公孫夏命其徒歌《虞殯》。'杜預注云：'送葬歌曲，哀死也。'孔穎達疏曰：'《虞殯》，謂啟殯將虞之歌，今謂之挽歌。'《莊子》曰：'紼謳于所生，必于斥苦。'司馬彪注曰：'紼，引柩索。謳，挽歌。斥，疏緩。苦，急促。'言引紼謳者為用人力，以挽柩者所歌，故曰挽歌。馮鑑謂起于《虞殯》也。然則其周人之制乎？"

[六] 定分：宿命論謂人事均由命運前定，人力難以改變，稱為"定分"。《文選·歐陽建〈臨終詩〉》："窮達有定分，慷慨復何難！"李善注："《呂氏春秋》曰：'百里奚處虞而虞亡，處秦而秦霸，有其本也。'其本也者，定分之謂也。"

《陌上桑》[1][一]，出秦氏女子。秦氏，邯鄲人，有女名羅敷，爲邑人千乘王［仁］妻[2][二]。王［仁］後爲趙王家令[3][三]，羅敷出採桑於陌上[4][四]，趙王登臺見而悅之[5]，因飲酒，欲奪之[6]，羅敷乃彈箏作《陌上桑》之歌以自明焉[7]。

【校】

【1】"桑"下：馬本有"歌"字。《文選·日出東南隅行》李善注、《樂府詩集》卷二八、《古今事文類聚·後集》卷一四、《古今合璧事類備要·前集》卷二八、《古樂苑》卷一五《陌上桑》題注引有"者"字。〇自"陌上桑"至"名羅敷"，《全芳備祖後集》卷二二引作"邯鄲有美女，姓秦名羅敷"。《韻府群玉》卷六"陌上桑"條引幾同《全芳備祖後集》，惟"有美女"作"美人"。

【2】《日出東南隅行》李善注引"為"上有"嫁"字。〇仁：原作"人"。張校："'人'作'仁'，下同。"今案：諸書俱作"仁"，茲不備舉。據改。〇千乘：《全芳備祖後集》引無。〇妻：《記纂淵海》卷七八引《樂府解題》作"妾"。〇《古今事文類聚·後集》引無"為"、"妻"二字。

【3】張校："'趙'作'越'。"四庫本同張校。顧校："各本'趙'誤作'越'，據下云'趙王登臺見而悅之'，作'趙'為是。《樂府詩集》二十八正引作'趙'，《中華古今注》及《通志》亦並作'趙'，茲據訂正。"〇《古今事文類聚·後集》引無"王仁"。〇《記纂淵海》引"後"作"事"，"為"在"家令"上。〇顧校："《樂府詩集》所載《日出東南隅》篇盛稱其夫為侍中，與崔（豹）謂為'家令'者不同，崔所據蓋別有一歌也。"

【4】《全芳備祖後集》引無"上"字。

【5】趙王：顧校："王本作'趙主'，茲從吳本。《樂府詩集》亦引作'趙王'。"《古今事文類聚·後集》、《古今合璧事類備要·前集》引省作"王"。〇此句，《海錄碎事》卷七上引《羅敷艷歌》作"王見羅敷美"。

【6】飲：《樂府詩集》、《天中記》卷一八、《李太白集分類補注》卷六《陌上桑》蕭士贇題注、《古樂苑》引，《記纂淵海》引，《詩話總龜》卷七"日出東南隅行"條，《古樂府》卷四《陌上桑》題注作"置"。〇欲：《紺珠集》卷八、《記纂淵海》引作"將"。〇張校："'之'作'焉'。"顧本、四庫本，《日出東南隅行》李善注、《樂府詩集》、《錦繡萬花谷·後集》卷一五、《古今事文類聚·後集》、《全芳備祖後集》、《古今合璧事類備要·前集》、《天中記》卷一八、《陌上桑》蕭士贇題注、《古樂苑》引，《記纂淵海》引，《詩話總龜》同

81

張校。

【7】羅敷：《古今事文類聚·後集》引省作"敷"。○乃（彈箏）：馬本作"行"。《全芳備祖後集》、《韻府群玉》、《天中記》、《陌上桑》蕭士贇題注引，《紺珠集》，《類說》卷五一、《記纂淵海》引《樂府解題》，《古樂府》題注作"善"。顧校："《樂府詩集》引作'因置酒，欲奪焉，羅敷巧彈箏'。"《日出東南隅行》李善注、《錦繡萬花谷·後集》引同《樂府詩集》。今案：作"善"於義為勝。作"巧"者，別本如此，亦有"善"之義。○張校："'作'上有'乃'字。"顧本、馬本、四庫本同張校。○桑之歌：張校："無'桑之'二字。"顧本、四庫本同張校。馬本無"之"字。《日出東南隅行》李善注、《海錄碎事》、《古今事文類聚·後集》、《古今合璧事類備要·前集》引無"桑"字。《陌上桑》蕭士贇題注引無"之歌"二字。○焉：諸書多無，不備舉。○"自明（焉）"下：《樂府詩集》、《古樂苑》引尚有"趙王乃止"四字。《紺珠集》，《類說》卷五一、《記纂淵海》引，《天中記》、《陌上桑》蕭士贇題注引，《詩話總龜》，《古樂府》題注亦有"（羅敷）不從"二字。今案："趙王乃止"或"不從"之類文字，殆為貂書別本之佚文，傳抄之際脫去。

【箋】

[一]《通志》卷四九："《陌上桑》，亦曰《豔歌羅敷行》，亦曰《日出東南隅行》，亦曰《日出行》，亦曰《採桑曲》，曹魏改曰《望雲曲》。"原注："按：古辭《陌上桑》有二，此則為羅敷也。羅敷者，邯鄲秦氏女也，嫁千乘王仁。仁後為趙王家令，羅敷採桑於陌上，趙王登臺見而悅之，置酒欲奪焉。羅敷善彈箏，作《陌上桑》以自明，不從。其辭稱羅敷採桑陌上，為使君所邀，羅敷甚誇其夫為侍中郎以拒之。……然侍中郎，漢官也，恐仁初為趙王家令，後為漢侍中郎也。呼趙王為使君者，郎君之稱本於漢，恐言使君者，猶今言使長也。"

[二] 邯鄲：古地名，今河北省邯鄲市。春秋時衛地，後屬晉。公元前386年，趙敬侯自晉陽徙都邯鄲，遂為趙國都城。○邑人：同邑之人，同鄉之人。《左傳》定公九年："盡借邑人之車。"○千乘：戰國時期諸侯國，小者稱千乘，大者稱萬乘。《韓非子·孤憤》："萬乘之患，大臣太重；千乘之患，左右太信：此人主之所公患也。"本文殆以"千乘"稱諸侯。○王仁：明余寅《同姓名錄》卷六"漢兩王仁"條："一，王譚之子，永始元年（前16年）嗣封平阿侯。"

[三] 家令：職官名。漢代皇家的屬官，主管家事，諸侯國亦設此職。後世僅有太子家令。《史記·高祖本紀》："高祖五日一朝太公，如家人父子禮。太公

家令説太公曰：'天無二日，土無二王。'"

[四] 陌上：田間小道上。陌：田間東西或南北小路。亦泛指田間小路。《史記·秦本紀》："爲田開阡陌，東地渡洛。"司馬貞《索隱》引應劭《風俗通》："南北曰阡，東西曰陌。河東以東西爲阡，南北爲陌。"

《杞梁妻》[1]，杞植妻妹朝□[2]之所作也。[杞][3]植戰死，妻曰[4]："上則無父，中則無夫，下則無子[5]。人生[6]之苦至矣！"乃抗聲長哭[7][一]，杞都城感之而頽[8]，遂投水而死[二]。其[妹]悲其姊之貞操[9][三]，乃[爲]作歌名曰《杞梁妻》焉[10]。梁，植字也[11]。

【校】
【1】《李太白集分類補注》卷五《東海有勇婦》"梁山感杞妻"句蕭士贇注引"杞"上有"樂府"二字。○《文選·古詩十九首·西北有高樓》李善注引《琴操》作"杞梁妻歎"。○《樂府詩集》卷七三、宋范晞文《對床夜語》卷三、《東海有勇婦》蕭士贇注、《古樂府》卷一○及《古樂苑》卷三○《杞梁妻》題注引"妻"下有"者"字。
【2】《樂府詩集》、《對床夜語》、《東海有勇婦》蕭士贇注、《古樂府》、《古樂苑》引，《通志》卷四九，《西北有高樓》李善注、《廣博物志》卷三三引《古琴操》"植"作"殖"，下同。○朝□：張校："'朝□'，《文房》作'朝日'，《逸史》、《漢魏》作'明月'。"顧本、《對床夜語》、《東海有勇婦》蕭士贇注、《古樂府》、《古樂苑》引，《通志》同《文房》。四庫本，《廣博物志》引，《李太白集注》卷四《白頭吟（其二）》"城崩杞梁妻"句王琦注引同《逸史》、《漢魏》。馬本作"朝月"。顧校："'朝日'，各本誤作'明月'。《樂府詩集》七十三引作'朝日'，《中華古今注》同，兹據訂正。"今案："朝日"與"明月"、"朝月"俱有形近致誤之可能，難以據某本而訂正某本，兹仍其舊可也。
【3】"植"上：張校："'植'上有'杞'字。"諸書多同張校。《山堂肆考》卷一六○有"梁"字。今案：據諸書增"杞"字。
【4】"妻"下：張校："'妻'下有'歎'字。"顧本、《白頭吟（其二）》王琦注引、《山堂肆考》、《廣博物志》引同張校。《通志》有"泣"字。
【5】馬本無三"則"字，"父"作"考"。
【6】張校："'人生'二字乙轉。"《山堂肆考》、《廣博物志》引、《白頭吟（其二）》王琦注引同張校。顧校："（'人生'，）各本誤倒作'生人'，兹從

83

《樂府詩集》引訂正。"○馬本無"生"字。

【7】《通志》"抗"作"放","哭"作"號"。

【8】馬本"杞都城"作"長城",無"而"字。○《通志》無"都"字,"感"作"為"。○《對床夜語》、《古樂府》引"頹"作"隤"。今案:"隤"與"頹"同。《說文·禿部》:"隤,禿皃。从禿,貴聲。"段玉裁注:"此从貴聲,今俗字作頹,失其聲矣。"○《山堂肆考》此句作"杞都城為崩"。

【9】妹:原作"妺"。張校:"'妺'作'妹'。"顧本、馬本,《樂府詩集》、《對床夜語》、《東海有勇婦》蕭士贇注、《古樂府》、《古樂苑》引,《通志》、《山堂肆考》,《廣博物志》引,《白頭吟(其二)》王琦注引同張校。今案:諸書皆作"妹",且上文又明言"杞植妻妹",則當是"妹"字。作"妺"者,乃"妹"之形誤。○《樂府詩集》、《對床夜語》、《古樂府》、《古樂苑》引無"操"字。○此句及下數句,《通志》文字極簡略,但作"其妹悲之,為作是歌。梁,乃殖字"。

【10】張校:"'乃'下有'為'字。"諸書多有"為"字,故據增。○馬本"焉"作"賢"。

【11】馬本"梁"上有"杞"字。○顧校:"《樂府詩集》並引'植'作'殖'。案《列女傳》:'齊莊公襲莒,殖戰而死,其妻無所歸,乃就其夫之尸於城下而哭,十日而城為之崩。既葬,遂赴淄水而死。'蔡邕《琴操》曰:'《芑梁妻歌》者,齊邑芑梁殖之妻所作也。'《御覽》五百七十八引《大周樂正》同。字並作'殖'。'殖'、'植'古通用,茲仍從舊。"今案:顧氏說"殖"、"植"古通用,是。陳士元《名疑》卷二:"杞梁,《左傳》作'杞殖'。《中華古今注》云:杞植,字梁。'植'、'殖'古字通用,故《左傳》'學猶植也',亦作'殖'。"○《樂府詩集》、《對床夜語》、《古樂府》、《古樂苑》引"字"上有"之"字。

【箋】

[一] 抗聲:高聲,大聲。《魏書·任城王順傳》:"紇聳肩而出,順遂抗聲叱之。"抗:高,高亢。《禮記·樂記》:"故歌者上如抗,下如隊,曲如折,止如槀木。"孔穎達疏:"上如抗者,言歌聲上響感動人意。"《後漢書·董卓傳》:"卓又抗言曰",李賢注:"抗,高也。"

[二]《列女傳》卷四:"齊杞梁妻,齊杞梁殖之妻也。莊公襲莒,殖戰而死。莊公歸,遇其妻,使使者弔之於路。杞梁妻曰:'今殖有罪,君何辱命焉?若令殖免於罪,則賤妾有先人之敝廬在下,妾不得與郊弔。'於是莊公乃還車詣

其室，成禮然後去。杞梁之妻無子，內外皆無五屬之親，既無所歸，乃枕其夫之屍於城下而哭，內誠動人，道路過者莫不為之揮涕，十日而城為之崩。既葬，曰：'吾何歸矣？夫婦人必有所倚者也，父在則倚父，夫在則倚夫，子在則倚子。今吾上則無父，中則無夫，下則無子，內無所倚以見吾誠，外無所倚以立吾節，吾豈能更二哉！亦死而已。'遂赴淄水而死。"所記杞梁妻事，殆即豹書所本，然較豹書尤詳。○杞都城：《水經注·沭水》："其城三重，並悉崇峻，惟南開一門。內城方十二里，郭周四十許里。"或有以杞梁妻哭倒之城為秦長城者。《太平寰宇記》卷七〇："秦長城，秦使蒙恬輔其子扶蘇之所築，東西長萬里，杞梁妻哭城崩，得夫骨，即此城也。"○今案：顧炎武對《列女傳》所記哭倒城牆事及後人所謂哭倒者為秦長城有所駁斥，頗有見地，錄於此以備參考。《日知錄》卷二五："夫既有'先人之敝廬'，何至'枕屍城下'？且莊公既能遣弔，豈至暴骨溝中？崩城之云，未足為信。且其崩者，城耳，未云長城。長城築於威王之時，去莊公百有餘年，而齊之長城又非秦始皇所築之長城也。後人相傳乃謂秦築長城，有范郎之妻孟姜送寒衣至城下，聞夫死，一哭而長城為之崩。則又非杞梁妻事矣。夫范郎者，何人哉？使秦時別有此事，何其相類若此。"又案：杞梁之妻哭崩杞都城之說之不可信，漢世人已言之。《論衡·感虛篇》："今城，土也，土猶衣也，無心腹之藏，安能為悲哭感慟而崩？使至誠之聲能動城土，則其對林木哭能折草破木乎？嚮水火而泣能涌水滅火乎？夫草木水火與土無異，則杞梁之妻不能崩城明矣。或時城適自崩，杞梁妻適哭下。世好虛，不原其實，故崩城之名至今不滅。"豹書此條，亦不過傳異記奇而已，本亦務虛而不求實。

[三] 貞操：指女子不失身或從一而終之操守。

《釣竿》[1]，伯常子妻所作也。伯常子避仇河濱爲漁父[2]，其妻思之[3]，每至河側作《釣竿》之歌[4]。後司馬相如作《釣竿》之詩[5]，今傳爲古曲[6][一]。

【校】
【1】"竿"下：馬本、《海錄碎事》卷九下有"歌"字。《樂府詩集》卷一八、《古樂苑》卷九《釣竿》題注引有"者"字。○宋曹勛《松隱集》卷三作"釣竿行"。

【2】漁父：《海錄碎事》，《樂府詩集》、《古樂苑》引，《古樂府》卷二《釣竿歌》題注作"漁者"。

【3】"思之"下：《松隱集》有"為釣竿歌"四字。《樂府詩集》、《古樂

苑》引有"而作也"三字。《通志》卷四九、《文獻通考》卷一四一"釣竿篇"原注、《古樂府》有"而為釣竿歌"五字。今案：據諸書所載，似下句"作《釣竿》之歌"應移至"思之"下。

【4】馬本"側"作"則"。《海錄碎事》"作"作"為"。○此句，《松隱集》，《樂府詩集》、《古樂苑》引，《通志》、《文獻通考》、《古樂府》作"每至河側輒歌之"。

【5】之歌：馬本作"歌詩"。《樂府詩集》、《古樂苑》引，《通志》、《文獻通考》、《古樂府》作"詩"。

【6】張校："'曲'下有'也'字。"顧本、四庫本同張校。顧校："《樂府詩集》十八引作'遂傳為樂曲'。"《通志》、《文獻通考》、《古樂府》，《古樂苑》引同《樂府詩集》。

【箋】

[一]《歷代詩話》卷二四"竹竿"條注引吳旦生曰："《漢鐃歌》二十二曲，今所傳《朱鷺》等十八曲，而《務成》、《玄雲》、《黃雀》、《釣竿》四曲無傳焉，余嘗擬《朱鷺》等，因為補四曲是也。其所謂《釣竿》者，《古今注》云：'伯常子避仇河濱為漁父，其妻思之，每至河側作《釣竿》之歌。後司馬長卿作《釣竿》詩，今傳為古曲也。'故文君（《白頭吟》）言'竹竿'、'魚尾'，正引伯常子事以諷長卿耳。"○司馬相如（約前179～約前118）：字長卿，蜀郡（今四川成都）人，西漢大辭賦家，文學家。事詳《史記》卷一一七本傳。

《董逃歌》，後漢游童所作也[1][一]。後漢[2]有董卓作亂[二]，率[3]以逃亡。後人習之以為歌章[4]，樂府奏之以為儆戒焉[5][三]。

【校】

【1】後漢：《山堂肆考》卷一六〇作"東漢"。○游：馬本、《古樂苑》卷一七《董逃行》題注引、《山堂肆考》作"遊"。今案："遊"與"游"通。《玉篇·辵部》："遊，遨遊。與游同。"○《說郛》卷二三下引"游童"作"董游"。

【2】後漢：張校："無'漢'字。"顧本、馬本、四庫本、《山堂肆考》同張校。《樂府詩集》卷三四、《古樂苑》、《古詩鏡》卷一《董逃行》題注引作"終"。《古詩紀》卷一六《董逃行》題注引作"時"。

【3】張校："'率'作'卒'。"馬本、四庫本，《樂府詩集》、《古詩紀》、

《古樂苑》、《古詩鏡》引,《山堂肆考》同張校。今案:推測文意,疑作"卒"是。作"率"者,"卒"之形誤。

【4】《樂府詩集》、《古樂苑》引無"以"字。

【5】儆:張校:"'儆'作'炯'。"顧本、四庫本同張校。馬本作"規"。《古詩紀》、《古詩鏡》引作"警"。○戒:《樂府詩集》、《古詩紀》、《古樂苑》、《古詩鏡》引作"誡"。今案:"誡"與"戒"同。《資治通鑒》周赧王三十一年:"而王不知誡焉。"胡三省注:"誡,與戒同。戒,警敕也。"○張校:"'焉'作'也'。"顧本、四庫本同張校。《古詩紀》、《古詩鏡》引作"云"。馬本、《山堂肆考》無"焉"字。

【箋】

[一]《古詩紀》卷一八:"《董逃歌》,一作《靈帝中平中京都歌》。"而《古詩紀》卷一六、《古樂苑》卷一七、《古詩鏡》卷一又作《董逃行》。○游童:嬉游之童子。《三國志·蜀志·郤正傳》:"譬道人之有采於市間,游童之吟詠乎疆畔,庶以增廣福祥,輸力規諫。"

[二]董卓:字仲穎,隴西臨洮(今甘肅岷縣)人,後漢權臣。董卓作亂之事,詳《後漢書》卷七二、《三國志·魏書》卷六本傳。

[三]董卓作亂逃亡,後人作為歌章,見《後漢書·五行志一》。其曰:"靈帝中平中,京都歌曰:'承樂世,董逃,遊四郭,董逃。蒙天恩,董逃,帶金紫,董逃。行謝恩,董逃,整車騎,董逃。垂欲發,董逃,與中辭,董逃。出西門,董逃,瞻宮殿,董逃。望京城,董逃,日夜絕,董逃,心摧傷,董逃。'案'董'謂董卓也。言欲跋扈,縱其殘暴,終歸逃竄,至於滅族也。"《古詩紀》卷一八:"《風俗通》曰:'卓以董逃之歌主為己發,大禁絕之。'楊孚《董卓傳》曰:'卓改董逃為董安。'"

《短簫鐃歌》,軍樂也。黃帝使岐伯[所作也][1],以建武揚盛德[2],風勸戰士[3]。《周禮》所謂王大捷則令凱樂[4][一],軍大捷則令凱歌者也[5][二]。漢樂有黃門鼓吹[6][三],天子所以宴樂羣臣也[7]。《短簫鐃歌》,鼓吹之一章[耳][8][四],亦以賜有功諸侯[9]。

【校】

【1】馬本無"使"字。○"伯"下:張校:"'伯'下有'所作也'三字。"顧本、四庫本同張校。馬本有"所作"二字。《古詩紀》卷一五《漢鐃歌

87

十八曲》題注引僅有"作"字。今案：諸書多有"所作也"三字，故據增。

【2】"以"上：顧本、四庫本、《古詩紀》引有"所"字。○建武：《古詩紀》引"武"作"威"。○張校："無'盛'字。"顧本、馬本、四庫本，《古詩紀》引同張校。

【3】此句，《古詩紀》引作"風敵勸士者也"。

【4】馬本合此句及下句為一句，作"《周禮》所謂王大獻則令凱樂歌也"。○《古詩紀》引"令"作"奏"。

【5】張校："'軍大捷'，'捷'作'獻'。"顧本、四庫本同張校。○《古詩紀》引無此句。

【6】顧校："《初學記》十九引作'漢有黃門鼓吹，一名樓車'。"今案：此條見今本《初學記》卷一六，與顧氏所見卷次異。《龍筋鳳髓判》卷四"平閣爰施"劉允鵬注引同《初學記》引。然"樓車"之義與"黃門鼓吹"了不相涉，殆《初學記》誤將他處之文移置於此。

【7】宴：陳暘《樂書》卷一四七、《文獻通考》卷一三八引作"燕"。○張校："無'也'字。"顧本、馬本、四庫本，《樂書》、《文獻通考》、《書鈔》陳禹謨補注（《書鈔》卷一〇八"所以宴樂"條）引同張校。

【8】"章"下：張校："'章'下有'耳'字。"顧本、馬本、四庫本同張校。《古詩紀》、《古樂苑》卷八"鼓吹曲辭"題注引有"爾"字。今案：諸書多有"耳"字，據增。○《樂書》、《文獻通考》、《書鈔》陳禹謨補注引"一章"作"常"。

【9】馬本、《樂書》、《文獻通考》、《書鈔》陳禹謨補注引"侯"下有"也"字。

【箋】

[一]《後漢書·禮儀志中》"高祖定秦之月，元年歲首也"劉昭注引蔡邕《禮樂志》曰："漢樂四品，……其《短簫鐃歌》，軍樂也。其傳曰：黃帝歧伯所作，以建威揚德，風勸士也。蓋《周官》所謂'王大捷則令凱樂'，'軍大獻則令凱歌'也。"《通典》卷一四六："鼓吹者，蓋《短簫鐃歌》。蔡邕曰：軍樂也。黃帝歧伯所作，以揚德建武，勸士諷敵也。《周官》曰：'師有功則凱樂。'"今案：漢世《短簫鐃歌》有二十二曲，所記多軍中之事。至於魏晉，則一變為頌帝王功德矣。《通典》卷一四一："按漢時有《短簫鐃歌》之樂，其曲有《朱鷺》、《思悲翁》、《艾如張》、《上之回》、《雍離》、《戰城南》、《巫山高》、《上陵》、《將進酒》、《君馬黃》、《芳樹》、《有所思》、《雉子斑》、《聖人

出》、《上雅（邪）》、《臨高臺》、《遠如期》、《石留》、《務成》、《玄雲》、《黃雀》、《釣竿》等，曲列於鼓吹，多序戰陣之事。及魏受命，改其十二曲，使繆襲爲詞，述以功德，言代漢之意。"○短簫：吹奏樂器名。漢晉時多以鼓吹鐃歌形式，用於郊、廟的軍樂。後亦用於民間歌舞伴奏或獨奏等。《晉書·樂志上》："其有《短簫》之樂者，則所謂'王師大捷，令軍中凱歌'者也。"《龍筋鳳髓判》卷四"或短簫橫引"劉允鵬注引《三禮圖》曰："短簫，二十一管，軍中鼓吹樂。"○鐃歌：軍中樂歌。傳說黃帝、岐伯所作。漢樂府中屬鼓吹曲。馬上奏之，用以激勵士氣。也用於大駕出行和宴享功臣以及奏凱班師。《後漢書·禮儀志中》"高祖定秦之月，元年歲首也"劉昭注引蔡邕《禮樂志》："其《短簫鐃歌》，軍樂也。"姜夔《白石道人歌曲》卷一《聖宋鐃歌鼓吹曲十四首》序："臣聞《鐃歌》者，漢樂也。殿前謂之鼓吹，軍中謂之騎吹。"○岐伯：傳爲黃帝時名醫。《史記·孝武本紀》："黃帝時雖封泰山，然風后、封鉅、岐伯令黃帝封東泰山，禪凡山。"張守節《正義》："張揖云：'岐伯，黃帝太醫。'"《漢書·藝文志》："太古有岐伯、俞拊，中世有扁鵲、秦和，蓋論病以及國，原診以知政。"《雲笈七籤》卷一〇〇："時有仙伯，出於岐山下，號岐伯，善説草木之藥性味，爲大醫。"○風勸：同義連文。用委婉含蓄的方式進行開導、勸勉。風：通"諷"。諷諫，勸告。《廣雅·釋詁三》："風，告也。"王念孫《疏證》："諷，與風同。"○所引《周禮》見今本《周禮·春官·大司樂》："王師大獻，則令奏愷樂。"鄭玄注："大獻，獻捷於祖。愷樂，獻功之樂。"今案：今本作"愷"，與"凱"同。《集韻·海韻》："愷，亦作凱。"

[二] 所引《周禮》見今本《周禮·夏官·大司馬》："若師有功，則左執律，右秉鉞，以先愷樂獻于社。"鄭玄注："兵樂曰愷。獻于社，獻功于社也。《司馬法》曰：'得意則愷樂、愷歌，示喜也。'"

[三] 黃門鼓吹：樂曲名。後漢樂有四品：《大予樂》、《周頌雅樂》、《黃門鼓吹》和《短簫鐃歌》。《後漢書·禮儀志中》"高祖定秦之月，元年歲首也"劉昭注引蔡邕《禮樂志》："漢樂四品，……三曰《黃門鼓吹》，天子所以宴樂羣臣，《詩》所謂'坎坎鼓我，蹲蹲舞我'者也。"

[四] 鼓吹：即鼓吹樂，古代的一種器樂合奏曲。用鼓、鉦、簫、笳等樂器合奏。源於我國古代民族北狄。漢初邊軍用之，以壯聲威，後漸用於朝廷。《隋書·音樂志上》："鼓吹，宋齊並用漢曲，又充庭用十六曲，高祖乃去四曲，留其十二，合四時也。更制新歌，以述功德。"《遼史·樂志》："鼓吹樂，一曰《短簫鐃歌》樂，自漢有之，謂之軍樂……橫吹亦軍樂。"元劉履《風雅翼》卷一〇："漢鼓吹曲《短簫鐃歌》，軍樂也，其後分為二部：有鼓角者為橫吹，軍

《古今注》校箋　>>>

中馬上所奏。有簫笳者則爲鼓吹，用之朝會道路，亦以給賜，而非軍樂矣。"《古樂苑》卷八"鼓吹曲辭"題注："楊慎升菴《詞品》曰：'鼓吹曲，其昉黃帝記里鼓之制乎？後世有鼓吹、騎吹、雲吹之名。'《建初錄》云：'列於殿廷者名鼓吹，列於行駕者名騎吹。'又云：'鼓吹，陸則樓車，水則樓船，其在庭則以篸簾爲樓，水行則謂之雲吹。《朱鷺》、《臨高臺》諸篇則鼓吹曲，《務成》、《黃爵》則騎吹曲，《水調》、《河傳》則雲吹曲。'"《龍筋鳳髓判》卷四"平閣爰施"劉允鵬注引《古今樂錄》："鼓吹有龍頭，大栩中鼓，獨褐小鼓。"

上留田[1]，地名也。其地人有父母死[2]，[兄不字][3]其孤弟者[一]，鄰人爲其弟作悲歌以風[4]其兄，故曰《上留田曲》[5][二]。

【校】

【1】馬本"留"作"雷"，下同。

【2】《樂府詩集》卷三八、《古樂苑》卷二〇《上留田行》題注引無"其地"二字。〇馬本"死"作"殁"。〇《海錄碎事》卷七上無"父母死"三字。

【3】兄不字：原作"不自白"。張校："'不自白'作'兄不字'。"顧本、馬本、四庫本、《山堂肆考》卷一六〇同張校。《海錄碎事》，《樂府詩集》、《上留田行》蕭士贇題注（《李太白集分類補注》卷三）、《古詩紀》卷一七《上留田行》題注、《古樂苑》引作"不字"。今案：諸書多作"兄不字"或"不字"，且下亦云"以風其兄"，則當從"兄不字"三字，據改。

【4】風：顧本、馬本、四庫本、《海錄碎事》、《山堂肆考》作"諷"。顧校："《樂府詩集》三十八引作'風其兄'。"〇今案："諷"乃"風"之後起區別字。《詩·小雅·北山》："或出入風議。"陸德明《釋文》："風，音諷。"

【5】張校："無'曲'字。"顧本、四庫本同張校。〇馬本"曲"下有"也"字。

【箋】

[一]《樂府詩集》卷三八引《樂府廣體》曰："蓋漢世人也。云里中有啼兒，似類親父子，回車問啼兒，慷慨不可止。"

[二]《李太白集分類補注》卷三《上留田行》蕭士贇題注引王僧虔《技錄》曰："《上留田行》者，相和歌瑟調三十八曲之一也。"元左克明《古樂府》卷五《上留田行》題注："《古今注》云'上苗田'，此云'上留田'，蓋傳說之誤，未知孰是。"據此知元代人所見《古今注》有作"上苗田"者。

《日重光》、《月重輪》，羣臣爲漢明帝作也[1][一]。明帝爲太子[2]，樂人作歌詩四章[3][二]，以贊太子之德[4]：一曰《日重光》，二曰《月重輪》，三曰《星重暉》，四曰《海重潤》[5]。漢末喪亂，後二章亡[6]。舊說云："天子之德光明如日，規輪如月[三]，衆暉如星，霑潤如海[7][四]，太子皆比德[8]，故云重也[9]。"

【校】

【1】張校："'作'上有'所'字。"顧本、馬本、四庫本、《玉海》卷一二八引同張校。顧校："'所'字似衍，《樂府詩集》四十引無'所'字。"

【2】明帝：《編珠》卷一引作"漢明帝時"。《御覽》卷四、《海錄碎事》卷一〇下、《錦繡萬花谷·前集》卷九、《古今事文類聚·前集》卷二一、《事類賦》（卷一"瞻瑞彩於重輪"句注）、《玉海》卷五九、《初月》詩郭知達注（《九家集注杜詩》卷二〇）、《閏月》詩吳正子注（《箋注評點李長吉歌詩》卷一）引，《續博物志》卷二、《山堂肆考》卷二作"漢明帝"。《資治通鑑》胡三省注（唐高宗永徽六年"重光日融，爓暉宜息"句下）引作"漢文帝"。○為：《初學記》卷一、《御覽》卷四、《錦繡萬花谷·前集》、《古今事文類聚·前集》、《事類賦》注、《古今合璧事類備要·前集》卷二二、《初月》詩郭知達注、《閏月》詩吳正子注引作"作"。《山堂肆考》卷三九作"初為"。

【3】樂人：《編珠》卷一引作"太子舍人"。《賀史丞相除少師》李劉注（《四六標準》卷一五）引作"羣臣為樂人"。《天中記》卷一二引作"羣臣為之"。○作歌：馬本、《續博物志》、《古今合璧事類備要·前集》、《初月》詩郭知達注引作"以歌"。《山堂肆考》卷三九作"為歌"。○《海錄碎事》、《錦繡萬花谷·前集》、《古今事文類聚·前集》、《古今合璧事類備要·前集》、《初月》詩郭知達注引，《山堂肆考》卷二、卷三九無"詩"字。○四章：馬本作"四首"。○《初學記》卷一、《御覽》卷四、《事類賦》、《閏月》詩吳正子注引無"作"字及"詩"字，然《初學記》卷一〇、《御覽》卷一四八引則有之。同一書引《古今注》，不同卷次歧異如此，茲正明唐、宋時期之《古今注》版本互歧。《類說》卷五一引《樂府解題》、《資治通鑑》胡三省注引同《初學記》卷一及《御覽》卷四。

【4】《錦繡萬花谷·前集》引無"以"字。○此句，《御覽》卷一四八引作"以贊德"。《海錄碎事》、《閏月》詩吳正子注引作"贊德"。《玉海》卷五九引作"以贊其德"。《龍筋鳳髓判》卷四"日月重輪"劉允鵬注引作"以贊之"。

《續博物志》作"贊之"。

【5】張校："'一曰'、'二曰'、'三曰'、'四曰'上皆有'其'字。"顧本、馬本、四庫本同張校。《海錄碎事》、《龍筋鳳髓判》劉允鵬注引"一曰"作"曰"，無"二曰"、"三曰"、"四曰"。〇月重輪：《海錄碎事》引在"海重潤"下。〇星重暉：四庫本、《御覽》卷一四八、《海錄碎事》、《錦繡萬花谷·前集》、《玉海》卷一二八、《小學紺珠》卷四、《樂府詩集》卷四〇、《閏月》詩吳正子注、《賀史丞相除少師》李劉注、《天中記》、《古樂苑》卷四〇"日重光行"題注引，《類說》卷五一引作"星重輝"。顧校："《編珠》引作'星重耀'。"馬本、《龍筋鳳髓判》劉允鵬注引同《編珠》。《初學記》卷一、《御覽》卷四、《事類賦》、《初月》詩郭知達注引，《續博物志》、《山堂肆考》卷二作"星重曜"。今案："暉"與"輝"同。"曜"、"耀"同義。《易·未濟》："其暉吉也。"陸德明《釋文》："暉，又作輝。"《釋名·釋天》："曜，耀也。光明照耀也。"又《白孔六帖》卷三七引作"山重暉"，異於諸書。

【6】《玉海》卷一二八、《天中記》引無"喪亂"，"後"作"其"。〇張校："'二'上有'其'字。"顧本、四庫本同張校。

【7】暉：馬本、《賀史丞相除少師》李劉注、《天中記》引作"耀"。四庫本、《玉海》卷一二八、《樂府詩集》、《古樂苑》引作"輝"。〇霑潤：《賀史丞相除少師》李劉注、《天中記》引作"浩潤"。〇"舊說云"至"如海"數句，《龍筋鳳髓判》劉允鵬注引作"舊說天子之德如日月星海"。

【8】馬本"太子"上有"光明"二字。〇《樂府詩集》、《龍筋鳳髓判》劉允鵬注、《古樂苑》引無"皆"字。〇"德"下：張校："'德'下有'焉'字。"顧本、四庫本、《蘇氏演義》卷上，《玉海》卷一二八、《賀史丞相除少師》李劉注、《天中記》引同張校。馬本有"賢"字。

【9】云：顧本無。馬本作"曰"。〇張校："'也'作'爾'。"馬本、四庫本同張校。顧本作"耳"。顧校："吳本'耳'作'爾'。"《玉海》卷一二八、《賀史丞相除少師》李劉注、《天中記》引無"也"字。

【箋】

[一] 漢明帝（28~75）：即劉莊，光武帝劉秀第四子。公元57年至75年在位。事詳《後漢書》卷二本紀。

[二] 樂人：古代指掌管音樂的官吏。《儀禮·燕禮》："膳宰具官饌於寢東，樂人縣。"胡培翬《正義》："是懸樂諸官皆有其事，故總稱樂人。"

[三] 規輪：圓規和車輪，喻圓滿無缺。

[四] 霑潤：濕潤。霑：濕。《史記·樂書》："霑赤汗兮沫流赭。"裴駰《集解》引應劭曰："霑，濡也。"

《横吹》，胡樂也[一]。博望侯張騫入西域[1][二]，傳其法於西京，唯得《摩訶兜勒》一曲[2]。李延年因胡曲更進新聲二十八解[3]，乘輿以爲武樂[4][三]。後漢以給邊將軍[5]，和帝時萬人將軍得用之[6][四]。魏晉以來二十八解不復俱存[7]。見世用《黄鵠》、《隴頭》、《出關》、《入關》、《出塞》、《入塞》、《折楊柳》、《覃子》、《赤之陽》、《望行人》十曲[8][五]。

【校】
【1】宋陳暘《樂書》卷一三〇引《律書樂圖》"樂也"下有"昔"字。〇張校："'博望侯張騫'作'張博望'。"顧本、馬本、四庫本、《樂書》引同張校。顧校："《編珠》二引作'張騫爲博望侯'。"《記纂淵海》卷七八、《折楊柳》蕭士贇題注（《李太白集分類補注》卷六）、張震題注（《唐音》卷一）引，《後漢書·班超傳》"拜超爲將兵長史，假鼓吹幢麾"李賢注、宋楊侃《兩漢博聞》卷八、《玉海》卷一〇四、《劉九法曹鄭瑕丘石門宴集》杜時可注（《九家集注杜詩》卷一七）、黄鶴補注（宋黄希《補注杜詩》卷一七）、《過江夜行武昌山上聞黃州鼓角》施元之注（《施注蘇詩》卷二〇）、《古今韻會舉要》卷一七引並引《古今樂錄》無"博望侯"。〇入：《劉九法曹鄭瑕丘石門宴集》杜時可注、黄鶴補注引作"自"。

【2】於西京：《班超傳》李賢注、《兩漢博聞》、《玉海》、《劉九法曹鄭瑕丘石門宴集》杜時可注、黄鶴補注、《過江夜行武昌山上聞黃州鼓角》施元之注、《古今韻會舉要》引"西京"作"長安"。《折楊柳》蕭士贇題注、張震題注引無。〇唯：《樂書》引無。《記纂淵海》引、《玉海》引作"惟"。今案："惟"與"唯"同。《經傳釋詞》卷三："惟，發語詞也……字或作唯，或作維。"〇張校："'一'作'二'。"顧本、馬本、四庫本同張校。

【3】胡曲：《班超傳》李賢注、《兩漢博聞》、《玉海》、《劉九法曹鄭瑕丘石門宴集》杜時可注、黄鶴補注、《過江夜行武昌山上聞黃州鼓角》施元之注引，《樂書》引作"之"。《折楊柳》蕭士贇題注、張震題注引無。〇進：張校："'進'作'造'。"顧本、馬本、四庫本、《樂書》引，《班超傳》李賢注、《兩漢博聞》、《玉海》、《劉九法曹鄭瑕丘石門宴集》杜時可注、黄鶴補注、《過江夜行武昌山上聞黃州鼓角》施元之注引，《折楊柳》蕭士贇題注、張震題注引同張校。

【4】乘輿：《劉九法曹鄭瑕丘石門宴集》杜時可注、黃鶴補注、《過江夜行武昌山上聞黃州鼓角》施元之注引並誤作"乘興"。

【5】後漢以：《樂書》引作"漢時常"。○邊將軍：《樂書》引，《班超傳》李賢注、《玉海》、《劉九法曹鄭瑕丘石門宴集》杜時可注、黃鶴補注、《過江夜行武昌山上聞黃州鼓角》施元之注引並作"邊將"。

【6】《班超傳》李賢注、《兩漢博聞》、《玉海》引無"和帝時"及"用"字。○馬本無"得"字。

【7】以來：《樂書》引作"以後"。○"解"下：《樂書》引有"又"字。○俱：馬本、四庫本作"具"。《樂書》引無。○此句，《折楊柳》蕭士贇題注、張震題注引但作"魏晉以來不存"。

【8】見世用：張校所見諸本、馬本、四庫本作"世用者"。顧本作"見世用者"。《樂書》引作"其所用者"。《班超傳》李賢注、《兩漢博聞》引作"在俗用者"。○張校："'鵠'作'鶴'。"馬本、四庫本、《樂書》引同張校。○隴頭：《樂書》引作"隴頭水"。○《樂書》引無"入關"。○覃子：張校所見諸本、顧本、馬本、四庫本作"黃華子"。《樂書》引，《班超傳》李賢注、《兩漢博聞》、《玉海》引作"黃覃子"。○赤之陽：《樂書》引、《班超傳》李賢注、《兩漢博聞》、《玉海》引"陽"作"楊"。○張校："'人'下有'等'字。"顧本、四庫本同張校。○十曲：馬本作"一十四曲"。《樂書》引作"十四曲也"。○此句，《折楊柳》蕭士贇題注引作"見用《黃鵠》、《隴頭》、《折楊柳》等十曲"。《折楊柳》張震題注引作"見用《隴頭》、《黃鵠》、《折楊柳》、《出關》、《入關》、《出塞》、《入塞》、《單于》、《雉子斑》、《望行人》十曲"。張震所引篇名及順序皆與今本異。

【箋】

[一] 橫吹：即"橫吹曲"，樂府曲名，用於軍中。《樂府詩集》卷二一《橫吹曲辭》題注："橫吹曲，其始亦謂之鼓吹，馬上奏之，蓋軍中之樂也。北狄諸國皆馬上作樂，故自漢已來，北狄樂總歸鼓吹署。其後分為二部，有簫笳者為鼓吹，用之朝會、道路，亦以給賜。漢武帝時，南越七郡皆給鼓吹是也。有鼓角者為橫吹，用之軍中，馬上所奏者是也。"《樂書》卷一三〇："大橫吹、小橫吹，並以竹為之，笛之類也。"《遼史·樂志》："橫吹亦軍樂，與鼓吹分部而同用，皆屬鼓吹令。"○胡樂：古代稱西北方及北方民族和西域各地的音樂。《晉書·樂志下》："胡角者，本以應胡笳之聲，後漸用之橫吹，有雙角，即胡樂也。"《資治通鑒》唐肅宗至德元載："上皇每酺宴，先設太常雅樂坐部、立部，

繼以鼓吹、胡樂、教坊、府縣散樂、雜戲。"胡三省注:"胡樂者,龜茲、疏勒、高昌、天竺諸部樂也。"

[二]博望侯張騫:張騫封博望侯事載《漢書》本傳,其時在漢武帝元朔六年(前123年)。《漢書·張騫傳》曰:"騫以校尉從大將軍擊匈奴,知水草處,軍得以不乏,乃封騫爲博望侯。是歲,元朔六年也。"顏師古注:"取其能廣博瞻望。"○西域:漢以來對玉門關、陽關以西地區的總稱,亦即蔥嶺以東的地區。《漢書·西域傳序》:"西域以孝武時始通,本三十六國,其後稍分至五十餘,皆在匈奴之西,烏孫之南。南北有大山,中央有河,東西六千餘里,南北千餘里。東則接漢,陀以玉門、陽關,西則限以蔥嶺。"

[三]摩訶兜勒:殆爲佛教音樂。"摩訶",梵語譯音。有"大、多、勝"三義。《翻譯名義集·法寶眾名》:"摩訶,此含三義,謂大、多、勝。"又《佛說義足經》卷下《兜勒梵志經》:"爾時座中,有梵志名兜勒。"則知"摩訶兜勒",意即"大梵志"或"眾梵志"。而"梵志"者,乃梵語意譯,為古印度對一切"外道"出家者之通稱。《大智度論》卷五六:"梵志者,是一切出家外道。若有承用其法者,亦名梵志。"據此,可以推測:所謂"摩訶兜勒"者,殆是奉"外道"之出家者所唱之樂,抑或是歌詠"外道"之出家者之音樂。孫逢吉《職官分紀》卷一八"摩訶兜勒曲"原注:"有角橫吹者,始張騫使西域,得摩訶兜勒曲,其後李延年因之增為二十八解,若《隴頭水》、《赤之楊》、《黃覃子》、《望行人》、《出關》、《入關》、《出塞》、《入塞》之曲是也。"

[四]邊將軍、萬人將軍:俱為將軍之號,其制未詳。○和帝(79~105):即劉肇,漢章帝劉炟第四子,公元88年至105年在位。事詳《後漢書》卷四本紀。

[五]《樂府詩集》卷二一《漢橫吹曲一》題注引《樂府解題》曰:"漢橫吹曲,二十八解,李延年造。魏、晉已來,唯傳十曲:一曰《黃鵠》,二曰《隴頭》,三曰《出關》,四曰《入關》,五曰《出塞》,六曰《入塞》,七曰《折楊柳》,八曰《黃覃子》,九曰《赤之揚》,十曰《望行人》。後又有《關山月》、《洛陽道》、《長安道》、《梅花落》、《紫騮馬》、《驄馬》、《雨雪》、《劉生》八曲,合十八曲。"

後漢蔡邕益琴爲九絃[1][一]。

《古今注》校箋 >>>

【校】

【1】《樂府詩集》卷五七引無"後漢"二字。〇張校："下有'後還用七絃'五字。"顧本、四庫本、《玉海》卷一一〇引同張校。今案：有此五字者，殆出別本。〇《樂府詩集》、《古樂苑》卷三〇《琴曲歌辭》題注引"九絃"下尚有"二絃大，次三絃小，次四絃尤小"十四字，或為豹書佚文。今案：《玉海》卷一一〇引《三禮圖》云："《舊圖》云：'周文王加二絃，曰少宮、少商。蔡伯喈復增二絃，故有九絃。二絃大，次三絃小，次四絃尤小。'"《舊圖》云云者，與《樂府詩集》所見《古今注》相似，殆豹書本據《舊圖》立此條，後世傳抄之際或本又脫去"二絃大，次三絃小，次四絃尤小"十四字。至如《古樂苑》亦有此十四字者，則是徑抄《樂府詩集》而已。

【箋】

[一]《玉海》卷一一〇引《琴書》曰："琴本五絃，宮、商、角、徵、羽也。加二絃，文武也。後漢蔡邕又加二絃，象九星。"徐文靖《管城碩記》卷三〇引《琴書》曰："琴本七絃，後漢蔡邕又加二絃，以象九星，在人法九竅。"〇蔡邕（133～192）：字伯喈，陳留圉（今河南杞縣南）人，後漢著名學者。事詳《後漢書》卷六〇下本傳。本傳載"（邕）妙操音律"，然未記其為九絃琴之事。〇今案：古琴為君子修身養性之象徵，有五弦琴、七弦琴、九弦琴等多種制度。其尺寸不同，則寓意亦別。《樂府詩集》卷五七："琴者，先王所以修身理性、禁邪防淫者也，是故君子無故不去其身。"又曰："《廣雅》曰：'伏羲造琴，長七尺二寸，而有五弦。'揚雄《琴清英》曰：'舜彈五弦之琴而天下化。'《琴操》曰：'琴長三尺六寸六分，象三百六十日。廣六寸，象六合也。文上曰池，池，水也，言其平。下曰濱，濱，賓也，言其服也。前廣後狹，尊卑象也。上圓下方，法天地也。五弦象五行也。文王、武王加二弦以合君臣之恩。'《古今樂錄》曰：'今稱二弦為文武弦是也。'應劭《風俗通》曰：'七弦，法七星也。'《三禮圖》曰：'琴第一弦為宮，次弦為南，次為角，次為羽，次為徵，次為少宮，次為少商。'桓譚《新論》曰：'今琴四尺五寸，法四時五行也。'"

鳥獸第四

楊，白鷢也，似鷹而尾上白[1][一]。

【校】
【1】張校："無'而'字。"四庫本同張校。顧校："《御覽》九百二十六引此下亦有'號為印尾鷹'句。案《尔疋》：'鷢，白鷢。'郭注：'似鷹，尾上白。'楊，即'鷢'之古字。"《御覽》卷九二六引"白"下有"赤"字，"赤"下如顧校。○馬本"楊"下有"鳥"字。殆馬縞所據本固作"鷢"，而誤析為"楊"、"鳥"二字矣。

【箋】
[一]《爾雅·釋鳥》："鷢，白鷢。"郭璞注："似鷹，尾上白。"陸德明《釋文》："《說文》云：'白鷢，王雎也。'《字林》同。"郝懿行《義疏》："白鷢，即今白鷂子，似雀鷹而大，尾上一點白，因名焉。"又引王照圓《詩小紀》曰："鷢，俗字當作楊。《詩》曰：'時維鷹揚。''揚'即《爾雅》'楊，白鷢'。古字通借為'揚'，毛傳便謂'鷹之飛揚'矣。"今案：引《詩》見《詩·大雅·大明》。《廣韻·月韻》："鷢，白鷢，一名揚鳥，似鷹，尾上白，善捕鼠。"

扶老，禿鶖也[1]。狀如鶴而大[2]，大者頭高八尺[3]，善與人鬭，好啗蛇[4][一]。

【校】
【1】張校："'鶖'作'秋'。"顧本、四庫本、《類說》卷三六引、《廣博物志》卷四五同張校。顧校："《禽經》注、《天中記》五十九並引作'鶖'，《中華古今注》同。案《玉篇》：'鶖，水鳥也。一名扶老。''秋'即'鶖'字之省。"○此句，《詩話總龜·後集》卷二○引作"禿鶖，一名扶老"。
【2】《類說》、《說郛》卷一○七、《格致鏡原》卷八○引無"而大"二字。
【3】《說郛》引"八尺"作"七八尺"。
【4】好啗蛇：顧校："《禽經》注引作'好蹈蛇'。"馬本、四庫本、《天中

記》卷五九引、《廣博物志》作"好啗蛇"。今案:"啗"同"啖"。《集韻》:"啖,或作啗。"《類說》引作"好食蛇"。○《說郛》、《格致鏡原》引此句下尚有"脯羞(原注:一作炙)食之,益人氣力,走及奔馬也"數句。未知為豹書佚文否?

【箋】
[一]《埤雅·釋鳥》:"禿鶖,一名扶老,狀如鶴而大,長頸赤目,其毛可辟水毒,善與人鬥,好啗蛇。"○禿鶖:鳥名。《本草綱目·禽一·鶖鶬》:"禿鶖,水鳥之大者也,出南方有大湖泊處。其狀如鶴而大,青蒼色,張翼廣五六尺,舉頭高六七尺,長頸赤目,頭項皆無毛,其頂皮方二寸許,紅色如鶴頂。其喙深黃色而扁直,長尺餘。其嗉下亦有胡袋,如鵜鶘狀。其足爪如雞,黑色。性極貪惡,能與人鬥,好啗魚、蛇及鳥雛。"《詩識名解》卷三:"禿鶖,水鳥,一名扶老,一名舍利。形似鵜鶘,長頸,赤目,爪如雞,頭項無毛,形頗陋惡。"○今案:或以為扶老為手杖名,與"禿鶖"為鳥名者異。《說郛》卷三一下引宋無名氏《採蘭雜誌》:"山中老人以禿鶖頭形刻杖上,謂之扶老,以此鳥能辟蛇也。《古今注》以禿鶖爲扶老,甚謬。"

鴈[1],自河北渡江南,瘦瘠能高[2]飛,不畏矰繳[3][一]。江南沃饒[二],每[4]至還河北,體肥不能高飛,恐爲虞人[5]所獲[三],嘗銜長蘆可數寸[6],以防矰繳[7][四]。

【校】
【1】《格致鏡原》卷七八引作"雁"。今案:"鴈"與"雁"同。《說文·鳥部》"鴈"字段玉裁注:"鴈與雁各字,……許意《隹部》雁為鴻雁,《鳥部》鴈為騖,……今字雁、鴈不分久矣。"
【2】《類說》卷三六引無"高"字。
【3】《野歌》吳正子注(《箋注評點李長吉歌詩》卷四)、《鳴鴈行》蕭士贇注(《李太白集分類補注》卷四)引"繳"作"矰"。下同。今案:"繳"通"矰"。《正字通·糸部》:"繳,與矰同。"
【4】《類說》引無"每"字。
【5】《類說》、《山堂肆考》卷二一一引引無"虞"字。
【6】嘗:馬本、《野歌》吳正子注、《鳴鴈行》蕭士贇注、《騈志》卷一八引作"常"。○長蘆:張校:"'長蘆'作'蘆長'。"顧本、馬本、四庫本、《騈

98

志》、《山堂肆考》、《格致鏡原》引同張校。《野歌》吳正子注、《天中記》卷五八引無"長"字。○張校："無'可'字。"顧本、馬本、四庫本、《野歌》吳正子注、《天中記》、《駢志》、《山堂肆考》、《格致鏡原》引同張校。○顧校："黃氏《草堂詩箋》十六引作'唧長蘆數寸'。"○《類說》引作"嘗唧蘆"。

【7】張校："'以防繒繳'下有'焉'字。"顧本、四庫本、《天中記》、《駢志》、《山堂肆考》、《格致鏡原》引同張校。○《類說》引"繒"作"矰"。

【箋】

[一] 繒繳：即"矰繳"，系有絲繩、獵取飛鳥的射具。矰：弋射之箭。《周禮·夏官·司弓》："矰矢、茀矢，用諸弋射。"鄭玄注："結繳於矢謂之矰。矰，高也。"《呂氏春秋·直諫》："荊文王得茹黃之狗，宛路之矰。"高誘注："矰，弋射短矢。"繳：系於箭上之絲繩。《孟子·告子上》："思援弓繳而射之。"朱熹《集注》："繳，以繩繫矢而射也。"《漢書·蘇武傳》："武能網紡繳，檠弓弩。"顏師古注："繳，生絲縷也，可以弋射。"

[二] 沃饒：土地肥沃，物產豐富。《左傳》成公六年："（晉人）必居郇瑕氏之地，沃饒而近盬。"孔穎達疏："土田良沃，五穀饒多。"

[三] 虞人：古掌山澤苑囿之官。《周禮·夏官·大司馬》："虞人萊所田之野為表。"賈公彥疏："虞人者，若田在澤，澤虞；若田在山，山虞。"《左傳》昭公二十年："十二月，齊侯田於沛，招虞人以弓，不進。"杜預注："虞人，掌山澤之官。"

[四] 《淮南子·修務訓》："夫鴈，順風以愛氣力，銜蘆而翔以備矰弋。"高誘注："銜蘆，所以令繳不得截其翼也。"

鳧鴈[1][一]，[常]在江邊沙上食沙石[2]，悉皆消化[3]，唯食海蛤不消[4][二]，隨其糞出[5]，用以為藥[6]，倍勝常者[7]。

【校】

【1】鳧：《御覽》卷九四二引誤作"鳥"。○鴈：《古今事文類聚·後集》卷四七引作"雁"。今案："鴈"與"雁"同。《說文·鳥部》"鴈"字段玉裁注："鴈與雁各字，……許意《隹部》雁為鴻雁，《鳥部》鴈為騖，……今字雁、鴈不分久矣。"

【2】"在"上：馬本、《御覽》卷九一九、卷九四二、《古今事文類聚·後集》引有"常"字，故據增。《天中記》卷五七、《格致鏡原》卷九五引有

"嘗"字。○在:《御覽》卷九一九引作"住"。○江邊:顧校:"《御覽》九百十九引作'海邊',《中華古今注》同。"《御覽》卷九四二、《天中記》引作"河邊"。《翻譯名義集》卷二、《古今事文類聚·後集》引作"海邊"。《格致鏡原》引作"湖邊"。○沙石:馬本作"砂石"。

【3】《御覽》卷九一九、《古今事文類聚·後集》引無"悉"字。○消化:張校:"'消化'作'銷爛'。"四庫本、《天中記》、《格致鏡原》引同張校。顧本、馬本、《御覽》卷九一九、卷九四二、《古今事文類聚·後集》引作"消爛"。

【4】唯:《古今事文類聚·後集》、《天中記》、《格致鏡原》引作"惟"。今案:"惟"與"唯"同。《經傳釋詞》卷三:"惟,發語詞也……字或作唯,或作維。"○海蛤:張校:"《文房》'蛤'作'給'。"今案:當從底本。作"給"者,形近而訛。《御覽》卷九四二、《天中記》、《格致鏡原》引作"蛤"。

【5】糞:馬本作"矢"。今案:"矢"假借為"屎",與"糞"同義。《左傳》文公十八年:"(惠伯)弗聽,乃入,殺而埋之馬矢之中。"《史記·廉頗藺相如列傳》:"廉將軍雖老,尚善飯,然與臣坐,頃之,三遺矢矣。"司馬貞《索隱》:"矢,一作屎。"○此句,《天中記》、《格致鏡原》引作"隨糞而出"。

【6】馬本無"以"字。○《御覽》卷九一九引無"用"字。

【7】張校:"'常'作'餘'。"顧本、四庫本、《御覽》卷九一九引同張校。○馬本"常者"作"者也"。

【箋】

[一] 鳧鴈:野鴨子與大雁。《荀子·富國》:"然後飛鳥鳧雁若煙海。"○鳧:野鴨子。狀如家鴨而略小,肉味甚美。《詩·鄭風·女曰雞鳴》:"將翱將翔,弋鳧與鴈。"陸璣《疏》:"鳧,大小如鴨,青色,卑腳短喙,水鳥之謹願者也。"《格致鏡原》卷八〇引《格物論》:"鳧,野鴨,頭上有毛,數百為羣,泊江海間,食沙石皆消化,唯食海蛤不消,隨其糞出。且其曹蔽天而下,聲如風雨,所至田間稻梁必為之空。"又引《採蘭雜志》:"鳧,一名少卿。"

[二] 海蛤:海中各種蛤類的總稱。沈括《夢溪筆談·藥議》:"蛤之屬,其類至多。房之堅久瑩潔者皆可用,不適指一物,故通謂之海蛤耳。"

鶴[1][一],千歲化為蒼[2],又千歲變為黑[3],所謂玄鶴是[4]也[二]。

【校】

【1】顧本"鶴"上有"白"字。顧校："各本脫'白'字,茲據《玄應音義》二引增。"

【2】歲:馬本、《說郛》卷一〇七引作"載"。下同。顧校:"《禽經》注、《天中記》五十八並引'歲'作'載'。"○化為:張校:"'化為'作'則變'。"顧本、馬本、四庫本、《御覽》卷九一六、《古今事文類聚·後集》卷四二、《古今合璧事類備要·別集》卷六四、《天中記》卷五八、《康熙字典》卷三五引同張校。《說郛》引作"變"。今案:《御覽》、《古今合璧事類備要·別集》所引云出"伏候《古今注》",實出豹書而誤題伏候名耳。

【3】張校:"'又'下有'二'字。"顧本、四庫本、《康熙字典》引同張校。顧校:"《禽經》注、《天中記》五十八並引無'二'字。"今案:不但《禽經》注、《天中記》引無"二"字,諸書亦多無之。○顧本、《康熙字典》引"歲"下有"則"字。○變為:張校:"無'為'字。"顧本、馬本、四庫本、《說郛》、《康熙字典》引同張校。《御覽》引作"則"。《古今事文類聚·後集》、《古今合璧事類備要·別集》引無。《天中記》引作"則變"。

【4】張校:"無'是'字。"○顧本、馬本、四庫本、《御覽》、《古今事文類聚·後集》、《古今合璧事類備要·別集》、《說郛》、《天中記》、《康熙字典》引同張校。○"也"字下,《康熙字典》引尚有"古謂之仙禽,亦名露禽,或又謂之陰羽"數句。

【箋】

[一]《本草綱目·禽一·鶴》:"鶴大於鵠。長三尺,高三尺餘,喙長四寸,丹頂赤目,赤頰青腳,修頸凋尾,粗膝纖指,白羽黑翎。亦有灰色、蒼色者。嘗以夜半鳴,聲唳雲霄。"《天中記》卷五八引《禽經注》:"露禽,鶴也,露下則鶴鳴。凡鶴之馴養於家庭者,飲露則飛去。"

[二]玄鶴:黑鶴。《韓非子·十過》:"有玄鶴二八,道南方來,集於郎門之堄。"

猿[1],五百歲[化]爲玃[2][一]。

【校】

【1】顧校:"《玄應音義》九引作'猨',《御覽》九百一十引作'猴'。"《慧琳音義》卷四六引同《玄應音義》。○今案:"猨",同"猿"。《玉篇·犬

部》："猴，似獮猴而大，能嘯也。猿，同猨。"

【2】馬本"歲"作"年"。○張校："'為'上有'化'字。"顧本、馬本、《慧琳音義》卷四六引同張校。今案：諸書有"化"字，故據增。○《慧琳音義》卷四六引玃下有"也"字。

【箋】

[一] 宋高似孫《剡錄》卷一○引《呂氏春秋》曰："猴五百年化為玃。"《抱朴子內篇·對俗》："獮猴壽八百歲變為猿，（猿）壽五百歲變為玃。"○猿：獮猴。《詩·小雅·角弓》："毋教猱升木"孔穎達疏引陸璣《疏》："猱，獮猴也，楚人謂之沐猴。老者為玃，長臂者為猿。"○玃：大猿。亦泛指猿猴。《呂氏春秋·察傳》："故狗似玃，玃似母猴，母猴似人。"高誘注："玃，貑玃，獸名也。"《漢書·揚雄傳下》："捕熊羆豪豬虎豹狖玃狐菟麋鹿。"顏師古注："玃亦獮類也，長臂善搏。玃身長，金色。"

馬，自識其駒，非其駒則齕殺之[1][一]。

【校】

【1】張校："全條十二字全缺。"顧本、四庫本同張校。○今案：馬本有此條。諸書引此條皆云自《中華古今注》，殆今本此條系後人從《中華古今注》中誤竄入。茲仍其舊。《格致鏡原》卷八四引《中華古今注》"殺"作"煞"。

【箋】

[一] 齕殺：咬死。《漢書·江都易王劉非傳》："宮人姬八子有過者，輒令贏立擊鼓，或置樹上，久者三十日乃得衣……或縱狼令齕殺之，建觀而大笑。"《說文·齒部》："齕，噬也。"段玉裁注："《釋名》曰：'鳥曰啄，獸曰齕。'"

驢為牡[1]，馬為牝，則[2]生騾。馬為牡，驢為牝，則生駏[3][一]。

【校】

【1】顧本此條在"吐綬鳥"條下。

【2】張校："無'則'字。"○顧本同張校。

【3】張校："《文房》、《逸史》無此（'則生駏'）三字。《漢魏》無'則'字，'駏'作'駓'。"○顧本作"騾為牝，馬為牡，生駓"。顧校："《急就篇補

注》三引作：'驢牝馬牡則生贏。'《尔疋翼》二十三、《天中記》五十五並引作：'驢為牝，馬為牡，則生贏。馬爲牝，驢爲牡，則生駃。'《通疋》四十六引作：'驢牝馬牡則生贏，驢牡馬牝則生駃。'《御覽》九百一引作：'驢爲牡，馬爲牝，即生騾。馬爲牡，驢爲牝，即生騰駃。'李時珍曰：'騾類有五：牡驢交馬而生者，騾也。牡馬交驢而生者為駃騠，牡驢交牛而生者為駝駞，牡牛交驢而生者為驕騣，牡牛交馬而生者為䭾驢。'"〇四庫本作"騾爲牝，馬爲牡，生驢"。〇今案：諸書載此條歧互如此，殆所據《古今注》版本不同所致。

【箋】

[一] 駃：音陌。馬、驢雜交之產物。或以為牡馬、牝驢交而產之，或以為牝馬、牡驢交合之產物（《爾雅翼》卷二三、《天中記》卷五五、《通雅》卷四六引）。

南山有鳥名鷓鴣[1][一]，自呼其名[2]。常向日而飛，畏霜露[3]，早曉稀出[4]，有時夜飛，飛則以樹葉覆背[5]。《吳都賦》曰："鷦鷯而翔。"[二]言飛向南也[6]。

【校】

【1】馬本、《天中記》卷五九、《格致鏡原》卷七八引"山"作"方"，"名"作"曰"。〇張校："此句作'鷓鴣出南方'。"顧本、四庫本、《康熙字典》卷三五"鷓"字下引同張校。

【2】張校："作'鳴常自呼'。"〇顧本、四庫本同張校。〇馬本作"其名自呼"。〇《天中記》、《格致鏡原》引作"其鳴自呼"。

【3】顧本無"露"字。顧校："《天中記》五十九引作'畏霜露'。"《康熙字典》引同《天中記》所引。

【4】張校："'曉'作'晚'。"顧本、馬本、四庫本、《天中記》、《格致鏡原》、《康熙字典》引同張校。〇稀：顧本、四庫本、《康熙字典》引作"希"。今案："稀"與"希"通。《文選·曹植〈朔風詩〉》："朱華未希。"李善注："希，與'稀'同。古字通也。"

【5】張校："'飛則'上有'夜'字。"顧本、四庫本、《初學記》卷二引同張校。《天中記》引無"飛則"二字。〇馬本"則"下有"出"字。〇覆背：張校："'覆背'作'覆其背上'。"顧本、四庫本、《初學記》、《天中記》、《格致鏡原》引同張校。馬本作"覆背上"。〇《御覽》卷一四、《山堂肆考》卷五

103

引此二句作"夜棲則以樹葉覆其背上"。《事類賦》注（卷三"亦聞鷓鴣蔽葉"下）引同《御覽》，唯無《御覽》引文中"則"、"上"二字。○《格致鏡原》引此二句下尚有"燕人亦不知有此鳥也"句，未識為豹書佚文否？

【6】張校："'吳都賦'以下十三字，全缺。"今案：諸書皆無此十三字。

【箋】

[一] 鷓鴣：鳥名。形似雌雉，頭如鶉，胸前有白圓點，如珍珠。背毛有紫赤浪紋，足黃褐色。以穀粒、豆類和其他植物種子為主食，兼食昆蟲。為中國南方留鳥。《文選·左思〈吳都賦〉》："鷓鴣南翥而中留，孔雀綷羽以翱翔。"劉逵注："鷓鴣，如雞，黑色，其鳴自呼。或言此鳥常南飛不止。豫章已南諸郡處處有之。"《埤雅·釋鳥》："鷓鴣自呼其名，常向日而飛，飛數隨月。蓋若正月，一飛而止，畏霜露，早晚稀出，有時夜飛，飛則以木葉自覆其背。古牋云：'偃鼠飲河止於滿腹，鷓鴣銜葉才能覆身。'此之謂也。臆前有白圓點文，多對啼，志常南嚮，不思北徂。《南越志》所謂'鷓鴣雖東西回翔，然開翅之始必先南翥'，亦胡馬嘶北之義也。《本草》曰：'鷓鴣，形似母雞，鳴云鉤輈格磔。'《嶺表異錄》云：'肉白而脆，味勝雞雉。'"《格致鏡原》卷七八："《禽經》曰：'隨陽越雉，鷓鴣也。晉安曰懷南，江左曰逐隱。'《採蘭雜記》：'鷓鴣，一名內史，一名花豸。'"

[二] 所引《吳都賦》與今本異。今案：《文選·張衡〈西京賦〉》："鳳騫翥於甍標，咸遡風而欲翔。"（崔豹殆誤以《西京賦》文為《吳都賦》文。）李善注："《楚辭》曰：'鳳騫翥而飛翔。'《說文》曰：'騫，飛貌。'"今案：善注引《楚辭》見《远游》篇："鸞鳥軒翥而翔飛。"（然"騫"作"軒"矣。）洪興祖《補注》："《方言》：翥，舉也。楚謂之翥。"

吐綬鳥，一名功曹[1][一]。

【校】

【1】《埤雅·釋鳥》、《格致鏡原》卷七七引下尚有"今俗謂之錦囊"句，殆豹書佚文。

【箋】

[一]《編珠》卷二引《述異記》曰："吐綬鳥，五色，出巴東山中，天晴淑景則吐綬長一尺，須臾還吞之，陰晦則不吐。一名錦帶功曹。"《酉陽雜俎》

卷一六:"吐綬鳥,魚復縣南山有鳥,大如鴝鵒,羽色多黑,雜以黃白,頭頰似雉,有時吐物,長數寸,丹彩彪炳,形色類綬,因名為吐綬鳥。又食必蓄嗉,臆前大如斗,慮觸其嗉,行每遠草木,故一名避株鳥。"《埤雅·釋鳥》:"鶡,綬鳥也。……鶡善相其天而吐綬,樂則見其文采,有戕賊之疑則不吐也。"

秦始皇有名馬七[1][一]:一曰[2]追風,二曰白兔[3],三曰躡景[4][二],四曰犇電[5][三],五曰飛翩[四],六曰銅爵[6][五],七曰晨鳧[7][六]。

【校】

【1】名馬七:顧本、馬本、《蘇氏演義》卷下、《初學記》卷二九、《記纂淵海》卷九八、《玉海》卷一四八、《事類賦》注(卷二一"始皇七名"下)、《天中記》卷五五、《廣博物志》卷四六、《格致鏡原》卷八四引作"七名馬"。《編珠》卷四、《類說》卷三六、《說略》卷三〇引作"七馬"。

【2】"一曰"及下"二曰"、"三曰"、"四曰"、"五曰"、"六曰"、"七曰"計十四字,張校所見諸本、顧本、四庫本、《初學記》卷二九凡兩引、《廣博物志》引皆無之,而馬本與底本俱有之,茲仍其舊。〇《編珠》、《類說》引"一曰"作"名曰"。無"二曰"、"三曰"、"四曰"、"五曰"、"六曰"、"七曰"。〇《玉海》、《事類賦》注、《天中記》、《格致鏡原》引無七"曰"字。〇《山堂肆考》卷二二〇引有七"曰"字,無"一"及下"二"、"三"、"四"、"五"、"六"、"七"。

【3】《廣博物志》引"兔"作"菟"。今案:"菟"與"兔"通。《楚辭·天問》:"而顧菟在腹。"王逸注:"菟,一作兔。"洪興祖補注:"菟,與兔同。"

【4】顧校:"《御覽》八百九十七引作'躡影'。"《記纂淵海》、《玉海》、《事類賦》注、《格致鏡原》引同《御覽》。今案:"景"乃"影"之古字。《顏氏家訓·書證》:"凡陰景者,因光而生,故即謂為景。《淮南子》呼為景柱,《廣雅》云:'晷柱掛景。'並是也。至晉世葛洪《字苑》傍始加彡,音於景反。"

【5】犇電:顧校:"《初學記》二十九、《御覽》八百九十七、《天中記》五十五並引作'追電',《中華古今注》同。"又曰:"《事類賦》二十一又引'犇電'作'奔電'。"《編珠》、《類說》、《記纂淵海》、《玉海》、《事類賦》注、《說略》、《山堂肆考》、《廣博物志》、《格致鏡原》引亦作"追電"。今案:似當作"犇電"或"奔電",上文"追風"既已言"追"字,則此處不得復言"追"也。又"犇"為"奔"之古字。《集韻·魂韻》:"奔,古作犇。"

【6】銅爵：顧校："《天中記》五十五引作'銅雀'。"馬本、《記纂淵海》、《玉海》、《事類賦》注、《說略》、《山堂肆考》、《格致鏡原》引同顧校。今案："爵"與"雀"通。《說文通訓定聲·小部》："爵，叚借為雀。"《孟子·離婁上》："為叢敺爵者，鸇也。"朱熹《集注》："爵，與雀同。"

【7】晨鳧：張校："《文房》'晨'作'最'，《漢魏》作'神'。"顧本、馬本、四庫本、《蘇氏演義》同《漢魏》。顧校：《御覽》八百九十七、《事類賦》二十一、《天中記》五十五並引作"晨鳧"。今案：《編珠》、《初學記》卷二九凡兩引、《記纂淵海》、《玉海》、《說略》、《山堂肆考》、《廣博物志》、《格致鏡原》引亦皆作"晨鳧"。則作"神鳧"者，別有所本。又《類說》引作"長鳧"，"長"殆即"晨"之形誤。○《說略》引"晨鳧"尚有"一曰神鳧"四字，殆是注文混入正文。

【箋】

[一] 七名馬之命名，皆以行動疾速之物為稱；是知馬之有名與否，皆決於其奔跑速度之快慢。

[二] 躡景：亦作"躡影"，謂追躡日影，故喻極其迅速。《文選·曹植〈七啟〉》："忽躡景而輕騖，逸奔驥而超遺風。"李善注："景，日景也。躡之言疾也。"《梁書·王僧孺傳》："未有躡影追風，奔驟之若此者也。"今案：馬名"躡景"者，正取其奔走疾速也。

[三] 犇電：即"奔電"，謂閃電。《文選·王褒〈聖主得賢臣頌〉》："追奔電，逐遺風，周流八極，萬里一息。"李周翰注："電、風，皆謂疾也。"今案：馬名"犇電"，取其馳如閃電。

[四] 飛翩：飛鳥。《文選·曹植〈七啟〉》："飛翩淩高，鱗甲隱深。"張銑注："飛翩，鳥也。"今案：馬名"飛翩"，言其馳驟如鳥之飛翔。

[五] 銅雀：銅製的鳥雀。《三輔黃圖·建章宮》："古歌云：'長安城西有雙闕，上有雙銅雀，一鳴五穀成，再鳴五穀熟。'"今案：馬名"銅雀"，"銅"殆狀其顏色，"雀"亦鳥也，殆言其奔走如雀。

[六] 鳧：野鴨子，飛動疾速。《本草綱目·禽一·鳧》："鳧，東南江海湖泊中皆有之。數百為羣，晨夜蔽天，而飛聲如風雨，所至稻梁一空。"今案：馬名"鳧"，亦謂馳奔迅疾。

鴛鴦，水鳥，鳧類也[1][一]。雌雄未嘗相離，人得其一，一思而死[2]，故謂之疋鳥也[3][二]。

【校】

【1】《埤雅·釋鳥》、《記纂淵海》卷九七、《佳人》杜時可注（《九家集注杜詩》卷五）、黃鶴補注（《補注杜詩》卷五）引無"水鳥"。○《記纂淵海》引無"鳧類也"。○《御覽》卷九二五、《古今事文類聚·後集》卷四六、《去婦詞》楊齊賢注（《李太白集分類補注》卷六）、《天中記》卷五九、《山堂肆考》卷二一三、《鴛鴦篇》張震題注（《唐音》卷二）、《格致鏡原》卷八〇引無"也"字。

【2】張校："'一思'上有'其'字。"顧本、四庫本有"則"字。馬本有"則其"二字。○張校："'而'下有'至'字。"顧本、四庫本同張校。顧校："《埤疋》七、《御覽》九百二十五、《倭名類聚抄》七、黃氏《草堂詩箋》十六並引無'至'字。"○顧校："《天中記》五十九引作'則一者相思死'。"今案：《御覽》、《古今事文類聚·後集》、《記纂淵海》、《鴛鴦篇》張震題注引"一思而死"作"則一者相思死"。《山堂肆考》、《格致鏡原》引作"則其一相思而死"。

【3】《去婦詞》楊齊賢注引無"故"字。○張校："'謂之'作'曰'。"顧本、四庫本同張校。《鴛鴦篇》張震題注作"謂"。○顧校：《埤疋》七、《御覽》九百二十五、《倭名類聚抄》七、黃氏《草堂詩箋》十六並引"疋"作"匹"，《天中記》五十九引"疋"亦作"匹"。今案：馬本、《埤雅·釋鳥》、《古今事文類聚·後集》、《去婦詞》楊齊賢注、《佳人》杜時可注、黃鶴補注、《山堂肆考》、《鴛鴦篇》張震題注、《格致鏡原》引"疋"亦作"匹"。"疋"與"匹"同。《廣韻·質韻》："匹，俗字作疋。"《字彙補·疋部》："匹，匹、疋二字自漢已通用矣。"○張校："無'也'字。"顧本、四庫本，《御覽》、《埤雅·釋鳥》、《古今事文類聚·後集》、《去婦詞》楊齊賢注、《佳人》杜時可注、黃鶴補注、《天中記》、《山堂肆考》、《鴛鴦篇》張震題注、《格致鏡原》引同張校。

【箋】

[一] 鴛鴦：鳥名。似野鴨，體形較小。嘴扁，頸長，趾間有蹼，善游泳，翼長，能飛。雄的羽色絢麗，頭後有銅赤、紫、綠等色羽冠；嘴紅色，腳黃色。雌的體稍小，羽毛蒼褐色，嘴灰黑色。棲息內陸湖泊和溪流邊。為我國著名特產珍禽之一。《白孔六帖》卷九五："（鴛鴦）尤異者，養雛於土窟破冢之間，能使狐衛其子。"《埤雅·釋鳥》曰："鴛鴦，匹鳥，有思者也。"《爾雅翼》卷

一七曰："雄名為鴛，雌名為鴦，雌雄未嘗相捨，飛止相匹。"《古今合璧事類備要》卷六八引《格物總論》曰："鴛鴦，文禽，亦匹鳥也，似鳧，毛有文采，雌雄未嘗相離，人得其一，則一者相思而死。"

[二] 疋鳥：即"匹鳥"，成對的鳥。特指鴛鴦。《詩·小雅·鴛鴦》"鴛鴦于飛"毛傳："鴛鴦，匹鳥。"鄭玄箋："匹鳥，言其止則相耦，飛則爲雙，性馴耦也。"

麞有牙而不能噬[一]，鹿有角而不能觸。麞一名麢[二]，青州人謂麢爲麞[1][三]。

【校】

【1】麞：馬本作"獐"。今案："麞"與"獐"同。《玉篇·鹿部》："麞，亦作獐。"○謂麢：馬本作"謂鹿"。○顧校："《埤疋》三引作：'鹿有角而不能觸，麞有牙而不能噬。麞，麢也。齊人謂麢爲麞。'文義較順。"今案：《埤雅》所據不過異本耳，與文義順暢與否似無關。○此條亦載《御覽》卷九〇七，文字全同，云出《伏候古今注》，乃引豹書而誤題"伏候"之名也。○《天中記》卷五四、《山堂肆考》卷二一八引作"鹿有角而不能觸，麞有牙而不能噬"。○《格致鏡原》卷八三引"不能噬"下有"麞臍下亦有香，但不全耳"十字，未識為豹書佚文否？○《爾雅翼》卷二〇引於"不能觸"下有"大者不過三二十斤，老則牙見於外，淮人謂之牙麞"三句，不類引者說明文字，殆亦豹書佚文歟？

【箋】

[一] 麞：獐子，鹿類動物。《埤雅·釋獸》："麞如小鹿而美，故從章也。章，美也。……或曰麞性善驚，故從章。《吳越春秋》曰：'章者，倬偉也。'蓋麋鹿皆健駭，而麞性膽尤怯，飲水見影輒奔。《道書》曰：'麞鹿無魂。'又曰：'麞鹿白膽善怖。'為是故也。或曰麋喜音聲，麞喜文彩，故麋從禾，麞從章。今獵戶以彩服舞麞鹿，《字說》曰'赤與白為章，麞見章而惑'者也。"《本草綱目·獸二·麞》："麞，秋冬居山，春夏居澤。似鹿而小，無角，黃黑色，大者不過二三十斤。雄者有牙出口外，俗稱牙麞。其皮細軟，勝於鹿皮，夏月毛毳而皮厚，冬月毛多而皮薄也。"《山堂肆考》卷二一八引《抱朴子》曰："山中未日稱赤吏者，麞也。"

[二] 麢：或作"麐"、"麑"，同。亦獐子。《左傳》哀公十四年："逢澤有

介麇焉。"陸德明《釋文》："麇，獐也。"《楚辭·淮南小山〈招隱士〉》："白鹿麇䴥兮，或騰或倚。"洪興祖《補注》："麇，麞也。"《證類本草》卷一七引《圖經》曰："麞……《本經》不載所出州土，今陂澤淺草中多有之，亦呼為麇。麞之類甚多，麇其總名也。"

[三]《詩·召南·野有死麕》"野有死麕"陸德明《釋文》："麕，又作麇。麇，獸名也。《草木疏》云：'麇，麞也，青州人謂之麇。'"

兔口有闕[1]，尾有九孔[2][一]。

【校】

【1】顧本此條在"麞有牙"條上。○張校："'闕'作'缺'。"顧本、四庫本、《埤雅·釋獸》、《御覽》卷九○七、《古今事文類聚·後集》卷三七、《記纂淵海》卷九八、《廣韻·薛韻》、《五音集韻·薛韻》、《山堂肆考》卷二一九引同張校。馬本作"闕"。今案："闕"與"闋"、"缺"通。《續高僧傳·惠達傳》"尊容猶闋"，《慧琳音義》卷九一"闋"則作"闕"。《潛夫論·議邊》："各取一闋。"汪繼培箋："闋，讀為缺。"

【2】張校："'尾'作'尻'。"顧本、馬本、四庫本、《埤雅·釋獸》、《御覽》、《古今事文類聚·後集》、《記纂淵海》、《廣韻·薛韻》、《五音集韻·薛韻》、《山堂肆考》引同張校。今案：○《御覽》引無"九"字。

【箋】

[一]《埤雅·釋獸》："兔口有缺，吐而生子，故謂之兔。兔，吐也。舊說：兔者，明月之精，視月而孕。故《楚辭》曰：'顧兔在腹。'言顧兔居月之腹，而天下之兔望焉，於是感氣。《禮》曰：'兔曰明視。'其以此歟？蓋咀嚼者九竅，而胎生獨兔，雌雄八竅。故陶氏書云：'兔舐雄毫而孕，五月而吐子。'而里俗又謂視顧兔而感氣，故卜秋月之明暗，以知兔之多寡也。"

雀[1]，一名嘉賓[2]，言常棲集人家如賓客也[3][一]。

【校】

【1】《山堂肆考》卷二三七引作"黃雀"。

【2】嘉賓：顧校："《說文繫傳》三、《均會》十藥並引作'家賓'。"馬本、《御覽》卷九二二引作"佳賓"。《類說》卷三六引作"喜賓"。今案：據下

言"樓集人家如賓客",則以作"家賓"為是。

【3】《編珠》卷二、《御覽》、《事類賦》卷一九、《古今事文類聚·後集》卷四五、《山堂肆考》、《格致鏡原》卷七八引無"常"字。○樓集:顧校:"《御覽》九百二十三、《事類賦》十九並引作'樓宿'。"馬本、《編珠》、《古今事文類聚·後集》、《山堂肆考》、《六家詩名物疏》卷六、《格致鏡原》引亦作"樓宿"。《類說》卷二五作"集"。○《類說》"人家"下有"屋"字。○《編珠》、《事類賦》、《六家詩名物疏》、《格致鏡原》引無"也"字。

【箋】

[一]《埤雅·釋鳥》引周蒙續崔豹《古今注》曰:"九月雀入水,不則多淫泆。酒善使人淫泆,故一升曰爵,爵,所以戒也。亦取其鳴節足,所以戒荒淫之飲。舟以戒沈湎,爵以戒淫泆,其義一也。"《古今合璧事類備要·別集》卷七四引《格物總論》:"雀,小鳥也,常依人。觜領皆黑,通身毛羽褐(色),尾長二寸許,爪趾黃白色。一名嘉賓,言樓宿人家如賓客,故云。"○《爾雅翼》卷一五:"《淮南子》:'(季秋之月)候鴈來賓,雀入大水為蛤。'許慎注:'賓雀者,老雀也,樓宿人家堂宇之間,有似賓客,故謂之賓雀。'"據《爾雅翼》引,則知"雀"亦可名"賓雀",而《古今注》本條則本許慎注。○樓集:歇息,止息。《文選·潘岳〈西征賦〉》:"匪擇木以樓集。"李善注曰:"《魏都賦》曰:'樓者擇木。'《春秋左氏傳》曰:'鳥則擇木。'"

燕[一],一名天女[1][二],又名曰鷾鳥[2][三]。

【校】

【1】燕:《蘇氏演義》卷下、《御覽》卷九二二、《古今韻會舉要》卷二二引作"燕"。張校:"'鷰'作'鷰'。"四庫本同張校。顧校:"各本'鷰'誤作'鷰'。《玉燭寶典》二引作'鷰,一名天女'。《御覽》九百二十二、《天中記》五十八並引作'鷰,一名天女,又名鷾鳥'。《中華古今注》同。案:《京房易占》:'入山見白鷰,其君宜得貴女。'注云:'今俗名燕為天女。'是燕有天女之名,茲訂正。"○馬本、《海錄碎事》卷二二下"燕"下有"一名神女"四字。殆豹書佚文,以下條有"鵲一名神女",故抄刻者誤刪乎?

【2】顧本、馬本,《御覽》、《記纂淵海》卷九七、《古今韻會舉要》引,《海錄碎事》"又"作"一"。○張校:"《文房》、《逸史》'名曰'作'名名'。《漢魏》無'曰'字。"顧本、馬本、四庫本、《蘇氏演義》,《御覽》、《記纂淵

110

海》、《古今韻會舉要》引,《海錄碎事》同《漢魏》。

【箋】

[一] 鷰:"燕"之俗字。《廣韻·霰韻》:"燕,《說文》云:'玄鳥也。'鷰,俗,今通用。"《中華古今注》卷下:"(鷰,)齊人呼為鳦也。"《類說》卷二五:"鷰,一名天女、蟄鳥,又曰玄鳥,又曰乙。昔娀得燕卵,吞之生商,子姓。後以乙為鳦字。"《記纂淵海》卷九七引《春秋運斗樞》曰:"瑤光星散為燕。"

[二]《格致鏡原》卷七八引《採蘭雜志》曰:"昔有燕入人家,化為一小女子,長僅三寸,自言天女,能先知吉凶,故至今名燕為天女。"

[三] 鷙鳥:本謂兇猛之鳥。《孫子·勢》:"鷙鳥之疾,至於毀折者,勢也。"以燕能制服它鳥,故燕亦別名鷙鳥。《本草綱目·禽二·燕》:"能制海東青鶻,故有鷙鳥之稱。"

鵲,一名神女[一]。

【箋】

[一]《說郛》卷三一下引無名氏《奚囊橘柚》:"袁伯文七月六日過高唐遇雨,宿於山家。夜夢女子甚都,自稱神女。伯文欲留之。神女曰:'明日當爲織女造橋,違命之辱。'伯文驚覺,天已辨色,啓窗視之,有羣鵲東飛,有一稍小者從窗中飛去,是以名鵲爲'神女'也。"《本草綱目·禽三·鵲》:"佛經謂之芻尼,小說謂之神女。"《天中記》卷五九:"《本草》:(鵲,)一名飛駁鳥。"《山堂肆考》卷二一四:"(鵲,)類于鴉而差小,觜尖,足爪黑,頸項與背深綠色,臆腹與脅皆白色,翮與尾毛黑白相間,善為巢,其聲喳喳然。南人聞其噪則喜,北人聞其噪則悲。季冬之月始為巢。"

鷄,一名燭夜[1][一]。

【校】

【1】顧本此條在"烏,一名孝烏"下。○燭:顧本誤作"獨"。《初學記》卷三〇、《山堂肆考》卷二一六引作"爥"。《天中記》卷五八引作"時"。今案:"燭"與"爥"同。《古今韻會舉要》卷二五:"燭,照也。……或作爥……通作燭。"○《蘇氏演義》卷下、《類說》卷三六引"燭夜"下尚有"又

111

曰翰音"四字。

【箋】

[一] 姚炳《詩識名解》卷二："'燭夜'之燭，猶'燭奸'之燭，蓋以其知時而名。"○《初學記》卷三〇引《韓詩外傳》曰："田饒謂魯哀公曰：夫雞，頭戴冠者，文也；足搏距者，武也；敵在前敢鬬者，勇也；見食相告者，仁也；守夜不失時者，信也。"《類說》卷二五："（雞）……一名司晨。"《事類賦》卷一八注引《（春秋）運斗樞》曰："玉衡星散為雞。"

鴝鵒[一]，一名尸鳩【1】[二]。

【校】

【1】張校："'尸'作'鳲'。"顧本、馬本、四庫本、《類說》卷三六引同張校。今案："鳲"為"尸"之加旁字。○《類說》引下尚有"又名鶏鳥"四字。而《天中記》卷五九、《格致鏡原》卷七八引有"鸚鵒亦名鶏鳥"條，頗類《類說》所引。殆《古今注》本有此條，與"鴝鵒"條各別，今本脫去。而《類說》引或合"鴝鵒"、"鸚鵒"為一條，又脫去"鸚鵒"二字矣。

【箋】

[一] 鴝鵒：亦作"鸚鵒"，鳥名，俗稱八哥。《春秋》昭公二十五年："有鸚鵒來巢。"楊伯峻注："鸚同鴝，音劬。鸚鵒即今之八哥，中國各地多有之。"《淮南子·原道訓》："鴝鵒不過濟，貉渡汶而死。"

[二] 尸鳩：亦作"鳲鳩"，即布穀鳥。文獻中有諸多異稱。《爾雅·釋鳥》："鳲鳩，鵠鵴。"郭璞注："今之布穀也，江東呼為穫穀。"郝懿行《義疏》："《御覽》引陸璣《疏》云：'今梁宋之間謂布穀為鵠鵴，一名擊穀，一名桑鳩。'然則鵠鵴、擊穀，聲相轉，桑鳩、鳲鳩，亦聲相轉矣。擊穀又轉為郭公。陳藏器《本草拾遺》云：'江東呼為郭公。'其身灰色，翅尾末俱雜黑色，農人候此鳥鳴，布種其穀矣。"《詩·曹風·鳲鳩》："鳲鳩在桑，其子七兮。"毛傳："鳲鳩，秸鞠也。鳲鳩之養七子，朝從上下，莫從下上，平均如一。"姚炳《詩識名解》卷一："嚴華谷云：舊說鳲鳩凡十一名，惟李氏別以為今之鴝鵒。愚按：鴝鵒似鷯而有幘，亦謂之𪃹𪃹，其非鳲鳩明矣。所謂十一名者：鳲鳩也，鵠鵴也，秸鞠也，布穀也，穫穀也，擊穀也，戴勝也，桑鳩也，題肩也，擊正也，搏黍也。若博考之方言，梁楚之間謂之結誥。羅瑞良謂又呼撥穀，又

呼郭公……然鳲鳩自即布穀。所謂鵠鶌、秸鞠、穫穀、擊穀、結誥、撥穀、郭公，有音同而字異者，亦有字異而義同者，固是一物無疑。"

烏，一名孝烏[1][一]，一名玄烏[2][二]。

【校】
【1】孝烏：馬本、四庫本作"孝鳥"。《永樂大典》卷二三四五引作"鷔鳥"。
【2】顧校："《白帖》九十四引作'烏，一名蟄烏'。《御覽》九百二十、《天中記》五十九並引作'烏，一名鷔烏'。蟄、鷔二字，未知孰是。若作'鷔烏'，與燕同名。各本脫此句。"今案：《初學記》卷三〇、《格致鏡原》卷七九引同《御覽》、《天中記》，是《初學記》、《御覽》、《天中記》所據與今本異。

【箋】
[一] 孝烏：古人以為烏鴉幼雛長大後，能銜食哺養其母，故稱"孝烏"。姚炳《詩識名解》卷一："烏似烏鴉而小，多羣飛作啞啞聲。《淮南子》云'烏之啞啞'是也。有哺子之慈，故《廣雅》謂之慈烏。又有反哺之孝，故《說文》謂之孝烏，與凡烏迥別"。
[二] 玄鳥：燕子。《詩·商頌·玄鳥》："天命玄鳥，降而生商。"鄭玄箋："玄鳥，鳦也。"《本草綱目·禽二·燕》："燕子，篆文象形。乙者，其鳴自呼也。玄，其色也。"〇今案："烏"與"燕"本別為二物，然古人亦有混為一物者。《小爾雅·廣鳥》："去陰就陽者謂之陽鳥，鳩、鴈是也。純黑而反哺者謂之烏，小而腹下白、不反哺者謂之鴉烏。白項而羣飛者謂之燕烏，白脰烏也。"

豬，一名長喙參軍[1]。

【校】
【1】張校："'豬一名'全條七字全缺。"四庫本同張校。今案：顧本、馬本俱有此條，《編珠》卷二、《白孔六帖》卷九八、《初學記》卷二九、《御覽》卷九〇三、《記纂淵海》卷九八、《格致鏡原》卷八七引亦有之。又孫奕《履齋示兒編》卷一五引作"豬曰長喙參軍"，葉廷珪《海錄碎事》卷二二上引作"長喙參軍，豬也"，《錦繡萬花谷前集》卷三七引作"謂豬為長喙參軍"。是則《古今注》原有此條，張校所見各本及四庫本誤脫去耳。〇長喙參軍：顧本、馬

113

本、《編珠》、《白孔六帖》、《初學記》、《記纂淵海》引無"長喙"二字。《蘇氏演義》卷下作"參軍事"。《格致鏡原》引作"長喙將軍一名參軍"。○《天中記》卷五四引此條本出《中華古今注》而誤題《古今注》之名。

羊，一名髯鬚主簿[1][一]。

【校】
【1】髯鬚主簿：顧校："《初學記》二十九引作'長須主簿'。《御覽》九百二引作'美髯須主簿'。"馬本作"髯鬚參軍"。《蘇氏演義》卷下作"髯主簿"。《海錄碎事》卷一二、《五音集韻・陽韻》引作"髯須主簿"。《白孔六帖》卷九六、《古今合璧事類備要・別集》卷八三、《山堂肆考》卷二二一、《格致鏡原》卷八六引作"長髯主簿"。今案：今本《初學記》卷二九引作"長髯主簿"，作"髯"不作"須"，與顧本所見異。又案："鬚"與"須"同。《說文・須部》"須，面毛也"段玉裁注："俗假須為需，別製鬚、髯字。"○《海錄碎事》卷二二下引此又作"羊一名長髯簿"。

【箋】
[一]《御覽》卷九○二引《述異記》曰："羊一名胡髯郎，又名青鳥。"○髯鬚：亦作"髯須"，同。本謂髯鬚，髯子。來知德《周易集注》卷五："六二，貫，其須。"注："在頤曰須，在口曰髭，在頰曰髯須。"以《古今注》中有"髯鬚主簿"語，故後截取"髯鬚"以稱主簿之職。《海錄碎事》卷一二："《外史檮杌》：王建僭蜀以上封事，李景為眉山主簿，其制署曰：'旌其忠藎之心，委以髯須之職。'"

狗，一名黃耳[1][一]。

【校】
【1】張校："此條後有'猿一名參軍'五字。"○顧本"耳"作"羊"。《格致鏡原》卷八七引同顧本。顧校："'羊'，各本誤作'耳'。《玉燭寶典》十二、《御覽》九百四並引作'黃羊'，《中華古今注》同。案：晉大夫祁奚字黃羊，奚乃獿（之）叚，獿即犬名，故名奚，字黃羊。說詳愚《棣經雜著》甲編。今本黃羊作黃耳，或淺人引晉陸機犬名黃耳，遂改黃羊為黃耳也。茲訂正。"○今案：顧校是。余嘉錫《四庫提要辯證》卷一五《子部雜家類二・古

今注》曰："案黃耳乃陸機犬名,其為機齎書還吳,在太康末年機、雲入洛之後,事見《晉書·機本傳》。崔豹咸寧中已為博士,與機正同時之人(晉武帝咸寧六年改元太康),安得遽採以入書?考《玉燭寶典》卷十二引《搜神記》云:'漢陰子方當臘日而竈形見,子方再拜受慶,家有黃羊,因以祠之。'《荊楚記》云:'以黃犬祭之,謂之黃羊。'自注云:'《古今注》,狗一名黃羊。'乃知本作黃羊,淺人不知典故,以為狗安得名羊,習聞陸機黃耳事,遂奮筆改竄,不悟其非也。宋曾慥《類說》卷三十六已引作黃耳,則其誤自宋人始矣。"

【箋】

[一]《格致鏡原》卷八七:"《紺珠》:狗一名義畜,一名家獸。"

魚蟲第五

螢火[1][一],一名耀夜[2],一名夜光[3],一名宵燭[4],一名景天[5][二],一名熠燿[6],一名燐[7][三],一名丹良,[一名丹]鳥[8][四]。腐草[為]之[9][五],食蚊蚋[10][六]。

【校】

【1】張校:"此條文字多顛倒。"今案:張說是。諸書此條文字多歧異,詳下各條校記中。

【2】耀夜:顧校:"《初學記》三十、《尔足翼》二十五並引作'暉夜',《御覽》九百四十五引作'輝夜'。"《古今合璧事類備要·別集》卷九四、宋釋智圓《涅槃玄義發源機要》卷四引同《初學記》、《爾雅翼》引。《類說》卷三六、《格致鏡原》卷九六引作"燿夜"。《古今事文類聚·後集》卷四八引同《初學記》引。《廣博物志》卷五〇引作"耀光"。○今案:"暉"、"耀"同義。《廣韻·笑韻》:"耀,光耀。"《文選·左思〈蜀都賦〉》:"金鋪交映,玉題相暉。"張銑注:"暉、映,言光明也。""暉"、"輝"同字。《易·未濟》:"君子之光,其暉吉也。"陸德明《釋文》:"暉,又作輝。""燿"、"耀"同字。《說文·火部》:"燿,照也。"徐灝《注箋》:"(燿,)俗作耀。"

【3】顧本、馬本、四庫本、《初學記》、《涅槃玄義發源機要》、《廣博物志》引作"一名景天"。《古今事文類聚·後集》、《古今合璧事類備要·別集》引作"一名燐"。《格致鏡原》引作"一名輝夜"。

【4】顧本、四庫本、《初學記》、《涅槃玄義發源機要》、《廣博物志》引作"一名熠燿"。《古今事文類聚·後集》、《古今合璧事類備要·別集》引作"一名丹良"。《格致鏡原》引作"一名景天"。

【5】景天：顧本、四庫本、《廣博物志》引作"一名丹良"。馬本、《初學記》、《涅槃玄義發源機要》引作"一名燐"。《古今事文類聚·後集》引作"一名丹鳥、夜光"。《古今合璧事類備要·別集》引作"一名丹鳥"。《格致鏡原》引作"一名熠燿"。

【6】顧本所無。四庫本、《廣博物志》、《格致鏡原》引作"一名燐"。馬本、《初學記》、《涅槃玄義發源機要》引作"一名丹良"。《古今事文類聚·後集》引作"一名宵燭"。《古今合璧事類備要·別集》引作"一名夜光"。

【7】"一名燐"三字：馬本作"一名夜光"。四庫本、《初學記》、《涅槃玄義發源機要》、《廣博物志》、《格致鏡原》引作"一名丹鳥"。《古今合璧事類備要·別集》引作"一名宵燭"。

【8】下"一名丹"三字，底本脫去，《初學記》引及諸本有之，據增。○此二句，顧本作"一名丹鳥，一名夜光，一名宵燭"。馬本作"一名宵燭，一名丹良"。四庫本、《初學記》、《涅槃玄義發源機要》、《廣博物志》引作"一名夜光，一名宵燭"二句。《格致鏡原》引作"一名夜光，一名宵燭，一名丹良"。

【9】為：原作"化"。諸書皆作"為"字，據改。○《古今合璧事類備要·別集》引"之"下有"食"字。○此句，《古今事文類聚·後集》引作"腐草之所化"。

【10】《初學記》引"蚋"下有"也"字。

【箋】

[一]《埤雅·釋蟲》："（螢）夜飛，腹下有火，故字從熒省。熒，小火也。《月令》：'季夏日，腐草為螢。'不言化者，不復為腐草也。後世屠者饜於藜藿，而市扇者常苦暍。《傳》曰：螢戴火而寒，有是哉。秋陰數雨，螢火夜飛之時。一名挾火，一名據火，一名熠燿。《詩》曰：'熠燿宵行。'今西北多螢，大者如棗，行而有光，正曰宵行，以此故也。《毛詩傳》曰：'熠燿，燐也。燐，螢火也。'先儒以為老槐生火，久血為燐，燐非螢火，誤矣。蓋燐者，火之微名，故此兩者通謂之燐。《爾雅》曰：'螢火，即炤，燐也。'"《古今合璧事類備要·別集》卷九四引《格物總論》："螢者，是腐草及爛竹根所化，初猶未如蟲，腹下已有光，數日便變而能飛然。生階地池澤，常在大暑前後飛出，是得大火之氣而化，故如此明照也。一名夜光，一名放光，一名熠燿，一名即炤，

非陰濕處，終無矣。"

［二］《廣雅·釋蟲》："景天，螢火，燐也。"《類聚》卷九七引《呂氏本草》曰："螢火，一名夜照，一名熠燿，一名救火，一名景天，一名據火，一名挾火。"《御覽》卷九四五引《本草經》曰："螢火，一名夜光。"

［三］《詩·豳風·東山》"町畽鹿場，熠燿宵行"毛傳："熠燿，燐也。燐，螢火也。"段玉裁訂："（熒火）謂鬼火熒熒然者也。"《御覽》卷九四五引《本草經》曰："螢火，一名夜光，一名即照，一名熠燿。"今案：螢火蟲之光亮與燐火近似，故借"熠燿"以稱之。

［四］《大戴禮記·夏小正》："丹鳥羞白鳥。丹鳥者，謂丹良也；白鳥者，謂蚊蚋也。其謂之鳥也，重其養也。有翼者為鳥。"螢火之稱"丹鳥"，正以其有翼也。

［五］《逸周書·時訓》："大暑之日，腐草化為螢。"《禮記·月令》："季夏之月……腐草為螢。"鄭玄注："螢，飛蟲，螢火也。"孔穎達疏："案《釋蟲》云：'螢火，即炤。'李巡云：'螢火夜飛，腹下如火光，故曰即炤。'"又曰："腐草為螢者，腐草此時得暑溼之氣，故為螢。不云化者，蔡氏云：'……今腐草為螢，螢不復為腐草，故不稱化。'"《搜神記》卷一二："故腐草之為螢也，朽葦之為蠶也，稻之為蚯也，麥之為蝴蝶也，羽翼生焉，眼目成焉，心智在焉，此自無知化為有知，而氣易也。"

［六］蚊蚋：蚊子。"蚋"，或作"蜹"。《集韻·祭韻》："蜹，蟲名。《說文》：'秦晉謂之蜹，楚謂之蚊。'"孫奕《履齋示兒編》卷一五："蚊蚋亦名白鳥。杜寄劉峽州云：'江湖多白鳥，天地有青蠅。'杜修可云：'（白鳥）一謂蚊虻也，以譬小人。'"

蟋蟀[1]，一名吟蛩[2][一]，秋[3]初生，得寒乃鳴[4]。一云：濟南謂之懶婦[5][二]。

【校】

【1】此條，在顧本為第三條。

【2】馬本作"一名秋吟蛬"。《類說》卷三六、《履齋示兒編》卷一五引作"一名蛬"。《御覽》卷九四九引作"一名吟蛬"。今案："蛬"同"蛩"。《字彙·虫部》："蛬，蟋蟀，……亦作蛩。"

【3】張校："'秋'上有'一名蛩'三字。"四庫本、《廣博物志》卷五〇引同張校。

【4】張校："'乃'作'則'。"四庫本、《廣博物志》、《格致鏡原》卷九八引同張校。顧校："《御覽》九百四十九引作'得寒則鳴噪'。"馬本同《御覽》引。

【5】馬本、《蘇氏演義》卷下、《類說》、《爾雅翼》卷二五、《履齋示兒編》引"濟南"作"濟南人"。○張校："'謂之'作'呼為'。"顧本、四庫本、《廣博物志》、《格致鏡原》同張校。《御覽》引作"謂為"。《爾雅翼》引作"謂蟋蟀為"。○《蘇氏演義》、《廣博物志》、《格致鏡原》引"懶"作"嬾"。今案："嬾"與"懶"同。《說文·女部》"嬾"字段玉裁注："俗作懶。"○《御覽》引"婦"下有"也"字。

【箋】

[一]《詩·唐風·蟋蟀》"蟋蟀在堂"毛傳："蟋蟀，蛬也。"《禮記·月令》："季夏之月……溫風始至，蟋蟀居壁。"孔穎達疏："蟋蟀居壁者，此物生在於土中，至季夏，羽翼稍成，未能遠飛，但居其壁。至七月，則能遠飛在野。案《爾雅·釋蟲》云：'蟋蟀，蛬也。'孫炎云：'蜻蛚也，梁國謂蛬。'"《埤雅·釋蟲》："蟋蟀之蟲，隨陰迎陽，一名吟蛩。"《搜神記》卷一二："朽葦之為蛬也。"

[二]《詩·唐風·蟋蟀》"蟋蟀在堂"孔穎達疏引陸璣《疏》曰："蟋蟀似蝗而小，正黑，有光澤如漆，有角翅。一名蛬，一名蜻蛚。楚人謂之王孫，幽州人謂之趣織，督促之言也。里語曰'趨織鳴，懶婦驚'是也。"今案：以里語"趨織鳴，懶婦驚"，故以"懶婦"代稱蟋蟀。

蠅虎[1][一]，蠅狐也。形若蜘蛛而色灰白[2]，善捕蠅。一名蠅蝗[3]，一名豹子[4]。

【校】

【1】此條，在顧本為第七條。

【2】張校："'若'作'似'。"○顧本、馬本、四庫本、《御覽》卷九四四引、《古今事文類聚·後集》卷四九引《說文》同張校。

【3】馬本無"一名蠅"。○蠅蝗：《御覽》引作"蠅皇"。

【4】馬本"一名"作"一曰"。○豹子：張校："'豹子'作'蠅豹'。下有注'一本作豹子'。"顧本、四庫本同張校。顧校："案《倭名類聚抄》八即引作'豹子'。"今案：馬本作"蠅虎子"。《類說》卷三六、《御覽》、《紺珠

集》卷一、《城南聯句一百五十韻》韓醇注（宋魏仲舉《五百家注昌黎文集》卷八）、《廣博物志》卷五〇引，《海錄碎事》卷二二下亦作"蠅豹"。

【箋】
[一] 蠅虎：蜘蛛之一種，即小蟢蛛。體小腳短，色白或灰，不結網。常在牆壁上捕食蒼蠅和其他小蟲。俗稱蒼蠅老虎。陳師道《后山詩注》卷五《蠅虎》："物微趣下世不數，隨力捕生得稱虎。"《山堂肆考》卷二二八："蠅虎，一名蠅豹，似蛅蟧而無網絡，身黑色，觜邊有雙肉爪攫蠅而食，兩目似虎烱然有光，《說文》謂之蠅螅。"《本草綱目・蟲之二・蠅》李時珍《集解》："蠅溺水死，得灰復活，故《淮南子》云：'爛灰生蠅。'古人憎之，多有辟法。一種小蟢蛛專捕食之，謂之蠅虎者是也。"

莎雞[1][一]，一名絡緯[二]，一名蟋蟀[2]，謂其鳴如紡緯也[3]。
促織[三]，一名投機[4]，謂其聲如急織也[5]。

【校】
【1】"莎雞"及"促織"二條：諸書合為一條，然字句順序及文字多寡頗有差異，茲就所見列於下。〇張校："'莎雞'，'促織'二條合為一條。其文為'莎雞，一名促織，一名絡緯，一名蟋蚸。促織謂鳴聲如急織，絡緯謂其鳴如紡績也。促織一名促機，一名紡緯'。"顧本、四庫本同張校。〇馬本作"莎雞，一名促織，一名絡緯，一名蟋蟀。促織謂其鳴聲如急，一曰促機。絡緯一曰紡緯"。〇《蘇氏演義》卷下作"莎雞，一名促織，一名絡緯，一名蟋蟀。絡緯謂其鳴聲如紡績也，促織謂其鳴聲如急織也。促織一名促機。"〇《爾雅翼》卷二五引作"莎雞，一名促織，一名絡緯，一名蟋蟀。促織謂鳴聲如急織也，絡緯（謂）其（鳴）聲如紡（緯）也。促織一名促機，絡緯一名紡緯"。〇《御覽》卷九四九引多同《爾雅翼》，《爾雅翼》引文中小括號內文字為《御覽》引所無，"紡緯"，《御覽》引作"紡績"。〇《記纂淵海》卷一〇〇引亦多同《爾雅翼》，無《爾雅翼》引文中小括號內"鳴"字，"如紡緯"作"如紡績"，"一名促機"作"一曰促機"。〇宋李樗黃櫄《毛詩集解》卷一七引作"莎雞，一名紡緯，謂其聲如紡緯也。促織，一名促機，謂其鳴如急機也。"〇合此二條文字合為一條，亦有極簡略者：《古今事文類聚・後集》卷四八引作"莎雞，一名促織，一名絡緯，一名蟋蟀"。《秋思》楊齊賢注（《李太白集分類補注》卷六）引作"莎鷄，一名促織，一名絡緯，一名蟋蟀，謂其鳴如紡緯"。《促織》

黃鶴補注（《補注杜詩》卷二〇）引作"促織一名梭機，莎雞一名絡緯"。○今案：此二條所敍各別，不當合為一條。《爾雅翼》曰："其（《古今注》）言'促織如急織'、'絡緯如紡績'，是矣。但蟋蟀與促織是一物，莎雞與絡緯是一物，不當合而言之。"說甚是。○又案：《格致鏡原》卷九八引"莎雞"下有"有青褐兩種，一名梭雞"二句，諸書所無，未識是豸書佚文，或是引者增添矣。

【2】顧校："各本'蟀'誤'蚿'。《御覽》九百四十九、《尔疋翼》二十三、黃氏《草堂詩箋》十四並引作'蟋蟀'，《中華古今注》同。茲訂正。"○《埤雅·釋蟲》、毛晉《陸氏詩疏廣要》卷下之下、《格致鏡原》引無此句。

【3】《格致鏡原》引作"以其聲如紡績織緯也"。

【4】投機：顧本、馬本、四庫本、《蘇氏演義》、《爾雅翼》、《御覽》、《毛詩集解》、《履齋示兒編》卷一五引作"促機"。顧校："《埤疋》、《詩緝》並引'莎雞，一名絡緯，謂其鳴如紡緯也。促織，一名投機，謂其聲如急織也'。又黃氏《草堂詩箋》亦引作'一名投機'。今本'促機'似當作'投機'。"《廣博物志》卷五〇引亦作"投機"。而《促織》黃鶴補注引作"梭機"。

【5】《埤雅·釋蟲》、《陸氏詩疏廣要》引此句下尚有"俗云絡緯雄鳴於上風雌鳴於下風而風化"十七字。未知為豸書佚文否？

【箋】

［一］莎雞：蟲名，俗稱紡織娘、絡絲娘。《詩·豳風·七月》："六月莎雞振羽。"孔穎達疏："《（爾雅·）釋蟲》云：'螒，天雞。'樊光云：'謂小蟲，黑身，赤頭，一名莎雞。'李巡曰：'一名酸雞。'郭璞曰：'一名莎雞，又曰樗雞。'陸璣《疏》曰：'莎雞如蝗而班色，毛翅數重，其翅正赤，或謂之天雞。六月中飛而振羽，索索作聲。幽州人謂之'蒲錯'是也。'"《埤雅·釋蟲》："莎雞，小蟲，黑身，赤首。一名莎雞，一名樗雞，一名天雞。《爾雅》曰：'螒，天雞。'蓋其鳴以時，故有雞之號。"

［二］絡緯：莎雞夏秋夜間振羽作聲，聲如紡線，故名。陸時雍《古詩鏡》卷一引漢無名氏《古八變歌》："枯桑鳴中林，絡緯響空階。"

［三］促織：蟋蟀別名。《文選·〈古詩十九首·明月皎夜光〉》："明月皎夜光，促織鳴東壁。"李善注："《春秋考異郵》曰：'立秋趣織鳴。'宋均曰：'趣織，蟋蟀也。立秋女功急，故趣之。'《禮記》曰：季夏蟋蟀居壁。"《埤雅·釋蟲》："《古今注》曰：'促織，一名投機，謂其聲如急織也。'俗云絡緯。雄鳴於上風，雌鳴於下風而風化。"

蚯蚓[1]，一名蜿蟺[2]，一名曲蟺[3]。善長吟於地中，江東謂之歌女[4]，或曰吟砌[5][一]。

【校】

【1】此條，在顧本為第九條。〇《慧琳音義》卷五六引作"丘蚓"。

【2】蜿蟺：顧校："《御覽》九百四十七引作'蟺'。"馬本、《慧琳音義》引作"蜜蟺"。《記纂淵海》卷一〇〇引同《御覽》。今案："蜒"即"蜿"之或體，"蜜"殆"蜒"之形誤字。

【3】曲蟺：《席上腐談》卷上引作"曲蟮"。今案："蟮"與"蟺"同。《類篇·虫部》："蟮，蟲名。蟺或作蟮。"〇《慧琳音義》引此句作"江東名寒蚓"。

【4】謂之：《慧琳音義》、《記纂淵海》引作"謂為"。

【5】曰吟：張校："'曰吟'作'謂之鳴'。"顧本、四庫本、《格致鏡原》卷九八引同張校。馬本、《慧琳音義》、《記纂淵海》引作"謂鳴"。《御覽》卷九四七引作"為鳴"。〇馬本、《格致鏡原》引此句下尚有"亦呼為塞蚓"句，殆是豹書佚文。

【箋】

[一]《埤雅·釋蟲》："《考工記》注云：（蚯蚓）却行，螾屬。蚓，土精也。其為物不息引而後伸。蟯善緣，蚓善引。……蚓或從寅。《志》曰：'引達於寅。'一名蜿蟺，一名曲蟺，一名土龍。善長吟於地中，江東謂之歌女，亦曰鳴砌。"《山堂肆考》卷二二七："蚯蚓，一名蜇蚓，一名蜿蟺，一名土龍，一名地龍，一名螳螾，一名朐腮，一名寒蠏。能應時而鳴，江東呼為歌女，又曰鳴砌。"今案：古人以為吟於地下者乃是螻蟈，並非蚯蚓。殆豹書誤記之。俞琰《席上腐談》卷上："崔豹《古今注》云：'蚯蚓一名曲蟮，善長吟於地下，江東人謂之歌女。'謬矣。按《月令》：'螻蟈鳴，蚯蚓出。'蓋與螻蟈同處，鳴者螻蟈，非蚯蚓也。吳人呼螻蟈為螻蛄。故諺云：'螻蟈叫得腸斷，曲蟮乃得歌名。'"〇蜿蟺：屈曲盤旋貌。《文選·馬融〈長笛賦〉》："紛緼繙紆，緸冤蜿蟺。"李善注："緸冤蜿蟺，盤屈搖動貌。"今案：蚯蚓得名"蜿蟺"，蓋以其形體屈曲盤旋。

蜻蛉[1][一]，一曰蜻蜓[2]，一名蝴蝶[3]，色青而大者是也。小而黃者曰胡黎[4]，一曰胡離[5]。小而赤者曰赤卒，一名絳騶，一名赤衣使者[6]，好集水上，

121

《古今注》校笺 >>>

亦名赤弁丈人【7】[二]。

【校】

【1】此條，在顧本為第十二條。

【2】張校："'曰蜻蟌'作'名青亭'。"顧本、馬本、四庫本同張校。《埤雅·釋蟲》、《御覽》卷九五〇、《天中記》卷五七引作"曰青亭"。

【3】一名：《御覽》引作"一曰"。〇蝴蝶：四庫本、《御覽》引作"胡蝶"。

【4】胡黎：張校："'黎'作'梨'。"顧本、馬本、四庫本同張校。《御覽》、《天中記》引作"離"。《廣博物志》卷五〇引作"狐黎"。

【5】胡䅀：顧校："《御覽》九百五十引作'蝴䗚'，《中華古今注》作'胡䕡'。"今案：《御覽》引作"胡梨"，異於顧氏所見本。《天中記》引作"胡黎"，《康熙字典》卷一四"䅀"字下引作"胡䅀"。

【6】兩"一名"，馬本、《御覽》引作"一曰"。〇顧校："《倭名類聚抄》八引作'絳騮'。案《說文》：'騮，赤馬，黑毛尾也。'故赤卒一名絳騮。作'絳騮'是。"《廣博物志》引"絳騮"作"絳綢"。

【7】馬本"集"下有"大"字。〇顧校："《御覽》（'丈人'）引作'丈夫'。《本草綱目》四十引作：'大而色青者曰蜻蜓，小而黃者，江東名胡黎，淮南名蠊蛜，鄱陽名江雞。小而赤者曰赤卒，曰絳綢，曰赤衣使者，曰赤弁丈人。而玄紺者，遼東名紺蠜，亦曰天雞。'所引合下'紺蝶'節語，不盡《古今注》文也。《天中記》五十七引'一名赤衣使者'，注云：'《海錄》作青弁'。又引'一名青弁丈人'。"今案：《御覽》引不作"丈夫"，異於顧氏所見本。又《詩傳名物集覽》卷五引此條亦同《本草綱目》所引。

【箋】

[一] 蜻蛉：蜻蜓之別稱。《埤雅·釋蟲》："蜻蜓飲露，六足四翼，其翅輕薄如蟬，晝取蚊虻食之，遇雨即多好集水上欹飛。尾端亭午則亭，名之曰蜓，以此字或作蛵，廷亦直也。一名蜻蛉。《方言》曰：'蜻蛉謂之蝍蛉，淮南又呼蠊蛜，亦曰蜙也。'《造化權輿》曰：'水薑為蜙。'《字說》云：'蛉，蜻蜓也。動止常廷，故又謂之蛉，令出於廷者也。'"《本草綱目·蟲之二·蜻蛉》："（陶）弘景曰：'蜻蛉有五六種，惟青色大眼一名諸乘（俗呼謂胡黎）者入藥，道家云眼可化為青珠。其餘黃細及黑者不入藥。'保昇曰：'所在有之，好飛水際，六足四翼。'宗奭曰：'蜻蜓中一種最大，汴人呼為馬大頭者是也，身綠色，其雌

者腰間有碧色一遭，入藥用雄者。此物生於水中，故多飛水上。其類眼皆大，陶氏獨言蜻蜓眼大何也？"時珍曰：蜻蛉，大頭露目，短頸長腰，觺尾，翼薄如紗，食蚊虻，飲露水。《造化權輿》云：'水蠆化䘀。'羅願云：'水蠆化蜻蛉。蜻蛉仍交于水上，附物散卵，復為水蠆也。'張華《博物志》亦言：'五月五日埋蜻蛉頭於戶內，可化青珠。'未知然否。古方惟用大而青者，近時房中術亦有用紅色者。"

[二]《爾雅翼》卷二五："青蛉好飛集水上，有青、赤、黃三種。色青而大者曰青蛉，一曰青亭。小而黃者曰胡黎，一曰胡離。小而赤者曰赤卒，一曰絳騶，一名赤衣使者，亦名赤弁丈人。"又曰："赤卒、絳騶者，漢制導卒之服也，故以比之。然總曰青蛉，則以大者為主。"○胡黎：或作"狐黎"，蜻蛉別稱。《爾雅·釋蟲》"虹蜓，負勞"郭璞注："或曰：即蜻蛉也，江東呼狐黎。"陸德明《釋文》："《字林》云：蜻蛉，一名桑根。"

蛺蝶[1][一]，一名野蛾[2][二]，一名風蝶[3]，江東人謂為撻末[4][三]，色白背青者是[也][5]。其有大[如]蝙蝠者[6]，或黑色，或青斑[7]，大者曰鳳子[8]，一名鳳車[9][四]，亦曰[10]鬼車[五]。生江南柑橘園中[11]。

【校】

【1】此條，在顧本為第十三條。

【2】一名：《類說》卷三六引作"亦曰"。○蛾：馬本、《御覽》卷九四五引作"娥"。《類說》、《古今事文類聚·後集》卷四八引作"鵝"。

【3】《類說》引無"一名"。○顧本"風"作"鳳"。顧校："'鳳'，各本誤作'風'。據下名'鳳子'、'鳳車'，此當作'鳳蝶'。茲訂正。"○《蘇氏演義》卷下無"一名風蝶"。

【4】人謂為：顧本、四庫本、《玉芝堂談薈》卷三五、《天中記》卷五七、《格致鏡原》卷九六、《康熙字典》卷一一"撻"字下引作"呼為"。馬本、《蘇氏演義》、《編珠》卷二、《御覽》、《古今事文類聚·後集》、《山堂肆考》卷二二六引作"謂之"。《記纂淵海》卷一〇〇引作"人號為"。○撻末：顧校："《初學記》三十作'江東謂之撻木'，《御覽》九百四十五引作'江東人謂為撻來'。"今案："撻"字，今本《初學記》卷三〇引作"撻"，《御覽》亦作"撻末"，與顧本所見本異。《蘇氏演義》作"撻朮"，四庫館臣注："朮，《古今注》作末，又作木。"《編珠》引作"撻木"。《玉芝堂談薈》引作"達末"。《格致鏡原》引同底本，有注曰："（末，）一作來。"

123

【5】馬本無"是"字。○也：底本原無，諸書有之，據增。

【6】其有：顧本、四庫本、《御覽》、《玉芝堂談薈》、《古今事文類聚·後集》、《天中記》、《格致鏡原》引無"有"字。《記纂淵海》引"有"在"大"下。《山堂肆考》引作"又有"。○如：原作"於"。諸書並作"如"，據改。

【7】或黑色：馬本無。《爾雅翼》卷二五引無"色"字。《類說》引下有"名鬼車"三字。○青斑：馬本、《爾雅翼》、《玉芝堂談薈》並引作"青班"。《御覽》、《記纂淵海》引作"赤斑"。今案："班"與"斑"通。《說文·文部》段玉裁注："斑者，辩之俗……又或叚班為之。"

【8】大者曰：張氏所見諸本、顧本、四庫本作"名為"。馬本、《初學記》、《御覽》、《爾雅翼》、《古今事文類聚·後集》、《記纂淵海》、《天中記》、《山堂肆考》、《格致鏡原》引作"名曰"。《玉芝堂談薈》引作"名"。今案：似當作"名為"或"名曰"。○鳳子：《類說》引作"鳳子車"。

【9】馬本無"一名鳳車"。顧校："各本脫'一'字，據《初學記》、《御覽》、《倭名類聚抄》八、《天中記》五十七引增。"

【10】亦曰：顧本、馬本、《初學記》、《玉芝堂談薈》、《古今事文類聚·後集》、《天中記》、《山堂肆考》、《格致鏡原》引俱作"一名"。四庫本作"名"。《御覽》、《記纂淵海》引作"一曰"。

【11】柑橘園中：《初學記》、《古今事文類聚·後集》、《山堂肆考》引作"橘樹間"。馬本、《御覽》、《爾雅翼》引"柑橘"作"甘橘"。今案："甘"與"柑"同。《洪武正韻·覃韻》："甘，果名，俗作柑。"○《北戶錄》卷一引此條頗簡略，附於此："蛺蝶，一名野蛾，江東人謂之撻末。其大黑色或青斑者，名鳳子，一名鳳車，一名鬼車是也。"又《古今合璧事類備要·別集》卷九一引《格物總論》與此條文字多有相同處，並附於茲，以備參考：

蝴蝶，色白而背青一名蛺蝶，一名野蛾，一名風蝶，江東謂之撻末。又一種大如蝙蝠，或黑色，或赤色，或青斑，名曰鳳子，一名鳳車，一名鬼車，生江南橘樹間，橘蠹所化也。

【箋】

[一] 蛺蝶：亦即蝴蝶。《搜神記》卷一二："故腐草之為螢也，朽葦之為蠹也，稻之為蚳也，麥之為蝴蝶也，羽翼生焉，眼目成焉，心智在焉，此自無知化為有知，而氣易也。"《埤雅·釋蟲》："蛺蝶，粉翅，有鬚，一名胡蝶。《列子》曰：'烏足之根為蠐螬，其葉為胡蝶。'"《爾雅翼》卷二五："胡蝶以芳時飛集花間，翩翩相逐，物之適意者。……蝶，物之善化者。今菜中青蟲，當

124

春時行緣屋壁或草木上，以絲自固。一夕視之，有圭角，六七日，其背罅裂，蛻為蝶出矣。其大蝶散卵於甘橘上為蠹，青綠，既久則去，為大蝶。"《說郛》卷三一下引《採蘭雜志》曰："蛺蝶，一名春駒。"

［二］《御覽》卷九五一引任昉《述異記》曰："楚莊王宮人一旦化為野蛾而飛去。"

［三］撻末：蝴蝶別稱。《通雅》卷四七："撻末，蛺蝶也，一稱胡蝶。木蠹、菜蠹皆化之。陸德明曰：'蝶，一名胥。'因《莊子》'蝴蝶，胥也。'崔豹曰：'撻末，蝶也，江東所呼色白背青者是也。'《列子》謂烏足之葉化蝶，或言百合花化蝶，《北戶錄》言樹葉化蝶如丹青，野史謂綵裙化蝶。《丹鉛錄》：南海蝶大如滿帆船，稱肉八十斤。海南有鬼蝴蝶，在紅蕉上者曰紅蝙蝠。嶺南有樹蝶、樹蜂、樹蟻，皆連于樹上。"《駢雅·釋蟲魚》："撻末，小蝶也。"

［四］鳳車：大蝴蝶。《駢雅·釋蟲魚》："鳳車，大蛺蝶也。"

［五］鬼車：亦大蝴蝶。屈大均《廣東新語·蟲語·大蝴蝶》："胡蝶大如蝙蝠者，名鳳車；其大如扇，四翅，好飛荔支上者，名鬼車，亦曰鬼蛺蝶。"

紺蝶[1]，一名蜻蛉[2]，似蜻蛉而色玄紺[3][一]。遼東人謂之紺幡[4][二]，亦曰童幡[三]，亦曰天雞[5][四]。好以七月連飛闇天[6]，海邊蠻夷食之[7]，謂海中青鰕化爲之也[8][五]。

【校】

【1】此條，在顧本為第十四條。顧校："互詳上'蜻蛉'條。"

【2】馬本作"一曰青令"。

【3】玄紺：《御覽》卷九五〇引作"黝紺"。○今案："玄"、"黝"俱為"黑"義。

【4】遼東人：顧校："《天中記》五十七引作'江東人'。"馬本、《格致鏡原》卷九六引同顧校。○謂之：張校："'謂之'作'呼為'。"顧本、四庫本同張校。馬本作"為"。《御覽》引作"謂為"。○顧校："《御覽》九百五十並引'幡'作'蟠'，《中華古今注》同。案《倭名類聚抄》八、《兼名苑》'紺幡一名童幡'，亦作'幡'字。"《格致鏡原》引同《御覽》。今案："幡"作"蟠"者，殆形近而誤。

【5】亦曰（天雞）：四庫本作"一曰"。馬本作"皆曰"。

【6】七月：四庫本作"六月"。○連飛闇天：張校："'連'作'輩'，'闇'作'暗'。"顧本、馬本、四庫本、《天中記》卷五七、《格致鏡原》引同

125

張校。《蘇氏演義》卷下、《御覽》引"連"亦作"羣"。顧校："《御覽》引作'羣飛天門'。"今案：今本《御覽》卷九五〇引亦作"羣飛暗天"，異於顧氏所據本。又案："闇"與"暗"通。《玉篇·門部》："闇，與暗同。"《六書故·工事一》："闇，與暗通。"

【7】張校："'蠻夷'作'夷貊'。"顧本、馬本、四庫本、《御覽》、《天中記》、《格致鏡原》引同張校。○《天中記》引"食之"下有"者"字。

【8】鰕：顧本、馬本、《御覽》引並作"蝦"。顧校："蝦，吳本作鰕。"今案："鰕"與"蝦"通。《玉篇·魚部》："鰕，長鬚蟲也。"《本草綱目·鱗部·鰕》："鰕音霞，俗作蝦，入湯則紅色如霞也。"○陳大章《詩傳名物集覽》卷五引此條作"遼海有蚩如蜻蜓，名紺蟠，七月羣飛蔽天"，文字雖簡略，然多異於今本。

【箋】

[一] 玄紺：青黑而帶紅之色。紺：微呈紅色的深青色。《說文·糸部》："紺，帛深青揚赤色。"段玉裁注："紺，《釋名》曰：'紺，含也，青而含赤色也。'按：此今之天青，亦謂之紅青。"

[二] 紺幡：紺蝶其翅如幡，故名"紺幡"。幡：旗幟。《集韻·元韻》："幡，一曰幟也。"《玉海》卷八三："幡，本幟也，貌幡幡然，皆絳帛，錯采為字，上有朱緣小蓋，四角垂羅之佩，繫龍頭竿上，畫錯采，字下告止為雙鳳，傳教為雙白虎，信幡為雙龍。又有絳引幡，制頗同，作五色間暈，無字，兩角垂佩。"

[三] 童幡：即"幢幡"，亦謂旗幟也。《後漢書·禮儀志下》："校尉三百人，皆赤幘不冠，絳科單衣，持幢幡。"今案：此處"童幡"及上"紺幡"皆以旗幟喻"紺蝶"，殆"紺蝶"為蝶之大者，故其張開雙翅恰可以旗幟為比。又案："童"為"幢"之聲旁字，故可假借為"幢"。

[四] 天雞：即錦雞。《說文·羽部》："翰，天雞。赤羽也。"紺蝶色赤，與錦雞相類，故得以"天雞"作比。

[五] 青鰕：即青蝦。《爾雅翼》卷三〇："蘆蝦青色，相傳蘆葦所變。白蝦、青蝦，各以其色。"據此，則"青鰕"殆即"蘆蝦"。

魚子[1]，一曰鯤[2][一]，亦曰鯢[二]，亦曰鮴[3][三]，言如散稻米也。

【校】

【1】此條，在顧本為第十五條。

【2】張校："無'一'字。"顧本、馬本、四庫本同張校。○鮭：馬本作"蠅"。

【3】鯘：張校："《文房》、《漢魏》作'鯘'。《逸史》作'鮇'。"顧本作"鮇"。顧校："鮇，各本誤作'鯘'，據下云'言如散稻米也'，似當作'鮇'。《廣均》、《集均》並云：'鮇，魚子。'茲訂正。"四庫本同《逸史》。

【箋】

[一]《詩·齊風·敝笱》："其魚魴鰥。"鄭玄箋："鰥，魚子也。"○鮭：魚子別稱。《爾雅·釋魚》："鮭，小魚。"郭璞注："《家語》曰：'其小者鮭，魚也。'今江東亦呼魚子未成者為鮭。"

[二]鯤：亦稱魚子。《爾雅·釋魚》："鯤，魚子。"郭璞注："凡魚之子總名鯤。"《國語·魯語》："澤不伐夭，魚禁鯤鮞。"韋昭注："鯤，魚子也。鮞，未成魚也。"楊慎《異魚圖贊》卷一："鯤本魚子，細如蠶苴。"

[三]鮇：即"鮇鱸"，謂負朱魚。李元《蠕範·物體》："（鰕）其種類……曰負朱，鮇鱸也，無足而鱗有朱點。"或說為"赤鱸"。《集韻·平虞》："鮇，魚名。《山海經》：鮇鱸，似鰕無足。"今案：《集韻》引見今本《山海經·南山經》："（青丘之山）英水出焉，南流注於即翼之澤。其中多赤鱸，其狀如魚而人面，其音如鴛鴦，食之不疥。"袁珂《校注》："赤鱸，蓋人魚之類。"又案："鮇"義與"魚子"義不合，則文中"鮇"字當從顧校作"鮇"。

蜣蜋[1][一]，一名轉丸，一名弄丸[2][二]。能以土包屎轉而成丸[3]，圓正無斜角[4]。莊周所謂蛣蜣之智［在］於轉丸者也[5][三]，故一名蛣蜣[6][四]。

【校】

【1】此條，在顧本為第十七條。

【2】張校："'一名轉丸一名弄丸'八字移此條末。"顧本、馬本、四庫本、《格致鏡原》卷一〇〇引同張校。《御覽》卷九四六引作"一名弄丸一名轉丸"，亦移此條末。○張校："'名'並作'曰'。"顧本、四庫本同張校。○此二句，《爾雅翼》卷二五引互乙。又"轉丸"下有"俗名推丸，其鼻高目深者，名胡蜣蜋"三句，疑是豸書佚文。

【3】包屎：張校："'包屎'作'苞糞'。"顧本、四庫本同張校。馬本

127

"包"作"苴"。《御覽》引作"包糞"。馬本、《格致鏡原》引作"苴屎"。今案:"苴"通"包"。《說文·艸部》段玉裁注:"苴,叚借為包裹。凡《詩》言'白茅苴之',《書》言'厥苴橘柚',《禮》言'苴苴',《易》言'苴蒙'、'苴荒',……皆用此字。近時經典凡訓'包裹'者,皆徑改為'包'字。"《莊子·天運》:"苴裹六極。"陸德明《釋文》:"苴,本或作包。"○張校:"'轉而'作'推轉'。"顧本、四庫本同張校。

【4】馬本、《格致鏡原》引"圓"作"團","斜"作"邪"。○《御覽》引無此句。

【5】所謂:顧本、四庫本作"曰"。○張校:"'於'上有'在'字。"顧本、馬本同張校。今案:諸書有"在"字,故據增。○張校:"無'者也'二字。"顧本、四庫本同張校。○《御覽》引"者也"下尚有"一名蜣蜋"四字。

【6】張校:"'故一名'作'一曰'。"四庫本同張校。顧本作"一名"。○《蘇氏演義》卷下"一名蜣蜋"在"一名轉丸"上。

【箋】
[一] 蜣蜋:昆蟲。全體黑色,背有堅甲,胸部和腳有黑褐色的長毛,會飛,吃糞屎和動物的屍體,常把糞滾成球形,產卵其中。俗稱屎殼郎、坌屎蟲。《爾雅·釋蟲》:"蛣蜣,蜣蜋。"郭璞注:"黑甲蟲,噉糞土。"邢昺疏:"蛣蜣,一名蜣蜋,黑甲,翅在甲下,噉糞土,喜取糞作丸而轉之。《莊子》'蛣蜣之智在於轉丸'是也。"《埤雅·釋蟲》:"蛣蜣,一名蜣蜋,《爾雅》所謂'蛣蜣,蜣蜋'是也。《衡波傳》曰:'蛣蜣無鼻而聞香,黑甲,翅在甲下,五六月之間經營穢壒之下,車走糞丸,一前挽之,一後推之,若僕人轉車。久之,輒羽化,如尸解仙去也。'"《爾雅翼》卷二五:"蜣蜋,黑甲蟲,能以土包糞,轉而成丸,圓正無斜角。《莊子》曰:'蛣蜣之智,在於轉丸。'陶弘景云:'取糞丸而却推之。'今按:其類似有雌雄,以足撥取糞,頃之成丸,相與遷。其一前行,以後兩足曳之,其一自後而推致焉。乃掘地為坎,納丸其中,覆之而去。不數日,而丸中若有動者。又一二日,則有蜣蜋自其中出而飛去。盖是孚乳氣其中,以此覆裹之,藉之以生。"又曰:"(蜣蜋)俗名推丸,其鼻高目深者名胡蜣蜋。"《本草綱目·蟲之三·蜣蜋》李時珍《集解》:"《別錄》曰:'蜣蜋生長沙池澤。'……宗奭曰:蜣蜋有大小二種:大者名胡蜣蜋,身黑而光,腹翼下有小黃子附母而飛,晝伏夜出,見燈光則來,宜入藥用;小者身黑而暗,晝飛夜伏。狐並喜食之。"

[二] 轉丸、弄丸:蜣蜋有圍糞成丸之習慣,故稱。

[三]《關尹子·四符篇》："蜣蜋轉丸，丸成而精思之，而有蛻白者存丸中，俄去殼成蟬。"《莊子·齊物論》"庸詎知吾所謂知之非不知邪"郭象注："夫蛣蜣之知，在於轉丸，而笑蛣蜣者，乃以蘇合爲貴。"據此則知"蛣蜣之智在於轉丸"實出郭象之注文，非出《莊子》本文也。崔豹殆誤記出處。

[四] 蛣蜣：蜣蜋別稱。《六書故·動物四·蛣蜣》："甲蟲之巨者，黑甲，甲下有翅，飛鳴洪洪然，好轉牛矢爲丸，俗亦謂之矢甲。向秀曰：'蛣蜣之知在於轉丸。'又名蜣蜋。"《資治通鑑》後唐明宗天成二年："是猶棄蘇合之丸，取蛣蜣之轉也。"胡三省注引陶弘景曰："（蛣蜣）喜入人糞中，取屎丸卻推之，俗名爲推丸。"

蝸牛[1][一]，蚹[2]螺也[二]，形如蜥蜴[3][三]。

【校】
【1】此條，在顧本爲第十八條。
【2】張校："'蚹'作'陵'。"○顧本、馬本、四庫本、《埤雅·釋魚》、《山堂肆考》卷二二五、《格致鏡原》卷一〇〇、《歷代詩話》卷五八引同張校。
【3】蜥蜴：《歷代詩話》引作"虒蝓"。○張校："下有'殼如小螺，熱則自懸於葉下，野人結圓舍如蝸牛之殼，故曰蝸舍，亦曰蝸牛之舍也。蝸殼宛轉有文章，絞轉爲結，似螺殼文，名曰螺縛。童子結髮亦爲螺髻，亦謂其形似螺殼'六十六字。"顧本、四庫本同張校。馬本亦有此六十六字，唯文字時有異同。《埤雅·釋魚》引下有"殼如小螺，熱則自縣於葉下，野人爲圓舍如蝸牛之殼，故曰蝸舍，亦曰蝸牛之舍"三十一字。《山堂肆考》引下有"殼如小螺，熱則自縣於葉下，野人爲圓舍如蝸牛之殼，故曰蝸舍"二十五字。《格致鏡原》引下有"殼如小螺，白色，生池澤草木間，頭有兩角，行則觸，警則縮，首尾俱能藏入殼中。盛夏日則自懸樹葉下。以其有兩角，故名牛，一名土蝸，一名附蠃。野人謂圓舍如蝸牛，故曰蝸舍，亦曰蝸牛之子舍。蝸殼婉轉有文章，絞轉爲結，似螺殼文，故曰螺縛。童子結髮亦曰螺髻，亦謂其形似螺殼也"計一百零九字，較他書所引尤詳。今案：此數十百字，諸書有之，則必爲豹書佚文無疑，今本脫去，當據增。而各家所據《古今注》版本詳略有別，故脫文字數亦別。

【箋】
[一] 蝸牛：軟體動物。有螺旋形的黃褐色硬殼。頭部有兩對觸角，腹部有

扁平的腳，行進時分泌黏液，吃植物苗葉。具有藥用價值。《山海經・中山經》："是多僕纍蒲盧。"郭璞注："僕纍，蝸牛也。"《古今事文類聚・後集》卷五〇引《說文》："背負圓殼者曰蝸牛，無殼者曰蛞蝓。"《六書故・動物四》："蝸、蠃同類，其種不一，水產之別尤多。皆旋殼弇口，大者如斗。陸生者謂之土蝸、土蠃，以其善緣，又謂附蝸、附蠃、陵蠃，以有肉角，又謂蝸牛、蝨牛、土蝸。亦有蠃而不殼者，又名虒蝓。"《本草綱目・蟲四・蝸牛》："蝸牛所主諸病，大抵取其解熱消毒之功耳。"

［二］《埤雅・釋魚》："《釋魚》曰：'蚹蠃，蠮蝓。'璞云：'即蝸牛也。'孫炎《正義》以為'負螺而行，因以名之'。蓋蝸背負殼，狀如小螺，驚則縮入殼中，如螺閉戶。其肉中醢，《內則》曰'蝸醢'是也。頭有小角，故又一名蝸牛。《莊子》所謂'戰於蝸角'。舊說蝸涎規蝎，每為蝸牛所食，先以涎畫地規之，蝎不復去。"

［三］蠮蝓：即"蚹螺"，亦即"蝸牛"。《周禮・天官・醢人》"蠃醢"鄭玄注："蠃，蠮蝓。"《爾雅》："蚹蠃，蠮蝓。"郭璞注："即蝸牛也。"陸德明《釋文》："蠃，注作螺字，亦同。"邢昺疏："案《本草》'蝸牛'陶注云：生山中及人家，頭形似蛞蝓，但背負殼爾。海邊又一種正相似，以火炙殼便走出，食之益顏色，名寄居，亦可作醢。《周禮》'饋食之豆，葵菹蠃醢'是也。"今案：亦有以"蠮蝓"與"蝸牛"為二物者，錄以備參。《埤雅・釋魚》："然則蠮蝓與蝸牛異矣。先儒以為蠮蝓無殼，蝸似蠮蝓而有殼。今亦有一種，生於卑濕，大於蝸牛，無殼而有角，蓋蠮蝓之類也。南方積雨，蝸涎書畫屋壁，悉成銀跡，其卑濕如此。"

魜子[1][一]，一名魚子[2]，好羣浮水上［者］曰白萍[3]。

【校】

【1】此條，在顧本為第十九條。〇《蘇氏演義》卷下作"魜子"。

【2】張校："無'魜子一名'四字。'魚子'上有'白魚赤尾者曰魱（下小注'紅'字），一曰魜。或云雌者曰白魚，雄者曰魱'二十二字。"〇顧本、四庫本同張校。"雄者曰魱"下，顧校："《中華古今注》'魱'並作'魟'。《初學記》三十引作'鮔'。案《尔疋》：'鮔，大鱯。'郭注：'鮔似鮎而大白色。'又：'魴，鮔。'郭注：'魴，一名鮔。'《說文》、《字林》並云'魴，赤尾魚'。則'鮔'亦白魚而赤尾者矣。然據注'音紅'，（'鮔'）當作'魟'字。《廣均》、《集均》並云'魟，白魚'。"〇馬本略同張校，而文字時有異同。作"白

魚赤尾曰魟，一曰䱇，或曰魟。雄又曰䱇"。○今案：據張校及顧本、馬本，則《古今注》文字原本當是"白魚赤尾者曰魟，一曰䱇。或云雌者曰白魚，雄者曰魟。魚子好羣浮水上者曰白萍"，其中"魚子"以上文字與"魚子"之下文字所述事物迥異。此明為二條文字記二事，謄抄者乃誤合為一條。至底本文字，則抄刻者又在合為一條時誤省去諸多文字，以至文意混亂，去原本愈遠矣。

【3】張校："'浮'作'泳'。"顧本、四庫本同張校。顧校："《初學記》引'泳'作'浮'，《中華古今注》同。"○張校："'上'下有'者名'二字。"顧本、馬本、四庫本同張校。今案：諸本有"者"字，據增。○此句上，《異魚圖贊補》卷上引有"白魚雄者曰䱇子"七字。

【箋】

[一] 䱇子：即"魟"，海底生活的鰩魚類。《玉篇·魚部》："魟，魚名。"《六書故·動物四》："魟，海魚，無鱗，狀如蝙蝠，大者如車輪。"

蝦蟇子[1][一]，一名玄針[2]，一名科斗[3][二]，一曰玄魚[4]。形圓而尾大[5]，尾脫而腳生[6]。

【校】
【1】此條，在顧本為第二十條。○《御覽》卷九四九引上有"科斗"二字。《古今事文類聚·後集》卷五○、《記纂淵海》卷一○○引上有"蝌蚪"二字。○張校："下有'曰蝌蚪'三字。"四庫本同張校。○《格致鏡原》卷九八引作"科斗"。
【2】一名：四庫本作"一曰"。下"一名"同。○顧本"名玄"作"曰懸"。顧校："各本'懸'作'元'（引案：'玄'避諱改'元'），蓋涉下文'元魚'而誤，《中華古今注》誤同。《急就篇補注》三、《尔疋翼》三十、《御覽》九百四十四、《本草綱目》四十二並引作'懸針'，茲據改正。《尔疋翼》曰：'並其頭尾觀之，有似斗形。玄魚言其色，懸針狀其尾也。'"○《御覽》引"玄針"作"懸鈎"。○今案：《爾雅翼》曰"並其頭尾觀之"云云，是對"玄針"、"科斗"、"玄魚"命名的闡說，殆為豹書佚文，今本脫去。
【3】張校："'名'作'曰'。"○顧本同張校。
【4】張校："無此四字。"○馬本此四字置於"蝦蟇子"下。
【5】《御覽》、《古今事文類聚·後集》引作"形圓有尾"。○《格致鏡原》引"大"作"細"。

131

【6】"尾脫"上，《爾雅翼》卷三〇、《御覽》、《格致鏡原》引並有"聞雷則"三字。《古今事文類聚·後集》引有"聞雷震則"四字。○而：張校："'而'作'即'。"四庫本、顧本同張校。《御覽》、《古今事文類聚·後集》、《格致鏡原》引無。○馬本、《御覽》、《格致鏡原》引"生"下有"也"字。

【箋】

[一] 蝦蟇：即"蝦蟆"，亦作"蛤蟆"。統稱青蛙和蟾蜍。《爾雅·釋魚》"蟾諸"郭璞注："似蝦蟆，居陸地，《淮南》謂之去蚊。"又"在水者黽"郭璞注："耿黽也，似青蛙，大腹，一名土鴨。"邢昺疏："然'蟾諸'非蝦蟆，但相似耳。案《本草》'蝦蟆'陶注云：'此是腹大皮上多痱磊者也，蟾諸亦類此。'《抱朴子》曰：'蟾諸壽三千歲者，頭上有角，頷下有丹書八字。'《玄中記》云'蟾諸生角者，食之壽千歲'是也。其居水者名黽，一名耿黽，一名土鴨，狀似青蛙而腹大為異。陶注《本草》云'大而青脊者，俗名土鴨，其鳴甚壯'，即此黽也。陶又云'一種小形善鳴，喚名為蛙者'，即郭云'青蛙'者也。"《急就篇》卷三："水蟲，蝦蟇。"顏師古注："蝦蟇，一名螫，大腹而短腳。"

[二] 玄針：蝌蚪之別稱。《留青日札》卷三〇"玄針"條："（玄針，）蝌蚪也，色黑而尾如針。一名玄魚。"○科斗：即"蝌蚪"。《爾雅·釋魚》："科斗，活東。"郭璞注："蝦蟆子。"陸德明《釋文》："樊、孫云：'科斗，蟾諸子也。'"邢昺疏："此蟲一名科斗，一名活東，頭圓大而尾細。"《急就篇》卷三"水蟲，科斗"顏師古注："科斗，一名活東，亦曰活師，即蝦蟇所生子也。未成蝦蟇之時，身及頭並圓而尾長，漸乃變耳。"《爾雅翼》卷三〇："科斗，蝦蟇子也。蝦蟇曳腸於水際草上，纏繳如索，日見黑點漸深，至春水時鳴以聒之，則科斗皆出，謂之聒子，古所謂'鸛影抱'、'蝦蟇聲抱'者也。頭圓色黑，始出有尾而無足，稍大，足生而尾脫。……羣浮暗水，唯朝繼夕，半沒如鬼，言其出沒不常也。亦自相啖齧，伺其前者銜其尾，隨其上下而頓掣之，則前者尾斷而死矣。今俗謂之蝦蟇臺，亦謂之蝦蟇黏。《山海經》：'胡中其水多活師'，《爾雅》則謂之活東。"

烏賊[1]，一名河伯度事小吏[2][一]。

【校】

【1】此條，在顧本為第二十一條。○張校："下有'魚'字。"顧本、四庫

本、《御覽》卷九三八引同張校。○《廣韻·德韻》引作"烏鯽魚"。《古今韻會舉要》卷二九引作"烏鰂魚"。今案："烏賊"、"烏鯽"、"烏鰂"同。《古今韻會舉要》卷二九"（鰂,）或作鯽，亦作鰂，通作賊。"

【2】《御覽》引無"一"字。○張校："'度事小吏'下有注'《本草》作由事小吏'。"顧本、四庫本注文作"《本草》作虫事小吏"。顧校："案'虫事'不可通，疑'從'之誤字。《廣均》二十五'德'、《五音集韻》六'職'並引作'度事小史'，《尔疋翼》三十引作'白事小吏'，《御覽》九百三十八引作'從事小吏'。"《事物紀原》卷一〇引同《御覽》。

【箋】

［一］烏賊：亦作"烏鰂"，通稱墨魚。《初學記》卷三〇引沈懷遠《南越志》："烏賊魚，一名河伯度事小史，常自浮水上，烏見以爲死，便往啄之，乃卷取烏，故謂之烏賊。"《酉陽雜俎》卷一七："烏賊，舊說名河伯度（一曰從）事小吏，遇大魚輒放墨，方數尺，以混其身。江東人或取墨書契，以脫人財物，書跡如淡墨，逾年字消，唯空紙耳。海人言，昔秦皇東遊，棄算袋於海，化為此魚，形如算袋，兩帶極長。一說烏賊有碇，遇風則蚪前一須下碇。"陳昉《潁川語小》卷下："鰂魚，《本草》從魚，從則。世俗見其能吐黑沫，且'則'、'賊'之音通，遂呼爲烏賊。"《古今韻會舉要》卷二九："《埤蒼》：'鱡鰂魚，腹中有骨，出南郡，背有一骨，闊二寸許，有鬐甚長，口中有墨，瞑則溟人。'《臨海記》：'以其懷板含墨，故號小史魚。'"周亮工《閩小記·墨魚》："墨魚，一名算袋魚，一名烏鰂，一名海鰾鮹。"《御覽》卷九三八引《嶺表錄異》曰："烏賊魚，只有骨一片，如龍骨而輕，虛以指甲刮之即為末，亦無鱗，而肉翼前有四足，每潮來，即以二長足捉石，浮身水上，有小蝦魚過其前，即吐涎惹之，取以為食。廣州邊海人往往探得大者，率如蒲扇，煠熟，以薑醋食之，極脆美。……吳中好食之。"

龜[1]，一名玄衣督郵[2][一]。

【校】

【1】此條，顧本與下"鼈"條合為一條，為第二十五條。

【2】顧本、馬本、四庫本、《初學記》卷三〇凡兩引、《海錄碎事》卷二二上、《古今事文類聚·後集》卷三五、《山堂肆考》卷二二五引無"一"字。○顧校："（'玄',）《尔疋翼》三十引作'黑'。"明屠本畯《閩中海錯疏》卷下

引同《爾雅翼》引。○今案：《編珠》卷二、胡世安《異魚圖贊補》卷下並引作"龜一名玄衣督郵，一名洞玄先生，一名冥靈"。《御覽》卷九三一、《事類賦》卷二八、《記纂淵海》卷九九並引作"龜一名玄衣督郵，一名元緒"。《書序指南》卷一四引作"龜曰玄衣督郵，又曰神使"。皆較今本多出數字。殆為豹書佚文，今脫去。

【箋】

[一]《抱朴子內篇·登涉》："（山中）已日稱寡人者，社中蛇也。稱時君者，龜也。"○督郵：官名。漢置，郡的重要屬吏，代表太守督察縣鄉，宣達教令，兼司獄訟捕亡。唐以後廢。《後漢書·卓茂傳》："平帝時，天下大蝗，河南二十餘縣皆被其災，獨不入密縣界，督郵言之。"李賢注："《漢書·志》曰：'郡監縣有五部，部有督郵掾，以察諸縣也。'"又《高獲傳》："急罷三部督郵。"李賢注："《續漢書》曰：'監屬縣有三部，每部督郵書掾一人。'"《爾雅翼》卷三〇："龜一名黑衣督郵，鱉一名河伯從事，蓋皆因其象似者以為名，如古稱清江使者、東海波臣之屬。"

鼈，一名河伯從事[1][一]。

【校】

【1】一名：張校："無'一'字。"顧本、馬本、四庫本、《格致鏡原》卷九四引同張校。《履齋示兒編》卷一五引作"曰"。○《類說》卷三六引下有"又曰河伯使"五字。《格致鏡原》引下有"一名河伯使者"六字。殆豹書佚文，後脫去。

【箋】

[一]《紺珠集》卷六："世傳烏賊魚為河伯從事。"《六帖補》卷一一："烏賊，舊說名為河伯從事。"

兗州謂赤鯉為赤驥[1]，謂青鯉為青馬[2]，謂黑鯉為玄駒[3]，謂白鯉為白騏[4]，謂黃鯉為黃雉[5][一]。江東謂青衣魚為婢妾[二]，謂童子魚為土父[三]，謂鼈為河伯使者[6][四]。

【校】

【1】此條，諸書以"江東"為限，分為二條，疑是。顧本"江東"上為第二十二條，"江東"下為第二十六條。○兗州：張校："'州'下有'人'字。"馬本、四庫本、《爾雅翼》卷二八、《御覽》卷九三六、《玉芝堂談薈》卷三二、《天中記》卷五六、《廣博物志》卷四九引同張校。《異魚圖贊箋》卷一引作"交州人"。○張校："'謂'作'呼'。"顧本、四庫本、《御覽》、《廣博物志》引同張校。○鰆：顧本、馬本、四庫本、《爾雅翼》、《御覽》、《玉芝堂談薈》、《異魚圖贊箋》、《天中記》並引作"驥"。今案：疑當作"驥"。

【2】《御覽》、《玉芝堂談薈》、《異魚圖贊箋》、《天中記》、《廣博物志》引無"謂"字。○顧校："'青馬'當作'青驄'，'馬'疑'驄'之脫誤。"

【3】顧本、四庫本、《御覽》、《玉芝堂談薈》、《異魚圖贊箋》、《天中記》、《廣博物志》引"黑鯉"及下"白鯉"、"黃鯉"上俱無"謂"字。○玄駒：顧本、《爾雅翼》、《御覽》引作"黑駒"。顧校："'黑駒'，各本作'玄駒'。"

【4】䲠：馬本作"旗"。四庫本、《蘇氏演義》卷下、《爾雅翼》、《御覽》、《廣博物志》引作"騏"。《玉芝堂談薈》、《異魚圖贊箋》、《天中記》引作"驥"。今案：疑當是"騏"字。作"驥"，則與上"赤驥"復重。

【5】雄：張校："《漢魏》'雄'作'雄'。"四庫本、《御覽》卷九三六引同張校。顧本、《異魚圖贊箋》引作"騅"。顧校："'騅'，王本誤作'雄'，吳本誤作'雄'，《中華古今注》同，皆謬甚。茲據《急就篇補注》三、《尔疋翼》二十八、《詩經世本古義》並引作'黑鯉為黑駒'、'黃鯉為黃騅'改正。又《本草圖經》亦引作'黃騅'。"

【6】張校："'謂青衣魚'、'謂童子魚'、'謂鼉'，三'謂'字並作'呼'。《文房》、《逸史》'嬬'並作'鱝'。"顧本、四庫本同張校。顧校："《尔疋翼》三十（'婢嬬'）引作'婢鱝'。"○鼉為河伯使者：張校："《天中記》五十七引作'元一名河伯使者'。"《格致鏡原》卷九四引同《天中記》，然"元"作"鼉"。

【箋】

[一]《爾雅翼》卷二八："皆取馬之名，以其靈仙所乘，能飛越江湖故也。"

[二]青衣魚：魚名，即鱖鯞。《爾雅翼》卷二九："鱖鯞，似鯽而小，黑色而揚赤，今人謂之旁皮鯽，又謂之婢妾魚。蓋其行以三，為率一頭在前，兩頭從之，若媵妾之狀，故以為名。《釋魚》：'鰟鮍，鱖鯞。'郭氏云：'小魚也。

似鮒子而黑，俗呼為魚婢，江東呼為妾魚。'"《異魚圖贊箋》卷三："《一統志》：大荒山，在博白縣南一百五十里，山上池中有婢妾魚，大如楯，兩翼及臍下有三條，似練帶，四尺許，搖動有婢妾形，故名。"

［三］《異魚圖贊補》卷上："杜父魚，一名渡父魚，一名黃鰍魚，一名船矴魚。《臨海志》名伏念魚。《古今注》'江東呼童子魚為土父'是也。"《新安志》卷二："童魚……小而為群，首如科斗，古之童子魚也。"

［四］鼉：或作"鱓"，同。即揚子鱷。《呂氏春秋·古樂》："（顓頊）乃令鱓先為樂倡。"陳奇猷《集釋》："鼉為形聲字，從黽單聲。黽魚皆水族，故從黽從魚一也。"《埤雅·釋魚》："今鼉象龍形，一名鱓，夜鳴應更，吳越謂之鱓更，蓋如初更輒一鳴而止，二更再鳴也。"

結草蟲[1][一]，一名結葦。好於草上折屈草葉為窠窟[2]，處處有之。

【校】

【1】此條，在顧本為第二十七條。

【2】張校："'上'作'末'。"○顧本、馬本、四庫本、《蘇氏演義》、《格致鏡原》卷一○○卷下同張校。元李冶《敬齋古今黈》卷一引作"木"。○折：顧本作"結"。○為：馬本、《敬齋古今黈》、《格致鏡原》引作"以為"。○張校："'窠'作'巢'。"顧本、馬本、四庫本、《蘇氏演義》、《敬齋古今黈》、《格致鏡原》引同張校。

【箋】

［一］結草蟲：昆蟲名。體形圓長，暗黑色，常綴葉片、小枝、樹皮等為巢，被於體外而匍行。春季食茶、梅、櫻、李等之嫩芽及葉。《說郛》卷三一下引《採蘭雜志》："結草蟲，一名水螺，一名簑衣丈人。"

鼫鼠[1][一]，一名天螻，一名螜[2][二]，一名貂鼠[3][三]。有五能而不能成其伎[4][四]：一[5]，飛不能過屋；二，緣不能窮木[6]；三，泅不能渡谷[7]；四，穴不能覆身[8]；五，走不能絕人[5]。

【校】

【1】此條，在顧本為第二條。

【2】張校："'螜'下有注'胡卜切'。"顧本、四庫本同張校。

【3】張校:"'鼯'作'碩'。"顧本、四庫本同張校。馬本、《天中記》卷五七引作"石"。

【4】張校:"無('不能'之)'能'字及'其'字。"顧本、馬本、四庫本同張校。○張校:"'伎'下有'術'字。"顧本、馬本、四庫本同張校。

【5】馬本作"其一曰"。下"二"、"三"、"四"、"五"皆類此。○馬本無"能"字。

【6】馬本無"能"字。○窮木:顧本作"窮本"。馬本作"過木"。

【7】泅:張校:"'泅'作'沒'。"顧本、四庫本同張校。○馬本無"能"字。○渡:張校:"'渡'作'窮'。"顧本、四庫本同張校。馬本作"度"。

【8】張校:"'穴'作'掘'。"顧本、馬本同張校。四庫本"穴"作"屈",殆為"掘"之誤省。○馬本"覆"下有"其"字。

【箋】

[一] 螻蛄:昆蟲名。背部茶褐色,腹部灰黃色,前腳大,呈鏟狀,適於掘土,有尾須。生活在泥土中,晝伏夜出,吃農作物嫩莖。有多種異稱。《方言》卷一一:"螻蟥謂之螻蛄,或謂蟓蛉,南楚謂之杜狗,或謂之蛞螻。"《埤雅·釋蟲》:"螻蛄,臭蟲,一名螜,一名天螻。……孫炎《爾雅正義》以為:螜是雄者,喜鳴善飛,雌者腹大羽小,不能飛翔,食風與土,要(引案:即腰)以前甚澀,要以後甚利。"又曰:"《廣志·小學篇》曰:'螻蛄,會稽謂之蟟蛄。'"《爾雅翼》卷二六:"螻,小蟲,穴土中,好夜出,今人謂之土狗,一名螻蛄,一名碩鼠,一名螜,亦一名蟪蛄。以孟夏鳴,應陰之蟲。其出入與蚓同時。"《龍龕手鑒》卷二:"螻蛄,……或云仙蛄、蟪蛄、石鼠,皆螻蛄之異名也。"《六書故·動物四》:"螻蛄,土狗也,好攻土,夜飛傅火。以其好攻土,故屬之於螻。"《本草綱目·蟲之三·螻蛄》:"(釋名)蟪蛄,天螻,螜,螻蟈,仙姑,石鼠,梧鼠,土狗。"李時珍《集解》:"螻蛄穴土而居,有短翅,四足,雄者善鳴而飛,雌者腹大羽小,不善飛翔,吸風食土,喜就燈光。……或云:用火燒地赤,置螻於上,任其跳死,覆者雄,仰者雌也。"《山堂肆考》卷二二八引《本草》曰:"螻蛄夜出求食,能含燈火而走,俗呼為偷火蟲。"

[二]《爾雅·釋蟲》:"螜,天螻。"郭璞注:"螻蛄也。《夏小正》曰:'螜則鳴。'"鄭樵注:"螜音斛,……似蟋蟀,多在園中為冗藏,害殺毛。"

[三] 賈昌朝《羣經音辨》卷五:"螻蛄,石鼠也。"

[四] 宋王楙《野客叢書》卷七:"今讀《荀子》'鼯鼠五技而窮',為貓鼠之鼠。唐《藝文類聚》亦編入《鼠門》。僕考之,乃螻蛄,非鼠也。按《本

草》、《廣雅》，皆謂《荀》之鼫鼠為螻蛄，一名碩鼠。《易》'晉如碩鼠'，孔穎達《正義》引蔡邕《勸學篇》云：'碩鼠五能不成一技。'注云：'能飛不能上屋，能緣不能窮木，能游不能度谷，能穴不能藏身，能走不能先人。'《荀子》'鼫鼠五技而窮'，竝為螻蛄也。而《魏詩·碩鼠》刺重斂，傳、注皆謂大鼠。則《爾雅》所謂碩鼠，關中呼為䶅鼠。陸璣云：'今河東有大鼠，能人立，交前兩脚於頸上跳舞，善鳴，食人禾苗，人逐則走水空中。亦有五技，或謂之雀鼠。'然則螻蛄與此鼠同名碩鼠，皆有五技，但螻蛄技窮，而此鼠技不窮，故不同耳。陸農師（佃）《埤雅》謂五技而窮者為飛生，與諸説不同。"

［五］顧震福《古今注校正》卷中："案：諸書所稱五伎互有異同，詳列於後。《説文》：'鼫，五伎鼠也。能飛不能過屋，能緣不能窮本，能游不能渡谷，能穴不能掩身，能走不能先人。'《荀子·勸學篇》楊注同。《尔足》'鼫鼠'，舍人、樊光注並引《詩·碩鼠》以為五伎鼠。《釋文》引蔡伯喈《勸學篇》云：'五伎者，能飛不能上屋，能緣不能窮本，能泅不能渡瀆，能走不能絶人，能藏不能覆身。'《易》：'晉如鼫鼠。'《荀》九家曰：'游不度瀆，飛不上屋，緣不極木，穴不掩身，走不先足，五伎皆劣。'《子夏傳》作'碩鼠'，康成引《詩》碩鼠為釋。是舊説'碩鼠'即'鼫鼠'。《本草》謂'螻蛄一名碩鼠'。《倭名類聚抄》八引蔣魴《切均》云：'鼫鼠有五能：能飛不能過屋，能啼不能轉聲，能泅不能渡瀆，能緣不能窮木，能耕不能掩身。喻人之短藝，即螻蛄也。'愚謂鼫鼠、碩鼠似不同，辨詳《隸經雜著·甲編》。"

蝙蝠[1]，一名仙鼠[2][一]，一名飛鼠[3][二]。五百歲則色白而腦重[4]，集物[5]則頭垂，故謂倒挂蝙蝠[6]，食之成[7]仙。

【校】
【1】此條，在顧本為第四條。
【2】一名：《慧琳音義》卷五九引作"一云"。〇仙：馬本作"僊"。下同。今案："僊"與"仙"同。《説文·人部》"僊"字段玉裁注："《聲類》：'仙，今僊字。'蓋仙行而僊廢矣。"
【3】《御覽》卷九四六引"一名"作"又曰"。
【4】馬本、《慧琳音義》、《類説》卷三六引無"則"字。〇色白：顧本作"白色"。〇張校："無'而'字。"顧本、馬本、四庫本、《慧琳音義》、《類説》、《御覽》引同張校。〇腦：馬本誤作"腥"。
【5】《類説》引"集"作"襲"。〇張校："無'物'字。"顧本、四庫本

【6】張校："'謂'下有'之'字。"顧本、四庫本、《慧琳音義》、《類說》引同張校。馬本、《御覽》引"謂"下有"為"字。○倒挂：張校："'挂'作'折'。"四庫本同張校。顧校："'挂'，各本作'折'。《御覽》九百四十六引作'故謂之倒挂鼠'，《中華古今注》作'故謂為倒挂'。案作'挂'為通，茲據訂正。又《玄應音義》六引作'故謂之倒掛蝙蝠'。'掛'與'挂'同。"《類說》引作"倒生"。○張校："無'蝙蝠'二字。"顧本、四庫本、《類說》引同張校。

【7】成：張校："'成'作'神'。"顧本、馬本、四庫本、《慧琳音義》引同張校。《御覽》引作"得"。

【箋】

[一] 仙鼠：蝙蝠之別稱。《述異記》卷下："荆州清溪秀壁諸山，山洞往往有乳窟，窟中多玉泉交流，中有白蝙蝠大如鴉。按《仙經》云：'蝙蝠一名仙鼠，千歲之後，體白如銀，棲即倒懸，蓋飲乳水而長生也。'"

[二] 飛鼠：蝙蝠之別稱。《爾雅·釋鳥》："蝙蝠，服翼。"郭璞注："齊人呼為蟙䘃，或謂之仙鼠。"《方言》卷八："蝙蝠，自關而東謂之服翼，或謂之飛鼠。自關而西，秦隴之間謂之蝙蝠，北燕謂之蟙䘃。"

蟚蜞，小蟹也[1][一]，生海邊[2]，食土，一名長卿[3][二]。其有一螯偏大[4]，謂之擁劍[5][三]，亦[6]名執火。以其螯赤[7]，故謂執火也[8]。

【校】

【1】此條，在顧本為第五條。○蟚蜞：張校："'蜞'作'蛪'。"顧本、四庫本、《異魚圖贊補》卷下、《玉芝堂談薈》卷三五引同張校。馬本、《格致鏡原》卷九五引作"蟚蚏"。《蘇氏演義》卷下引崔正熊曰作"蟚蝟子"。《御覽》卷九四三引作"蟚蝟"。今案："蚏"與"蝟"同。《集韻·月韻》："蚏，彭蚏，或作蝟。"○張校："無'也'字。"四庫本、《異魚圖贊補》引同張校。《蘇氏演義》引"也"下有"亦曰彭蚑子"五字，疑為豸書佚文。

【2】《蘇氏演義》引無"生"字。○張校："下有'泥中'二字。"顧本、四庫本、《異魚圖贊補》引同張校。馬本、《蘇氏演義》、《御覽》、《格致鏡原》引下有"塗中"二字。

【3】張校："《逸史》、《漢魏》'卿'作'唧'。"四庫本、《玉芝堂談薈》

引同張校。顧校:"'卿',王本誤作'唧',茲從吳本。《御覽》九百四十三引作'蟚蜅,小蟹,生海邊塗中,食土,一名長卿',《中華古今注》同。又《楊慎外集》九十五亦引作'長卿'。"

【4】有一:張校:"'有一'作'一有'。"顧本、四庫本同張校。《蘇氏演義》、《御覽》引無"一"字。〇《蘇氏演義》引無"偏"字。

【5】張校:"'謂之'作'者名'。"顧本、四庫本、《蘇氏演義》、《御覽》引同張校。

【6】張校:"'亦'作'一'。"顧本、四庫本、《蘇氏演義》、《御覽》、《玉芝堂談薈》引同張校。

【7】張校:"無'以'字。"顧本、四庫本、《蘇氏演義》、《御覽》引同張校。〇《蘇氏演義》引"赤"下有"故也"二字。

【8】張校:"'謂'下有'之'字。'也'作'云'。"顧本、四庫本同張校。〇顧校:"《御覽》引作'故謂之執火也,俗謂之越王劍'。"今案:《御覽》引"俗謂之越王劍"云云,殆是豹書佚文。

【箋】

[一]《爾雅·釋魚》:"螖蠌,小者蟧。"郭璞注:"螺屬,見《埤蒼》。或曰:即蟚蜅也,似蟹而小。"《蘇氏演義》卷下:"彭越子,似蟹而小。……或傳云漢黥布覆彭越,醢於江,遂化為蟹,因名彭越子,恐為誤說。此蓋彭蜅子矣,人語訛以蜅子為越子,緣彭越有名於世,故習俗相傳,因而不改。"《北戶錄》卷一:"有毛者曰蟚蜞,無毛者為蟚蜅,堪食,俗呼彭越,訛耳。"

[二]顧震福《古今注校正》卷中:"《成都故事》:王吉夢一蟛蜞在都亭作人語曰:'我翼日當舍此。'吉使人於都亭俟之。司馬相如至,吉曰:'此人文章,當橫行一世。'因呼蟛蜞為長卿,文君一生不食。《搜神記》云:'蟛蟚,蠏也,嘗通夢於人,自稱長卿,今臨海人多以長卿呼之。'"

[三]擁劍:《文選·左思〈吳都賦〉》劉淵林注:"擁劍,蟹屬也。從(縱)廣二尺許,有爪,其螯偏大。大者如人大指,長二寸餘,色不與體同,特正黃而生光明,常忌護之如珍寶,以利如劍,故曰擁劍。其一螯尤細,主取食。出南海交趾。"《顏氏家訓·文章篇》:"《異物志》云:'擁劍,狀如蟹,但一螯偏大爾。'何遜詩云:'躍魚如擁劍。'是不分魚、蟹也。"《御覽》卷九四三引《廣志》曰:"擁劍,似蟹,色黃,方二寸,其一螯偏長,如足大指,長三寸餘,有光,其短細者如簪。"明屠本畯《閩中海錯疏》卷下:"桀步,一名擁劍,橫行,螯大小不一,以大者鬬,小者食。一名執火,以其螯赤也。一名揭哺子。"

140

蠨蛸[1]，蠳蛸也[一]。身小而[2]足長，故謂長蚑[3]。

【校】
【1】此條，在顧本為第六條。○張校："'蠨'作'長'。"馬本、四庫本同張校。今案：作"長"是，下云"故謂長蚑"可證。○顧校："《中華古今注》'蚑'並作'跂'。案《廣均》云：'蠳蛸，蟲，一名長蚑。'"今案：作"蚑"、作"跂"並誤，當從《爾雅·釋蟲》作"踦"。陸德明《釋文》："《廣雅》云：'踦，脛也。'"下云"足長"，正釋"踦"之義也。
【2】張校："無'而'字。"○顧本、馬本、四庫本同張校。
【3】《蘇氏演義》卷下"謂"作"謂之"，"長"作"蠨"。

【箋】
[一] 蠨蛸：亦作"長蚑"、"長踦"，同。即長腳蜘蛛，亦稱"喜子"。《爾雅·釋蟲》："蠳蛸，長踦。"郭璞注："小鼅鼄，長腳者，俗呼為喜子。"《爾雅翼》卷二五："劉子曰：今野人晝見蟢子者，以為有喜樂之端，夜夢見雀者，爵位之象。然見喜子者未必有喜，夢雀者未必彈冠，而人悅之者，以其利人也。今人以早見為喜，晚見為常。又云：在頭則有喜事。"周祈《名義考》卷一〇："《廣韻》：'蛣，長足蟲也。'《說文》：'蠳蛸，長股者，一名長蚑。'《詩》疏：'長踦，河內人謂之喜母，著人衣當有親客至。'今產子牆壁上，護以白膜，亦有足抱子行者，俗謂之喜，喜則蛣也。《西京雜記》：'蜘蛛集而百事喜。'陸賈云：'蟢子垂而百事喜。'李德裕云：'人將有喜兆，垂於冠冕。'蜘蛛有三種：一種布網簷端，一種絡幕草上，俱蒼黑色。一種小而微紅，謂之蟢蛛，則蟢也。郭璞以小蜘蛛長腳者為蠳蛸，是猶未辨。"○蠳蛸：亦作"蠳蛸"，同。《詩·豳風·東山》："伊威在室，蠳蛸在戶。"毛傳："蠳蛸，長踦也。"陸德明《釋文》："長踦，長腳蜘蛛。"孔穎達疏引陸璣《疏》："蠳蛸，長踦，一名長腳，荊州河內人謂之喜母。此蟲來著人衣，當有親客至，有喜也。幽州人謂之親客。亦如蜘蛛為網羅居之。"

飛蛾[1]，善拂燈燭[2]，一名火花[3]，一名慕光[一]。

【校】
【1】此條，在顧本為第十條。

141

【2】張校:"無'燭'字。"顧本、馬本、四庫本、《御覽》卷九五一、《古今事文類聚·續集》卷一八、《廣博物志》卷五〇、《格致鏡原》卷九六引同張校。顧校:"《文選·雜詩》注引作'善拂燈火也'。"

【3】顧校:"《中華古今注》('火花')作'火化'。"《格致鏡原》引同顧校。今案:作"火化",義不類,非是。

【箋】

[一] 飛蛾性喜趨光,故稱慕光。《丹鉛餘錄》卷一:"俗傳燈蛾螢火所化,故慕光。"《山堂肆考》卷二二八:"飛蛾,善拂燈火,夜飛,一名慕光。似蝶而小,似蠶蛾而能飛,一名文蛾。"《格致鏡原》卷九六引《事物紺珠》曰:"飛蛾,又名霜蛾。"

蝘(於甗切)蜓(大典反,又音廷)[1][一],一曰守宫[二],一曰龍子[2][三],善於樹上[3]捕蟬食之。其五色長大者名爲蜥蜴[4][四],其短而大者名爲蠑螈[5],一曰蛇醫[6][五],大者長三尺[六],其色玄紺[7],善魅人[8]。一曰綠螈(在壁曰蝘蜓,在草曰蜥蜴)[9][七]。

【校】

【1】此條,在顧本爲第十一條。〇張校:"無注文。"顧本、馬本、四庫本、《蘇氏演義》卷下、《御覽》卷九四六、《陸氏詩疏廣要》卷下之下、《六家詩名物疏》卷三八、《廣博物志》卷五〇、《格致鏡原》卷九八引,《古今事文類聚·後集》卷五〇引《月令記》同張校。

【2】張校:"'一曰守宫一曰龍子'二句互易。"顧本、四庫本、《廣博物志》卷五〇引同張校。〇顧本、四庫本兩"曰"字並作"名"。

【3】於樹上:張校:"'於樹上'作'上樹'。"顧本、四庫本、《廣博物志》、《格致鏡原》引同張校。《北戶錄》卷一引作"於樹中"。

【4】五色長大:張校:"'五色長大'作'長細五色'。"顧本、馬本、四庫本、《御覽》、《陸氏詩疏廣要》、《六家詩名物疏》、《廣博物志》、《格致鏡原》引,《古今事文類聚·後集》引同張校。《蘇氏演義》"長大"作"長細大"。〇爲:馬本作"曰"。《陸氏詩疏廣要》、《六家詩名物疏》引無。〇此句,《北戶錄》引作"五色曰蜥蜴"。

【5】張校:"無'其'字。"顧本、四庫本、《北戶錄》、《廣博物志》、《格致鏡原》引同張校。〇張校:"無'而'字及'爲'字。"顧本、四庫本、《陸

氏詩疏廣要》、《六家詩名物疏》、《廣博物志》、《格致鏡原》引同張校。《御覽》引、《古今事文類聚·後集》引無"而"字。《北戶錄》引無"而"及"名"字。〇馬本"短而"作"長"。

【6】《北戶錄》引作"蛇師"。

【7】《陸氏詩疏廣要》、《六家詩名物疏》引無"其"字。〇張校："'紺'下有'者'字。"顧本、四庫本同張校。

【8】張校："'勉'作'蟄'。"顧本、馬本、四庫本、《蘇氏演義》、《廣博物志》、《格致鏡原》引同張校。顧校："《玄應音義》十八、《慧琳音義》二十七、《御覽》九百四十六並引作'善魅人',《中華古今注》同。"《古今事文類聚·後集》引,《北戶錄》、《慧琳音義》卷七二、《陸氏詩疏廣要》、《六家詩名物疏》引亦作"善魅人"。〇張校："'人'下有'一名玄蠕'四字。"顧本、馬本、四庫本、《慧琳音義》卷二七、卷七二、《廣博物志》、《格致鏡原》引同張校。《御覽》、《陸氏詩疏廣要》、《六家詩名物疏》引有"一曰玄蠕"四字。今案："一名玄蠕"（或"一曰玄蠕"）當是豹書佚文。

【9】馬本、四庫本、《御覽》、《格致鏡原》引"一曰"作"一名"。〇緣：《陸氏詩疏廣要》、《六家詩名物疏》、《廣博物志》、《格致鏡原》引並作"緣"。顧校："俗本'緣'誤'緣',茲從王、吳二本。《御覽》亦引作'緣蠕'。又《倭名類聚抄》八引作'玄蚖,一名緣虵'。"〇張校："下有'也'字,無注。"顧本、馬本、四庫本同張校。《蘇氏演義》、《御覽》、《陸氏詩疏廣要》、《六家詩名物疏》、《廣博物志》、《格致鏡原》引亦無注。〇《蘇氏演義》此句下有"一曰玄蠕"四字。

【箋】

［一］蝘蜓：俗稱壁虎。古籍多與蜥蜴、蠑螈等相混。《荀子·賦》："螭龍為蝘蜓,鴟梟為鳳皇。"楊倞注："蝘蜓,守宮。"《爾雅翼》卷三二："蝘蜓似蜥蜴,灰褐色,在人家屋壁間,狀雖似龍,人所玩習。"《御覽》卷九四六引郭義恭《廣志》曰："蝘蜓有屋壁間者,有草野者,石上者。"章炳麟《新方言·釋動物》："《爾雅》：'蠑螈,蜥易；蜥易,蝘蜓；蝘蜓,守宮也。'今呼在壁者為壁虎,紹興謂在地者為蝘蜓。"

［二］守宮：即壁虎。又名蠍虎。因其常守伏於宮牆屋壁以捕食蟲蛾,故名守宮。《漢書·東方朔傳》："上嘗使諸數家射覆,置守宮盂下。"顏師古注："守宮,蟲名也。術家云以器養之,食以丹砂,滿七斤,搗治萬杵,以點女人體,終身不滅,若有房室之事,即滅矣。言可以防閑淫逸,故謂之守宮也。今

俗呼為辟宮,辟亦禦扞之義耳。"今案:四庫本《漢書》中,館臣於師古注下曾引別家之說,以駁正師古,今列於此,以見異同。引劉攽曰:"守宮,生屋壁,如守宮然,故名之。何在防淫逸也?一蟲之微,何能食丹砂七斤?人亦安肯捐七斤丹砂以餌一蟲也?"又引劉敞曰:"守宮,即人家屋壁中蝘蜓,俗呼為蝎虎者是也。此物唯在屋壁窗戶間,夜亦出,蓋用此得名耳。術家之說,安有此理。師古乃信之,何哉?"館臣所引二家之說,皆能較好解釋"守宮"得名之真正緣由,較師古之說為善。《爾雅翼》卷三二:"(蝘蜓)一名守宮,又名壁宮。……說者以為飼以朱砂,以其血點宮人,如赤誌,終身不滅,交接便脫,漢武帝嘗用之,故名守宮。……然所謂守宮者,亦以其常在屋壁間,有守之之象,如鳥有澤虞者,常在田中,俗呼為護田鳥之類,不必塗血而後為守也。"《御覽》卷九四六引郭義恭《廣志》曰:"守宮,鱗色如蚺而四足,似蝘蜓,長尺餘。"

[三]龍子:又稱"石龍子",蜥蜴之別稱。《御覽》卷九四六引吳氏《本草經》曰:"石龍子,一名守宮,一名石蜴,一名石龍子。"《本草綱目·鱗之一·石龍子》:"此物生山石間,能吐雹,可祈雨,故得龍子之名。"李時珍曰:"生山石間者曰石龍,即蜥蜴,俗呼豬婆蛇。似蛇,有四足,頭扁尾長形細,長七八寸,大者一二尺,有細鱗,金碧色,其五色全者為雄,入藥尤勝。"又引蘇恭曰:"龍子,即蜥蜴,形細而長,尾與身類,似蛇,有四足,去足便是蛇形。以五色者為雄,入藥良。色不備者,力劣也。"

[四]蜥蜴:亦作"蜥易"。以其色善變易,故得"易"之名。《埤雅·釋蟲》:"易一曰蜥易,日十二時變色,故曰易也。"《爾雅翼》卷三二:"蜥蜴似蛇而四足,長五六寸,生草澤中。"

[五]蛇醫:蜥蜴之別名。《方言》卷八:"守宮……南楚謂之蛇醫,或謂之蠑螈。"《埤雅·釋蟲》:"蜥易,一名蛇醫。《字林》所謂'蠑螈,蛇醫',是也。舊說:蛇體有傷,此輒銜草傅之,故有醫之號也。"《本草綱目·鱗之一·石龍子》李時珍曰:"(蜥蜴)生草澤間者曰蛇醫,又名蛇師、蛇舅母、水蜥蜴、蠑螈,俗亦呼豬婆蛇。蛇有傷,則嚙草以敷之。又能入水與魚合,故得諸名。狀同石龍,而頭大尾短形粗,其色青黃,亦有白斑者,不入藥用。"

[六]《本草綱目·鱗之一·石龍子》引《夷堅志》云:"劉居中見山中大蜥蜴百枚,長三四尺,光膩如脂,吐雹如彈丸,成頃,風雷作而雨雹也。"

[七]《說文·虫部》:"蜥,在壁曰蝘蜓,在草曰蜥易。"

鯉之大者曰鱣[一]。鱧之大者曰鮪[1][二]。

【校】

【1】此條，在顧本為第十六條。○鱣：張校所見諸本、顧本、四庫本、《初學記》卷三〇、宋項安世《項氏家說》卷七引並作"鱣"。○顧校："《埤疋》一引作'鯉之大者為鮪，鱧之大者為鱣'。"

【箋】

[一] 鱣：鱘魚、鰉魚之古稱。《爾雅·釋魚》："鱣。"郭璞注："鱣，大魚，似鱏而短鼻，口在頷下，體內有邪行甲，無鱗，肉黃。大者長二、三丈。今江東呼為黃魚。"《詩·周頌·潛》："有鱣有鮪。"孔穎達疏引陸璣《疏》："鱣出江海，三月中從河下頭來上。鱣身形似龍，銳頭，口在頷下，背上腹下皆有甲，縱廣四五尺，今於盟津東石磧上釣取之，大者千餘斤，可蒸為臛，又可為鮓。"《史記·屈原賈生列傳》："橫江湖之鱣鱏兮。"裴駰《集解》引如淳曰："（鱣，）大魚也。"《埤雅·釋魚》："鱣，大魚，似鱏，口在頷下，無鱗，長鼻軟骨，俗謂之玉板。大者長二三丈，江東呼為黃魚。"《本草綱目·鱗四·鱣魚》："鱣出江淮、黃河、遼海深水處，無鱗大魚也。其狀似鱘，其色灰白，其背有骨甲三行，其鼻長，有鬚，其口近頷下，其尾歧……其小者近百斤，其大者長二三丈，至一二千斤。"

[二] 鱧：俗稱烏魚、烏鱧，亦名鮦。性兇猛，捕食其他魚類，為淡水養殖業的害魚之一。肉肥美，供食用。《詩·小雅·魚麗》："魚麗於罶，魴鱧。"毛傳："鱧，鮦也。"《埤雅·釋魚》："諸魚中唯此魚膽甘可食，有舌，鱗細，有花文，一名文魚。與蛇通氣，其首戴星，夜則北嚮，蓋北方之魚也。"顧起元《客座贅語·魚品》："有鱧，身似鱒而色純黑，頭有七星，俗曰烏魚，道家忌食之，其性耐久，埋土中數月不死，得水復活。"徐珂《清稗類鈔·動物·鱧魚》："鱧魚，可食，形長體圓，頭尾幾相等，細鱗黑色，有斑文，腹背兩鰭均連續至尾。亦名鮦魚，俗名烏魚。"○鮪：鱘魚和鰉魚之古稱。《詩·周頌·潛》："有鱣有鮪。"孔穎達疏引陸璣《疏》："鮪魚，形似鱣而色青黑，頭小而尖，似鐵兜鍪，口在頷下，其甲可以磨薑，大者不過七八尺，益州人謂之鱣鮪。大者為王鮪，小者為鮛。鮪一名鮥，肉色白，味不如鱣也。今東萊遼東人謂之尉魚，或謂之仲明。仲明者，樂浪尉也，溺死海中，化為此魚。"《埤雅·釋魚》："鮪魚，似鱣而青黑，長鼻，體無鱗甲，肉色白，味不如鱣，大者長七八尺。"《本草綱目·鱗四·鱘魚》："（鮪）其狀如鱣，而背上無甲，其色青碧，腹下色白。其鼻長與身等，口在頷下，食而不飲。頰下有青斑紋，如梅花狀。尾歧如柄。

145

肉色純白，味亞於鱣。"方文《品魚·上品·鮪》："《月令》薦王鮪，鬼神亦歆之。"題解："鮪，即鱘魚，其形延長而有餘，故名。"

鯨[1]，海魚也[一]。大者長千里[2]，小者數丈[3]，一生數萬子。常以五六月就岸生子[4]，至七八月導從其子還大海中[5]。鼓浪成雷，噴沫成雨[6]，水族驚畏[7]，一皆[8]逃匿，莫敢當者[9]。其雌曰鯢[二]，大者亦長千里[10]，眼爲明月珠[11][三]。

【校】

【1】此條，在顧本爲第二十三條。○"鯨"下：張校："'鯨'下有'魚者'二字。"顧本、四庫本、《續博物志》卷二同張校。馬本、《類說》卷三六、《古今事文類聚·後集》卷三四、《山堂肆考》卷二二四引有"魚"字。

【2】《古今事文類聚·後集》、《送江寧彭給事赴闕》（《王荆公詩注》卷三九）李壁注、《山堂肆考》引"長"下有"數"字。

【3】"數"下：張校："'數'下有'十'字。"顧本、四庫本同張校。馬本、《類說》、《御覽》卷九三八引，《續博物志》有"千"字。顧校："《爾疋翼》三十、《草堂詩箋》七並引作'數丈'。"○丈：《古今事文類聚·後集》、《送江寧彭給事赴闕》李壁注、《山堂肆考》引作"千尺"。《天中記》卷五六、《格致鏡原》卷九三引作"千步"。

【4】《類說》引無"常以"。○張校："'五'下有'月'字。"四庫本、《御覽》、《天中記》、《格致鏡原》引，《續博物志》同張校。○張校："'岸'下有'邊'字。"顧本、馬本、四庫本、《御覽》、《天中記》、《格致鏡原》引同張校。

【5】《類說》引無"至"字、"中"字。○《天中記》、《格致鏡原》引、《續博物志》"七"下有"月"字。○導從：《御覽》、《異魚圖贊箋》卷三引作"導引"。《天中記》引作"引"。○還大海：《類說》引"還"作"歸"。《御覽》、《格致鏡原》引作"還入海"。《天中記》引作"入海"。

【6】噴：《送江寧彭給事赴闕》李壁注引作"濆"。○張校："《逸史》'成'作'爲'。"四庫本同《逸史》。○顧校："'沫'，各本誤作'沬'。案《莊子·至樂篇》注：'沫，口中汁也。'是'沫'爲口涎，'沬'乃衛水名。'噴沫'之'沬'當從'沫'，茲訂正。"

【7】水族：《類說》引作"水旋"，誤。○"族"下：顧本有"旋"字。《山堂肆考》引有"皆"字。○驚畏：馬本無"驚"字。《編珠》卷二引作"畏

之"。《類說》引作"驚避"。《御覽》、《送江寧彭給事赴闕》李壁注、《天中記》、《格致鏡原》引作"驚畏之"。○今案：此句下，《編珠》引尚有"穴處海底，出穴則水溢，謂之鯨潮"數句，《異魚圖贊箋》引於"莫敢當者"下亦有此數句，雖位置有差異，不過引書詳略之別所致，然可證此數句為豹書佚文則無疑。

【8】一皆：顧本、四庫本、《御覽》、《古今事文類聚·後集》、《送江寧彭給事赴闕》李壁注引無"一"字。馬本作"悉"。《山堂肆考》引無。

【9】莫：馬本作"魚無"二字。○當者：《御覽》、《古今事文類聚·後集》、《送江寧彭給事赴闕》李壁注、《山堂肆考》引無"者"字。《續博物志》作"近"。

【10】馬本無"者"字。

【11】《御覽》、《古今事文類聚·後集》、《送江寧彭給事赴闕》李壁注、《天中記》、《山堂肆考》並引"眼"作"眼睛"。○此句，《類說》卷三六引作"眼如珠花"。

【箋】

[一]《爾雅翼》卷三〇："鯨，海中大魚也。其大橫海吞舟，穴處海底，出穴則水溢，謂之鯨潮。或曰出則潮下，入則潮上。其出入有節，故鯨潮有時。"

[二]《文選·左思〈吳都賦〉》："於是乎長鯨吞航，修鯢吐浪。"劉逵注引楊孚《異物志》："鯨魚……雄曰鯨，雌曰鯢。"

[三]《御覽》卷九三八引《述異記》曰："南海有珠，即鯨目瞳，夜可以鑒，謂之夜光。"

水君[1]，狀如人[2]，乘馬，衆魚導從[3]，一名魚伯[4]，大水有之[5]。漢末有人於河際見之[6]，人馬皆有鱗甲[7]，如大鯉魚[8]，但手足耳目鼻與人不異[9]，視人良久[10]，乃入水[11]。

【校】

【1】此條，在顧本為第二十四條。

【2】《廣博物志》卷四九引無"人"字。

【3】張校："'導'上有'皆'字。"顧本、四庫本同張校。○張校："'從'下有'之'字。"顧本、四庫本同張校。○今案：《御覽》卷九三六引

147

"導"作"曳"。

【4】《事類賦》卷二九、《廣博物志》、《格致鏡原》卷九三引無"一"字。

【5】張校："'有'上有'乃'字。"顧本、四庫本同張校。

【6】四庫本以"人馬皆有鱗甲"下數句別爲一節。顧校："各本自'水君'至'於河際見之'爲一節，自'人馬'至'乃入水中'又分爲一節，似'人馬'又屬一物矣，大謬。《御覽》九三六引爲一節，《中華古今注》同。茲據訂正。"○《類說》卷三六引此句但作"有人見之"四字。

【7】馬本"人馬"乙爲"馬人"。○張校："無'皆'字。"四庫本同張校。

【8】顧本無"如大鯉魚"句。今案：諸書俱有之，顧本殆誤脫去。○《類說》引無"魚"字。

【9】張校："'與人不異'下有'爾'字。"顧本、四庫本同張校。○此句，馬本作"但手足耳鼻似人"。《事類賦》、《御覽》、《格致鏡原》並引作"但手足別耳，目鼻與人不殊"。今案：推據文意，以《事類賦》、《御覽》、《格致鏡原》所引爲善。○《類說》引無"但"字、"鼻"字。

【10】張校："'視'作'見'。"顧本、四庫本、《事類賦》、《御覽》、《廣博物志》、《格致鏡原》引並同張校。○馬本"人"作"之"。

【11】四庫本"乃"作"即"。○張校："'水'下有'中'字。"顧本、四庫本同張校。○《事類賦》、《御覽》、《廣博物志》、《格致鏡原》並引此句作"入水而沒"。

古今注下

草木第六

甘實形如石榴者[1][一]，[亦]謂之壺甘[2][二]。

【校】

【1】宋趙彥衛《雲麓漫抄》卷二、《格致鏡原》卷七五引、《記纂淵海》卷九二"甘"作"柑"。下同。今案："甘"同"柑"。《洪武正韻·覃韻》："甘，果名，俗作柑。"○實：四庫本誤作"寶"。

【2】亦：《類聚》卷八六、《初學記》卷二八、《天中記》卷五二引有之，據增。○謂之：《御覽》卷九六六引作"謂為"。《格致鏡原》引作"名"。《記纂淵海》無"之"字。○《御覽》引、《記纂淵海》"甘"下有"也"字。

【箋】

[一] 甘：同"柑"，果名。《御覽》卷九七三引《博物志》："橘柚類甚多，甘、橙、枳皆是。"○石榴：木名。亦指所開之花及其實。《酉陽雜俎·木篇》："石榴，一名丹若。梁大同中東州後堂石榴皆生雙子。南詔石榴子大，皮薄如藤紙，味絕於洛中。"

[二] 壺甘：亦作"壺柑"，同。柚之別名。《初學記》卷二八引《風土記》："甘，橘之屬，滋味甜美，特異者也。有黃者，有頳者，謂之壺甘。"（又見《說郛》卷一〇四引《南方草木狀》卷下）《本草綱目·果之二·柚》李時珍《集解》引蘇恭曰："柚皮厚味甘，不似橘皮薄味辛而苦，其肉亦如橘，有甘有酸，酸者名壺柑。今俗人謂橙為柚，非矣。案《呂氏春秋》云：'果之美者，

149

江浦之橘，雲夢之柚。'郭璞云：'柚出江南，似橙而實酢，大如橘。'《禹貢》云：'揚州厥包橘柚。'孔安國云：'小曰橘，大曰柚。'皆為柑也。"劉獻廷《廣陽雜記》卷四："按柚一名櫾，亦曰條。《唐本草》曰壺柑……壺亦象形。"《山堂肆考》卷二〇六引《格物麤話》曰："柑者，橘之屬，有黃者，有頯者，頯者形如石榴，謂之壺柑，亦曰乳柑。惟溫州泥山為最，皮厚味珍，食不留滓，一顆中核纔一二，間有全無者。"今案：古人亦稱"壺柑"為"生枝柑"。宋韓彥直《橘錄》卷上："生枝柑，似真柑，色青而膚麤，形不圓，味似石榴，微酸。崔豹《古今注》曰：'甘實形如石榴者，為壺柑。'疑此類是。鄉人以其耐久，留之枝間，俟其味變甘，帶葉而折，堆之盤俎，新美可愛，故命名生枝。"

山中有木[1]，葉似豫章[2][一]，皮多癬［駁］[3][二]，名爲六駁[4][三]。

【校】

【1】張校："'山中'上有'六駁'二字。"〇顧本、四庫本、宋龔鼎臣《東原錄》、《御覽》卷九六一、《六家詩名物疏》卷二六引同張校。

【2】《爾雅翼》卷九、《古今韻會舉要》卷二五引"豫章"作"豫樟"。

【3】駁：原作"皸"。張校："'皸'作'駁'。"顧本、《爾雅翼》、《云麓漫鈔》卷一、《東原錄》、《御覽》、元許謙《詩集傳名物鈔》卷四、《古今韻會舉要》、《六家詩名物疏》引同張校。今案：諸書多作"駁"。據改。四庫本作"駮"者，與"駁"通。《古今韻會舉要》卷二五："駮，通作駁。"

【4】張校："無'名爲六駁'四字。"顧本、《御覽》作"名六駁木"。《東原錄》引作"名曰六駁木"。顧校："各本作'皮多癬駁'，脫'名六駁木'句，茲據《御覽》九百六十一引增訂。又《詩集傳名物鈔》四引作'皮多癬駁，名六駁'，《尔足翼》九引作'皮多癬駁者名六駁'。"

【箋】

[一] 豫章：亦作"豫樟"，同。一說為枕木與樟木之並稱。《史記·司馬相如列傳》："其北則有陰林巨樹，楩柟豫章。"裴駰《集解》引郭璞曰："豫、章，大木也，生七年乃可知也。"張守節《正義》："案：溫《活人》云：'豫，今之枕木也。章，今之樟木也。二木生至七年，枕樟乃可分別。'"一說即為樟木。《後漢書·王符傳》："今者京師貴戚，必欲江南檽梓豫章之木。"李賢注："豫章，即樟木也。"

[二] 癬駁：即斑駁。文中指樹皮色彩錯雜，猶如癬斑，故稱"癬駁"。

［三］六駁：木名。即梓榆。《詩·秦風·晨風》："山有苞櫟，隰有六駁。"孔穎達疏引陸璣《疏》："駁馬，梓榆也。其樹皮青白駁犖，遙視似駁馬，故謂之駁馬。"《爾雅翼》卷九："六駁，木名，其皮青白駁犖，遠而望之，似六駁之獸，因以為名。其木則梓榆也。"

白楊葉圓[1][一]，青楊葉長[2][二]，柳葉［亦］長細[3]。

【校】

【1】圓：《初學記》卷二八引作"員"，乃用古字。《六書故·植物一》引作"圜"。○此句，《六書故》引在本條末。

【2】《御覽》卷九五七引無"青"字。

【3】亦：四庫本、《蘇氏演義》卷下、《初學記》、《御覽》引有之。據增。○長細：《六書故》引作"細長"。《本草綱目·木之二·水楊》引作"長而細"。

【箋】

［一］《齊民要術·種榆白楊》："白楊，一名高飛，一名獨搖。性甚勁直，堪爲屋材，折則折矣，終不曲撓。"《通志》卷七六："楊之類亦多。白楊曰高飛，曰獨搖，人多種於墟墓間。故曰：'白楊多悲風，蕭蕭愁殺人。'"《廣群芳譜·木譜十一·白楊》："楊有二種：一種白楊，葉芽時有白毛裹之，及盡展，似梨葉而稍厚大，淡青色，背有白茸毛，蒂長，兩兩相對，……人多植之墳墓間。樹聳直圓整，微白色，高者十餘丈，大者徑三四尺，堪棟梁之任。"

［二］青楊：木名。《埤雅·釋木》："（楊，）今有黃、白、青、赤四種，白楊葉圓，青楊葉長，赤楊霜降則葉赤，材理亦赤，黃楊木性堅緻難長，俗云歲長一寸，閏年倒長一寸。……楊之孚甲早於衆木。"《六家詩名物疏》卷二五："青楊木，出峽中，爲牀，臥之無蚤。"《廣群芳譜·木譜十一·白楊》："楊有二種：……一種青楊樹，比白楊較小，亦有二種：一種梧桐青楊，身亦聳直，高數丈，大者徑一二尺，材可取用，葉似杏葉而稍大，色青綠；其一種身矮，多岐枝，不堪大用。"

栘楊圓葉弱蔕[1][一]，微風［則][2]大搖，一名高飛[一]，一名獨搖[3][二]。

【校】

【1】栘楊：《類聚》卷八九引無"栘"字。〇圓：《初學記》卷二八、《類聚》引作"員"。《六書故·植物一》引作"圜"。今案："員"爲"圓"古字，"圜"與"圓"同義。《廣雅·釋詁三》："圜，圓也。"〇此句，《本草綱目·木之二·水楊》引作"葉圓而弱"。

【2】則：據《初學記》、《類聚》、《六書故》、《格致鏡原》卷六五引增入。

【3】獨：《類聚》引作"燭"，形近而訛。

【箋】

[一] 栘楊：楊樹之一種。《夢溪補筆談·藥議》："扶栘，即白楊也……亦名栘楊。"《通志》卷七六："栘楊，曰栘，曰扶栘，其木大數十圍，無風葉動華反復合，所謂'唐棣之華，偏其反而'。"

[二] 高飛：白楊之別名。《初學記》卷二八引《廣志》："白楊，一名高飛，木葉大於柳也。"

[三] 獨搖：白楊別稱。《齊民要術·種榆白楊》："白楊，一名高飛，一名獨搖。性甚勁直，堪爲屋材，折則折矣，終不曲撓。"

蒲柳[1][一]，水邊生[2]，葉[3]似青楊，亦曰蒲楊[4]。

【校】

【1】此條，《初學記》卷二八、《御覽》卷九五七引與下"栘蒲"、"水楊"、"赤楊"三條合爲一條。顧本此條與下"栘蒲"別爲一條，"水楊"、"赤楊"合爲一條。〇顧校："《初學記》二十八引作：'蒲柳，生水邊，葉似青楊，亦曰蒲栘，亦曰栘柳，亦曰水楊、蒲楊也。支勁韌，任大用。又有赤楊，霜降則葉赤，材理亦赤也。'《御覽》卷九百五十七引作：'蒲柳，生水邊，葉似青楊，亦曰蒲楊，亦曰栘柳，亦曰蒲栘。水楊，蒲楊也。枝勁韌，任使用。又有赤楊，霜降則葉赤，材理亦赤也。'據《初學記》引，似'蒲柳'至'水楊'當合爲一節。據《御覽》引，似'蒲柳'、'栘'本爲一節，'水楊'又爲一節。各本分爲三節，且有訛脱。"

【2】此句，諸書多作"生水邊"。

【3】葉：《初學記》或引作"蔕"，或引作"葉"，必有一誤。

【4】亦曰：顧本、《陸氏詩疏廣要》卷上之下、《六家詩名物疏》卷一九引作"一名"。四庫本作"一曰"。宋王觀國《學林》卷五引作"亦名"。〇蒲楊：

《初學記》引作"蒲栘"。《六書故·植物一》引作"栘楊"。《陸氏詩疏廣要》引作"蒲柳"。○此句,《格致鏡原》引作"俗所謂楊柳也"。

【箋】

[一] 蒲柳:即水楊。入秋即凋零。《詩·王風·揚之水》:"揚之水,不流束蒲。"鄭玄箋:"蒲,蒲柳。"孔穎達疏引陸璣《疏》:"蒲柳有兩種:皮正青者曰小楊,其一種皮紅者曰大楊,其葉皆長廣似柳葉,皆可以為箭榦。"《世說新語·言語》:"蒲柳之姿,望秋而落;松柏之質,經霜彌茂。"《通志》卷七六:"水楊曰楊柳。《詩》云:'楊柳依依。'又云蒲柳。《爾雅》云:楊,蒲柳。其條可為箭榦。故《左傳》云:'董澤之蒲。'"《六書故·植物一》:"支條揚起者曰楊,弱而長條荏冉下垂者曰柳,亦謂垂楊。弱條修直如蒲者,謂之蒲柳,宜為矢筍。《傳》所謂'董澤之蒲'也。"又曰:"蒲柳最易生,吳中種之水田中,彌頃畝,如秧稻,織之為箱籚。"《本草綱目·木之二·水楊》:"(釋名)青楊,蒲柳,蒲楊,蒲栘,栘柳,藿苻。"李時珍曰:"楊枝硬而揚起,故謂之楊。多宜水涘蒲藿之地,故有水楊、蒲柳、藿苻之名。"

栘蒲[1],一曰[2]栘柳,亦曰栘楊[3]。

【校】

【1】顧校:"(栘,)吳本並誤作'移',茲從王本。"○張校:"'蒲'作'楊'。"《爾雅翼》卷一一、《陸氏詩疏廣要》卷上之下引同張校。顧本無"蒲"字。○《初學記》卷二八、《御覽》卷九五七引無"栘蒲"二字。今案:本文"栘蒲"疑為"蒲栘"之誤倒。

【2】一曰:顧本、四庫本、《初學記》、《御覽》引作"亦曰"。《六家詩名物疏》卷八引作"一名"。

【3】栘楊:張校:"《文房》'栘楊'作'蒲栘'。《逸史》、《漢魏》作'蒲栘'。"顧本、《爾雅翼》、《御覽》、《陸氏詩疏廣要》、《六家詩名物疏》引同《逸史》、《漢魏》。四庫本同《文房》。○此句,《初學記》引無。

水楊[1][一],蒲楊也[2]。枝勁細韌[3],任矢用[4][二]。

【校】

【1】此條,顧本與下"赤楊"條合為一條。○《初學記》卷二八引"水

楊"上有"亦曰"二字。

【2】《御覽》卷九五七引"蒲"上有"即"字。

【3】枝：《格致鏡原》卷六五引作"支"。○細：諸本有之，張校所見《漢魏》本、顧本、《初學記》、《御覽》、《格致鏡原》引俱無，似當據刪。○韌：張校所見《文房》本、《陸氏詩疏廣要》卷上之下引脱去。顧本、《初學記》、《御覽》引作"韌"，其餘諸本作"紉"。今案：作"韌"於義為勝。○此句，《六書故·植物一》引作"枝莖勁忍"。

【4】矢：諸書多作"大"。顧校："《本草圖經》云：《爾疋》：'楊，蒲柳也。其枝勁韌，可為箭笴。《左傳》所謂'董澤之蒲'。'又謂之蒦符，今河北沙地多生之，楊柳之類亦多。崔豹《古今注》云：'白楊葉圓，青楊葉長，柳葉長而細，栘楊葉圓而弱。水楊即蒲柳，亦曰蒲楊，葉似青楊，莖可作矢。赤楊霜降則葉赤，材理亦赤。'案：蘇氏（頌）所引不盡崔君之原文，然據云'莖可作矢'，似今本'任大用'，'大'乃'矢'字形近之訛。《御覽》引作'使'，或又'矢'字音近之誤。"今案：《本草圖經》引《爾雅》見今本《釋木》，引者誤將《爾雅》正文與郭璞注文混在一起。又今本《御覽》引亦作"矢"，不作"使"。○《六書故》引作"堪作矢"。○《蘇氏演義》卷下、《通志》卷七六引下尚有"或言蒦符亦水楊也"八字，殆豹書佚文。

【箋】

[一]《本草綱目·木之二·水楊》李時珍《集解》引蘇恭曰："水楊，葉圓闊而尖，枝條短硬，與柳全別。柳葉狹長，枝條長軟。"

[二]《本草綱目·木之二·水楊》李時珍《集解》引蘇頌曰："蒲柳即水楊也。枝勁韌，可為箭笴。"今案："可為箭笴"實即"任矢用"之意。

赤楊[1][一]，霜降則葉赤，材理亦赤[2]。

【校】

【1】張校："'赤楊'上有'又有'二字。"顧本、四庫本、《初學記》卷二八、《證類本草》卷一四、《御覽》卷九五七、《格致鏡原》卷六五引同張校。

【2】《御覽》引"材"作"樹"。○張校："下有'也'字。"顧本、四庫本、《初學記》、《證類本草》、《御覽》引同張校。○此句下，《格致鏡原》引有"白楊，處處有之，北土尤多種于墟墓間，株大，葉圓如梨，皮白，木似楊，故名白楊"數句。未識為豹書佚文，抑或是引者所添。

【箋】

[一] 木名。李時珍以為即"檉柳"。《本草綱目·木二·檉柳》李時珍《集解》："《志》曰：'赤檉木，生河西沙地，皮赤色，細葉。'……《爾雅》：'檉，河柳也。'郭璞注云：'今河旁赤莖小楊也。'"

合歡樹[1][一]，似梧桐，枝弱葉繁[2]，互相交結[3]。每一風來[4]，輒自相解[5]，了不相[牽]綴[6]。樹之階庭[7]，使人不忿[8]，嵇康種之舍前[9][二]。

【校】

【1】《說略》卷二八引下有"一名青棠"四字。

【2】梧桐：《永樂大典》卷一四五三六引作"梧根"。○《說略》引"梧桐"下有"樹"字。○顧本、四庫本、《文選·嵇康〈養生論〉》李善注、《海錄碎事》卷二二下、《康熙字典》卷一四"梧"字下引無"弱"字。顧校："《類聚》（八十九）引'枝葉芳繁'，《御覽》（九百三十六）引'枝葉繁弱'。"《說略》引同《御覽》。今案：今本《類聚》引不作"芳繁"，異於顧氏所見本。○此句，《天中記》卷五六、《駢志》卷一七引作"枝葉柔弱"。

【3】互相：《御覽》卷九三六引作"枝相"。

【4】張校："無'一'字。"四庫本、《康熙字典》卷一四引同張校。《說略》引無"每一"。

【5】自：張校："'自'作'身'。"四庫本同張校。顧校："各本作'風每來，輒身相解了'，茲據《藝文類聚》八十九、《御覽》九百三十六引訂正。《天中記》五十一引'身'亦作'自'。"《通志》卷七六作"似"。○解：《文選·嵇康〈養生論〉》李善注、《海錄碎事》引作"離"。

【6】《類聚》卷八九、《御覽》引無"了"字。○牽：原作"絆"，《永樂大典》引同。其餘諸書作"牽"，據改。

【7】階庭：顧本"庭"作"前"。《永樂大典》引作"堦庭"。《通志》乙作"庭階"。《駢志》引作"家庭"。今案："堦"與"階"同。《集韻·皆韻》："階，或从土。"

【8】忿：《永樂大典》引作"急"。○《海錄碎事》引"忿"下有"也"字。

【9】《說略》引"嵇康"作"叔夜"。○此條，《續博物志》卷八、《廣博物志》卷四二引極疏略，茲錄於此。其曰："合歡，似梧桐，枝葉互相結，風來

解，使人不忿，嵇康種之於舍前。"

【箋】
[一] 合歡樹：植物名。一名馬纓花。落葉喬木，羽狀複葉，小葉對生，夜間成對相合，故俗稱"夜合花"。《御覽》卷九三六引《神農本草》曰："合歡，生豫州河內川谷，其樹似狗骨樹。"《古今合璧事類備要·別集》卷三一引《格物總論》："夜合花，亦名合歡，或亦名合昏。按《圖經》：'安和五藏，利心志，令人歡樂無憂。'大家多植於庭除。樹似梧桐，枝甚柔弱，葉似皂莢槐等，細而密，互相交結，風來，一似相解，不相牽綴，其葉至暮而合。五月花發，紅白色，瓣上若絲茸。至秋而實作莢子，極薄細。惟益州及近洛等處，為得其土性之正也。"《通志》卷七六："合歡：曰合昏，曰青裳，曰夜合。……其葉至暮而合，故曰合昏，今人皆謂之夜合花。嵇康云：'合歡蠲忿，萱草忘憂。'"今案：《通志》所引嵇康語見《養生論》。《名義考》卷九："合歡，一名夜合，一名青裳，北人謂之馬纓花。"

[二] 嵇康（224~263）：字叔夜，譙國銍（今安徽宿縣西）人。三國時魏國著名散文家、詩人、哲學家。本傳見《晉書》卷四九。

杜仲[一]，皮中有絲，折之則見。

【箋】
[一] 杜仲：又名思仲、思仙、木棉等。落葉喬木。可入藥。《本草綱目·木二·杜仲》："杜仲色紫而潤，味甘微辛，其氣溫平。"《駢雅·釋木》："思仙，杜仲也。"曹寅《〈思仲軒詩〉序》："思仲，杜仲也，俗呼為檰芽，可食。"

木蜜[一]，生南方，合體皆甜。軟皮及葉皆可生啗[1]，味如蜜，解煩[2]止渴。其老枝及根幹堅[不][3]可食，細碎煮之以爲蜜[4]，味倍甘美[5]。

【校】
【1】張校："'軟皮'作'嫩枝'。"顧本、四庫本同張校。《蘇氏演義》卷下亦作"嫩枝"。館臣注曰："（嫩枝）一作'軟皮'。"○張校："'生啗'，《逸史》作'主噉'，《文房》、《漢魏》'啗'作'噉'。"四庫本同《文房》、《漢魏》。今案："啗"、"噉"、"啖"三字並同。《古今韻會舉要》卷一六"啖"字："啖，或作'噉'，亦作'啗'"。

【2】張校："'煩'作'悶'。"顧本、四庫本同張校。

【3】不：原作"又"。張校："'又'作'不'。"顧本、四庫本、《蘇氏演義》卷下同張校。今案：諸本作"不"，據改。

【4】張校："'碎'作'破'。"○顧本、四庫本、《蘇氏演義》同張校。○張校："'以'上有'煎'字。"四庫本、《蘇氏演義》同張校。

【5】張校："'甘美'作'甜濃'。"顧本、四庫本同張校。○《證類本草》卷一二引此條極簡略，偶有可參考處，茲錄於此："木蜜，生南方，合體甜軟，可噉，味如蜜，老枝煎取，倍甜，止渴也。"

【箋】

[一] 木蜜：香木名。《詩·小雅·南山有台》"南山有枸"陸璣《疏》："枸樹高大似白楊，有子著枝端，大如指，長數寸，噉之甘美如飴，八月熟，今官園種之，謂之木蜜。"《御覽》卷九八二引楊孚《異物志》："木蜜名曰香樹，生千歲，根本甚大，先伐僵之，四五歲乃往看，歲月久，樹材惡者腐敗，唯中節堅直芬香者獨在耳。"又卷九八二引郭義恭《廣志》："木蜜樹，號千歲樹，根甚大，伐之，四五歲，乃取不腐者爲香。"

[㮕] 棗[1][一]，葉如柿[2]，實似柿而小[3]，味亦甘美。

【校】

【1】《通雅》卷四三、《本草綱目·果之二·君遷子》引上有"牛奶柿即"四字。○㮕：原作"糯"，張校所見各本、四庫本亦作"糯"。顧校："各本'㮕'誤作'糯'，又合上爲一節。《爾疋翼》十引作'㮕棗'。案《玉篇》：'㮕棗，似柿也。'《集均》：'㮕，或作糯。'茲據訂。"今案：顧校是，《御覽》卷九七三、《通雅》引亦作"㮕"可證，據改。

【2】張校："'柿'作'柳'。"顧本、四庫本同張校。《本草綱目》引作"枾"。今案："枾"同"柿"。《正字通·木部》："枾，柿俗字。"

【3】《本草綱目》引作"子亦如柹而小"。

【箋】

[一] 㮕棗：果木名，柿屬。《御覽》卷九七三引《范子計然》曰："㮕棗，出漢中郡。"《升菴集》卷八〇"㮕棗"條："㮕棗，俗作軟棗，一名牛嬭柿，一名丁香柿，《文選·蜀都賦》所謂'㮕'也。蜀中製扇，以此果榨油染紙爲

之。"《通雅》卷四三:"司馬溫公《名苑》云:'君遷子,似馬奶,即今牛奶柿也,以形得名。'崔豹曰:'牛奶柿,即楔棗,葉如柿而小。'"《本草綱目·果之二·君遷子》:"(釋名)楔棗,梬棗,牛奶柹,丁香柹,紅藍棗。"李時珍《集解》引陳藏器曰:"君遷子,生海南,樹高丈餘,子中有汁如乳汁,甜美。《吳都賦》'平仲君遷'是也。"又曰:"君遷,即楔棗,其木類柿而葉長,但結實小而長,狀如牛奶,乾熟則紫黑色。一種小圓如指頂大者,名丁香柹,味尤美。……其樹接大柹最佳。《廣志》云:'楔棗,小柹也,肌細而厚,少核,可以供御。'"

蘇方木[1][一],出扶南、林邑外國,取細碎煑之以染[2]。

【校】
【1】張校:"'方'作'枋'。"顧本、四庫本、《蘇氏演義》卷下同張校。
【2】碎:張校:"'碎'作'破'。"顧本作"波",誤。《蘇氏演義》、四庫本同張校。○張校:"'染'下有'色'字。"顧本、四庫本、《蘇氏演義》同張校。

【箋】
[一] 蘇方:亦作"蘇枋",同。常綠小喬木。心材浸液可作紅色染料,根可作黃色染料。《說郛》卷一〇四下引嵇含《南方草木狀·蘇枋》:"蘇枋,樹類槐花,黑子,出九真。南人以染絳,漬以大庾之水,則色愈深。"《本草綱目·木之二·蘇方木》:"(釋名)蘇木。"李時珍曰:"海島有蘇方木,其地產此木,故名。今人省呼爲蘇木耳。"又引蘇恭曰:"蘇方木,自南海崑崙來,而交州、愛州亦有之,樹似菴羅葉苦榆葉而無澀,抽條長丈許,花黃,子青熟黑,其木,人用染絳色。"《格致鏡原》卷六六引《事物紺珠》:"蘇木,出海南,樹似菴蘿,葉似榆,抽條長丈餘,花黃,子初青熟黑,木赤,可染絳。"

瑿木[1][一],出交州、林邑[2],色黑而有文[3],亦謂之文木[4]。

【校】
【1】瑿:張校:"'瑿'作'鹥'。"《格致鏡原》卷六六、《康熙字典》卷三一"闗"字上引同張校。顧本、四庫本作"翳"。顧校:"吳本、王本('瑿')並作'翳'。"《御覽》卷九五八引作"柞"。○張校:"'瑿'上有

'瞖或作瑿'四字。"顧本、四庫本同張校。顧校："'或作瑿，瑿木出交州'，混舊校入正文，茲訂正。"○《蘇氏演義》卷下作"烏文木"三字。

【2】交州：四庫本訛作"交川"。○張校："無'林邑'二字。"顧本、四庫本、《蘇氏演義》、《格致鏡原》引同張校。○《御覽》卷九五八引"邑"下有"國也"二字。

【3】《蘇氏演義》、《格致鏡原》、《康熙字典》引無"而"字。

【4】張校："'文'上有'烏'字。"顧本、四庫本、《格致鏡原》、《康熙字典》引同張校。○張校："'木'下有'也'字。"顧本、四庫本、《康熙字典》引同張校。

【箋】

［一］"瑿"為黑色琥珀（宋應星《天工開物·寶》："琥珀最貴者名曰瑿，紅而微帶黑，然晝見則黑，燈光下則紅甚也。"），則"瑿木"者，黑色之木也。下云"色黑而有文"，其"色黑"正"瑿"之義。《格致鏡原》卷六六引《博物要覽》曰："烏木，出海南、南蕃、雲南，葉似棕櫚，性堅，老者純黑色且脆，間道者嫩。"

紫栴木[1]，出扶南，而色紫[2]，亦曰紫檀[3]。

【校】

【1】栴：顧本、《御覽》卷九八二引作"旃"。四庫本作"栴"。《蘇氏演義》卷下作"檀"。顧校："各本'旃'誤作'栴'，茲訂正。"

【2】《御覽》引"扶南"下有"林邑"二字。○張校："無'而'字。"顧本、四庫本、《御覽》引同張校。○《御覽》引"紫"下有"赤"字。

【3】曰：張校："'曰'作'謂之'。"顧本、四庫本、《蘇氏演義》同張校。《御覽》引作"謂"。○檀：《蘇氏演義》作"旃"。《御覽》引"檀"下有"也"字。

登豆[1][一]，葉似葛，實長尺餘[2]，可蒸食，一名登斗[3]。

【校】

【1】張校："下有'一名治螢'四字。"顧本、四庫本同張校。《格致鏡原》卷六一引《彙苑》下有"一名野螢"四字。

【2】"實"上：顧本、四庫本、《格致鏡原》引有"而"字。

【3】張校："'斗'作'菽'。"顧本、四庫本、《蘇氏演義》卷下、《格致鏡原》引同張校。

【箋】

[一]《格致鏡原》卷六一引王禎《農書》曰："今之赤豆、白豆、綠豆、螢豆，皆小豆也。"

貍豆^[一]，一名貍沙，一名獵涉^{[1][二]}，葉似葛而藤大^[2]，實大如李，核可熽食^{[3][三]}。

【校】

【1】張校："'涉'作'沙'。"顧本、四庫本、《蘇氏演義》卷下、《格致鏡原》卷六一引同張校。

【2】藤大：張校："無'藤大'二字。"顧本、四庫本、《格致鏡原》引同張校。○《蘇氏演義》卷下無"葉似葛"下三句。

【3】張校："'熽'作'啗'。"顧本、四庫本、《格致鏡原》引同張校。○張校："'食'下有'也'字。"顧本、四庫本同張校。

【箋】

[一]貍豆：豆名。因有斑點如貍紋，故稱。又名獵沙、黎豆、虎櫐、虎豆等。《本草綱目・穀之三・黎豆》："（釋名）貍豆，虎豆。"李時珍《集解》："《爾雅》'虎櫐'，即貍豆也。古人謂藤為櫐，後人訛'櫐'為'貍'矣……貍豆野生，山人亦有種之者。三月下種生蔓。其葉如豇豆葉，但文理偏斜。六七月開花成簇，紫色，狀如扁豆花。一枝結莢十餘，長三四寸，大如拇指，有白茸毛。老則黑而露筋，宛如乾熊指爪之狀。其子大如刀豆子，淡紫色，有斑點如貍文。煮去黑汁，同豬、雞肉再煮食，味乃佳。"

[二]貍沙、獵涉：殆俱為"欇櫨"之同音異寫。《爾雅・釋木》："櫨，虎櫐。"郭璞注："今虎豆，纏蔓林樹而生莢，有毛刺，今江東呼為欇櫨。"

[三]熽：同"炒"。《廣韻・巧韻》："熽，熬也。"《集韻・巧韻》："熽，

或作炒。"

虎豆[一]，一名虎沙，似貍豆而大，實如小兒拳，亦可食[1]。

【校】
【1】《蘇氏演義》卷下無"似貍豆"至"亦可食"三句。

【箋】
[一] 虎豆：豆名。《爾雅·釋木》："櫹，虎欙。"郭璞注："今虎豆，纏蔓林樹而生莢，有毛刺，今江東呼爲櫨櫹。"邢昺疏："葛類也，子如菉豆而葉大。"

馬豆[一]，一名馬沙，似虎豆而枯[1]，亦可食[2]。

【校】
【1】張校："'枯'作'小'。下有'實大如指'四字。"顧本、四庫本、《格致鏡原》卷六一引同張校。○《蘇氏演義》卷下無"似虎豆"下二句。
【2】張校："'食'下有'也'字。"顧本、四庫本、《格致鏡原》引同張校。

【箋】
[一] 馬豆：籽粒形大的豆，如蠶豆之類。章炳麟《新方言·釋言》："今四月大豆通言蠶豆，廣東曰馬豆，四川謂之胡豆。"

荆葵[一]，一名芪葵[1][二]，一名芘芣[三]，似木槿而光色奪目[2][四]，有紅，有紫，有青，有白，有黃[3]，莖葉不殊，但花色有異耳[4]。一曰[5]蜀葵[五]。

【校】
【1】芪葵：顧本、四庫本、《爾雅翼》卷八、《陸氏詩疏廣要》卷上之上、《六家詩名物疏》卷二七、《格致鏡原》卷七二引作"戎葵"。顧校："《御覽》九百四十引作'芪葵'。"今案：此條見《御覽》卷九九四引，顧氏云"《御覽》九百四十引"者，誤。
【2】張校："'似'上有'華'字。"四庫本、《六家詩名物疏》引同張校。

161

○此句，《御覽》、《記纂淵海》卷九三引作"花色奪目"。

【3】《御覽》、《記纂淵海》引無"有紫"，"有青"。○張校："'黃'作'赤'。"四庫本、《御覽》、《記纂淵海》引同張校。顧校："'黃'，各本誤作'赤'。案上已云'有紅'，不應復云'赤'。《爾疋翼》八引作'有紅，有紫，有青，有白，有黃'。茲據改。"

【4】《陸氏詩疏廣要》引無"花"字。○顧本、四庫本無"有"字。○此二句，《御覽》、《記纂淵海》引作"但花異葉不殊也"。《格致鏡原》引作"葉葉不殊，花色各異"。

【5】顧本"曰"作"名"。

【箋】

[一] 荊葵：即錦葵，草本植物。或稱"蒺"。《廣雅·釋草》："荊葵，蒺也。"或稱"芘芣"。《詩·陳風·東門之枌》"視爾如蒺"毛傳："蒺，芘芣也。"孔穎達疏："郭璞曰：'今荊葵也，似葵，紫色。謝氏云：小草，多華，少葉；葉又翹起。'陸璣《疏》云'芘芣一名荊葵，似蕪菁，華紫綠色，可食，微苦'是也。"《爾雅翼》卷八："'蒺，荊葵也'，蓋戎葵之類，比戎葵葉俱小。故謝氏曰：'蒺，小草，多華，又翹起也。'花似五銖錢大，色粉紅，有紫文縷之，一名錦葵。大抵似蘆藘華。故陸氏云'似蕪菁，花紫綠色，可食，微苦'是也。亦其文采相錯，故《陳風》男子悅女，比之曰'視爾如蒺'，言如戎葵之葉小而可愛也，此與戎葵異類。……戎葵與蜀葵，蒺與荊葵，其所來各不同。《本草·蜀葵》中云：'小花者名錦葵，一名戎葵，功用更強。'則是以此雜之蜀葵中，而又反得戎葵之名矣。"○今案：據《爾雅翼》，則"荊葵"（即錦葵）與"戎葵"（即蜀葵）本異。姚炳亦以為"荊葵"、"戎葵"不當混。其《詩識名解》卷一○曰："《釋草》訓'蒺'為蚍衃，無葵名。郭璞謂即荊葵。鄭漁仲謂即蜀葵。陸璣亦謂：'蒺，一名荊葵。'崔豹又謂：'荊葵，一名戎葵。'……愚按：《釋草》別有'菺，戎葵'之名。戎葵乃蜀葵也。荊、蜀之分，蓋各從其地以為名，而華之小大亦異。崔豹混荊葵為戎葵，而漁仲遂以蒺為蜀葵，皆未是。"

[二] 茙葵：亦作"戎葵"，同。蜀葵之別稱。《爾雅·釋草》："菺，戎葵。"郭璞注："今蜀葵也，似葵，華如木槿。"邢昺疏："戎、蜀蓋其所自也，因以名之。"《廣韻·東韻》："茙，茙葵，蜀葵也。"

[三] 芘芣：亦作"蚍衃"，同。荊葵之別稱。《爾雅·釋草》："蒺，蚍衃。"郭璞注："今荊葵也。"《陸氏詩疏廣要·釋草》："濮氏曰：芘芣，紫荊，

春時開花，葉未生，花紫色，自根及榦而上，連接甚密，有類蟻窠，故《爾雅》名虰蛵，俗曰火蟻。"

［四］木槿：亦作"木堇"。落葉灌木或小喬木。栽培供觀賞兼作綠籬。樹皮和花可入藥，莖的纖維可造紙。《淮南子·時則訓》："木堇榮。"高誘注："木堇，朝榮莫落，樹高五六尺，其葉與安石榴相似也。"別稱"舜華"、"椵"、"櫬"、"日及"、"王蒸"等。《詩·鄭風·有女同車》："有女同車，顏如舜華。"毛傳："舜，木槿也。"陸璣疏："舜一名木槿，一名櫬，一名曰椵，齊魯之間謂之王蒸，今朝生暮落者是也。五月始花，故《月令》：'仲夏，木槿榮。'"《爾雅·釋草》："椵，木槿。櫬，木槿。"郭璞注："別二名也。似李樹，華朝生夕隕，可食。或呼日及，亦曰王蒸。"

［五］蜀葵：植物名。花有紅、紫、黃、白等色，供觀賞。《御覽》卷九九四引傅玄《蜀葵賦》序："蜀葵，其苗如瓜瓠，嘗種之，一名引苗而生華，經二年春乃發。"《爾雅翼》卷八："今蜀葵非一種，有深紅、淺紅，有紫，有白，莖皆相似。其開花自本以漸至末，盛夏次第開敷，光彩可觀，惟黃者特異。葉大而衢深，有如龍爪。黃花紫心，六瓣而側，今人亦謂之側金盞，收以傅瘡腫之屬，大抵作器皿多做此。凡草木從戎者，本皆自遠國來，古人謹而志之。今戎葵一名蜀葵，則自蜀來也。"《格致鏡原》卷七二："《格物叢話》曰：'蜀葵花有黃、白、紅、紫諸色。紅者俗號一丈紅。又一種花小葉圓名錦葵，又一種叢低者名錢葵，又有千葉者，尤可愛。'……《學圃餘疏》：'蜀葵花，黑者如墨，藍者如靛。'《羣芳譜》：'蜀葵花，肥地勤灌，可變至五六十種色，昔人謂其"疎莖密葉，翠蕚豔花，金粉檀心"，可謂善狀。五月繁華，莫過於此。'《珍珠船》：'蜀葵點作火把，雨中不滅。'"

芙蓉[一]，一名荷花[1]，生池澤中，實曰蓮，花之最秀異者[2]。一名水目[3]，一名水芝[4]，一名水華[5][二]。色有紅、白、青、黃[6]，紅白二色莟[7]多[三]。花大者至百葉[8]。

【校】
【1】四庫本、《埤雅·釋草》、《御覽》卷九九九、《記纂淵海》卷九三、《陸氏詩疏廣要》卷上之上引"花"並作"華"。
【2】《蘇氏演義》卷下無"之"字。○《埤雅·釋草》引"花"作"華"。"者"下有"也"字。
【3】水目：顧本作"水芝"。《蘇氏演義》作"水且"。《夏日李公見訪》

163

郭知達注（《九家集注杜詩》卷二）、黃鶴補注（《補注杜詩》卷二）引作"水旦"。《天中記》卷五三、《廣博物志》卷四二引作"水芝丹"。〇四庫本、《類說》卷三六、《記纂淵海》、《全芳備祖·前集》卷一一、《永樂大典》卷五四〇引俱無"一名水目"四字。顧校："各本並脫此句（'一名水目'句），茲據《御覽》九百九十九、《尒疋翼》八引增。"今案：今本《御覽》引無"一名水目"，《爾雅翼》卷八引亦作"水芝"，俱異於顧氏所見。又"水目"、"水且"，疑並為"水旦"之形誤。

【4】水芝：顧本、《御覽》、《爾雅翼》、《記纂淵海》、《廣博物志》引作"澤芝"。顧校："《天中記》五十三引作'一名水芝丹，一名澤芝'。"

【5】水華：四庫本、《類說》、《御覽》、《爾雅翼》、《履齋示兒編》卷一五、《夏日李公見訪》郭知達注、黃鶴補注、《天中記》、《廣博物志》並引"華"作"花"。《記纂淵海》引作"水仙"。

【6】紅白：張校："'紅白'作'赤白紅紫'。"顧本、四庫本、《蘇氏演義》、《全芳備祖·前集》引同張校。《御覽》引作"赤白黃紫"。

【7】"紅白"上，《御覽》引有"惟"字。〇莕：顧本、《蘇氏演義》、《全芳備祖·前集》、《永樂大典》引作"差"。《御覽》引作"最"。

【8】《埤雅·釋草》、《御覽》並引"花"作"華"。〇今案：《蘇氏演義》"百葉"下尚有"又有金蓮花，青蓮花，碧蓮花，千葉蓮花，石蓮花，雙蓮花，旱蓮花"句。未知即自豹書鈔出否？

【箋】

[一] 芙蓉：荷花別稱。《楚辭·離騷》："製芰荷以爲衣兮，集芙蓉以爲裳。"洪興祖《補注》："《本草》云：其葉名荷，其華未發爲菡萏，已發爲芙蓉。"《玉芝堂談薈》卷三一："芙蓉，蓮花也。一名荷，一名芙蕖，一名菡萏。根為藕，莖為茄，葉為蕸，實為蓮蓬，心為么荷，又為的，又為薏（蕙）。命名最多。"

[二] 水目（疑爲"水旦"）、水芝、水華：俱為荷花別稱。《廣群芳譜·花譜八·荷花一》："荷爲芙蕖花，一名水芙蓉，一名水芝，一名水芸，一名澤芝，一名水旦，一名水華。"

[三] 莕多：即"差多"。謂特多，異常多。〇"莕"與"差"同。意為"異，奇異"。《集韻·禡韻》："差，異也。"《全唐詩·姚合〈春日閒居〉》："身閒眠自久，眼莕視還遙。"原注："音吒，事異也。"

芡,雞頭也,一名雁頭[1][一],一名芰[2][二]。葉似荷而大[3],葉上蹙皺如沸[4][三],實有芒刺,其中如米,可以度饑[5]。

【校】

【1】雁:諸書多作"鴈"。

【2】馮校本作"一名葰(羊捶反)"。

【3】《記纂淵海》卷九二引作"葉圓而大"。

【4】皺:馮校本作"𧘂",《記纂淵海》引作"䖶"。今案:"䖶"同"𧘂"。"皺"、"𧘂"同有"縮"義。《廣雅·釋言》:"𧘂,縮也。"王念孫《疏證》:"謂退縮也。"

【5】其中如米,可以度饑:馮校本"中"作"肉"。顧校:"《御覽》九百七十五引作'其里如珠,可以療飢止渴'。"《記纂淵海》引同《御覽》。○張校:"'度饑'下有'也'字。"顧本、四庫本同張校。

【箋】

[一]芡:水生植物名。全株有刺,葉圓盾形,浮於水面。花單生,帶紫色,花托形狀像雞頭。《方言》卷三:"葰、芡,雞頭也。北燕謂之葰,青徐淮泗之間謂之芡,南楚江湘之間謂之雞頭,或謂之鴈頭,或謂之烏頭。"郭璞注:"狀似烏頭,故轉以名之。"《周禮·天官·籩人》:"加籩之實,蓤芡栗脯。"鄭玄注:"蓤,芰也。芡,雞頭也。"賈公彥疏:"云'芡,雞頭也'者,俗有二名,今人或謂之鴈頭也。"《呂氏春秋·恃君覽》:"夏日則食菱芡。"高誘注:"芡,雞頭也。"○今案:芡,又名"鴈喙"。《齊民要術》卷一〇引《本草經》曰:"雞頭,一名鴈喙。"《爾雅翼》卷六:"芡,雞頭也,幽州人謂之鴈頭。葉如荷而大,葉上蹙䖶如沸,有芒刺。兼有觜,若雞、鴈之頭,又名鴈喙。實內有米,圓白如珠,久食宜人。"《天中記》卷五三引《本草》:"芡,一名鴈喙,實一名水陸丹。"

[二]芰:菱。《国语·楚語上》:"屈到嗜芰。"韋昭注:"芰,蓤也。"《紺珠集》卷六引《武陵記》:"兩角曰菱,三角四角曰芰。通謂之水栗。"

[三]蹙皺:猶皺縮。○沸:泉水翻湧貌。《玉篇·水部》:"沸,泉湧出皃。"

萬連[一],葉如鳥翅[1],一名鳥羽[2],一名鳳翼[3][二]。花大者其色多紅、綠[4],紅者紫點,綠者紺點,俗呼爲[5]仙人花[三],一名連纈花[6]。

【校】

【1】萬連：馮校本作"烏蓮"。《廣博物志》卷四二、《格致鏡原》卷七三並引作"萬蓮"。〇《蘇氏演義》卷下作"烏蓮花，細六葉"。

【2】《蘇氏演義》無"一名烏羽"句。

【3】此句，《蘇氏演義》在"連纈花"下。

【4】花大者其：馮校本作"花細六葉"，《蘇氏演義》無此四字。〇此句，《格致鏡原》引作"花大者色紅，小者色綠"。今案：尋繹文意，《格致鏡原》所引似可從。

【5】呼爲：馮校本、《蘇氏演義》作"謂之"。

【6】《格致鏡原》引"纈"作"襭"，無"花"字。

【箋】

[一] 萬連：即《蘇氏演義》卷下所謂"烏蓮"，射干之別稱。《廣雅·釋草》："鳶尾、烏蓮，射干也。"《本草綱目·草之六·射干》李時珍《集解》引陳藏器曰："射干、鳶尾二物相似，人多不分。射干，即人間所種為花草名鳳翼者，葉如烏翅，秋生紅花，赤點。鳶尾，亦人間所種，苗低下於射干，狀如鳶尾，夏生紫碧花者是也。"

[二] 烏羽、鳳翼：皆射干之別稱。《本草綱目·草之六·射干》："（釋名）烏扇、烏翣、烏吹、烏蒲、鳳翼、鬼扇、扁竹、仙人掌、紫金牛、野萱花、草薑、黃遠。"李時珍曰："其葉叢生橫鋪，一面如烏翅及扇之狀，故有烏扇、烏翣、鳳翼、鬼扇、仙人掌諸名。俗呼扁竹，謂其葉扁生而根如竹也。根葉又如蠻薑，故曰草薑。"

[三] 仙人花：烏蓮之別稱。《酉陽雜俎》卷一九："烏蓬，葉如烏翅，俗呼為仙人花。"今案："烏蓬"疑"烏蓮"之形誤。

酒杯藤[一]，出西域【1】，藤大如臂【2】，葉似葛，花、實如梧桐【3】，實花堅【4】，皆可以酌酒【5】，自有文章，暎徹可愛[二]。實大如指【6】，味如荳蔻[三]，香美消酒【7】。土人提酒至藤下【8】，摘花酌酒，仍以實消醒【9】。國人寶之【10】，不傳中土【11】，張騫至大宛得之【12】[四]。

【校】

【1】杯：《御覽》卷九九五引作"盃"。《書鈔》卷一四八引崔豹《古今草

木注》、《廣博物志》卷四三引作"桮"。今案:"盃"、"桮"俱與"杯"同。《廣韻·灰韻》:"盃","杯"之俗字。《集韻·灰韻》:"桮,蓋今飲器。或作杯。"又案:《書鈔》云"《古今草木注》",則並書名、篇名而稱之。○域:《御覽》引誤作"城"。

【2】《書鈔》、《廣博物志》引無"藤"字。○"藤大如臂"至"可以酌酒"數句,《御覽》引作"藤大如臂,實、花皆可以酌酒"。

【3】《書鈔》、《廣博物志》引無"花"字。

【4】馮校本"實"下有"成"字。

【5】馮校本、《天中記》卷四四引無"皆"字。

【6】顧校:"('如指',)《御覽》九百九十五引作'如杯'。"

【7】《天中記》引"消"作"銷"。○《書鈔》、《廣博物志》引作"香美可酌"。

【8】《續博物志》卷五無"土人提酒"四字。○張校:"'至'上有'來'字。"馮校本、四庫本、《御覽》、《天中記》引,《續博物志》同張校。

【9】馮校本"以"下有"其"字。○消醒:四庫本、《天中記》引"消"作"銷"。《天中記》引"醒"誤作"醒"字。《御覽》引作"消酒"。《續博物志》作"醒酒"。○《書鈔》、《廣博物志》引作"能消宿醒"。

【10】《御覽》引"國"上有"其"字。

【11】《御覽》引作"不傳於中國"。

【12】至:張校:"'至'作'出'。"顧本、四庫本、《天中記》引同張校。馮校本作"入"。《御覽》引、《續博物志》作"使"。○顧本"宛"下有"國"字。○"得之"下:張校:"'得之'下有'事出張騫出關志'七字。"顧本、四庫本、《天中記》引,《續博物志》同張校。《御覽》引有"事在張騫出關志"七字。而馮校本有"以還京師事出張騫出關志"十一字,較諸書所引尤詳。今案:"以還京師,事出張騫出關志"十一字殆豹書佚文,後世傳抄則脫去。

【箋】

[一]酒杯藤:植物名。《酉陽雜俎》卷一八:"酒杯藤,大如臂,花堅,可酌酒,實大如指,食之消酒。"

[二]映徹:亦作"映徹",光彩顯明貌。映:光影。《文選·王粲〈七哀詩〉》:"山岡有餘映。"李善注引《通俗文》曰:"日陰曰映。"張銑注:"謂日將歿山脊,猶映餘光。"徹:明,顯明。《左傳》昭公三十一年:"而有名章徹。"楊伯峻注:"章、徹同義,明也。《周語中》'其何事不徹',《華嚴經音

167

義》引賈逵曰：'徹，明也。'"

　　[三] 荳蔻：植物名。又稱"草荳蔻"、"白荳蔻"等。果實和種子可入藥。《六書故·植物四》："豆蔻，實可為藥。有肉豆蔻，白豆蔻，紅豆蔻，草豆蔻。"《本草綱目·草之三·豆蔻》李時珍《集解》："珣曰：豆蔻生交趾，其根似益智，皮殻小厚，核如石榴而辛香，葉如芄蘭而小。三月采其葉，細破陰乾用，味近苦而有甘。"

　　[四] 大宛：古國名。為西域三十六國之一，北通康居，南面和西南面與大月氏接，以產汗血馬著稱。詳《史記·大宛列傳》、《漢書·西域傳上·大宛國》。

　　漆樹[1]，以剛斧斫其皮開[2]，以竹管承之，汁滴管中，即成漆也[3][一]。

【校】
【1】四庫本"漆"作"膝"，下同。
【2】《御覽》卷九六一引誤脫"斫"字。〇《證類本草》卷一二引"斫"作"砍"。
【3】下二句，《御覽》引作"汁滴則成也"。《證類本草》引作"汁滴則成漆"。

【箋】
　　[一]《爾雅翼》卷一二："漆木，汁可以髹物，象形，桼如水滴而下。木高三二丈，葉如椿樗，皮白而心黃，六七月間以斧斫其皮開，以竹管承之，汁滴則為漆，古者以為貢。"《證類本草》卷一二引《圖經》曰："樹高二丈餘，皮白，葉似椿樗，皮似槐花，子若牛李，木心黃。六月、七月刻取滋汁。出金州者最善也。"

　　烏孫國有青田核[1][二]，莫測其樹實之形[2]，至中國者但得其核耳[3]。核大如〔五〕六升瓠[4][二]，空之以盛水，俄而成酒[5]，味甚醇美[6]。劉章得兩核[7][三]，集賓客設之，常供二十人之飲[8]，一核盡，一核所盛〔以〕復〔中〕飲[9]，飲盡隨更注水，隨盡隨盛[10]，不可久置[11]，久置則苦不可飲[12]，名曰青田酒[13]。

168

【校】

【1】青田核：顧校："《五音集均》引作'青果核'。"《錦繡萬花谷·前集》卷三五、《記纂淵海》卷九〇引無"田"字。

【2】《御覽》卷九六一引"實"在"形"下。〇此句，《太平廣記》卷二三三引作"莫知其樹與實"。《本草綱目·果之三·青田核》引作"狀如核桃，不知其樹"。

【3】此句，《御覽》卷九六一引作"中國得其核，取漿漬水則成酒，其味淳美"。《廣韻·麥韻》、《五音集韻·陌韻》引作"至中國，得其核"。《太平廣記》引無。〇張校："'但得其核耳'下有'得清水則有酒味出如淳美好酒'十三字。"馮校本、四庫本、《蘇氏演義》卷下同張校，惟"淳美"作"醇美"。

【4】《太平廣記》引"核"上有"而"字。《廣韻》、《錦繡萬花谷·前集》、《記纂淵海》、《五音集韻》引無"核"字。〇五六：原作"六"。顧本、《蘇氏演義》"六"作"五六"。顧校："各本脫'五'字，茲據《太平廣記》二百三十三、《御覽》九百六十一引增。"故據增"五"字。〇瓵：《錦繡萬花谷·前集》、《記纂淵海》引作"瓢"。〇《本草綱目》引"六升瓵"作"數斗"。

【5】《廣韻》、《五音集韻》引無"之"、"而"字。〇此二句，《編珠》卷三引作"得水則成酒"。《初學記》卷二六、《御覽》卷八四五、《事類賦》卷一七、陳禹謨補注（《書鈔》卷一四八）引、《格致鏡原》卷二二引作"得水則有酒"。《錦繡萬花谷·前集》、《記纂淵海》引作"貯水，俄而成酒"。《本草綱目》引作"剖之盛水則變酒"。今案：《初學記》、《事類賦》引此條並云出"《古今記》"，則"《古今注》"之誤耳。

【6】味甚醇美：張校："無此四字。"顧本、馮校本、四庫本、《蘇氏演義》、《太平廣記》引同張校。《御覽》卷九六一引無"甚醇美"三字。《編珠》、《事類賦》引"醇美"作"淳美"。《廣韻》、《五音集韻》引"醇美"作"醇厚"。《初學記》、《御覽》卷八四五、陳禹謨補注引作"味甚淳美，如好酒"。

【7】"得"上：馮校本、《蘇氏演義》、《御覽》卷九六一引有"時"字。《太平廣記》引有"曾"字。〇兩核：《錦繡萬花谷·前集》引作"二核"。《太平廣記》引作"二枚"。〇此句，《本草綱目》引置於本條末，作"漢末蜀王劉璋曾得之"。

【8】《太平廣記》引"常"作"可"〇顧本"十"作"千"。《御覽》卷九六一引"十"下有"八"字。〇馮校本、《蘇氏演義》"人"下無"之"字。〇《太平廣記》引無"之飲"二字。〇此二句，《錦繡萬花谷·前集》引但作

169

"集賓客,供二十人"。

【9】"盛"下:張校:"'盛'下有'以'字。"馮校本、四庫本同張校。《蘇氏演義》、《錦繡萬花谷·前集》引有"已"字。○張校:"《文房》'復'下有'中'字。"馮校本、《蘇氏演義》、《錦繡萬花谷·前集》引同《文房》。○此二句,《御覽》卷九六一引作"一核所盛方盡,一核所盛已成酒"。《太平廣記》引作"一核方盡,一核所盛復中飲矣"。今案:諸書俱有"以"(或"已")、"中"二字,且有此二字於文義最順,故據增此二字。

【10】飲盡隨更注水:《編珠》引作"飲盡更注"。《事類賦》引無"更"字。《本草綱目》引"隨更"作"隨即"。○隨盡隨盛:馮校本兩"隨"字作"旋"。《蘇氏演義》作"旋盡成"。《事類賦》引作"隨後成酒"。《編珠》、《初學記》、《本草綱目》、陳禹謨補注引"隨盛"作"隨成"。○此二句,顧校:"《御覽》(卷九六一)引作'隨使注水,隨成即飲'。"《御覽》卷八四五引作"飲盡即隨更注水隨成"。《錦繡萬花谷·前集》引作"旋盛旋飲"。《格致鏡原》引作"飲盡更注水,隨後成酒"。《太平廣記》引無此二句。

【11】上"不可"上:《太平廣記》引有"唯"字。《本草綱目》引有"但"字。○《初學記》、《御覽》卷八四五、《本草綱目》、陳禹謨補注引無"置"字。

【12】馮校本、《蘇氏演義》、《錦繡萬花谷·前集》、《太平廣記》引無下"置"字。○苦不可飲:《太平廣記》引作"味苦難飲"。《御覽》卷九六一引"不可飲"作"不堪飲"。《本草綱目》引作"苦澀耳"。《錦繡萬花谷·前集》引無"不可飲"。

【13】顧本"名曰"上有"因名其核曰青田壺"句。顧校:"各本脫此句,《廣記》引'因名其核曰青田壺,酒曰青田酒',茲據增訂。《御覽》(卷九六一)引作'名曰青田壺,亦曰青田酒'。"馮校本、《錦繡萬花谷·前集》、《記纂淵海》引同《御覽》卷九六一。○名曰:顧本作"酒曰"。顧校:"(酒曰)各本作'名曰',誤。"《本草綱目》引作"謂之"。《事類賦》、《格致鏡原》引無"曰"字。○青田酒:《蘇氏演義》作"青田壺"。○今案:《類說》卷三六、《說郛》卷九四上亦引有《古今注》此條,文字頗有出入,故錄於此以備參。

《類說》引曰:"烏孫國有青田核果,測其樹根,大如五六斗瓠,貯水即成酒。劉章得三核,共二十人飲不竭,號青田壺酒。"

《說郛》引曰:"烏孫國有青田核,莫知其樹與花,其實大如五六升瓟,空之盛水而成酒。劉章曾得二焉,集賓設之,可供二十人,一核纔盡,一核復成,久置則味苦矣。"

又案：此條文字又載於宋張表臣《珊瑚鈎詩話》卷三，雖未標《古今注》之名，然鈔自《古今注》亦可知。因文字有些出入，故附於此。其曰："烏孫國有青田核，莫知其木與實，而核如五六升瓠，空之盛水，俄而成酒。劉章曾得二焉，集賓設之，一核才盡，一核又熟，可供二十客，名曰青田壺。"

【箋】

[一] 烏孫國：古代西域國名。地在今伊黎河谷。詳《漢書·西域傳下·烏孫國》。

[二] 瓠：即葫蘆。《說文·瓠部》："瓠，匏也。"王筠《句讀》："今人以細長者為瓠，圓而大者為壺盧。古無此別也。"

[三] 劉章：西漢惠、景間人，齊悼惠王劉肥子，曾封朱虛侯。在平定諸呂之亂中發揮過重大作用。其事詳《史記·齊悼惠王世家》、《漢書·高五王傳·齊悼惠王子》。

枳椇子[一]，一名樹蜜【1】，一名木餳，實形卷曲【2】，核在實外【3】，味甘美如餳蜜【4】[二]。一名白石，一名木實，一名枳椇【5】。

【校】

【1】一名樹蜜：《蘇氏演義》卷下在"如餳蜜"下。《爾雅翼》卷九引"樹蜜"作"木蜜"。

【2】實形：《爾雅翼》引作"實如形"，自注曰："（形，）意是'枅'字。"○卷：顧本、四庫本、《御覽》卷九七四、《入喬口》杜時可注（《九家集注杜詩》卷三五）、黃鶴補注（《補注杜詩》卷三五）、《天中記》卷五三、《六家詩名物疏》卷三四引作"拳"。顧校："《埤疋》十四、《爾疋翼》九並引作'卷'。"

【3】核：張校："《逸史》無'核'字，作黑丁。《漢魏》'核'作'花'。"《蘇氏演義》同《漢魏》。顧校："王本'核'作'花'，誤。茲從吳本。《埤疋》、《尔疋翼》九並引作'核'，《天中記》五十三引同。"○此句下，《入喬口》杜時可注、黃鶴補注引並有"荊湘多此木"五字，當是豹書佚文，今各本脫去。《詩識名解》卷一五引有"一名機枸子"五字，殆亦豹書佚文。

【4】張校："'甘'作'甜'。"顧本、四庫本、《御覽》引同張校。○"蜜"下：《蘇氏演義》有"也"字。○《天中記》引無此句。

【5】此三句，諸書或順序歧互，或文字多寡不同，茲就所見備列於此，以

171

見差別。張校："'一名白石'下有'一名白實一名木石'八字。"四庫本同張校。○顧本作"一名白實，一名木石，一名木實，一名枳椇"。○《蘇氏演義》作"一名木實，一名白石，一名白實"。○《御覽》引作"一名白石，一名木石，一名枳椇也"。○《天中記》引"一名白石，一名木石"。○《陸氏詩疏廣要》卷上之下、《六家詩名物疏》引作"一名白石，白實，木石，木實"。

【箋】

[一] 枳椇：落葉喬木。果實味甘，可食。又稱拐棗、金鉤子、木珊瑚、雞距子等。《詩·小雅·南山有台》："南山有枸。"陸璣《疏》："枸樹，山木，其狀如櫨，一名枸骨，高大如白楊，所在山中皆有，理白，可為函板。枝柯不直，子著枝端，大如指，長數寸，噉之甘美如飴。八九月熟，江南特美。今官園種之，謂之木蜜。……本從南方來，能令酒味薄，若以為屋柱，則一屋之酒皆薄。"《齊民要術·五穀果蓏菜茹非中國物產者》引郭義恭《廣志》："枳柜，葉似蒲柳，子似珊瑚，其味如蜜。十月熟，樹乾者美。出南方。邥鄹枳柜大如指。"《埤雅·釋木》："（枳椇）木高大似白楊，多枝而曲，飛鳥喜巢其上。賦曰'枳句來巢'是也。子依房生，著枝端，大如指，長數寸，狀如珊瑚，噉之甘美如飴，今俗謂之枅栱。"《爾雅翼》卷九："其木徑尺，葉如桑柘，以為屋材則室中酒味皆敗。其子作房似珊瑚，核在其端，其味甚甘，小兒食之。江東謂之木蜜。"《本草綱目·果三·枳椇》："（釋名）蜜錫，蜜屈律，木蜜，木餳，木珊瑚，雞距子，雞爪子。木名白石木，金鉤木，枅栱，交加枝。"李時珍曰："枳椇，……皆屈曲不伸之意，此樹多枝而曲，其子亦卷曲，故以名之。曰蜜、曰餳，因其味也。曰珊瑚、曰雞距、曰雞爪，象其形也。曰交加、曰枅栱，言其實之紐屈也。枅栱，枋梁之名。……又《詩話》云：'子生枝端，橫折岐出，狀若枅栱，故土人謂之枅栱也。'珍謂'枅栱'及俗稱'雞矩'，蜀人之稱'桔枸'、'棘枸'，滇人之稱'雞橘子'，巴人之稱'金鉤'，廣人之稱'結留子'，散見書記者，皆'枳椇'、'雞距'之字，方音轉異耳。俗又訛'雞爪'為'曹公爪'，或謂之'梨棗樹'，或謂之'癩漢指頭'，……皆一物也。"又曰："枳椇木高三四丈。葉圓大如桑柘，夏日開花，枝頭結實，如雞爪形，長寸許，紐曲開作二三歧，儼若雞之足距，嫩時青色，經霜乃黃，嚼之味甘如蜜。"

[二] 錫蜜：蜜糖。"錫"為古"糖"字。《集韻·唐韻》："餹，《方言》：'餳謂之餹。'或作錫。"《齊民要術·餳餔》："煮餳餔法：用白牙散櫱佳；其成餅者，則不中用。"石聲漢注："（錫）即'糖'、'餹'字古代寫法。"

棘實曰棗[1][一]。

【校】

【1】此條，顧本、四庫本、《爾雅翼》卷九、《陸氏詩疏廣要》卷上之下、《天中記》卷五一引與下"梓實"、"桑實"、"柘實"合為一條。○曰：顧本作"為"。四庫本作"如"。

【箋】

[一] 棘：木名。即酸棗樹。果實較棗小，味酸。核仁可入藥，有健胃、安眠等作用。《詩·魏風·園有桃》："園有棘，其實之食。"毛傳："棘，棗也。"《楚辭·劉向〈九歎·惜命〉》："樹枳棘與薪柴。"王逸《章句》："小棗為棘。"《資治通鑑》梁簡文帝大寶二年："牆垣悉布枳棘。"胡三省注："棘似棗而多刺。"

梓實曰豫樟[1][一]。

【校】

【1】張校："'梓'作'杼'。無'樟'字。"四庫本同張校。顧本、明季本《詩說解頤字義》卷七引作"杼實為橡"。顧校："（橡）各本誤作'豫'。《埤疋》十四、《天中記》五十一引作'杼實為橡'。案：《爾疋》'栩，杼'，郭注：'柞樹也。'《小爾疋》：'柞之實謂之橡。'《玉篇》：'橡，栩實也。'《本草綱目》曰：'櫟有二種：結實者其名曰栩，其實為橡。''杼'一作'芧'。《莊子·齊物論》司馬彪注：'芧，橡子也。'是杼實為橡也。茲據訂正。又案：《爾疋翼》九、《天中記》五十一並引作'梓實曰豫章'，《楊慎集》九十八引作'梓實一名豫章'，據《書·梓材》《釋文》云'梓木亦作杼'，《汗簡》謂《古文尚書》'梓'作'杼'，似舊本有作'杼實為豫章'者。今本'杼'誤'杼'，'豫'下脫'章'字，茲因所舉'棗'、'椹'皆單文。謹從《埤疋》所引訂正。或舊本'杼實為橡'外更有'梓實為豫章'句，亦未可知。"○樟：《爾雅翼》卷九、《陸氏詩疏廣要》卷上之下、《六家詩名物疏》卷一五、《天中記》卷五一引作"章"。

【箋】

[一] 梓：木名。木質優良，輕軟，耐朽，供建築及制傢俱、樂器等用。

173

《埤雅·釋木》:"梓者,子道也。舊說椅即是梓,梓即是楸,蓋楸之疏理而白色者為梓,梓實桐皮曰椅。其實兩木大類同而小別也。今呼牡丹謂之華王,梓為木王,蓋木莫良於梓,故《書》以《梓材》名篇,《禮》以梓人名匠也。"〇豫樟:亦作"豫章",同。一說為枕木與樟木之並稱。《史記·司馬相如列傳》:"其北則有陰林巨樹,楩枏豫章。"裴駰《集解》引郭璞曰:"豫、章,大木也,生七年乃可知也。"張守節《正義》:"案:溫《活人》云:'豫,今之枕木也。章,今之樟木也。二木生至七年,枕樟乃可分別。'"一說即為樟木。《後漢書·王符傳》:"今者京師貴戚,必欲江南檽梓豫章之木。"李賢注:"豫章,即樟木也。"〇今案:"梓"與"豫樟"別為二木,此句所載當有誤。

桑實曰葚[1]。

【校】

【1】曰:顧本、四庫本作"為"。〇顧校:"《埤疋》引(葚)作'葚',是。《說文》:'葚,桑實也。'"今案:《康熙字典》卷一四"柘"字下引亦作"葚"。"葚"與"葚"同。《集韻·寑韻》:"葚,《說文》:'桑實也。'或從木。"《詩·衛風·氓》:"於嗟鳩兮,無食桑葚。"陸德明《釋文》:"葚,本又作椹,音甚,桑實也。"〇《類聚》卷八七此條引作"椹,桑實也"。

柘實曰佳[1][一]。

【校】

【1】張校:"'柘'作'楮'。'佳'作'任'。"四庫本同張校。顧校:"各本並誤作'楮實為任'。案:楮雖有實,不名為任。《埤疋》、《爾疋翼》並引作'柘實曰佳',《天中記》引同。《本草綱目》曰:'柘實狀如桑子而圓粒如椒,曰佳子',茲據訂正。"今案:"柘"作"楮",字同。末一字作"佳"、作"任",俱未是。字當作"隹",意為"桑果"。《廣群芳譜·桑麻譜一》引正作"隹",云:"言隹鳥所食也。"乃明其得名之由。《格致鏡原》卷六四《木類一》"柘"條下引亦作"隹",並注云"音錐",以正其音讀。〇曰:顧本、四庫本作"為"。

【箋】

[一] 柘:木名。桑科。落葉灌木或小喬木,葉可喂蠶,木質密緻堅韌,是

貴重的木料，木汁能染赤黃色。《說文·木部》："柘，桑也。"段玉裁注："柘，柘桑也。各本無（下）'柘'字，今補。山桑、柘桑皆桑之屬。古書並言二者則曰桑柘，單言一者，則曰桑曰柘，柘亦曰柘桑。"《本草綱目·木三·柘》："喜叢生，幹疎而直，葉豐而厚，團而有尖。其葉飼蠶，取絲作琴瑟清響勝常。"

　　匏，瓠也[1][一]。壺盧[二]，瓠之無柄者也[2]。瓠有柄者曰懸瓠[3][三]，可為笙[4][四]，曲沃者尤善[5][五]，秋乃可用，用則漆其裏[6]。

【校】
【1】此條，顧本、四庫本、《六家詩名物疏》卷一〇引合下"瓢亦瓠也"條為一條。〇《御覽》卷九七九引作"瓠，壺蘆也"。
【2】盧：四庫本、《御覽》引作"蘆"。〇瓠：《云麓漫鈔》卷二引作"瓢"。《天中記》卷四六引作"匏"。〇顧校："各本作'壺蘆，匏之無柄者也'，茲據《埤疋》十六、《爾疋翼》八引訂正。"〇《云麓漫鈔》、《御覽》引無"也"字。
【3】瓠有柄：《云麓漫鈔》引"瓠"作"瓢"。〇顧本"有"上有"之"字。〇《陸氏詩疏廣要》卷上之上引無"者"字。〇張校："無'曰'字。"四庫本、《御覽》引同張校。〇顧校："各本作'匏有柄者懸匏'，誤。《詩集傳名物抄》、《埤疋》並引作'瓠之有柄曰懸匏'，並據訂正。又《爾疋翼》引'匏有柄曰懸匏'。"今案：顧校是，《文選·潘岳〈笙賦〉》李善注、《天中記》引"懸瓠"亦作"懸匏"可證。然《爾雅翼》卷八引亦作"瓠有柄曰懸瓠"，則異於顧氏所見。
【4】張校："'可'下有'以'字。"顧本、四庫本同張校。〇為：《御覽》引作"作"。
【5】尤善：《云麓漫鈔》引作"良"。
【6】《云麓漫鈔》引"秋"上有"至"字。〇用則：張校："'用'作'之'。"顧本、四庫本同張校。顧校："各本脫'用'字，茲據《埤疋》引增。"《云麓漫鈔》引無。《御覽》引無"用"字。

【箋】
[一] 匏：葫蘆之一種。亦即瓠。《詩·邶風·匏有苦葉》："匏有苦葉，濟有深涉。"毛傳："匏謂之瓠。瓠葉苦，不可食也。"孔穎達疏："陸璣云：'匏葉少時可為羹，又可淹煮，極美。故《詩》曰："幡幡匏葉，采之烹之。"今河

175

南及揚州人恒食之。八月中，堅強不可食，故云"苦葉"。'瓠、匏一也，故云'謂之瓠'。"《埤雅·釋草》："長而瘦上曰瓠，短頸大腹曰匏。《傳》云：'匏謂之瓠，'誤矣。蓋匏苦，瓠甘，復有長短之殊，定非一物也。子曰：'吾豈匏瓜也哉，焉能繫而不食。'繫而不食，以苦故也。"

[二] 壺盧：亦作"壺蘆"，同。即葫蘆。《埤雅·釋草》："似匏而圓曰壺。壺，圓器也，故謂之壺，亦曰壺盧。"《本草綱目·菜三·壺盧》："長瓠、懸瓠、壺盧、匏瓟、蒲盧，名狀不一，其實一類各色也。"《格致鏡原》卷六三引《本草》曰："壺，酒器。盧，飯器。此物各象其形，故名俗作葫蘆。"

[三] 懸瓠：據上顧校，當作"懸匏"，謂有柄之匏瓜。《文選·潘岳〈笙賦〉》："河汾之寶，有曲沃之懸匏焉。"呂延濟注："匏，瓠瓜之類，可以為器者。……匏有蔓，生皆附木，故其實懸垂而下。"

[四]《爾雅翼》卷八："匏在八音之一。古者笙十三簧，竽三十六簧，皆列管匏內，施簧管端。《通典》曰：'今之笙竽，以木代匏，而漆殊愈於匏。荆梁之南尚存古制。'南蠻笙則是匏，其聲甚劣。則後世笙竽不復用匏矣。"

[五] 曲沃：古地名，今山西聞喜縣東北。《文選·潘岳〈笙賦〉》："河汾之寶，有曲沃之懸匏焉。"李善注引《漢書》曰："河東郡聞喜縣，故曲沃也。"

瓢亦瓠也[1][一]。瓠其緫[2]，瓢其別也[3]。

【校】

【1】《御覽》卷九七九引無"亦"字。

【2】緫：四庫本作"揔"。《御覽》引作"其緫曰瓠"。今案："緫"、"揔"、"總"三字同。《字彙·糸部》："緫，俗總字。"《集韻·董韻》："總，《說文》：'聚束也。'或从扌。"

【3】《御覽》引作"瓢則別名"。

【箋】

[一] 瓢：瓠之一種。亦即葫蘆。古代多以其腹為樽。《周禮·春官·鬯人》："禜門用瓢齎。"鄭玄注："齎讀爲齊，取甘瓠割去柢，以齊爲尊。"孫詒讓《正義》："經文之瓢，猶言瓠也。"趙彥衛《雲麓漫鈔》卷二："《詩名物解》云：瓢於瓠一物。甘者名瓢，苦者名瓠，瓠以器言也。瓢亦名壺。齊魯間長者爲瓢，團者爲胡盧。今人又有區蒲之名，區蒲即壺之反切也。形長嫩而可食爲瓠，經霜而堅則謂之瓢，圓或區爲胡盧。"

空室中無人行則生苔蘚[1][一]，或紫或青[2]，一名圓蘚，一名綠蘚，一名綠錢[3][二]。

【校】
【1】張校："全條二十六字全缺。"顧本、四庫本同張校。〇《類聚》卷八二、《格致鏡原》卷六八引但缺"空室中無人行則生苔蘚"十字。〇《御覽》卷一〇〇〇、《古今事文類聚·後集》卷三二、《天中記》卷五三引"苔蘚"在"空室"上，無"中"字。〇此句，《全芳備祖·後集》卷一二引《古今志》作"苔空谷無人行則或生"。今案：《全芳備祖·後集》引雖云"《古今志》"，實則誤記《古今注》之名耳。《風雅翼》卷八引作"室無行跡則生苔蘚"。

【2】"或紫"上：《類聚》、《御覽》、《格致鏡原》引有"苔"字。〇《文選·沈約〈冬節後至丞相第詣庶子車中作〉》李善注、《過華清宮》吳正子注（《箋註評點李長吉歌詩》卷一）、《格致鏡原》引"或青"在"或紫"上。〇《全芳備祖·後集》引作"青者紫者"。

【3】圓：《類聚》、《御覽》、《古今事文類聚·後集》、《全芳備祖·後集》、《天中記》引作"員"。〇兩"蘚"字：《御覽》引作"癬"。〇此三句，諸書順序及文字多寡皆有出入，茲列於下：

《類聚》引作"一名員蘚，一名綠錢，一名綠蘚"。

《御覽》引作"一名員癬，一名綠錢，一名綠癬，一名綠苔"。（《天中記》引同《御覽》。但"蘚"字不作"癬"。）

《古今事文類聚·後集》引作"一名員蘚，一名綠錢，一名綠苔"。

《全芳備祖·後集》引作"一名綠錢，一名綠苔，一名員蘚"。

《格致鏡原》引作"一名綠蘚，一名圓蘚，一名綠錢"。

今案：《初學記》卷二七引《廣志》亦載此條，文字多寡有別，錄以備參。其曰："空室無人行則生苔蘚，或青或紫，一名圓蘚，一名綠錢。"

【箋】
[一] 苔蘚："苔"和"蘚"之合稱，有很多種，大多生長在潮濕處。一般不細加分別，統稱苔蘚。《六書故·植物四》："苔，生於水者青綠如髮，生海濱者人多取裹而食之，又名陟釐。陸地下濕亦生蒼苔。"又曰："苔之淺駁者曰蘚，猶人之疥癬。"《本草綱目·草之十·陟釐》李时珍曰："蓋苔衣之類有五：在水曰陟釐，在石曰石濡，在瓦曰屋遊，在牆曰垣衣，在地曰地衣。其蒙翠而長

數寸者亦有五：在石曰烏韭，在屋曰瓦松，在墙曰土馬駿，在山曰卷柏，在水曰薲。"○《佩文齋廣群芳譜》卷九一："空庭幽室陰翳，無人行則生苔蘚，色既青翠，氣復幽香，花鉢拳峰，頗堪清賞。欲石上生苔，以茭泥馬糞和勻塗潤濕處，不久即生。"

［二］圓蘚、綠蘚、綠錢：俱為苔蘚之別稱。《佩文齋廣群芳譜》卷九一："苔，一名綠苔，一名品藻，一名品落，一名澤葵，一名綠錢，一名重錢，一名圓蘚，一名垢草。"

稻之黏者為秫[1][一]，禾之黏者為黍[2][二]，［穈］亦謂之穄[3][三]，亦曰黃黍。

【校】

【1】《記纂淵海》卷九〇引"黏"作"粘"。下同。今案："粘"與"黏"同。《玉篇·米部》："粘，與黏同。"○"為秫"及下"為黍"之"為"，《項氏家說》卷七引作"名"。○張校："'秫'作'黍'。下有'亦謂穄為黍'五字。"顧本、四庫本、《天中記》卷四五引同張校。今案：《初學記》卷二七、《雲麓漫鈔》卷二、《御覽》卷八三九、《格致鏡原》卷六一引俱與今本同。是則張校所見諸本、顧本、四庫本、《天中記》引所據別為一本耳。○顧校："各本'秫'誤作'黍'，與下'禾之黏者為黍'複。茲據《御覽》八百三十九、《本草綱目》二十三引改正。《爾疋》：'眾，秫。'郭注：'謂黏粟也。'"

【2】顧本、四庫本此句與上"稻之黏者為秫"別為一條。

【3】"穄"為黍之不粘者，因而此句與上"禾之黏者為黍"語意不協。《初學記》卷二七引有《古今注》佚文作："穈，穄也"，故據以於"亦"上補"穈"字。

【箋】

［一］秫：梁米、粟米之性黏者。多用以釀酒。《爾雅·釋草》："眾，秫。"郭璞注："謂黏粟也。"陸德明《釋文》："（秫，）《說文》云：'稷之黏者。'《字林》亦云'黏稷'。《本草》云：秫米味甘，微寒，主止寒熱，利大腸，治漆瘡。案：江東人皆呼稻米為秫米，嚼稻米以治漆瘡亦驗。然北間自有秫穀，全與粟相似，米黏，北人用之釀酒，其莖稈似禾而麤大也。"郝懿行《義疏》："今北方謂穀子之黏者為秫穀子，其米為小黃米。"《禮記·內則》："饘、酏、酒、醴、芼、羹、菽、麥、蕡、稻、黍、梁、秫，唯所欲。"孫希旦《集解》：

178

"秫，黏粟也；然凡黍稻之黏者，皆謂之秫，不獨粟也。"《本草綱目·穀二·秫》："秫即粱米、粟米之黏者。有赤、白、黃三色，皆可釀酒熬糖作餈糕食之。"

[二] 黍：植物名。其性有黏與不黏兩種，其黏者可釀酒。其不黏者，別名稷，亦稱穄，可作飯。《說文·黍部》："黍，禾屬而黏者也。以大暑而種，故謂之黍。"段玉裁注："黍，《九穀攷》曰：以禾況黍，謂黍為禾屬而黏者，非謂禾為黍屬而不黏者也。禾屬而黏者黍，禾屬而不黏者穈。對文異，散文則通偁黍，謂之禾屬，要之皆非禾也。今山西人無論黏與不黏統呼之曰穈黍，太原以東則呼黏者為黍子，不黏者為穈子。黍宜為酒，為羞籩之餌餈，為酏粥。穈宜為飯。"《本草綱目·穀二·稷》："稷與黍，一類二種也。黏者為黍，不黏者為稷。稷可作飯，黍可釀酒。"厲荃《事物異名錄·蔬穀·黍》："黍有二種：黏者為秫，可以釀酒；不黏者黍。今關西總謂之穈子，黏者曰黏穈子，不黏者為飯穈子。"

[三] 穈：同"糜"。即下之"稷"，植物名。跟黍相似，而子實不黏，可以作飯。《玄應音義》卷一五引《說文》："稷，穈也。似黍不黏者，關西謂之穈。"《呂氏春秋·本味》："陽山之穄。"高誘注："穄，關西謂之穈。"

九穀者[1][一]，黍、稷、稻、粱、三豆、二麥是也[2][二]。

【校】
【1】張校："無'者'字。"顧本、四庫本同張校。
【2】張校："無'是也'二字。"顧本、四庫本同張校。

【箋】
[一] 九穀之義，並非一律，各家見解異耳。《周禮·天官·大宰》："以九職任萬民，一曰三農生九穀。"鄭玄注引鄭司農云："九穀：黍，稷，秫，稻，麻，大小豆，大小麥。"《項氏家說》卷五"九穀"條："黍、稷、豆、麻、麥，五穀也。加稻、粱、苽、小豆，九穀也。無麻并二豆，六穀也。此出《炙轂子》。按舊說，則黍、稷、稻、粱、三豆、二麥為九穀。肺為麻，肝為麥，心為黍，腎為菽，脾為粟，此出《酉陽雜俎》。"《毛詩稽古編》卷二八："九穀者，先鄭以為黍、稷、稻、菽、麻、大小豆、大小麥。後鄭去秫、大麥，而增粱、苽。皆見《周禮·大宰》注。崔豹《古今注》以為黍、稷、稻、粱、三豆、二麥。《炙轂子》以為黍、稷、麻、麥、稻、粱、苽、大小豆，又與二鄭異說。總

179

出於臆見。"

[二] 稷：一種食用作物。其具體所指何物，文獻記載多歧，茲錄列以備參。或以為即粟。《爾雅·釋草》："粢，稷。"邢昺疏："郭云'今江東人呼粟爲粢'，然則粢也、稷也、粟也正是一物。"《齊民要術·種穀》："穀，稷也，名粟。"或以為高粱之別名。《廣雅·釋草》王念孫《疏證》："稷，今人謂之高粱。"《說文·禾部》"稷"字段玉裁注引程瑤田《九穀考》："稷……北方謂之高粱，或謂之紅粱。"或以為不黏之黍。《本草綱目·穀二·稷》："稷與黍，一類二種也。黏者爲黍，不黏者爲稷。"〇粱：即粟。通稱"穀子"，去殼後稱"小米"。《說文·米部》："粱，米名也。"朱駿聲《說文通訓定聲》曰："按即粟也。"《本草綱目·穀之二·粱》李時珍曰："粱者，良也，穀之良者也。或云種出自梁州，或云粱米性涼，故得粱名。皆各執己見也。粱即粟也，考之《周禮》，九穀、六穀之名，有粱無粟可知矣。自漢以後，始以大而毛長者為粱，細而毛短者為粟。今則通呼為粟，而粱之名反隱矣。今世俗稱粟中之大穗長芒，粗粒而有紅毛、白毛、黃毛之品者，即粱也。"〇三豆：其中之二為大、小豆，另一未詳。〇二麥：大麥、小麥。

荼，蓼也[一]。荼紫色，蓼青色[1]。其味辛且苦，食之[2]明目。或謂紫葉者爲香荼，或謂青葦者爲青荼[3]，亦以[4]紫色者爲紫蓼，青色者爲青蓼，其長大而不苦者爲馬蓼[5][二]。

【校】

【1】張校："'荼紫色蓼青色'作'紫色者荼也青色者蓼也'。"顧本、四庫本同張校。

【2】顧本、四庫本無"之"字。

【3】張校："'或謂青葦者爲青荼'作'青者為青荼'。"顧本、四庫本同張校。《蘇氏演義》卷下"青葦"作"青葉"。

【4】顧本"以"上有"謂"字。〇張校："'以'作'謂'。"四庫本同張校。

【5】張校："無'而'字。'馬'作'高'，下有注'高或作馬'。"四庫本同張校。〇顧本"馬"亦作"高"。顧校："原注：'高一作馬。'"〇四庫本無"者"字。

【箋】

[一] 荼：苦菜。《爾雅·釋草》："荼，苦菜。"陸德明《釋文》："《本草》云：'苦菜，一名荼草，一名選，生益州川谷。'《名醫別錄》云：'一名游冬，生山陵道旁，冬不死。'《月令》：'孟夏之月，苦菜秀。'《易通卦驗玄圖》云：'苦菜生於寒秋，經冬歷春，得夏乃成。'今苦菜正如此，處處皆有，葉似苦苣，亦堪食，但苦耳。"《詩·邶風·谷風》："誰謂荼苦，其甘如薺。"毛傳："荼，苦菜也。"○蓼：植物名。為一年生或多年生草本。有水蓼、紅蓼、刺蓼等。味辛，又名辛菜，可作調味用。《爾雅·釋草》："薔，虞蓼。"郭璞注："虞蓼，澤蓼。"邢昺疏："薔一名虞蓼，即蓼之生水澤者也。"郝懿行《義疏》："《內則》烹包用蓼，取其辛能和味，故《說文》以為辛菜。"《詩·周頌·良耜》："以薅荼蓼。"毛傳："蓼，水草也。"

[二] 香蓼、青蓼、紫蓼、青蓼、馬蓼：俱為荼菜之一種。《爾雅翼》卷七："蓼類甚多，有紫蓼、赤蓼、青蓼、馬蓼、水蓼、香蓼、木蓼等。紫、赤二蓼葉小狹而厚，青、香二蓼葉相似，馬、水二蓼葉俱闊大，上有黑點。諸蓼花皆紅、白，子赤黑。木蓼一名天蓼，蔓生，葉如柘，花黄，白子，皮青滑，其最大者名蘢。"

蒜，[卵][1]蒜也[一]，俗謂之為小蒜[2]。胡國（子）[3]有蒜，十許子共[為]一株[4]，二籜幕裹之[5][三]，為名[6]胡蒜[四]，尤辛於小蒜[7]，俗亦呼之為大蒜[8]。

【校】

【1】卵：原作"卯"。今案：諸本皆作"卵"，且作"卵"於義為勝，故據改。《天中記》卷四六、《本草綱目·菜之一·蒜》引作"茆"。又案：《本草綱目》引此條云"伏侯《古今注》"，實則出豸書而誤標"伏侯"名耳。

【2】張校："'俗'下有'人'字。"顧本、四庫本同張校。《御覽》卷九七七、《天中記》引有"語"字。○張校："無'為'字。"顧本、四庫本、《御覽》、《天中記》、《本草綱目》引同張校。

【3】張校："無'子'字。"顧本、四庫本、《御覽》、《天中記》引同張校。今案：諸書皆無"子"字，故據刪。

【4】顧校："《御覽》九百七十七、《天中記》四十六、《本草綱目》二十三引並無'許'字。"○張校："'共'下有'為'字。"顧本、四庫本同張校。今案：據諸書增"為"字。○株：張校："《文房》、《逸史》'株'作'林'。"

《格致鏡原》卷六二引作"顆"。

【5】張校:"'籜'上無'二'字。"顧本、四庫本、《御覽》、《格致鏡原》引同張校。○《天中記》、《格致鏡原》引無"幕"字。

【6】爲名:顧本、四庫本、《御覽》、《天中記》引作"名為"。《本草綱目》引作"名曰"。《格致鏡原》引無"為"字。

【7】《格致鏡原》引無"尤"字。

【8】四庫本"俗"下有"人"字。○亦呼之:顧本、《御覽》、《天中記》引作"人謂之"。《本草綱目》引作"謂之"。《格致鏡原》引作"因呼"。○顧本、《御覽》、《天中記》引無"為"字。

【箋】

[一] 卵蒜:野蒜。《大戴禮記·夏小正》:"十有二月,……納卵蒜。卵蒜也者,本如卵者也。"

[二] 小蒜:我國原生的一種蒜。根莖均較大蒜為小,故名。味辛辣。古人作為調味品。上古已人工栽培。崔寔《四民月令·四月》:"布穀鳴,收小蒜。"《本草綱目·菜之一·蒜》李時珍《集解》:"家蒜有二種:根莖俱小而瓣少,辣甚者,蒜也,小蒜也;根莖俱大而瓣多,辛而帶甘者,葫也,大蒜也……孫愐《唐韻》云:'張騫使西域,始得大蒜種歸。'據此則小蒜之種,自萬移栽,自古已有。"

[三] 籜:竹筍皮。包在新竹外面的皮葉,竹長成逐漸脫落。俗稱筍殼。《文選·謝靈運〈于南山往北山經湖中瞻眺詩〉》:"初篁苞綠籜,新蒲含紫茸。"李善注引服虔《漢書》注:"籜,竹皮也。"文中指包裹於蒜瓣外的蒜皮。○幕裹:如帷幕般包裹。

[四] 胡蒜:大蒜。《齊民要術·種蒜》引郭義恭《廣志》:"蒜,有胡蒜,小蒜。"《爾雅翼》卷五:"蒜有大小,大蒜為葫,小蒜為蒜,《本草》所別。葫又稱胡蒜。陸法言《切韻》曰:'張騫使西域,得大蒜、胡荽。'則此物漢始有之,以自胡中來,故名胡蒜爾。種宜良輭地,三遍熟耕之,五寸一株。"

揚州土人謂蒴爲斑杖[1][一],不知食之。

【校】

【1】張校:"無'土'字。"顧本、四庫本同張校。

【箋】
[一] 蒻：荷莖沒入泥中的部分。俗名藕鞭。《本草綱目·果六·蓮藕》李時珍曰："以蓮子種者生遲，藕芽種者最易發。其芽穿泥成白蒻，即蔤也。長者至丈餘，五六月嫩時，沒水取之，可作蔬茹，俗呼藕絲菜。"○斑杖：藕之別名。藕形如杖，且有斑點，故稱。

荊州人謂［葀］爲蕺[1][一]。

【校】
【1】州：張校："'州'作'楊'字。"四庫本、《御覽》卷九七六引作"揚"。○葀：原作"蒩"。張校所見諸本、顧本、四庫本並作"葀"，據改。《御覽》引作"蒩"，誤。顧校："王本'葀'誤作'蒩'。案《說文》：'葀，菜也。'《（說文）系傳》引《古今注》：'葀，一名蕺。'茲據訂正。《廣均》：'蕺，葀也。'《北戶錄》'蕺'作'蕊'，音蕺，云：'秦人謂之葀。'是'葀'亦通作'蒩'。……《天中記》四十六引作'荊楊州人謂葀為蕺'。"今案：《北戶錄》"蕺"作"蕊"者，"蕺"與"蕊"同。楊慎《譚苑醍醐》卷六"蕺蕊同字"條："蕺，《廣蒼》云：'葀也。'……張平子《南都賦》：'蓼蕺蘘荷。'注：'蕺，香菜根。'周處《風土記》：蕊似茆根，蜀人謂之香葀。蕊與蕺同。"又《六書故》卷二四引此條同《說文系傳》。

【箋】
[一] 葀：草本植物。即蕺草，今稱魚腥草，一名土茄。《後漢書·馬融傳》："其土毛則摧牧薦草，芳茹甘荼，茈萁，芸葀。"李賢注："《廣雅》曰：'蕺，葀也。'其根似茅根，可食。"《文選·左思〈蜀都賦〉》："樊以葀圃，濱以鹽池。"劉逵注："葀，草名也，亦名土茄，葉覆地而生，根可食，人飢則以繼糧。"○蕺：蕺菜。多年生草本植物。又稱魚腥草、側耳根。莖、葉之稚嫩者可供食用。《本草綱目·菜二·蕺》李時珍《集解》引蘇恭曰："蕺菜生涇地山谷陰處，亦能蔓生。葉似蕎麥而肥，莖紫赤色。山南、江左人好生食之。關中謂之葅菜。"又曰："趙叔文《醫方》云：'魚鯹草，即紫蕺，葉似荇，其狀三角，一邊紅，一邊青，可以養豬。'"吳其濬《植物名實圖考·蔬類》："蕺菜，即魚鯹草。開花如海棠，色白，中有常綠心突出。以其葉覆魚，可不速餒。……《遵義府志》：側耳根，即蕺菜，荒年民掘食其根。"

183

《古今注》校箋 >>>

襄荷[一]，似[蘵]苴而白[1]。[蘵蒩][2]色紫，花生根中，花未散[3]時可食，久置則銷爛[4]，不爲實矣。葉似薑[5]，宜陰翳地種之[6]。

【校】

【1】蘵苴：原作"蒻苴"。張校所見諸本同。顧本、《御覽》卷九八〇、《天中記》卷四六、《格致鏡原》卷六八引作"蘵苴"。據改。今案："蒻"蓋"蘵"之加旁字。"苴"與"蒩"通。《漢書·郊祀志上》："席用苴稭。"顏師古注："如淳曰：'苴讀如租。'……苴字本作蒩，假借也。'"是則"苴"假借為"蒩"，"蒩"又同"菹"，"菹"與"蒩"通。如此輾轉，"苴"則可與"蒩"相通矣。又案："蘵苴"亦或作"蕁苴"。《廣雅·釋草》："襄荷，蕁苴也。"《急就篇》卷二顏師古注："襄荷，一名蕁苴。"皆其證。《本草綱目·草之四·襄荷》引"蘵苴"則作"芭蕉"。

【2】蘵蒩：原作"蒻苴"。張校所見諸本同。《御覽》、《天中記》、《格致鏡原》引作"蘵苴"。顧本作"蘵蒩"。顧校："'蘵蒩'，各本誤作'蒻苴'。《說文系傳》一、《急就篇補注》二並引作：'紫者曰蘵蒩，白者曰襄荷，解毒用襄荷。'《天中記》四十六亦引作'用白襄荷'。茲據訂正。今本無'解毒'句，未識是原文否。"今案：顧本作"蘵蒩"是。《六書故·植物四》、《通雅》卷四四、《天中記》卷四六並引作"紫曰蘵蒩"可證。故據改。又《文選·張衡〈南都賦〉》："蓼蕺襄荷。"李善注引《說文》曰："襄荷，蘵蒩也。"則作"蘵蒩"者，本於《說文》。又案：《說文系傳》、《急就篇補注》、《天中記》引俱有"紫者曰蘵蒩，白者曰襄荷，解毒用襄荷"數句，此當是豹書佚文，後則脫去。

【3】《蘇氏演義》卷下、《御覽》、《天中記》、《本草綱目》、《格致鏡原》引"散"作"敗"。

【4】《本草綱目》引作"久則消爛矣"。《格致鏡原》引無"銷"字。

【5】《本草綱目》引"葉"作"根"。

【6】張校："'宜陰翳地種之'下有'常依陰而生'五字。"顧本、四庫本同張校。○此句，《御覽》引作"宜陰翳地，常依蔭而生也"。《本草綱目》引作"宜陰翳地，依陰而生"。今案：諸書皆有"常依蔭而生也"之類文字，此必豹書佚文也，當據增。又《六書故》卷二四引此節文字作"白曰襄荷，紫曰蘵蒩，葉似蕉，根似薑，性好陰，根莖宜蒩"，與今本文字有差異，殆所見為別本。

184

【箋】

[一] 蘘荷：即芭蕉。根似薑，可入藥。有蘘草、覆葅、蓴苴、蒚蒩等多種名稱。《史記·司馬相如列傳》："茈薑蘘荷。"張守節《正義》："蘘……柯根旁生筍，若芙蓉，可以爲葅，又治蠱毒也。"《急就篇》卷二："老菁蘘荷冬日藏。"顏師古注："蘘荷，一名蓴苴，莖葉似薑，其根香而肥，可以為葅，又辟蠱毒。"《爾雅翼》卷七："蘘荷，宜在林木陰下種之，故古人云'蘘荷依陰，時藿向陽'，言各有所宜也。葉似初生甘蔗，根似薑牙，其葉冬枯，其根為葅，亦可醬，中藏。古之為味者，雜用膾炙，切蘘荷以為香，是為珍味。《大招》曰：'醢豚苦狗，膾苴蓴只。'苴蓴，即蘘荷也。蘘荷有白、有赤，《神農經書》'白蘘荷'，今人乃呼赤者為蘘荷，白者為覆葅，葉同一種爾。於人食之，赤者為勝，藥用白者。"《本草綱目·草之四·蘘荷》李時珍《集解》引蘇頌曰："蘘荷，荊襄江湖間多種之，北地亦有。春初生，葉似甘蔗，根似薑牙而肥，其葉冬枯，根堪為葅。其性好陰，在木下生者尤美。潘岳《閑居賦》云'蘘荷依陰，時藿向陽'是也。宗懍《荊楚歲時記》云：'仲冬以鹽藏蘘荷，用備冬儲，又以防蠱。'史遊《急就篇》云：'蘘荷冬日藏。'其來遠矣。然有赤、白二種，白者入藥，赤者堪噉，及作梅果多用之。"又曰："《圖經》言：'荊襄江湖多種'，今訪之，無復識者。惟楊慎《丹鉛錄》云：'《急就章》注：蘘荷即今甘露。'考之《本草》，形性相同。甘露即芭蕉也。"方以智《物理小識》卷九："蘘荷，似蕉而小，又似蘆稷。三月開紅花，夏結綠刺，房內有黑子，其根似薑，可葅。蛇不喜此，故又治蠱。"

燕支[一][1]，葉似薊[2][二]，花似[蒲]公[3]，出西方[4]。土人以染，名爲燕支[5]。中國亦謂爲紅藍[6][三]。以染粉爲婦人[面]色[7]，謂爲燕支粉[8][四]。今人以重絳爲[燕支][9]，非燕支花所染也，燕支花[所染]自爲紅藍耳[10][五]。舊謂[11]赤白之間爲紅，即今所謂紅藍也。

【校】

【1】《事物紀原》卷三引"燕支"作"燕脂草"。

【2】薊：顧校："《御覽》七百十九引作'葉似蒯，花似菖蒲'，《通志》四十七引作'葉似薊'。"四庫本，《云麓漫鈔》卷七、《說略》卷二八、《別雅》卷一、《杜詩詳注·曲江對雨》仇兆鰲注引並作"薊"。《北戶錄》卷三引作"蘇"。《事物紀原》引作"荊"。○今案：諸書"薊"字多作"薊"，實則"薊"與"薊"同。《玉篇·艸部》："薊，同薊。俗。"其餘作"蒯"、"蘇"、"荊"

185

者，皆當是"薊"（或"蓟"）之形誤字。

【3】蒲公：原作"捕公"。張校："'捕'作'蒲'。"四庫本，《雲麓漫鈔》、《説略》、《天中記》卷四九、《別雅》、《曲江對雨》仇兆鰲注引同張校。《北戶錄》、《通雅》卷四一引作"蒲"。《事物紀原》引作"茜"。顧校："《御覽》七百十九引作'葉似蓟，花似菖蒲'。"今案：諸書"捕"字多作"蒲"，當可從，故據改。

【4】《北戶錄》引"出"上有"云"字。

【5】《雲麓漫鈔》、《通雅》引無"為"字。○《事物紀原》引"燕支"作"燕脂"。

【6】《北戶錄》引"亦"上有"人"字。○張校："'亦'作'人'。"顧本、四庫本、《御覽》卷七一九、《天中記》、《別雅》引同張校。《雲麓漫鈔》引無"亦"字。○張校："'為'作'之'。"顧本、四庫本、《雲麓漫鈔》、《天中記》、《別雅》引同張校。《北戶錄》、《御覽》引無"為"字。○此句，《通雅》引作"中國亦有紅藍"。

【7】張校："'婦人'作'面'。"顧本、四庫本、《天中記》引同張校。○《北戶錄》、《御覽》、《事物紀原》、《説略》引"婦人"下有"面"字。今案：諸書所引於文義為勝，故據增"面"字。

【8】《北戶錄》引"為"作"之"。○《御覽》引"粉"下有"也"字。

【9】燕支：原作"胭肢"。張校："'胭肢'作'燕支'。"四庫本、《雲麓漫鈔》、《天中記》引同張校。今案：諸書俱作"燕支"，據改。《爾雅翼》卷三引作"烟支"。

【10】張校："'花'下有'所染'二字。"顧本、四庫本、《天中記》、《説略》引同張校。今案：諸本皆有"所染"二字，且有此二字於文義更通暢，故據增。○顧本、四庫本、《爾雅翼》、《天中記》引"耳"作"爾"。○顧校："王本作'今人以重絳為燕支花所染也，燕支花非燕支，所染自爲紅藍耳'。茲從吳本。案《本草綱目》曰：'一種以紅藍花汁染胡粉而成，乃蘇鶚《演義》所謂'燕脂，葉似薊，花似蒲公，出西方，中國謂之紅藍，以染粉為婦人面色'者也。一種以山燕肢花汁染粉而成，乃段公路《北戶錄》所謂'端州山間有花，叢生，葉類藍，正月開花，似蓼，土人采含苞者為燕脂粉，亦可染帛，如紅藍'者也。"

【11】舊謂：《爾雅翼》引作"舊説"。

【箋】

[一] 燕支：亦作"燕脂"、"胭脂"、"臙脂"等，同。草名，又名"紅花"、"紅藍"、"黃藍"。可做紅色染料。後特指婦人所用之化妝品。《中華古今注·燕脂》："蓋起自紂，以紅藍花汁凝作燕脂。以燕國所生，故曰燕脂。塗之作桃花粧。"周紫芝《竹坡詩話》："徐陵《玉臺新詠序》云：'南都石黛最發雙蛾，北地燕支偏開兩臉。'崔正熊《古今注》云：'燕支，出西方，土人以染，中國謂之紅藍，以染粉為婦人色。'而俗乃用'胭脂'或'臙脂'字，不知其何義也。杜少陵'林花著雨胭脂濕'亦用此二字，而白樂天'三千宮女臙脂面'却用此二字，殊不可曉。"《爾雅翼》卷三："今中國謂之紅藍，或只謂之紅花。大抵三月初種，花出時日日乘涼摘取之。頃一日，須百人摘。五月種晚花，七月中摘，深色鮮明，耐久不黦，勝於春種者。花生時但作黃色茸茸然，故又一名黃藍。"《本草綱目·草之四·燕脂》李時珍《集解》："燕脂有四種：一種以紅藍花汁染胡粉而成，乃蘇鶚《演義》所謂'燕脂，葉似薊，花似蒲，出西方，中國謂之紅藍，以染粉為婦人面色'者也。一種以山燕脂花汁染粉而成，乃段公路《北戶錄》所謂'端州山間有花，叢生，葉類藍，正月開花，似蓼，土人采含苞者為燕脂粉，亦可染帛，如紅藍'者也。一種以山榴花汁作成者，鄭虔《胡本草》中載之。一種以紫礦染綿而成者，謂之胡燕脂，李珣《南海藥譜》載之。今南人多用紫礦燕脂，俗呼紫梗是也。……又落葵子亦可取汁和粉助面，亦謂之胡燕脂。"

[二] 薊：同"薊"。多年生草本植物。有大薊、小薊兩種。全草可供藥用，嫩葉和莖皆可食，亦可作飼料。《爾雅·釋草》："術，山薊。"郭璞注："《本草》云：術，一名山薊。今術似薊而生山中。"邢昺疏："此辨薊生山中及平地者名也。生平地者即名薊，生山中者一名術。《本草》云：'一名山薊，一名山薑，一名山連。'陶注云：'有兩種：白术，葉大有毛，甜而少膏；赤术，葉細小，苦而多膏是也。'"

[三] 紅藍：一年生草本植物。高三四尺，其葉似藍，夏季開紅黃色花，故稱。古代以之制胭脂及紅色顏料。中醫以之入藥。又稱"紅花"、"紅藍"、"黃藍"。《書鈔》卷一三五引習鑿齒《與燕王書》："此下有紅藍花，足下先知之不？北方人採紅藍，取其華，染緋黃，挼取其英鮮者作煙支，婦人粉時爲顏色。"《本草綱目·草之四·紅藍花》："（釋名）紅花，黃藍。"蘇頌曰："其花紅色，葉頗似藍，故有藍名。"李時珍《集解》："《志》曰：'紅藍花，即紅花也。生梁漢及西域。'《博物志》云：'張騫得種於西域，今魏地亦種之。'頌曰：'今處處有之，人家場圃所種，冬月布子於熟地，至春生苗，夏乃有花，花

187

下作梂彙，多刺，花出梂上。圃人乘露采之，采已復出，至盡而罷。梂中結實，白顆，如小豆大。其花暴乾以染真紅，又作胭脂。'"又曰："紅花二月、八月、十二月皆可以下種，雨後布子如種麻法，初生嫩葉苗亦可食，其葉如小薊葉。至五月開花，如大薊花而紅色。侵晨采花搗熟，以水淘，布袋絞去黃汁，又搗以酸粟米，泔清，又淘，又絞袋去汁，以青蒿覆一宿，晒乾或捏成薄餅陰乾，收之入藥。"

[四]《爾雅翼》卷三："為婦人粧色，以綿染之，圓徑三寸許，號綿燕支。又小薄為花片，名金花烟支，特宜粧色。"

[五]《爾雅翼》卷三："按崔豹所言，則漢雖有紅藍，然不可以為烟支，其染亦未盛。今則盛種而多染，謂之真紅，賽蘇方木所染。"又曰："其謂之蒨紅者，即漢重絳，顏色黯暗，相去遠矣。"今案：蒨紅，即"茜紅"，謂絳紅色。是知"重絳"即絳紅色耳。

苦葴[一]，一名苦蘵[二]，子有裹[1]，形如皮弁[三]，始生青，熟則赤，裹[有實]正圓如珠子[2]，亦隨裹青赤[3]。長安兒童謂爲洛神珠[4]，亦曰王母珠，亦曰皮弁草[5]。

【校】

【1】張校："'裹'作'裏'。"顧本、四庫本、《蘇氏演義》卷下引此條三"裹"字皆作"裏"。今案：推據文義，作"裹"是。作"裏"者，形誤。○《廣博物志》卷四三引無"有裹"二字。

【2】張校："'正'上有'有實'二字。無'子'字。"顧本、四庫本、《厄林》卷五、《廣博物志》、《格致鏡原》卷六八引同張校。今案：諸書皆有"有實"二字，故據增。

【3】《廣博物志》引無"亦隨裹青赤"句。

【4】謂爲：《蘇氏演義》引作"名"。《格致鏡原》引作"呼為"。

【5】兩"亦曰"：顧本、四庫本作"一曰"。《格致鏡原》引作"又曰"。○《厄林》、《廣博物志》引無"亦曰皮弁草"句。

【箋】

[一]苦葴：植物名。即酸漿。文獻中又有"寒漿"、"醋漿"、"苦耽"、"皮弁草"、"天泡草"、"王母珠"、"洛神珠"、"苦蘵"、"紅姑娘"等名稱。《爾雅·釋草》："葴，寒漿。"郭璞注："今酸漿草，江東呼曰苦葴。"邢昺疏：

"案《本草》：'酸漿一名醋漿。'陶注云：'處處人家多有，葉亦可食，子作房，房中有子，如梅李大，皆黃赤色。'"《通志》卷七五："酸漿曰寒漿，曰醋漿，江東曰苦葴，俗謂之三葉酸漿。沈括云：'即苦耽也。'其實如撮口袋中有珠子，熟則紅。關中謂之洛神珠，亦曰王母珠，亦曰皮弁草，以其實又似弁也。又有一種小者名苦蘵。"《本草綱目·草之五·酸漿》："（釋名）醋漿，苦葴，苦耽，燈籠草，皮弁草，天泡草，王母珠，洛神珠。小者名苦蘵。"李時珍曰："酸漿，以子之味名也。苦葴、苦耽，以苗之味名也。燈籠、皮弁，以角之形名也。王母、洛神珠，以子之形名也。按楊慎《卮言》云：《本草》，燈籠草，苦耽，酸漿，皆一物也。修《本草》者非一時一人，故重複耳。"《格致鏡原》卷六八引《羣芳譜》："酸漿草，一名苦耽，即今所稱紅姑娘也，所在有之，惟川陝者最大。苗如天茄子，高三四尺，葉嫩時可食，四五月開小白花，結薄青殼，熟則紅黃色，殼中實大如龍眼，生青，熟則深紅。"

[二] 苦蘵：即"苦蘵"，"蘵"與"蘵"同。案：苦蘵，草名。其義原假"識"或"職"字表示，後乃造"蘵"字以示區別。朱駿聲《說文通訓定聲·頤部》："《爾雅·釋草》：'職，黃蒢。'注：'葉似酸漿，華小而白，中心黃。'按即葴之小者。葴、職一聲之轉。《夏小正》作'識'。字亦變作'蘵'、作'蘵'、作'藏'。"

[三] 皮弁：古冠名。多用白鹿皮製成，為古時天子之朝服。《周禮·夏官·弁師》："王之皮弁，會五采玉璂，象邸，玉笄。"鄭玄注："會，縫中也。璂，讀如薄借綦之綦。綦，結也。皮弁之縫中，每貫結五采玉十二以爲飾，謂之綦。……邸，下柢也，以象骨爲之。"《周禮·春官·司服》："眂朝，則皮弁服。"孫詒讓《正義》："皮弁爲天子之朝服，《論語·鄉黨篇》'吉月必朝服而朝'，《集解》孔安國云：'吉月，月朔也。朝服，皮弁服。'《曾子問》孔疏引鄭玄《論語注》同。蓋以彼月吉諸侯視朝，當服皮弁，而皮弁爲天子之朝服，故亦通稱朝服。"黃以周《禮書通故·名物一》："《釋名》云：'以爵韋爲之，謂爵弁，以鹿皮爲之，謂皮弁，以韎韋爲之，謂之韋弁。'據《釋名》說，三弁之制相同，惟其所爲皮色爲異耳。"

沈釀者[1]，漢鄭弘爲靈（帝）文鄉嗇夫[2][一]，行官京洛[3][二]，未至，宿一埭[4][三]，埭名沈釀。於埭逢故舊友人[5]，四顧荒郊，村落絕遠，酤酒無處[6]，情抱不伸[7]，乃以錢投水中[8]，依評飲盡多酣暢[9]，皆得大醉，因更爲沈釀川[10]。明旦分首而去[11][四]。

189

【校】

【1】《太平廣記》卷三九九引《博物志》"者"上有"川"字。

【2】張校："無'帝'字。"○四庫本、《天中記》卷四四、《廣博物志》卷六引同張校。○今案：無"帝"字是。《後漢書·鄭弘傳》"（鄭弘）少為鄉嗇夫"李賢注引謝承《後漢書》曰："為靈文鄉嗇夫。"可證。故據刪。又案：竇苹《酒譜》（《說郛》卷九四上引）引"鄭弘"作"魏弘"。《太平廣記》引作"漢鄭宏靈帝時為鄉嗇夫"。

【3】《蘇氏演義》卷上"官"下有"入"字。○《太平廣記》引作"從宦入京"。

【4】《永樂大典》卷一二○一七引"宿"上有"夜"字。○埭：《類說》卷三六、竇苹《酒譜》引作"津"。《永樂大典》引作"壖"，原注："如過、如緣二切，河邊地也。"○《太平廣記》引作"夜宿於此"。

【5】《永樂大典》引作"於是逢舊友四人"。

【6】《太平廣記》引"酤"作"沽"。今案："沽"同"酤"。《廣韻·暮韻》："沽"，同"酤"。《論語·鄉黨》："沽酒市脯不食。"劉寶楠《正義》："沽與酤同。"

【7】《太平廣記》、《永樂大典》引"伸"作"申"。

【8】乃：竇苹《酒譜》引作"因"。《永樂大典》引作"仍各"。○《太平廣記》引作"乃投錢於水中而共飲"。

【9】張校："'評'作'口而飲'。無'多'字。"顧本、四庫本、《天中記》、《廣博物志》引同張校。○《蘇氏演義》"依評"作"勸酬"。○此句，竇苹《酒譜》引、《太平廣記》引作"盡夕酣暢"。《永樂大典》引作"依評共飯，盡夕酣暢"。

【10】更為：《蘇氏演義》、《太平廣記》引作"便名為"。竇苹《酒譜》引、《永樂大典》引作"名"。

【11】張校："'分'上有'乃'字。"○顧本、四庫本同張校。○《太平廣記》引此句下尚有"宏仕至尚書"句。○今案：此條《記纂淵海》卷八亦引之，文字頗有差異，故錄於此備參。其曰："後漢鄭弘夜宿采石釀牧川，逢故人，無酒，乃以錢投水中共飲，盡夕，皆得大醉，因更名沉釀川。"

【箋】

[一] 沈釀：即沈釀川，古地名。今地未詳，俟考。《明一統志》卷四五《紹興府·會稽郡》："沈釀川，在若耶溪東，一名沈釀埭。《十道志》：鄭宏舉

送赴洛親友錢於此，以錢投水，依價量水飲之，各醉而去。"○鄭弘：字巨君，會稽山陰（今浙江紹興）人。事詳《後漢書》卷三三本傳。○鄉嗇夫：《後漢書·鄭弘傳》："（鄭弘）少為鄉嗇夫。"李賢注引《續漢志》曰："其鄉小者，縣置嗇夫一人，主知人善惡，為役先後，知人貧富，為賦多少，平其差品也。"

[二] 京洛：洛陽之別稱。因東周、東漢均建都於此，故名。

[三] 埭：堵水之土壩。古時於水淺不利行船處，築土過水，兩岸樹立轉軸，遇有船過，以纜繫船，用人或畜力挽之而渡。《玉篇·土部》："埭，以土堨水。"

[四] 分首：即"分手"。謂離別。《杜詩詳注·惠義寺園又送辛員外》："直到綿州始分首。"仇兆鰲注："（首）一作手。"

羊躑躅[一]，黃花[1]。羊食即[2]死，見即躑躅不前進[3]。

【校】

【1】黃花：張校："'黃花'作'花黃'。"四庫本同張校。《永樂大典》卷一三一三九引作"其花色黃"。

【2】即：張校："'即'作'之則'。"四庫本、《送侯參謀赴河中幕》孫汝聽注（《五百家注昌黎文集》卷四）引同張校。顧本作"之即"。《永樂大典》引作"之必"。

【3】張校："'見即'作'羊見之則'。"顧本、四庫本、《送侯參謀赴河中幕》孫汝聽注、《永樂大典》引同張校。○不前進：張校："'不前進'作'分散'。"顧本、四庫本、《送侯參謀赴河中幕》孫汝聽注引同張校。且"分散"下尚有"故名羊躑躅"五字。《永樂大典》引作"不敢前進"，其下有"故曰羊躑躅，今江東多此花，今人呼為牛黃花"三句。今案：諸書多出之文字，當為豹書佚文。然詳略各異，未知當從何書所引。姑存疑。

【箋】

[一] 羊躑躅：草名。杜鵑花之別稱，又稱映山紅。《證類本草》卷一〇引《圖經》曰："羊躑躅，生太行山川谷及淮南山，今所在有之，春生苗似鹿葱，葉似紅花，莖高三四尺，夏開花似陵霄山石榴旋蔔輩而正黃色，羊誤食其葉則躑躅而死，故以為名。三月、四月採花陰乾。今嶺南蜀道山谷徧生，皆深紅色，如錦繡。"《通志》卷七五："羊躑躅曰玉支。"文震亨《長物志》卷二："杜鵑，花極爛熳，性喜陰畏熱，宜置樹下陰處，花時移置几案間。別有一種名映山紅，

宜種石岩之上，又名羊躑躅。"《格致鏡原》卷六九引《正字通》："羊躑躅，毒草也。一名黄杜鵑，一名老虎花，一名鬧羊花。葉似桃葉，花五，出蕊瓣，皆黄；氣味惡，有大毒。"

雜注第七

孫亮［作］瑠璃屏風[1][一]，鏤作瑞應圖[二]，凡一百二十種[2]。

【校】

【1】作：原作"竹"。張校："'竹'作'作'。"顧本、四庫本、《初學記》卷二五、《御覽》卷七〇一、《古今事文類聚·續集》卷一一、《古今合璧事類備要·外集》卷五〇、《玉海》卷九一、《天中記》卷四九、《山堂肆考》卷一八一引引同張校。據改。〇瑠璃：顧本、四庫本作"流離"。《初學記》、《古今事文類聚·續集》、《古今合璧事類備要·外集》、《山堂肆考》引作"琉璃"。顧校："《御覽》七百一引作'瑠璃'，《通疋》三十四引作'琉璃'。案《拾遺記》曰：'孫亮作綠瑠璃屏風。'"〇今案："瑠璃"、"琉璃"、"流離"俱為一詞之異寫。又案：馬本此句作"孫亮，吳主權之子也，作金蠮屏風"。

【2】馬本、《御覽》、《古今事文類聚·續集》、《古今合璧事類備要·外集》、《玉海》、《天中記》、《山堂肆考》引無"凡"字。〇馬本"種"下有"之祥物也"四字。

【箋】

［一］孫亮：字子明，孫權少子。事詳《三國志·吳書·孫亮傳》。〇瑠璃：或作"琉璃"、"流離"，同。指一種有色、半透明的玉石。《廣雅·釋地》："水精謂之石英，瑠璃，珊瑚，玫瑰，夜光，隋庚，虎魄，金精璣。"《漢書·西域傳上·罽賓國》："（罽賓國）出……珠璣、珊瑚、虎魄、璧流離。"顔師古注引孟康曰："流離，青色如玉。"又引《魏略》："大秦國出赤、白、黑、黄、青、綠、縹、紺、紅、紫十種流離。"《後漢書·西域傳·大秦》："土多金銀奇寶，有夜光璧、明月珠、駭雞犀、珊瑚、虎魄、琉璃、琅玕、朱丹、青碧。"戴埴《鼠璞·琉璃》："琉璃，自然之物，彩澤光潤踰於衆玉，其色不常。"《履齋示兒編》卷二〇："《前（漢書）·地理志》：'市明珠璧流離。'"自注："（流離）與琉璃同。"

[二] 瑞應圖：記載祥瑞事物或事件的文獻。瑞應：古代以為帝王修德，時世清平，天就降祥瑞以應之，謂之瑞應。《西京雜記》卷三："瑞者，寶也，信也。天以寶為信，應人之德，故曰瑞應。"

魏武帝以瑪瑙石為馬勒[1][一]，以車渠石為酒杯[2][二]。

【校】

【1】《御覽》卷七六〇引無"武"字。〇四庫本無"帝"字，"瑪瑙"作"馬腦"。〇馬勒：《御覽》卷八〇八引作"瑪瑙勒"。〇馬本無"瑪瑙石為"四字。

【2】顧本、馬本、四庫本、《蘇氏演義》卷下無"以"字。《御覽》卷七六〇引"以"上有"魏帝"二字。〇車渠：張校："'車渠'作'硨磲'。無'石'字。"顧本、四庫本、《蘇氏演義》同張校。〇杯：張校："'杯'作'埦'。"顧本作"琬"。馬本、四庫本、《蘇氏演義》作"椀"。《御覽》卷七六〇引作"盌"。顧校："案：'琬'當作'碗'。"今案：作"杯"，作"碗"，於文義無損，俱可。又案："埦"、"椀"、"盌"俱為"碗"之異體。"琬"本為美玉，以之稱硨磲石所作之酒具，於義似亦貼合。《玉篇·皿部》："盌，小盂。亦作椀。"《集韻·緩韻》："盌，《說文》：小盂也。或作埦。"

【箋】

[一]《廣雅·釋地》："碼磟，……石之次玉。"《太平廣記》卷二二九引《西京雜記》："漢武帝時，西毒國獻連環羈，皆以白玉作之，瑪瑙石為勒，白光琉璃為鞍。"〇馬勒：帶嚼口的馬籠頭。《太平御覽》卷三五八引劉芳《毛詩箋音義證》："轡是馭者所執者也，不得以轡為勒；且舊語云馬勒，不云轡，以勒為轡者，蓋是北人避石勒名也。"

[二] 車渠：亦作"硨磲"，同。謂次於玉之美石，產自西域。《廣雅·釋地》："蜀石、碔、玫、硨磲……石之次玉。"王念孫《疏證》："硨磲，古通作'車渠'。《藝文類聚》（卷八四）引《廣志》云：'車渠，出大秦國及西域諸國。'《南海藥譜》引《韻集》云：'車渠，玉石之類，形似蚌蛤，有文理。'"《類聚》卷八四引《蘇子》曰："車渠，瑪瑙，出於荒外，今冀州之土曾未得其奇也。"又引魏文帝《車渠椀賦》序曰："車渠，玉屬也，多纖理縟文，生於西國，其俗寶之。"

《古今注》校笺 >>>

莫難珠，一名木難[1][一]，色黃，出東夷[2]。

【校】

【1】馬本"難"下有"珠"字。

【2】馬本"夷"下有"國也"二字。○《說郛》卷二八上引"東夷"作"東海"。

【笺】

[一] 莫難：即"木難"，寶珠名。《文選·曹植〈美女篇〉》："明珠交玉體，珊瑚間木難。"李善注引《南越志》："木難，金翅鳥沫所成碧色珠也。"《類聚》卷八四引《廣志》曰："莫難珠，其色黃，生東夷。"今案：《事類賦》卷九"價重木難"條注引《廣志》"生東夷"下尚有"又云木難"句。○"莫難"或亦扇名。宋趙崇絢《雞肋》引《鄴中記》曰："扇之奇巧者名莫難。"

陽燧[1][一]，以銅爲之，形如鏡，照物則影倒[2]，向日則火生，以艾炷之則得火[3][二]。

【校】

【1】馬本、《格致鏡原》卷五六引無"陽"字，"燧"下有"銅鏡"二字。

【2】張校："無此（'照物則影倒'）五字。"顧本、四庫本、《御覽》卷八六九引同張校。

【3】以：馬本作"與"。○炷：張校："'炷'作'承'。"顧本、馬本、四庫本、《蘇氏演義》卷下、《格致鏡原》引同張校。《御覽》引作"炷承"。○《御覽》、《格致鏡原》引無"則"字。○得火：馬本作"火出矣"。《格致鏡原》引作"火出"。顧本、四庫本、《蘇氏演義》、《御覽》引"得火"下有"也"字。

【笺】

[一] 陽燧：亦作"陽遂"，同。古代利用日光取火的凹面銅鏡。《周禮·秋官·司烜氏》"司烜氏掌以夫遂取明火於日，以鑒。"鄭玄注："夫遂，陽遂也。"賈公彥疏："以其日者，太陽之精，取火於日，故名陽遂。"孫詒讓《正義》："古陽遂蓋用窐鏡，故《凫氏》注云：'遂在鼓中，窐而生光，有似夫遂。'"《論衡·率性》："陽遂取火於天，五月丙午日中之時，消鍊五石，鑄以

194

爲器，磨礪生光，仰以嚮日，則火來至。"

[二]炷：燈炷、燈心。此義原字作"主"，後世改易作"炷"。《說文·丶部》："主，燈中火主也。"徐鉉曰："今俗別作炷。"由"燈炷、燈心"義則引申出"燃燒、燃點"義。本文正用引申義。

長安婦人好［爲］盤桓髻[1][一]，到於今其瀘不絕。

【校】
【1】顧本、馬本、四庫本、《格致鏡原》卷一一引此條與下"墮馬髻"、"緌墮髻"條合爲一條。○馬本、《格致鏡原》引"婦人"作"婦女"。○顧本、馬本、四庫本、《格致鏡原》引"好"下有"爲"字。據增。顧校："《說文系傳》十七'髻'字云：'《古今注》所謂槃桓髻。'"

【箋】
[一]盤桓髻：即臥髻。盤卷屈折頭髮而成。《古今韻會舉要》卷五："髻，《說文》：'臥髻也。从髟，般聲。'徐（鉉）曰：'《古今注》所謂槃桓髻。'《廣韻》：'髻，頭屈髮爲之。'"

墮馬髻[一]，今無復作者。

【箋】
[一]墮馬髻：古代婦女髮髻名。傳爲梁冀妻孫壽所爲。《後漢書·梁冀傳》："（孫）壽色美而善爲妖態，作愁眉、啼妝、墮馬髻、折腰步、齲齒笑。"李賢注："《風俗通》曰：愁眉者，細而曲折。啼妝者，薄拭目下若啼處。墮馬髻者，側在一邊。折腰步者，足不任體。齲齒笑者，若齒痛不忻忻。始自冀家所爲，京師翕然，皆放效之。"《通雅》卷一八："孫壽作墮馬髻，後人因爲抛墮。"《格致鏡原》卷一一引《事物原始》："孫壽爲墮馬髻，疑即今名懶梳粧。"

緌墮髻[1][一]，一云墮馬之餘形也。

【校】
【1】《格致鏡原》卷一一引上有"惟"字。○張校："'緌'作'倭'。"顧本、馬本、四庫本、《說郛》卷七七下、《格致鏡原》引同張校。顧校："《太平

195

廣記》一百七十七注云：'鬟髻，《古今注》言：即墮馬之遺象。'案：當從《廣記》所引。"○《說郛》卷七七下引"墮"作"鬟"。

【箋】

[一] 緩墮：通作"倭墮"，或作"鬟髻"、"矮婧"，皆一詞之異寫。古代婦女髮髻名。《俗書刊誤》卷六："矮婧，美髮也。"《通雅》卷一八："鬟髻，本於婀婧逋髮，言蓬首也。"

盤龍釵，梁冀［婦］所製也[1][一]。冀婦改驚翠眉爲愁眉[2][二]。

【校】

【1】顧本、四庫本此句別爲一條。○盤龍：馬本作盤桓。《御覽》卷七一八、《天中記》卷四九引"盤"作"蟠"。顧校："《天中記》四十九引作'蟠龍釵'。"○張校："'冀'下有'婦'字。"顧本、馬本、四庫本、《御覽》、《天中記》、《廣博物志》卷三八引同張校。今案：諸書皆有"婦"字，故據增。○馬本"所"上有"之"字。

【2】冀婦：張校："'冀婦'作'梁冀'。"四庫本同張校。顧本、《古今事文類聚·後集》卷一九、《說郛》卷七七下、《格致鏡原》卷一一引引作"梁冀婦"。馬本、《說略》卷二一引作"梁冀妻"。《紺珠集》卷一、《海錄碎事》卷七上引作"梁冀妻孫壽"。顧校："各本並脫'婦'字。案：《御覽》三百八十引華嶠《後漢書》曰：'梁冀妻孫壽色美而善爲妖態，作愁眉，啼粧，墮馬髻，折腰步，齲齒笑。'據上盤龍釵亦云'梁冀婦所製'，則此亦當作'梁冀婦'。茲補正。"○《古今事文類聚·後集》、《說郛》、《格致鏡原》引"驚翠"作"鴛翠"。○《格致鏡原》引"愁眉"下尚有"愁眉者，細而曲折"七字，未知豹書佚文否？

【箋】

[一] 盤龍釵：古代婦女所用髮釵之一，其制未詳。原其名號，蓋其形如龍之屈曲盤旋，故稱。○梁冀：字伯卓，安定烏氏（今甘肅平凉西北）人。後漢權臣。事詳《後漢書·梁統傳》附《梁冀傳》。

[二] 驚翠眉：古代婦人眉飾之一，其制未詳。俟考。○愁眉：細而曲折之眉妝。《後漢書·五行志一》："所謂愁眉者，細而曲折。"《御覽》卷三六五引《風俗通》曰："桓帝元嘉中，京師婦人作愁眉。愁眉者，細而曲折。此梁冀家

所爲，京師皆效之。……婦女憂愁之眉也。"

魏宮人好畫長眉[1][一]。

【校】
【1】顧本、馬本、四庫本、《古今事文類聚·後集》卷一九、《格致鏡原》卷一一一引此條合下"今人多作"條爲一條。

【箋】
[一] 長眉：纖長之眉。《文選·司馬相如〈上林賦〉》："長眉連娟，微睇綿藐。"李善注引郭璞曰："連娟，言曲細也。"李周翰注："連娟、緜藐，眉目之美也。"據注，則"長眉"乃曲細而纖長之眉毛，爲古人所欣賞之美眉。

今人多作蛾眉、驚鶴髻[1][一]。

【校】
【1】馬本、《格致鏡原》卷一一一引"今"作"令"。〇馬本、四庫本、《格致鏡原》引無"人"字。〇張校："'蛾'作'翠'。"顧本、馬本、四庫本、《格致鏡原》引同張校。〇驚鶴：馬本、《格致鏡原》引作"驚鵠"。《說略》卷二一引作"驚鵠"。〇《古今事文類聚·後集》卷一九引無"驚鶴髻"三字。

【箋】
[一] 蛾眉：本謂蠶蛾細長彎曲之觸鬚。《海錄碎事》卷二二下"蛾眉"條曰："蛾似黃蝶而小，其眉勾曲如畫，《詩》言'蛾眉'。"引申指如蠶蛾觸鬚般細長而彎曲之眉毛。後常作女子美眉之代稱。《楚辭·離騷》："衆女嫉余之蛾眉兮。"洪興祖《補注》引顏師古曰："蛾眉，形若蠶蛾眉也。"蔣驥注："蛾眉，眉之纖曲如蛾也。"或作"娥眉"，同。《楚辭·離騷》："衆女嫉余之娥眉兮。"朱熹《集注》："蛾，一作娥。"《楚辭·大招》："娉目宜笑，娥眉曼只。"〇驚鶴髻：古代髮髻之一。其制未詳，俟考。

孫權名舸爲赤馬[1][一]，言其飛馳如馬之走陸也[2]。又以舟名馳馬[3]。

【校】

【1】張校:"'權'下有'時'字。"顧本、四庫本、《蘇氏演義》卷下、《龍筋鳳髓判》卷三"赤馬之舸"劉允鵬注引同張校。顧校:"據下云'言如馬之走陸',(赤馬)似當作'走馬'。"○《編珠》卷四、《御覽》卷七七○、陳禹謨補注(《書鈔》卷一三八)引《江表傳》無"赤"字。

【2】張校:"無'其飛馳'三字。"顧本、四庫本、《蘇氏演義》同張校。○《編珠》、《御覽》、陳禹謨補注引無"其"字,"陸"下有"地"字。

【3】以舟:陳禹謨補注引作"小舟"。○顧校:"《中華古今注》云:'孫權,吳之主也,時號舸為赤龍,小船為馳馬,言如龍之飛於天,馬之走於陸也。'又以今本有脫誤,當作'孫權時名舸為赤龍,又以舟名馳馬,言如龍之飛天,馬之走陸也'。"今案:結合顧校而細繹文意,則《中華古今注》此條文字的編排甚為有理,當可從。茲仍其舊。○此條,《初學記》卷二五引作"孫權名小船為馳馬"。《類說》卷三六引作"孫權製走馬舡,如馬之馳也"。文字與今本頗有差異。

【箋】

[一] 孫權(182~252):字仲謀,吳郡富春人,三國時吳國開國之君。事詳《三國志·吳書》本傳。○舸:大船。《方言》卷九:"南楚、江、湘,凡船大者謂之舸。"○赤馬:一種輕快之船。《釋名·釋船》:"輕疾者曰赤馬舟,其體正赤,疾如馬也。"

曹真有[駃]馬名驚帆[1][一],取其馳驟如烈風之[舉帆](之)疾也[2][二]。

【校】

【1】張校:"'曹'上有'驚帆'二字。"顧本、馬本、四庫本、《錦繡萬花谷·前集》卷三七、《天中記》卷五五引同張校。○曹真:《錦繡萬花谷·前集》引作"魯直"。《康熙字典》卷三三"飈"字下引作"曹子貞"。○張校:"'馬'上有'駃'字。'名'下有'為'字。"顧本、馬本、四庫本、《御覽》卷八九七、《天中記》卷五五引同張校。今案:諸書有"駃"字,於文義為勝,故據增。《類說》卷三六引"馬"上有"快"字,疑即"駃"之形誤。《示兒編》卷一五引"馬"上有"駿"字。○帆,《康熙字典》引作"飈"。○《廣博物志》卷四六此句作"驚帆,曹真之馬其名驚帆者"。

[二] 張校:"'取'作'言'。"顧本、四庫本、《御覽》卷八九七、《海錄

碎事》卷二二上、《天中記》引,《廣博物志》同張校。○馳驟:《海錄碎事》引無"馳"字。○風之:《海錄碎事》引無"之"字。○張校:"'帆舉之疾'作'舉帆疾'。"顧本、四庫本、《御覽》、《海錄碎事》、《天中記》引,《廣博物志》同張校。今案:諸書"帆舉"乙為"舉帆",無下"之"字,於文義更通暢,故據刪改。○《海錄碎事》引無"也"字。○此句,《類說》引作"其疾若烈風舉帆也"。○此句,《康熙字典》引作"言疾如帆也"。

【箋】

[一] 曹真(?~231):字子丹,沛國譙(今安徽亳州)人,三國時魏國武將。事詳《三國志·魏書》本傳。○駃馬:快馬,駿馬。《廣韻·夬韻》:"駃,駃馬,日行千里。"○驚帆:駿馬名。《履齋示兒編》卷一五:"馬曰驚帆、飛黃、肅爽。"明焦竑《俗書刊誤》卷七:"飄,即帆。曹真有馬號驚帆,言馳驟如風雨也。世因製此字,然實贅。"

[二] 烈風:暴風,疾風。《書·舜典》:"納於大麓,烈風雷雨弗迷。"孔穎達疏:"烈風是猛疾之風。"

魏文帝宮人有絕所寵者[1][一],有莫瓊樹[2]、薛夜來[二]、陳尚衣[3]、段巧笑四人[4],日夕在側[5]。瓊樹乃制[為]蟬鬢[6],縹緲如蟬翼[7][三],故曰蟬鬢[8]。巧笑[始]以錦衣絲履[9],作紫粉拂面[10][四]。尚衣能歌舞。夜來善爲衣裳。一時冠絕[11]。

【校】

【1】張校:"無'有'字。'寵'作'愛'。"顧本、馬本、四庫本,《初學記》卷一九、《御覽》卷三七三、《錦繡萬花谷·後集》卷一五、《天中記》卷二一引同張校。○顧本"所"在"絕"上。顧校:"各本作'絕所愛者',誤。"○《蘇氏演義》卷下無"有"、"所"二字。○絕:《錦繡萬花谷·後集》引無。《古今事文類聚·前集》卷二一引作"最"。

【2】《古今事文類聚·前集》引"有"作"曰"。○《御覽》卷三八一引"莫"作"穆"。

【3】張校:"'陳'作'田'。"顧本,四庫本,《古今事文類聚·前集》、《天中記》引同張校。顧校:"《中華古今注》作'陳尚衣'。"案:《初學記》引亦作"陳尚衣"。○今案:"陳"、"田"二字古音同。《史記·田敬仲完世家》:"(陳)敬仲之如齊,以陳字為田氏。"司馬貞《索隱》:"據史此文,敬仲

199

奔齊，以陳、田二字聲相近，遂為田氏。"

【4】《初學記》，《御覽》卷三七三、三八一，《山堂肆考》卷四〇引"段"作"陳"，殆涉上"陳尚衣"之"陳"而誤。〇馬本，《御覽》卷三七三、三八一引無"四人"二字。

【5】馬本"日"上有"皆"字，"夕"作"夜"，"在"下有"帝"字。

【6】馬本，《初學記》，《御覽》卷三七三、三八一，《海錄碎事》卷七上，《錦繡萬花谷·後集》、《格致鏡原》卷一一引"乃"作"始"。〇為：據馬本，《初學記》、《御覽》卷三七三、《海錄碎事》、《錦繡萬花谷·後集》、《格致鏡原》引增。

【7】"縹緲"上：馬本，《御覽》卷三七三、《海錄碎事》、《格致鏡原》引有"望之"二字，《初學記》、《錦繡萬花谷·後集》引有"挈之"二字。〇四庫本、《御覽》卷三八一引"緲"作"眇"。《錦繡萬花谷·後集》引"縹緲"作"漂渺"。〇翼：張校："無'翼'字。"顧本、四庫本同張校，《天中記》引作"狀"。

【8】四庫本"鬐"作"翼"。〇《錦繡萬花谷·後集》引"故"下有"號"字。

【9】始：原作"姑"。張校："'姑'作'始'。"顧本、四庫本、《蘇氏演義》同張校。據改。〇《蘇氏演義》"以"作"作"。〇四庫本"衣"作"緣"。〇《蘇氏演義》"絲"作"綵"。〇《古今事文類聚·前集》、《玉堂嘉話》卷三、《山堂肆考》引"錦衣絲履"作"妒錦絲"。

【10】《蘇氏演義》無"作"字。〇拂面：張校："'拂'作'弗'。"顧本同張校。顧校："《中華古今注》作'拂面'。當作'拂'為是。"今案："弗"為"艴"之或體。"艴"即《說文》"勃"字古文。諸作"拂"者，以與"弗"音近而通也。《荀子·臣道》"謂之拂。"楊倞注："拂讀爲弼。"《墨子·耕柱》："我何故疾者之不拂而不疾者之拂？"于省吾《新證》："拂、弼古字通。"《玉堂嘉話》卷三引作"塗拂其面"。

【11】馬本"一"上有"皆為"二字，"時"下有"之"字。

【箋】

[一] 魏文帝：即曹丕（187～226），字子桓，沛國譙（今安徽亳州）人。三國時魏國開國之君，著名政治家、文學家。事詳《三國志·魏書》本傳。

[二]《山堂肆考》卷四〇"號曰神針"條："按：夜來本名靈芸，父名業，為鄭鄉亭長。母陳氏隨業舍於亭傍。靈芸年十七，容貌絕世。咸熙中，谷習出

守常山，聞亭長有美女而家甚貧，時文帝選良家子女以入六宮，習以千金寶賂聘之，因以獻帝，甚承寵愛，改名曰夜來。夜來妙於針功，雖處深幃重幄之内，不用燈燭之光，裁製立成。非夜來所縫製，帝不服也。宫中號曰針神。"

[三] 縹緲：亦作"瞟眇"、"縹眇"，同。高遠隱約之貌。《文選·王延壽〈魯靈光殿賦〉》："忽瞟眇以響像，若鬼神之髣髴。"李善注："瞟眇，視不明之貌。"《文選·木華〈海賦〉》："羣仙縹眇，餐玉清涯。"李善注："縹眇，遠視之貌。"

[四] 拂面：遮面。拂：遮蔽。《楚辭·離騷》："折若木以拂日兮。"王逸注："或謂拂，蔽也。以若木鄣蔽日，使不得過也。"《楚辭·大招》："長袂拂面。"郭在貽《解詁》："拂字當訓為蔽，拂、蔽古通用……以長袂遮掩其面，此乃舞女嬌媚之態。"今案：面紗之用，在於遮蔽面部，故面紗亦可稱"拂面"。本文"拂面"即"面紗"義。

問答釋義第八

程雅問董仲舒曰："自古何謂稱三皇五帝[1][一]？"對曰："三皇，三才也；五帝，五常也。三王，三明也；五霸，五嶽也[2][二]。"

【校】

【1】馬本無"自古"二字，"何謂"作"曷為"。今案："何"與"曷"同。《書·盤庚上》："汝曷弗告朕。"孔傳："曷，何也。"孔穎達疏："曷、何同音，故曷為何也。"

【2】馬本"皇"、"帝"、"王"、"霸"下俱有"者"字。○此條又載《御覽》卷七七，有"三皇三才"至"五嶽也"數句，作"董仲舒答問曰"云云，則《御覽》之所出乃《董仲舒答問》，而非《古今注》。

【箋】

[一] 何謂：即"何為"，為什麼。"謂"同"為"。《經傳釋詞》卷二引王念孫曰："謂，猶為也。……《鹽鐵論·憂邊篇》曰：'有一人不得其所，則謂之不樂。'謂之，為之也。……《大戴禮·朝事篇》曰：'禮樂謂之益習，德行謂之益脩，天子之命為之益行。'謂亦為也，互文耳。"又《淮南子·道應訓》："白公曰：'然則人固不可與微言乎？'孔子曰：'何謂不可？'"《漢書·王嘉

傳》："丞相豈兒女子邪？何謂咀藥而死！"兩書中"何謂"皆"何為"也。○三皇五帝：傳說中上古之帝王，文獻載其名號各異。茲姑列其代表性說法數種於下，以備翻檢。三皇：或指（1）伏羲、神農、黃帝。《周禮·春官·外史》："（外史）掌三皇五帝之書。"鄭玄注："楚靈王所謂《三墳》、《五典》。"孔安國《书序》云："伏犧、神農、黃帝之書謂之《三墳》。"《莊子·天運》："余語汝三皇五帝之治天下。"成玄英疏："三皇者，伏羲、神農、黃帝也。"或指（2）伏羲、神農、女媧。《呂氏春秋·用眾》："此三皇五帝之所以大立功名也。"高誘注："三皇，伏羲、神農、女媧也。"或指（3）伏羲、神農、燧人。班固《白虎通·號》："三皇者，何謂也？謂伏羲、神農、燧人也。"或指（4）伏羲、神農、祝融。《白虎通·號》："《禮》曰：伏羲、神農、祝融，三皇也。"或指（5）天皇、地皇、泰皇。《史記·秦始皇本紀》："古有天皇、有地皇、有泰皇。泰皇最貴。"或指（6）天皇、地皇、人皇。《藝文類聚》卷一一引《春秋緯》："天皇、地皇、人皇，兄弟九人，分九州，長天下也。"五帝：或指（1）黃帝（軒轅）、顓頊（高陽）、帝嚳（高辛）、唐堯、虞舜。《史記·五帝本紀》張守節《正義》："太史公依《世本》、《大戴禮》，以黃帝、顓頊、帝嚳、唐堯、虞舜爲五帝。譙周、應劭、宋均皆同。"《白虎通·號》："五帝者，何謂也？《禮》曰：'黃帝、顓頊、帝嚳、帝堯、帝舜也。'"或指（2）太昊（伏羲）、炎帝（神農）、黃帝、少昊（摯）、顓頊。見《禮記·月令》。或指（3）少昊、顓頊、高辛、唐堯、虞舜。《〈書〉序》："少昊、顓頊、高辛、唐、虞之書，謂之五典，言常道也。"皇甫謐《帝王世紀》："伏羲、神農、黃帝爲三皇，少昊、高陽、高辛、唐、虞爲五帝。"或指（4）伏羲、神農、黃帝、唐堯、虞舜。《易·繫辭下》："古者包犧氏之王天下也，……包犧氏沒，神農氏作，……神農氏沒，黃帝、堯、舜氏作。"今案：三皇五帝雖俱為上古聖君，然治術亦有差異。《御覽》卷七七引桓譚《新論》："夫上古稱三皇五帝，而次有三王五霸，此皆天下君之冠首也。故言三皇以道治，五帝用德化。三王由仁義，五伯以權智。其說之曰：無制令刑罰謂之皇，有制令而無刑罰謂之帝，賞善誅惡、諸侯朝事謂之王，興兵約盟、以信義矯世謂之伯也。"

[二] 三才：天、地、人。《易·說卦》："是以立天之道曰陰與陽，立地之道曰柔與剛，立人之道曰仁與義。兼三才而兩之，故《易》六畫而成卦。"據此，則本文答問者所謂"三皇"即指"天皇、地皇、人皇"。○五常：謂仁、義、禮、智、信。《漢書·董仲舒傳》載其《賢良策一》："夫仁、義、禮、智、信五常之道，王者所當修飭也。"《御覽》卷七七引揚子《法言》："五常者，帝王之事。"今案：五帝以五常之道治天下，故稱五常。○三明：亦稱"三辰"，

謂日、月、星。《左傳》桓公二年："三辰旂旗，昭其明也。"杜預注："三辰，日、月、星也。"《雲笈七籤》卷一二引《黃庭內景經·五行》："三明出華生死際。"注："天三明，日月星；人三明，耳目口；地三明，文章華。"〇五霸：或作"五伯"，同。謂歷史上有重大影響之五位君主，文獻載其名號各異。或指(1)夏昆吾，殷大彭、豕韋、周齊桓公、晉文公。《莊子·大宗師》："上及有虞，下及五伯。"成玄英疏："五伯者，昆吾爲夏伯，大彭、豕韋爲殷伯，齊桓、晉文爲周伯，合爲五伯。"或指(2)春秋齊桓公、晉文公、宋襄公、楚莊公、秦繆公。《呂氏春秋·當務》："備說非六王五伯。"高誘注："五伯，齊桓、晉文、宋襄、楚莊、秦繆也。"或指(3)春秋齊桓公、晉文公、楚莊王、吳王闔閭、越王句踐。《荀子·王霸》："雖在僻陋之國，威動天下，五伯是也……故齊桓、晉文、楚莊、吳闔閭、越句踐，是皆僻陋之國也，威動天下，彊殆中國。"或指(4)春秋齊桓公、宋襄公、晉文公、秦穆公、吳王夫差。《漢書·諸侯王表》："衰則五伯扶其弱，與其守。"顏師古注："伯讀曰霸。此五霸謂齊桓、宋襄、晉文、秦穆、吳夫差也。"〇五嶽：我國五大名山之總稱。文獻中記述略有不同。或指(1)東嶽泰山、南嶽衡山、西嶽華山、北嶽恒山、中嶽嵩山。《周禮·春官·大宗伯》："以血祭祭社稷、五祀、五嶽。"鄭玄注："五嶽，東曰岱宗、南曰衡山、西曰華山、北曰恒山、中曰嵩高山。"今所言五嶽，即指此五山。或指(2)東嶽泰山、南嶽霍山、西嶽華山、北嶽恒山、中嶽嵩山。《爾雅·釋山》："泰山爲東嶽，華山爲西嶽，翟山爲南嶽，恒山爲北嶽，嵩高為中嶽。"郭璞注："（霍山）即天柱山。"或指(3)泰山、衡山、華山、嶽山、恒山。《周禮·春官·大司樂》："四鎮、五嶽崩。"鄭玄注："五嶽，岱在兗州、衡在荊州、華在豫州、嶽在雍州、恒在並州。"《爾雅·釋山》："河南，華；河西，嶽；河東，岱；河北，恒；江南，衡。"郭璞注："嶽，吳嶽。"

牛亨問曰[1]："將離［別］相贈之以芍藥者[2][一]，何也[3]？"答曰[4]："芍藥一名［將］離[5]，故將別以贈之[6]，亦猶相招（召）贈以文無[7][二]，文無一名當歸也[8]。

【校】

【1】牛亨：《證類本草》卷八引作"半山"。〇《爾雅翼》卷二、《回魏制幹賀生日》李劉注（《四六標準》卷一四）引"問"下有"董仲舒"三字。

【2】張校："'將離'下有'別'字。"顧本、四庫本、《蘇氏演義》卷下、《御覽》卷九八九、《卮林》卷六、《陸氏詩疏廣要》卷上之上、《六家詩名物

疏》卷二一引同張校。今案：諸書有"別"字，據增。○《記纂淵海》卷九三引、《全芳備祖集·前集》卷三引《本草注》（引案：疑為《古今注》之誤）引無"相"字。○馬本，四庫本，《埤雅·釋草》、《爾雅翼》、《回魏制幹賀生日》李劉注、《厄林》、《陸氏詩疏廣要》、《六家詩名物疏》引無"之"字。○《御覽》、《山堂肆考》卷一三七引無"之"、"者"二字。○此句，《類說》卷三六引作"古者相離贈之以芍藥"。《證類本草》、《癸辛雜識·芍藥》引作"將離將別贈以芍藥"。《詩集傳名物鈔》卷三引作"將離相別贈以芍藥"。《天中記》卷五三引作"將離相別贈以芍藥"。

【3】顧本、四庫本、《蘇氏演義》、《爾雅翼》、《記纂淵海》、《全芳備祖集·前集》、《回魏制幹賀生日》李劉注、《厄林》、《陸氏詩疏廣要》、《六家詩名物疏》引無"也"字。《癸辛雜識》引作"耶"。○馬本無"何也"。

【4】馬本無"答曰"。○《埤雅·釋草》、《山堂肆考》引"答曰"上有"董子"二字。《厄林》引"答曰"上有"董仲舒"三字。

【5】將離：原作"可離"。顧校："各本作'可離'。《字林》一、《御覽》九百八十九、《本草綱目》並引作'將離'。案：離別而贈以芍藥即取'將離'之義，作'將離'是。茲訂正。然諸書引作'可離'者甚多，則其誤蓋已久矣。"今案：顧校是。《記纂淵海》、《癸辛雜識》、《古今韻會舉要》卷二八、《本草綱目·草之三·當歸》引《古今注》，《全芳備祖集·前集》引亦作"將離"，俱可為證。故據改。又：今本《御覽》引作"何離"（《證類本草》、《天中記》引同）。異於顧氏所見。○《類說》引"離"下有"故也"。

【6】以：《記纂淵海》、《回魏制幹賀生日》李劉注引無。《古今韻會舉要》引作"而"。○贈：《全芳備祖集·前集》引作"送"。○此句，馬本作"故曰相贈與芍藥"。《御覽》引作"故將別贈以芍藥"。《埤雅·釋草》作"將別故贈之"。《癸辛雜識》引作"故以此贈之"。《證類本草》、《詩集傳名物鈔》、《天中記》、《陸氏詩疏廣要》引作"故相贈"。

【7】亦猶：《類說》引無。《御覽》、《證類本草》、《天中記》、《陸氏詩疏廣要》引無"亦"字。○顧本無"召"字。顧校："各本衍'召'字，茲據《御覽》、《尔疋翼》引刪。"今案：顧校是，《類說》、《埤雅·釋草》、《回魏制幹賀生日》李劉注引亦無"召"字可證。故據刪。○顧本、四庫本、《埤雅·釋草》、《山堂肆考》引"贈"下有"之"字。○《御覽》引"贈"上有"則"字。○《全芳備祖集·前集》引"贈"作"賜"。○兩"文無"：顧校："《御覽》引'文無'作'蘼蕪'。"《類說》引作"無文"。《記纂淵海》引、《全芳備祖集·前集》引同《御覽》。○馬本此句作"相招召則以文無"七字。

【8】顧本、四庫本、《山堂肆考》引"一"作"亦"。《埤雅·釋草》"文無"上有"故"字,無"也"字。

【箋】
[一] 芍藥:多年生草本植物。花大而美麗,有紫紅、粉紅、白等多種顏色,供觀賞。《埤雅·釋草》:"《韓詩》曰:'芍藥,離草也。詩曰:伊其相謔,贈之以勺藥。'……芍藥榮於仲春,華於孟夏。《傳》曰'驚蟄之節後二十有五日,芍藥榮'是也。華有至千葉者,俗呼小牡丹。今羣芳中,牡丹品第一,芍藥第二,故世謂牡丹為華王,芍藥為華相。又或以為華王之副也。"《通志》卷七五:"崔豹《古今注》云:'芍藥有二種:有草芍藥,有木芍藥。木者花大而色深,俗呼為牡丹,非也。'安期生《服鍊法》云:芍藥有二種:有金芍藥,有木芍藥。金者色白多脂,木者色紫多脈,此則驗其根也。然牡丹亦有木芍藥之名,其花可愛如芍藥,宿枝如木,故得木芍藥之名。芍藥著於三代之際,風雅之所流詠也。牡丹初無名,故依芍藥以為名,亦如木芙蓉之依芙蓉以為名也。牡丹晚出,唐始有聞,貴游趨竸,遂使芍藥為落譜衰宗。"

[二] 文無:亦即"蘪蕪"。草本植物,為"當歸"之別稱。《爾雅翼》卷三:"古詩曰:'上山采蘪蕪,下山逢故夫。'案崔豹《古今注》:'……芍藥一名可離,故將別以贈之。亦猶相招贈以文無,文無一名當歸也。'文無蓋即蘪蕪。以夫當歸,故下山逢之爾。……然今當歸自是一種,非蘪蕪之類。《唐本(草)注》云:'當歸有兩種:一似大葉芎藭,一似細葉芎藭,惟莖葉卑下於芎藭也。'然則古亦以蘪蕪為當歸矣。"今案:《記纂淵海》卷九三引《古今注》、《全芳備祖集·前集》卷三引《本草注》"文無"俱作"蘪蕪",似可作羅氏"文無蓋即蘪蕪"語之旁證。

欲忘人之憂[1],則贈之以丹棘[2],丹棘一名忘(其)憂草[3][一],使人忘其憂也[4]。欲蠲人之忿[5][二],則贈之青堂,青堂一名合懽[6][三],合懽則忘忿[7]。"

【校】
【1】此條文字,原與上"牛亨問曰將離相贈"合為一條。然諸書多置此條於上"合歡樹,似梧桐"條之上,合為一節。雖諸書引載此數句有文字多寡之別,然其不當與上"牛亨問曰將離相贈"合為一條則甚清楚。茲故析出,別為一條,而不與其餘諸條合。〇忘:《御覽》卷九六〇、《錦繡萬花谷·前集》卷

205

七、《古今事文類聚·後集》卷三一、《全芳備祖·前集》卷一四、《臘日》黃希注（《補注杜詩》卷一九）、《天中記》卷五一、《駢志》卷一七引作"躅"。○《蘇氏演義》卷下無"人之"，"憂"下有"者"字。

【2】顧本、四庫本、《爾雅翼》卷三、《御覽》卷九六〇、卷九九六、《錦繡萬花谷·前集》、《古今事文類聚·後集》、《全芳備祖·前集》、《證類本草》卷八、《臘日》黃希注、《天中記》、《駢志》、《山堂肆考》卷一三七、《陸氏詩疏廣要》卷上之上、《六家詩名物疏》卷一八引無"之"字。○馬本無"之以"二字。○《蘇氏演義》、《類說》卷三六引無"則"、"之"字。○此句，《廣博物志》卷四二引作"贈丹棘"。

【3】《類說》、《御覽》卷九九六、《錦繡萬花谷·前集》、《古今事文類聚·後集》、《全芳備祖·前集》、《天中記》、《駢志》、《山堂肆考》、《六家詩名物疏》引無"丹棘"。○忘其憂草：張校："無'其'字。"顧本、四庫本、《御覽》卷九九六、《臘日》黃希注、《山堂肆考》、《六家詩名物疏》引同張校。馬本作"忘思"。《蘇氏演義》、《類說》、《爾雅翼》、《御覽》卷九六〇、《錦繡萬花谷·前集》、《古今事文類聚·後集》、《全芳備祖·前集》、《證類本草》、《天中記》、《駢志》、《廣博物志》引無"其"字、"草"字。今案："忘其憂草"之"其"字殆涉下"忘其憂也"之"其"字而衍。諸書俱無之，是。故據刪。

【4】馬本、《陸氏詩疏廣要》引無"其"字。《證類本草》引無"人"字、"其"字。

【5】《證類本草》引"躅"作"忘"。○《蘇氏演義》無"人之"，"忿"下有"者"字。

【6】《蘇氏演義》、《廣博物志》引無"則"字。○之：顧本、馬本、《蘇氏演義》、《御覽》卷九六〇、《古今事文類聚·後集》、《全芳備祖·前集》、《證類本草》、《天中記》、《駢志》、《山堂肆考》、《陸氏詩疏廣要》引作"以"。《廣博物志》引無。○兩"青堂"：顧本作"青棠"。顧校："各本作'則贈之青堂'，茲據《御覽》九百六十、《天中記》五十一引改。《藝文類聚》八十九引作'青囊'，《楊慎外集》九十八、《本草綱目》三十五並引作'青棠'。"今案：《蘇氏演義》、《全芳備祖·前集》、《駢志》、《山堂肆考》引亦作"青棠"。然馬本、《錦繡萬花谷·前集》、《古今事文類聚·後集》、《證類本草》、《廣博物志》、《本草綱目·木之二·合歡》引則作"青裳"。未知何故。茲仍其舊。○《古今事文類聚·後集》、《天中記》、《駢志》引無下"青堂"。○一名：《山堂肆考》引無"一"字。○合懽：《御覽》卷九六〇、《古今事文類聚·後集》、《天中記》、《駢志》、《廣博物志》引作"合歡"。《陸氏詩疏廣要》引作"歡

合"。今案："懽"同"歡"。《說文·心部》"懽"字段玉裁注："懽與歡，音義皆略同。"○此二句，《類說》引作"贈以合歡"。《錦繡萬花谷·前集》引作"則贈以青裳合歡也"。《全芳備祖·前集》引作"則贈以清棠合歡也"。

【7】《陸氏詩疏廣要》引無"合懽"。○《類說》、《陸氏詩疏廣要》、《山堂肆考》引"念"下有"也"字。○此句，《御覽》卷九六〇、《古今事文類聚·後集》引作"能忘念"。《證類本草》引作"贈之使忘念也"。

【箋】

［一］丹棘：又稱"萱草"、"忘憂草"。《本草綱目·草之五·萱草》："（釋名）忘憂，療愁，丹棘。"李時珍曰："萱，本作諼，諼，忘也。《詩》云：'焉得諼草，言樹之背。'謂憂思不能自遣，故欲樹此草玩味以忘憂也。吳人謂之療愁。……李九華《延壽書》云：'嫩苗為蔬，食之動風，令人昏然如醉，因名忘憂，'此亦一說也。"

［二］蠲：除去，消除。《廣雅·釋詁三》："蠲，除也。"《文選·嵇康〈養生論〉》："合歡蠲忿，萱草忘憂。"李周翰注："蠲，除也。"《史記·李斯列傳》："臣請諸有文學、《詩》、《書》、百家語者，蠲除去之。"其"蠲除去"三字連文，亦可證"蠲"有"去除"之義。

［三］合懽：即"合歡"。植物名。一名"馬纓花"。夜間成對相合，故俗稱"夜合花"。古人以之贈人，謂能去嫌合好。《文選·嵇康〈養生論〉》："合歡蠲忿，萱草忘憂。"《御覽》卷九六〇引《本草經》曰："合歡，味甘平，生川谷。安五臟，和心氣，令人歡樂無憂。又曰：服之輕身明目，出益州。"《本草綱目·木之二·合歡》："（釋名）合昏，夜合，青裳。"

程雅問："拾櫨木一名無患者[1][一]，何也？"答曰[2]："昔有神巫名曰寶（一本作寳）眊[3]，能符劾百鬼[4][二]，得鬼則以此［木］為棒［棒］［殺］之[5]。世人相傳以此木為眾鬼所畏，競取為器[6]，用以却厭邪鬼[7]，故號曰無患也[8]。"

【校】

【1】《類聚》卷八九載有此條，然脫所出書名，以其文字頗同於《古今注》，故用以比勘。○《類聚》無"程雅"。○《類聚》，《御覽》卷九五九、《事類賦》卷二四、《說略》卷五、《天中記》卷五一、《駢志》卷一七、《山堂肆考》卷二三六引無"拾"字。○一名：《山堂肆考》引無"一"字。《類聚》、《說略》、《天中記》、《駢志》、《續編珠》卷二引作"曰"。《御覽》、《事類賦》

207

引作"名曰"。○《類聚》、《御覽》、《事類賦》、《說略》、《天中記》、《駢志》、《山堂肆考》引無"者"字。○此句，馬本作"拾櫨鬼木曰無患"七字。《證類本草》卷一四、《通志》卷七六引但作"木曰無患"。

【2】馬本、四庫本、《續編珠》引無"何也"。○四庫本無"答曰"。○顧校："各本脫'何也答曰'四字，茲據《御覽》九百五十九、《天中記》五十一引增。"

【3】名曰：《類聚》、《御覽》、陳藏器注（《本草綱目·木之二·無患子》引）引、《證類本草》、《通志》、《說略》引無"名"字。《駢志》引無。○寶眊：《類聚》作"無患"。《御覽》、《證類本草》引作"瑤眊"。《說略》、《通志》引作"淫眊"。《駢志》、《續編珠》引無。四庫本、《卮林》卷七引作"寶眊"。顧校："各本'眊'誤作'眊'。茲據《御覽》引作'眊（音餌）'訂正。《本草綱目》三十五引作'瑤眊'，《酉陽雜俎》作'璠眊'，皆訛。《天中記》又引作'瑤芝'。"

【4】《類聚》"能"上有"此木"二字。○"能"下：《御覽》、《事類賦》、《山堂肆考》引有"以"字。《類聚》、《續編珠》引有"作"字。

【5】得鬼則：馬本、《類聚》無"得鬼"二字。《續編珠》引無。○此為棒：馬本"此"作"木"。顧本、《類聚》、陳藏器注、《事類賦》、《證類本草》、《通志》、《說略》、《天中記》、《駢志》、《山堂肆考》、《續編珠》引"此"下有"木"字。顧本、馬本、陳藏器注、《事類賦》、《證類本草》、《通志》、《說略》、《天中記》、《駢志》引"棒"作"棒棒"。《山堂肆考》引"棒"作"棒杖"。顧校："各本作'得鬼則以此為棒殺之'，茲據《御覽》、《綱目》引增。"今案：茲據諸書增"木"、"棒"二字。○殺：原作"投"。馬本作"煞"，其餘諸書作"殺"。故據改為"殺"字。今案："煞"，乃與"殺"通。《資治通鑒》唐順宗永貞元年："則令杖煞之。"胡三省注："殺，與煞同。"

【6】《續編珠》引無"眾"、"競"字。《御覽》引無"以"、"競"字。○畏：《類聚》、《續編珠》引作"惡"。《御覽》引作"畏懼"。○"取"下，馬本、《御覽》引有"此木"二字。《天中記》、《駢志》引有"以"字。○此二句，諸書引漏脫者頗多，茲舉數例如下：陳藏器注引作"世人相傳以此木為器"。《事類賦》引作"世人競取此為器"。《證類本草》、《通志》、《說略》引作"世人相傳以為器"。《天香臺賦》原注（元耶律鑄《雙溪醉隱集》卷一）引作"取此木為器"。《山堂肆考》引作"世人競取"。

【7】《事類賦》引無"用"字。○卻厭邪：《類聚》、陳藏器注引無"却"、"邪"二字。馬本、《御覽》、《事類賦》、《天香臺賦》原注、《山堂肆考》引

"却"在"厭"下。《天中記》、《駢志》引"邪"在"厭"上。○鬼：顧本、《事類賦》、《天香臺賦》原注、《山堂肆考》引作"魅"。陳藏器注引作"鬼魅"。顧校："魅，各本作'鬼'。茲據《御覽》、《綱目》引。"今案：作"鬼"字並無不妥，茲仍其舊。○此句，《證類本草》、《通志》、《說略》引作"用厭鬼"。《續編珠》引作"以厭鬼"。

【8】號曰：《證類本草》、《通志》、《天香臺賦》原注、《說略》、《天中記》、《駢志》引無"號"字。《類聚》、《續編珠》引無"曰"字。○諸書多無"也"字。

【箋】

[一] 拾櫨："無患"之別稱。傳說可鎮壓邪鬼之木。《類聚》卷八九引《纂文》曰："無患，木名也，實可以去垢，核黑如墅。"《酉陽雜俎·續集》卷一〇："無患木，燒之極香，辟惡氣。一名噤婁，一名桓。昔有神巫曰瑤眊，能符劾百鬼，擒魑魅以無患木擊殺之。世人競取此木為器用却鬼，因曰無患木。"《通志》卷七六："無患子曰噤婁，曰桓，其子勻圓如漆，今人貫為數珠。"《格致鏡原》卷六六引《博物要覽》："槵子木生山中，樹甚高大，枝葉皆如椿，其葉對生，五六月開白花，結實如彈丸，生青熟黃，老則文皺，黃時肥如油煠之形。味辛，氣腥且硬，其蒂下有二小子相粘承之，實中一核堅黑如珠，其子可作素珠，碾碎可洗真珠。"

[二] 符劾：克制鬼神的符咒。《後漢書·方術傳下·解奴辜》："（鞠聖卿）善為丹書符劾，厭殺鬼神而使命之。"今案：本文則用為動詞，指念符咒克制鬼神。

牛亨問曰："自古有書契以來[1][一]，便應有筆[2]，世稱蒙恬造筆[二]，何也？"答曰："蒙恬始造即秦筆耳[3]，以[柘][4]木為管[三]，鹿毛為[柱][5]，羊毫為被[6][四]，所謂蒼毫[7]，非兔毫竹管也[8]。"

【校】

【1】牛亨問曰：《說略》卷二二引作"答牛亨曰"。然未明答者為誰。○自古：顧本無"古"字。《御覽》卷六〇五、《古今事文類聚·別集》卷一四、《天中記》卷三八、《山堂肆考》卷一七七引無"自"字。○以來：顧本、《蘇氏演義》卷下、《天中記》引作"已"。今案："已"與"以"同。《荀子·非相》："人之所以為人者何已也？"楊倞注："已與以同。"《山堂肆考》引無。

【2】《御覽》、《古今事文類聚·別集》、《天中記》引"筆"下有"也"字。

【3】《御覽》、《古今事文類聚·別集》、《天中記》、《山堂肆考》引"蒙恬"上有"自"字。○造：馬本、《御覽》、《古今事文類聚·別集》、《天中記》、《山堂肆考》引作"作"。○《御覽》、《古今事文類聚·別集》、《天中記》、《山堂肆考》引無"即"字。○此句，朱長文《墨池編》卷六、蘇易簡《文房四譜》卷一並引作"昔蒙恬之作秦筆也"。《事類賦》卷一五引作"昔蒙恬之為筆也"。史繩祖《學齋佔畢》卷二引作"蒙恬之為筆也"。《事物紀原》卷八引作"恬始秦筆耳"。《說略》引作"恬作筆"。

【4】柘：原作"枯"。顧本、《御覽》、《墨池編》、《文房四譜》、《學齋佔畢》、《事物紀原》、《古今事文類聚·別集》、《毛穎傳》方崧卿注（《韓集舉正》卷一〇）、《山堂肆考》引作"柘"。顧校："各本'柘'作'枯'。《事類賦》十五引作'柘'，《中華古今注》同。茲據訂正。"今案：諸書作"柘"是，據改。

【5】《御覽》、《古今事文類聚·別集》、《天中記》引"鹿"上有"以"字。○柱：原作"拄"。顧本、馬本、四庫本、《蘇氏演義》、《御覽》、《事類賦》、《墨池編》、《文房四譜》、《學齋佔畢》、《爾雅翼》卷二一、《事物紀原》、《古今事文類聚·別集》、《毛穎傳》方崧卿注、《說略》、《天中記》、《山堂肆考》引俱作"柱"。今案：當作"柱"，據改。作"拄"者，形近而訛。

【6】張校："'毫'作'毛'。"馬本、四庫本、《蘇氏演義》、《御覽》、《事類賦》、《墨池編》、《文房四譜》、《學齋佔畢》、《爾雅翼》、《古今事文類聚·別集》、《毛穎傳》方崧卿注、《說略》、《天中記》、《山堂肆考》引同張校。顧本"毫"作"皮"。今案：作"毫"、作"毛"，其義一也，茲仍其舊。○被：《爾雅翼》引作"皮"。

【7】所謂：馬本作"所為"。《墨池編》、《文房四譜》引作"所以"。○毫：《御覽》引作"豪"。下同。

【8】非兔毫：馬本、《墨池編》引"非"下有"為"字。《事類賦》引作"非謂兔毛"。《學齋佔畢》引作"亦非謂兔毛"。○竹管：馬本"管"下有"筆"字。《毛穎傳》方崧卿注引無。○此句下，《御覽》、《古今事文類聚·別集》、《天中記》引有"非謂古筆也"五字。《山堂肆考》引有"非謂古無筆也"六字，於義似更勝。今案："非謂古筆也"之類，當為豹書佚文，後脫去。○又案：《北戶錄》卷二亦載有此條文字，"牛亨問"三字作"世有短書，名為《董仲舒答牛亨問》"，是知《董仲舒答牛亨問》和《古今注》二書並載有此條文

字。《北戶錄》所引極簡略，茲附於此："世有短書，名為《董仲舒答牛亨問》，曰：'蒙恬作秦筆，枯木為管，鹿毛為柱，羊毛為被，所謂蒼毫，非兔毫也。'"《類說》卷一三亦引《董仲舒答牛亨問》此條文字，並附於此，其曰："《董仲舒答牛亨問》曰：蒙恬以枯木為管，鹿毛為柱，羊毛為被，所謂蒼毫，非兔毫竹管也。"（陳啟源對《董仲舒答牛亨問》一書有精略說明，有助於認識該書。其《毛詩稽古編》卷三曰："案：《董仲舒答牛亨問》，漢短書名也。張華《博物志》、崔豹《古今注》皆載其語。仲舒去古未遠，所聞必有據。"原注："王充《論衡》云：二尺四寸，聖人之語漢事未見于經，謂之尺藉短書。"）又案：《續博物志》卷一〇引此條文字，脫略甚多，亦附此。其曰："蒙恬以枯木為管，以鹿毛為柱，羊毛為被，所謂毫，非今之竹兔也。"

【箋】

［一］書契：文字。《易·繫辭下》："上古結繩而治，後世聖人易之以書契。"陸德明《釋文》："書者，文字。契者，刻木而書其側。"

［二］《類聚》卷五八引張華《博物志》曰："秦蒙恬造。"《墨池編》卷六："又《史記》云：始皇令蒙恬與太子扶蘇築長城，恬取中山兔毛造筆，令判案也。"《廣博物志》卷三〇引《物原》："虞舜造筆，以漆書於方簡。"〇蒙恬（？～前210）：祖籍齊國，山東人。秦代名將。事詳《史記·蒙恬列傳》。

［三］柘：木名。桑科。木質密緻堅韌，是貴重的木料。《周禮·考工記·弓人》："弓人為弓，取六材必以其時……凡取幹之道七：柘為上，檍次之，檿桑次之。"

［四］被："髲"之古字。假髮。《詩·召南·采蘩》："被之僮僮，夙夜在公。"朱熹《集傳》："被，首飾也。編髮為之。"《義府續貂·髲》："《說文》'髲篆'段注曰：'《鄘風》《正義》引《說文》云："髲，益髮也。言人髮少，聚他人髮益之。"……髲字不見於經傳，假被字為之。'案《三國志·吳志·薛綜傳》：'覩其好髮，髠取為髲。'往時嘉興婦女稱假髮曰髲子。……古人所謂義髻，亦髲之屬也。髲者，被之分別文。"〇今案：本文"被"義為"筆頭"。"被"（即"髲"）義為頭上之假髮，編髮為之；而毛筆之筆頭亦束毫而成，與假髮相類，故亦可稱"被"（即"髲"）。

［牛亨］又問[1]："彤管何也[2][一]？"曰[3]："彤者[4]，赤漆耳。史官載事[5]，故以彤管，用赤心記事也[6]。"

【校】

【1】此條文字，原與上"牛亨問曰自古有書契以來"條合爲一條，然諸書多別爲一條。推測文意，以別爲一條爲勝。茲故據諸書析出，別爲一條。○"牛亨"二字，據諸書補。

【2】《御覽》卷六○五、《天中記》卷三八引"彤管"上有"筆有"二字。

【3】張校："'曰'上有'答'字。"《蘇氏演義》卷下、《御覽》、《事類賦》卷一五、《記纂淵海》卷二九、《古今事文類聚·新集》卷二三、《天中記》、《山堂肆考》卷五九引同張校。

【4】《御覽》、《事類賦》、《山堂肆考》引無"者"字。

【5】《御覽》引"史官"上有"使"字。

【6】故以：《事類賦》、《山堂肆考》引作"用"。○彤管：《御覽》、《事類賦》、《天中記》、《山堂肆考》引作"赤管"。○用：《御覽》引作"言用"。《事類賦》、《天中記》、《山堂肆考》引作"言以"。○記事：《事類賦》引作"紀事"。○此句，《記纂淵海》、《古今合璧事類備要·後集》卷四二、《古今事文類聚·新集》引作"用彤管以記事"。

【箋】

[一] 彤管：杆身漆朱之筆。《詩·邶風·靜女》："靜女其孌，貽我彤管。"鄭玄箋："彤管，筆赤管也。"陳奐《傳疏》引董仲舒曰："彤者，赤漆耳。"《後漢書·皇后紀序》："女史彤管，記功書過。"李賢注："彤管，赤管筆也。"

孫興公問曰[1][一]："世稱黃帝鍊丹於鑿硯山乃得仙[2]，乘龍上天，羣臣援龍髯[二]，髯墜而生草曰龍髯[3][三]，有之乎？"答曰："無也[4]。有龍髯草，一名縉雲草[四]，故世人爲之妄傳[5]。至如今有虎鬚草[6][五]，江東亦織以爲席，號曰西王母席[7][六]，可復是西王母乘虎而墮其鬚也[8]？"

【校】

【1】此句上，馬本有"孫綽字興公也作天臺山賦擲地作金聲"十六字，殆非豸書原有。

【2】馬本無"鍊丹於"三字，"硯"作"峴"，無"乃"字。今案：當從馬本作"峴"，山名。作"硯"於義不協，殆形近而誤。

【3】馬本"而"上有"地"字，"曰"上有"世名"二字。

【4】馬本"無"作"非"。

【5】馬本"妄傳"作"傳非也"。

【6】顧本"如"作"於"。○此句，馬本作"今草有龍鬚者"。今案：馬本作"龍鬚"誤，下云"乘虎而墮其鬚"可證當作"虎鬚"。

【7】馬本無"號"字，"王"作"皇"。

【8】馬本"乘"作"騎"，"也"作"乎"。

【箋】

[一] 孫興公：即孫綽（314～371），字興公。東晉太原中都（今山西平遙）人。著名玄學家，玄言詩之代表詩人。事詳《晉書》本傳。

[二] 黃帝"乘龍上天"事亦見《史記·孝武本紀》："黃帝采首山銅，鑄鼎於荊山下。鼎既成，有龍垂胡顉下迎黃帝。黃帝上騎，羣臣後宮從上龍七十餘人，龍乃上去。餘小臣不得上，乃悉持龍顉，龍顉拔，墮黃帝之弓。"然《史記》所記與《古今注》頗有異，未知《古今注》所據何本？○鑿硯山：當從《中華古今注》作"鑿峴山"。即"峴山"，又名"峴首山"。在今湖北襄陽縣南。

[三] 龍鬚：即"龍鬚草"，"龍芻"草之別稱。莖可織席。《編珠》卷一引《東陽記》曰："北山南面有春草巖，巖澗盡生龍鬚草。"《御覽》卷五八九引吳普《本草》曰："石龍芻，一名龍脩，一名龍鬚，一名續斷，一名龍珠，一名草毒，一名龍華，一名懸莞。"《李太白集注·魯東門觀刈蒲》："此草最可珍，何必貴龍鬚。"王琦注："《蜀本草》：龍芻，叢生，莖如綖，所在有之，俗名龍鬚草，可為席。"《本草綱目·草之四·石龍芻》李時珍《集解》："龍鬚，叢生，狀如粽心草及鳧茈，苗直上。夏月莖端開小穗花，結細實，並無枝葉。今吳人多栽蒔織席，他處自生者不多也。"

[四] 縉雲草：亦即"龍鬚草"。縉雲本山名，在今浙江縉雲縣境，又名仙都山，傳為黃帝時縉雲氏封地。以此處產龍鬚草，故又稱縉雲草。《元和郡縣誌》卷二七："縉雲山，一名仙都，一曰縉雲，黃帝煉丹於此。"《御覽》卷四七引《郡國志》曰："括州括蒼縣縉雲山，黃帝遊仙之處，有孤石特起，高二百丈，峰數十，或如羊角，或似蓮花，謂之三天子。都有龍鬚草，云群臣攀龍髯所墜者。"《本草綱目·草之四·石龍芻》："（釋名）龍鬚，龍修，龍華，龍珠，懸莞草，續斷，縉雲草。"李時珍曰："縉雲，縣名，屬今處州。仙都山產此草，因以名之。"

[五] 虎鬚草：即"燈芯草"，又稱"碧玉草"。可用以織席，古代亦可用於燈芯。《本草綱目·草之四·燈芯草》："（釋名）虎鬚草，碧玉草。"李時珍

213

《集解》:"《志》曰:'燈心草,生江南澤地,叢生,莖圓細而長直,人將為席。'……此即龍鬚之類,但龍鬚緊小而瓤實,此草稍粗而瓤虛白。吳人栽蒔之,取瓤為燈炷,以草織席及蓑。他處野生者不多。"

[六]西王母:中國古代神話中之女仙人。《山海經·西山經》:"西王母,其狀如人,豹尾虎齒而善嘯,蓬髮戴勝。"《大戴禮記·小辨》:"西王母,神也,其狀如人。"

牛亨問曰[1]:"冕旒以繁露者[2][一],何也?"答曰:"綴玉而下垂,如繁露也[3]。"

【校】

【1】此條文字,並載於《古今事文類聚·別集》卷二、《文獻通考》卷一八二、《稗編》卷四三、《經義考》卷一七一,但作"牛亨問崔豹"云云,雖不標《古今注》之名,然文字幾全同。而《玉海》卷四〇則徑引作"牛亨問崔豹"。是則宋元明清人所見《古今注》此條有作"牛亨問崔豹"者,惟鈔撮之際或具名或不具名耳。今所見諸本"問"下無"崔豹"者,或源自別本,或傳抄時脫去。

【2】四庫本無"者"字。〇馬本無"旒以"二字,"者"在"冕"下。〇《御覽》卷六八六、《山堂肆考》卷一八八、《格致鏡原》卷一三引"以"作"稱"。《天中記》卷四七引"以"作"如"。

【3】張校:"'玉而下垂'作'珠垂下'。'如'上有'重'字。"〇顧本、四庫本同張校。顧校:"《御覽》六百八十六引作'綴而下垂,如露之繁多,故曰繁露'。《事類賦注》十二引作'綴玉而垂下,如露之繁多也'。"今案:《天中記》、《山堂肆考》、《格致鏡原》引同《御覽》。〇馬本"如繁露"作"如露而繁"。〇《蘇氏演義》卷下無"垂"字,餘同張校。

【箋】

[一]冕旒:古代大夫以上的禮冠。頂有延,前有旒(亦作"斿",作"鎏"),故曰"冕旒"。天子之冕十二旒,諸侯九,上大夫七,下大夫五。《禮記·玉藻》:"天子之冕,朱綠藻,十有二旒。諸侯九,上大夫七,下大夫五,士三。"《孔子家語·入官》:"古者聖主冕而前旒,所以蔽明也。"今案:凡冕之綴旒者,似皆有"蔽明"之效。〇以:通"似"。《易·明夷》:"內難而能正其志,箕子以之。"陸德明《釋文》:"以之,鄭、荀、向作'似之'。"高亨注:

214

"按'以'借爲'似'。"《左傳》襄公三十一年"令尹似君矣"孔穎達疏引服虔曰："言令尹動作以君儀，故云'以君矣'。"則服虔所見本"似"正作"以"。○繁露：謂古代帝王貴族冕旒上所懸的玉串。以其象眾多露滴懸垂，故稱。《毛詩名物解》卷二"露"條："《造化權輿》曰：'中央之氣露，露形如珠，故古者冕旒如之。'董子曰：'冕旒下垂，如綴繁露，或謂之繁露也。'……冠，天象也。故弁飾望之如星，而冕旒如綴繁露。"《鹽鐵論·散不足》："今富者皮衣朱貉，繁露環佩。"王利器注："繁露即瑬，也就是垂玉，言其綴而下垂，如露珠兒一般繁多。"

程雅問曰："堯設誹謗之木[一]，何也[1]?"答曰[2]："今之華表木也[3][二]。以橫木交柱頭[4]，狀若花也[5]，形似桔橰[6][三]，大路交衢悉施焉[7][四]。或謂之表木，以表王者納諫也，亦以表識衢路也[8]。秦乃除之，漢始復修焉[9]。今西京謂之交午木[10][五]。"

【校】

【1】《事物紀原》卷一〇、《玉海》卷九〇引無"曰"字。○《玉海》引作"答程雅問堯謗木"。

【2】《事物紀原》引無"答"字。

【3】馬本、《御覽》卷一九七引無"表"字。○《御覽》、李誡《營造法式》卷二、《事物紀原》引無"木也"二字。

【4】橫木：《御覽》引作"櫎木"。《事物紀原》引無"橫"字。○此句下，《文選·潘岳〈懷舊賦〉》李善注引有"古人亦施之於墓"。今案：《事物紀原》引於下文"或謂之表木"下亦有"蓋始於堯設之也，後立於塚墓之前，以記其識也"數句，較李善注引尤詳。此二書所引文字頗不同且詳略各異，然都表述了古人將華表木施之於墓的意思，茲可證今本豸書此條必有佚文。至於佚文當從李善注引，抑或從《事物紀原》引，則難以抉擇。且佚文當置於何句之下，亦不得而知。特表於此，以志疑。

【5】若：《御覽》、《營造法式》引作"如"。○花：顧本、馬本、《御覽》、《營造法式》引作"華"。今案："花"者，"華"之俗字，產生於魏晉時期。《廣雅·釋草》："花，華也。"王念孫《疏證》："顧炎武《唐韻正》云：'考花字自南北朝以上，不見於書。……唯《後魏書·李諧傳》載其《述身賦》曰："樹先春而動色，艸迎歲而發花。"又曰："肆雕章之腴旨，咀文苑之英華。"花字與華並用。而五經，楚辭，諸子，先秦兩漢之書，皆古本相傳，凡華字未有

215

改為花者。'……引之案：《廣雅》釋花為華，《字詁》又云：'蘤，古花字。'則魏時已行此字，不始於後魏矣。"○《營造法式》引無"也"字。○此句，《事物紀原》引作"如狀華"，義不可通。

【6】馬本"似"作"如"。○橰：馬本、四庫本、《蘇氏演義》卷下、《御覽》、《營造法式》、《玉海》引作"桔"。今案："橰"、"桔"字同。○《事物紀原》引作"形似褐禊之狀"。

【7】《事物紀原》引無"大路"。○交衢：《玉海》引作"高衢"。

【8】"諫也"、"路也"：《御覽》、《營造法式》引無"也"字。

【9】修：《御覽》、《營造法式》引無。《玉海》引作"脩"。今案："脩"通"修"。《字彙補·肉部》："脩，與修通。"○《御覽》引無"焉"字。

【10】木：張校："'木'作'也'。"四庫本同張校。馬本作"柱也"二字。《御覽》、《營造法式》引作"柱"。

【箋】

[一] 誹謗之木：供百姓書寫政治缺失之表木。《史記·孝文本紀》："上曰：古之治天下，朝有進善之旌，誹謗之木，所以通治道而來諫者。"裴駰《集解》："服虔曰：'堯作之，橋梁交午柱頭。'應劭曰：'橋梁邊板，所以書政治之愆失也，至秦去之，今乃復施也。'"司馬貞《索隱》："按《尸子》云：'堯立誹謗之木。'韋昭曰：'慮政有闕失，使書於木。此堯時然也，後代因以為飾。今宮外橋梁頭四植木是也。'鄭玄注《禮》云：'一縱一橫為午，謂以木貫表柱四出，即今之華表。'崔浩以為木貫柱四出名'桓'，陳楚俗桓聲近和，又云'和表'，則'華'與'和'又相訛也。"

[二] 華表：古代用以表示王者納諫或指示道路之木柱。後亦多以石製成。《洛陽伽藍記·龍華寺》："（洛水）南北兩岸有華表，舉高二十丈，華表上作鳳凰，似欲沖天勢。"周祖謨《校釋》："華表，所以表識道路者也。……古代建築前路邊每有石華表。"

[三] 橰橰：亦作"桔橰"，"挈橰"，"挈皋"等，俱為一詞之異寫。此即轆轤，用以汲水之器具。《御覽》卷七六五引《通俗文》曰："機汲曰桔橰。"《六書故·植物一》"桔"字下曰："挈橰也，亦作桔橰。"又"橰"字下曰："桔橰也。莊周曰：'有械於此，鑿木為機，前重後輕，挈水若抽，其名為橰。'古亦單作'挈皋'。"《別雅》卷五："《禮記·喪大記》注：'以紼繞碑閒之鹿盧，輓棺而下之。'鹿盧，即轆轤也。《廣韻》：'轆轤，圓轉木也。'井上汲木亦為轆轤，皆因其環轉而名之。"

［四］交衢：道路交錯之處。《孔子家語·入官》："六馬之乖離，必於四達之交衢。"《杜詩詳注·哀王孫》："不敢長語臨交衢。"仇兆鰲注："嵇康詩：'楊氏嘆交衢。'注：'交衢，謂路相交錯，要衝之所。'"

［五］交午木：即華表。以華表由一縱一橫之木交叉而成，故稱。午：縱橫相交。《儀禮·大射》："度尺而午。"鄭玄注："一縱一橫曰午。"

牛亨問曰："籍者，何也?"答曰："籍者，尺二竹牒[1]，記人之年名字物色，縣[2]之宫門，案[3]省相應，乃得入也[4][一]。"

【校】
【1】尺二：馬本作"一尺二寸"。
【2】馬本、《御覽》卷九六二引"縣"作"懸"。〇今案："縣"爲"懸"之古字。《說文》："縣，繫也。"朱珔注："此即縣掛本字。"《廣韻·先韻》："縣，《說文》云：'繫也。'相承借爲州縣字。懸，俗。今通用。"
【3】《御覽》引"案"作"按"。今案：此處"案"爲"考查、考核"義，此義亦可用"按"字。《正字通·木部》："案，考也。通作按。"
【4】顧本"也"作"焉"。〇今案：此條文字亦見於《漢書·元帝紀》顏師古注引應劭語，文字差有出入而已。茲明豹書此條乃取自應劭也。

【箋】
［一］《漢書·元帝紀》："令從官給事宫司馬門中者，得爲大父母父母兄弟通籍。"顏師古注引應劭曰："籍者，爲二尺竹牒，記其年紀、名字、物色，縣之宫門，案省相應，乃得入也。"〇竹牒：即竹簡。《蘇氏演義》卷下："《急就篇》曰：'以竹爲書牋，謂之簡。'《釋名》云：'簡者，編也，可編錄記事而已。'又曰：'簡者，略也，言竹牒之單者，將以簡略其事，蓋平板之類耳。'"〇案省：同義連文，義爲"考查，察驗"。《正字通·木部》："案，考也。"《禮記·禮器》："禮不可不省也。"鄭玄注："省，察也。"

程雅問曰："凡傳[1]者[一]，何也?"答曰："凡傳皆以木爲之[2]，長尺五寸[3]，書符信於上[4]，又以一版封之，［皆］封以御史印章[5][二]，所以爲信也[6]，如今之過所也[7][三]。"

217

《古今注》校箋

【校】

【1】馬本無"凡"字。

【2】凡：馬本、《玉海》卷八五引無。○皆：馬本作"者"。《玉海》引無。

【3】張校："無'尺'字。"顧本、四庫本、《玉海》引同張校。○馬本"尺"上有"一"字。

【4】馬本"於"下有"其"字，似更順暢。

【5】版：馬本、四庫本、《玉海》引作"板"。今案："版"即古"板"字。《說文・片部》："版，判也。"段玉裁注改"判"為"片"，曰："舊作'判也'，淺人所改，今正。凡施於宮室器用者皆曰版。今字作板。"○皆：原作"階"，張校："'階'作'皆'。"顧本、四庫本、《玉海》引同張校。今案：作"皆"是，據改。○此二句，馬本作"又一板封以御史印章"。

【6】馬本"為"下有"期"字，無"也"字。

【7】馬本"如今"上有"即"字。○此句下，馬本尚有"言經過所在為證也"八字。未識為豹書佚文，抑或馬縞所添之注？

【箋】

[一] 傳：符信。任官之憑證。《漢書・王莽傳上》："自三輔、三公有事府第，皆用傳。"顏師古注引孟康曰："傳，符也。"《後漢書・陳蕃傳》："以諫爭不合，投傳而去。"李賢注："傳謂符也。"

[二] 《漢書・平帝紀》："在所為駕一封軺傳。"顏師古注引如淳曰："律，諸當乘傳及發駕置傳者，皆持尺五寸木傳信，封以御史大夫印章。"據如淳說，知傳以木為之，長一尺五寸，須封以御史大夫印章。是則《古今注》此條所本。

[三] 過所：古代過關津時所用的憑證。又稱"傳"、"繻"、"契"等。《周禮・地官・司關》"則以節傳出之"鄭玄注："傳，如今移過所文書。"《資治通鑒》後漢隱帝乾祐二年："行道往來者，皆給過所。"胡三省注："盛唐之制，天下關二十六，度關者從司門郎中給過所，猶漢時度關用傳也。宋白曰：古書之帛謂繻，刻本為契，二物通謂過所也。"楊慎《丹鉛續錄・過所》："過所者，今之行路文引也。"○今案：本文"如今之過所也"當本於鄭玄注。

牛亨問曰："草木，生類乎[一]？"答曰："生類也。"又曰[1]："有識乎[二]？"答曰："無識也[2]。"又曰："無識，寧得為生類也[3]？"答曰："物有生而有識者，有生而無識者，有不生而有識者，有不生而無識者。夫生而有識者，蟲類也[三]；生而無識者，草木也；不生而無識者，水土也；不生而有識者，鬼神也[4]。"

【校】

【1】馬本無"又曰"二字。○《御覽》卷九九四引無"答曰"至"又曰"七字。

【2】答曰：馬本無"答"字。○無識：馬本作"亡識"。下同。○馬本無"也"字。

【3】又曰：馬本作"問"。○寧得：馬本無"得"字。○《御覽》引無"答曰"至"生類也"十五字。

【4】馬本、《御覽》引"蟲類"、"草木"、"水土"、"鬼神"下俱有"是"字。○馬本、《御覽》引"不生而無識者，水土是也"在最末。今案：據上"不生而有識"、"不生而無識"之文字順序，則馬本、《御覽》引當可從。○馬本"鬼神"作"神鬼"。

【箋】

[一] 生類：泛指一切有生命之物。《文選·張衡〈東京賦〉》："方其用財取物，常畏生類之殄也。"薛綜注："生類，謂天下萬物之類也。"

[二] 識：思想意識，心性。《後漢書·馬融傳論》："固知識能匡欲者鮮矣。"李賢注："識，性也。"《文選·顏延之〈五君詠·阮步兵〉》："阮公雖淪跡，識密鑒亦洞。"李善注："識，心之別名。湛然不動謂之心，分別是非謂之識。"

[三] 蟲類：古指含人在內之一切動物。《大戴禮記·易本命》："有羽之蟲三百六十，而鳳凰為之長；有毛之蟲三百六十，而麒麟為之長；有甲之蟲三百六十，而神龜為之長；有鱗之蟲三百六十，而蛟龍為之長；倮之蟲三百六十，而聖人為之長。"

牛亨問曰："蟻名玄駒者[一]，何也[1]？"答曰："河內人並河[二]而[居]見人馬數千萬[2]，[騎]皆[大]如黍米[3]，遊動[4]往來，從旦[5]至暮，家人以火燒之[三]，人皆是蚍蜉[6]，馬皆是[7]大蟻。故今人呼蚍蜉為[8]黍民，名蟻曰玄駒也[9][四]。"

【校】

【1】《事類賦》卷三○、《山堂肆考》卷二二八、《格致鏡原》卷九八引

"問"下有"董仲舒"三字。○蟻名：《古今事文類聚·後集》卷四九、《古今合璧事類備要·別集》卷九三引作"蟻為"。《山堂肆考》引無。《事類賦》、《格致鏡原》引作"蟻曰"。○《事類賦》、《山堂肆考》、《格致鏡原》引無"者"字。○《古今事文類聚·後集》、《古今合璧事類備要·別集》引無"也"字。

【2】河內：《天中記》卷五七引作"河南"，誤。○並河：《古今事文類聚·後集》、《古今合璧事類備要·別集》、《韻府群玉》卷三"玄駒"條、《山堂肆考》、《格致鏡原》引無。顧校："《御覽》九百四十七引作'無何'。"《事類賦》引同《御覽》。今案：今本《御覽》仍作"並河"，異於顧氏所據本。○而：《事類賦》、《古今事文類聚·後集》、《古今合璧事類備要·別集》、《韻府群玉》、《山堂肆考》、《格致鏡原》引無。《蘇氏演義》卷下"而"下有"居"字。今案：有"居"字於文義尤顯豁。茲據增。○"見"下：顧本、《御覽》卷九四七、《事類賦》、《山堂肆考》、《格致鏡原》引有"有"字。○人馬：《古今事文類聚·後集》、《古今合璧事類備要·別集》引無"人"字。《韻府群玉》引作"人騎馬"。今案：《韻府群玉》引於義更勝。○數千萬：《類說》卷三六引無"萬"字。《古今事文類聚·後集》、《古今合璧事類備要·別集》、《韻府群玉》、《山堂肆考》引作"數十萬"。

【3】顧本、《事類賦》、《古今事文類聚·後集》、《古今合璧事類備要·別集》、《韻府群玉》、《山堂肆考》、《格致鏡原》引"皆"上有"騎"字，"如"下有"大"字。顧校："各本脫'騎'字、'大'字，茲據《御覽》、《爾疋翼》、《音釋》引增。"今案：上既言"人馬數千萬"，下又言"人皆是蚊蚋，馬皆是大蟻"，則此處"皆"上當有"騎"字為是。故據增。又諸書多有"大"字，亦據增。○《類說》引無"皆"字。○黍米：四庫本作"黍麥"。《山堂肆考》引作"黍粟"。

【4】遊動：顧本、《御覽》、《事類賦》、《山堂肆考》、《格致鏡原》引作"旋動"。《古今事文類聚·後集》、《古今合璧事類備要·別集》引作"遂遊"。

【5】《御覽》、《事類賦》、《古今事文類聚·後集》、《古今合璧事類備要·別集》、《山堂肆考》、《格致鏡原》引"旦"作"朝"。

【6】《韻府群玉》引無"家人"。○燒：《蘇氏演義》卷下作"燭"。《御覽》引作"燒殺"。今案：推測文意，似當從《蘇氏演義》作"燭"字，義為"照，照看"。《玉篇·火部》："燭，照也。"若作"燒"或"燒殺"，似覺於義未安。○皆是：《古今事文類聚·後集》、《古今合璧事類備要·別集》、《韻府群玉》、《山堂肆考》引作"皆成"。○此二句，《類說》引作"燒之，蚊蚋也"。

《海錄碎事》卷二二下作"以火燒之,人成蚊蚋"。今案:《海錄碎事》載此條未注出處,觀其文字,當出《古今注》。古人引書不明出處,亦多有之。

【7】皆是:《御覽》、《類說》、《事類賦》、《古今事文類聚·後集》、《古今合璧事類備要·別集》、《韻府群玉》、《山堂肆考》、《格致鏡原》引作"皆成"。《海錄碎事》作"成"。

【8】《類說》、《海錄碎事》無"今人"。○為:四庫本、《蘇氏演義》、《御覽》、《類說》、《事類賦》、《古今事文類聚·後集》、《古今合璧事類備要·別集》、《韻府群玉》、《天中記》、《山堂肆考》、《格致鏡原》引作"曰"。

【9】《類說》、《事類賦》、《古今事文類聚·後集》、《古今合璧事類備要·別集》、《韻府群玉》、《山堂肆考》、《格致鏡原》引、《海錄碎事》無"名"、"也"字。○今案:《事物紀原》引此條文字脫漏甚多,姑附於此,以見古人引書之疏略。其曰:"蟻名玄駒,何也?曰:河內人並河見人馬數十萬,皆如黍米動遊,人以火燒之,人皆蚕蚋,馬皆大蟻。今人名蚕蚋曰黍,蟻曰玄駒。"

【箋】

[一] 玄駒:亦作"玄蚼"。蟻(或作"螘")之別名。《方言》卷一一:"蚍蜉,齊魯之間謂之蚼蟓,西南梁益之間謂之玄蚼,燕謂之蛾蛘。"戴震《疏證》:"《禮記·檀弓篇》:'蟻結於四隅。'鄭注云:'蟻,蚍蜉也。殷之蟻結似今蛇文畫。'《學記》:'蛾子時術之。'注云:'蛾,蚍蜉也。蚍蜉之子,微蟲耳。時術,蚍蜉之所為,其功乃復成大垤。'《釋文》云:'蛾,本或作蟻。'《爾雅》:'蚍蜉,大螘,小者螘,其子蚳。'郭璞注云:'齊人呼螘為蛘蚳。螘,卵也。'《釋文》云:'螘,本亦作蛾,俗作蟻。字音同。'又引《字林》云:'北燕人謂蚍蜉曰蟻蛘。'"《大戴禮記·夏小正》:"玄駒賁。玄駒也者,螘也。賁者何也,走於地中也。"

[二] 並河而居:依河而居。並:通"傍"。依,挨著。《史記·秦始皇本紀》:"自榆中並河以東,屬之陰山。"裴駰《集解》引服虔曰:"並音傍。傍,依也。"

[三] 家人:猶"人家",意即住戶。

[四]《事物紀原》卷一○"駒"條曰:"今人名蚊蚋曰黍,蟻曰玄駒,宜自漢始也,揚雄《法言》曰'吾見玄駒之步'云。"○今案:蚊蚋形如黍米,故曰黍民;螞蟻色黑,形似小駒,故曰玄駒。

牛亨問[董仲舒]曰[1]:"蟬名[2]齊女者,何也[3]?"答曰[4]:"[昔]齊

221

《古今注》校笺　>>>

王后忿而死[5]，尸變[6]爲蟬，登庭樹嘒唳而鳴[7][一]，王悔恨[8]。故世名蟬曰齊女也[9]。"

【校】

【1】《初學記》卷三〇、《錦繡萬花谷·後集》卷四〇"牛亨"上有"董仲舒答問曰"六字，其餘文字多同此條。觀"董仲舒答問"似為書名，則此條文字出《董仲舒答問》而不出《古今注》可知。然則今本《古今注》此類條目乃後世誤抄入《古今注》，抑或此類條目本《古今注》原有，而後人將此類條目析出別行，號曰《董仲舒答問》歟？是非之際，遽難定論，姑存疑俟考。○"問"下：《御覽》卷九四四、《事類賦》卷三〇、《古今事文類聚·後集》卷四八、《記纂淵海》卷一〇〇、《古今合璧事類備要·別集》卷九二、《格致鏡原》卷九六引有"董仲舒"三字。《初學記》引《董仲舒答問》有"仲舒"二字。《天中記》卷五七引同《初學記》。今案：諸書皆有"董仲舒"三字，當爲今本誤脫。故據增。

【2】名：《御覽》引作"謂"。《記纂淵海》引作"為"。

【3】也：四庫本、《御覽》、《記纂淵海》引無。○《古今事文類聚·後集》、《古今合璧事類備要·別集》、《天中記》引作"故"。《初學記》引《董仲舒答問》"也"亦作"故"字。

【4】《事物紀原》卷一〇引無"答曰"。○"答曰"下文字亦載於《海錄碎事》卷二二下，作"董仲舒"云云，不標《古今注》之名，然則其出於《董仲舒答問》也。

【5】馬本、《御覽》、《事類賦》、《古今事文類聚·後集》、《記纂淵海》、《古今合璧事類備要·別集》、《天中記》、《格致鏡原》引"齊"上有"昔"字。《初學記》引《董仲舒答問》亦如之。今案：諸書具有"昔"字，於義更勝。茲據增。○馬本無"王"字。○《海錄碎事》、《古今事文類聚·後集》、《記纂淵海》、《古今合璧事類備要·別集》、《天中記》引"王后"作"王之后"。《初學記》、《錦繡萬花谷·後集》引《董仲舒答問》亦如之。○忿而死：顧校："《御覽》九百八十四引作'怨而死'，《事類賦》三十引作'怒而死'，《太平廣記》四百七十三引作'怒死'。"《海錄碎事》作"怨恚而死"。《御覽》、《錦繡萬花谷·後集》、《古今事文類聚·後集》、《記纂淵海》、《古今合璧事類備要·別集》、《事類賦》、《天中記》、《格致鏡原》引作"怨王而死"。《初學記》、《錦繡萬花谷·後集》引《董仲舒答問》亦作"怨王而死"。

【6】《海錄碎事》"變"作"化"。

222

【7】《海錄碎事》此句作"登樹而鳴"。

【8】《類說》卷三六、《古今事文類聚·後集》、《古今合璧事類備要·別集》引"恨"下有"之"字。《初學記》、《錦繡萬花谷·後集》引《董仲舒答問》亦有"之"字。○《天中記》引作"王深恨之"。○《太平廣記》卷四七三引"恨"下有"聞蟬鳴即悲歎"句。

【9】《類說》引無"世"字、"也"字，"名"作"號"。《事物紀原》引無"也"字。○《古今事文類聚·後集》、《記纂淵海》、《古今合璧事類備要·別集》、《天中記》引作"故名齊女"。《御覽》、《事類賦》、《格致鏡原》引作"故曰齊女"。《初學記》、《錦繡萬花谷·後集》引《董仲舒答問》引亦作"故曰齊女"。

【箋】

［一］嘒唳：蟬鳴之聲。嘒：象聲詞。蟬聲。《詩·小雅·小弁》："菀彼柳斯，鳴蜩嘒嘒。"毛傳："蜩，蟬也。嘒嘒，聲也。"陸德明《釋文》："嘒嘒，蟬聲也。"唳：鶴鳴聲。《說文新附·口部》："唳，鶴鳴也。"今案：蟬鳴之聲似小而清亮悠長，故曰"嘒唳"。

附錄一

一、《古今注》跋

　　《古今註》三卷，晉太傅丞崔豹正熊撰。其書七篇，雜取古今名物，各爲考釋，頗爲該極，又多異聞。孔子曰："多識於鳥獸草木之名。"茲固學者之事。有志於博物者，於是書宜有取焉。豹雖晉文史不著其名氏行事，然以族系考之，知其爲瑗、寔之後也。曩時文昌錫山尤公守當塗，刻唐武功蘇鶚《衍義》十卷，後四卷乃誤勦入豹今書。然予在册府得本書四卷，與豹今所著絕不類。嘗以遺同年本郡學錢子敬，俾改而正之，庶兩書并行，不相殽亂。予尋歸蜀，不知子敬能從予言否？竭灌寧居多暇日，因爲檢校牴牾，頗爲精善。夫昔人著書，雖則小道，亦無爲無意，豈可遽使因循泯滅？命工鋟木，庶以永其傳云。

眉山李燾題

二、《古今注》跋

　　左史李公守銅梁日，刻崔豹《古今注》，是正已備。予在上饒得郡學本，再三參訂，於第四篇以下頗多增改，故又刻之夔門云。

嘉定庚辰四月望日
東徐丁黼謹書

三、《古今注》跋

《郡齋讀書志》是書卷數篇目均與此合。《四庫》著錄亦三卷，但不載篇目，且無序跋。《提要》據《太平御覽》所引書名有此書，而無馬縞《中華古今注》。《文獻通考》只有縞書而無此書，定為豹書久亡，縞書晚出，後人摭其中魏以前事贋為豹作。是本後有眉山李燾，東徐丁黼二跋。黼跋作于嘉定庚辰，為寧宗在位之二十六年。陳振孫《書錄解題》以是書入雜家類，其《中華古今注》下則謂"縞為推廣崔豹之書"。是二書在宋末明明並存。振孫于理宗端平時仕為江西提舉，馬端臨嘗中度宗咸淳漕試，相距僅三十年。其去丁黼重刻是書之日，亦僅四十餘年，何得遽斷為久亡？且振孫明言"縞為推廣豹書"，更何得反指為豹書出自縞作？《通考》全引晁、陳二氏之說，其不及是書者，安知非偶然漏略乎？且不止此，李燾跋謂"錫山尤氏刻唐武功蘇鶚《衍義》十卷，後四卷乃誤勸入豹今書。予在册府得本書四卷，與豹今所著絕不類。嘗以遺同年本郡學錢子敬，俾改而正之，庶兩書并行，不相殽亂"云。《四庫提要》以是書及縞書與《永樂大典》所載蘇鶚《演義》同者十之五六，遂謂"豹書出于依託，縞書亦不免剽襲"，與李氏之言相反。余以意度之，李氏在册府所得四卷，錢子敬必未刊行，《大典》所收即尤氏誤剿豹書之本。館臣未見燾跋，不知此段公案，遂目刊崔、馬二氏書者為偽冒偷盜，寧非千古奇冤？所謂真者反為偽，偽者反為真。使不獲見是本，又安能平反此獄乎？昔黃堯圃嘗得一明刻，謂："李注《文選》沈休文詩'賓階綠錢滿'句，引是書曰：'空室無人行則生苔蘚，或青或紫，一名綠錢。'今檢此本無之，則此書所失多矣。"余案：是本卷下第四葉明有此條，黃氏所見為明覆宋刻。余嘗取《顧氏文房》、《古今逸史》、《漢魏叢書》數本勘之，所言誠然。其他如鳥獸類"馬自識其駒"一節，"豬一名長喙參軍"一節，明本亦皆闕佚。其章節次第，文字詳略尤多不同。顧氏自記以家藏宋本刊行，何以有此差異？又其魚虫類"蝸牛"，"魿子"二節，文字較此為詳，《埤雅》、《爾雅翼》亦均引之，疑必出于別本。然綜觀全書，則不逮是本遠甚。姑舉二証：輿服類"凡先合單紡"與"緌者，古佩璲也"二節，本以釋明前節"首圭"、"緌"、"綏"之義，明本乃以羼入其間，豈非舛謬？又音樂類"《薤露》、《蒿里》"節末云："亦謂之《長短歌》，言人壽命長短定分，不可妄求也。"明本乃別為一節，且以《長歌》、《短歌》為題，是于《薤露》、《蒿里》二曲之外，又有文字一長一短之歌，與下文壽命長短之義全不相合，真所謂"差若毫釐，謬以千里"者矣。其他訛闕，不可勝數。今以彼此節次、辭句之異列表附後，以見先後版本之別，且可定其優劣焉。

海鹽張元濟

四、崔豹《古今注》書後

（清盧文弨撰，《抱經堂文集》卷一〇）

《伏侯古今注》見於《史》、《漢》注中，今其書已逸，惟晉崔正熊書傳爾。首《輿服》，次《都邑》，次《音樂》，次《鳥獸》，次《魚蟲》，次《草木》，次《雜注》，次《問荅釋義》，凡八篇。舊止一卷，今本乃三卷。其《輿服篇》可與司馬紹統之《續志》相參考也（《輿服志》云："乘輿黃赤綬，四采，黃赤紺縹，淳黃圭，長丈九尺五寸五百首。"崔書作"長二丈九尺九寸"。案下"諸侯王二丈一尺"，則天子不僅長丈餘可知。又"綬者，加特也"，崔書作"特加也"，皆可以正《續志》之誤云）。此書卷帙甚約而脫誤頗多，後又有一書名《中華古今注》，太學博士馬縞所集。其序云："昔崔豹《古今注》博識雖廣，迨有闕文。洎乎廣初，莫之聞見。今添其注以釋其義，目之爲《中華古今注》，勒成三卷，稍資後學，請益前言云爾。"縞蓋唐時人，觀其所增不過數事，而其書之脫誤殆有甚焉。其次第亦普更易，又獨不載崔書《草木》一篇，未審何意？又如"乘輿"即天子之稱，而縞以爲天子乘輿之制。其所添注若"魯陽揮戈"，"烏鵲成橋"之類，皆非制度所繫。又若改"伍伯"爲"部伍"，分"莎雞促織"爲二條，"唱上"乃行節，而誤以"唱"爲句，其書疎繆如此，不足別行。然崔書之脫誤則藉以取正焉，且擇其續補者若干條別爲一編，繫於此書之後。其序所云"廣初"疑"唐初"之譌也。

乾隆十六年五月九日識

五、讀崔豹《古今注》

（《遜志齋集》卷四）

　　文之用有二，載道、紀事而已：載道者，上也，紀事者，其次也。然道與事非判然二塗也。孔子入太廟，每事問，學《詩》而多識鳥獸草木之名，豈不以事物爲道之所寓耶？合是二者，文雖麗無補於世，終不能傳遠，苟有補，雖俚談野語亦不得而棄之。予始讀《太公家教》，其辭俚雜可笑，自隋唐以來即傳之。李翱，大儒也，至與文中子並稱，蓋其言間有合乎理者故也。及觀崔豹《古今註》，釋名辨物，其文固不成章，然晉時之人以文名者何限求？如豹此書之用世絕少，豈非以記事故耶？由此言之，世之好奇喪質者，可以惕然而思矣。

六、《古今注校正》自序

　　伏侯《古今注》久佚，茅輯亦未詳，今世所傳惟崔豹。崔公，《晉書》無傳，據《世說新語》注引晉《百官名》稱，其字正能，燕國人，惠帝時官至太傅丞；馬縞又稱為崔正熊。據《爾疋》"熊，虎丑，其子豹"考之（今豹誤作狗，愚據《列子釋文》引訂正，說見《雜著》乙編），則名豹，應字正熊。所著《古今注》補之有周蒙《續古今注》，有馬縞《中華古今注》。周書不傳，可考者惟《埤疋》九引"九月雀入水，不則多淫佚"，十引"龜鼈之類無雄，蜂蝶之類無雌"二則。馬書《自序》謂"崔公博識雖廣，殆有缺文，今添其注以釋其義"，其實馬書皆竊取於崔氏，其所附益，并瑣碎鄙俚，未若崔書之精（說詳後《中華古今注跋》）。崔正熊去古未遠，必飫聞漢魏大師耆宿之說，隋唐《志》并載所著《論語解》（《隋志》作《論語集解》八卷，《唐志》作《論語大義解》十卷），足徵其通經，故其為書淵懿鴻博，資考覈者甚多。震福嘗據《輿服注》之"堯設華表木以表識衢路"，證《說文》"枑木櫉識也"引《書》"隨山栞木"而表木；據《宮室注》之"塾之言熟也"，證《爾疋》"門側之堂謂之塾"，"塾"本作"埶"；據《鳥獸注》之"狗一名黃羊"，證《呂覽》高注"祁奚字黃羊"，"奚"乃"獛段"，"獛"亦犬名。皆於是編獲益，第憾向無善本。汪士漢《秘書廿一種》（用明吳中珩校本）、王謨《漢魏叢書》所刊，俱舛謬觸目，近湖北刻本尤劣（校稱俗本，即指此）。遂自忘譾陋，勾諸古籍，凡

227

徵引者輯錄校讎，補脫字，刪衍文，訂誤字，正□校語羼入正文，及一節分為二節、二節合為一節者若干條，又得佚文數則附焉。夫而後崔氏之書乃稍稍可讀矣。所惜明吳琯《古今逸史》、顧元慶《文房小說》、袁褧《四十家小說》皆刊有《古今注》本，又聞唐蘇鶚《演義》與崔書同甚多，愚未得一一互校，不免猶有遺憾爾！寫既竟，爰志緣起於簡端。

時光緒二十年歲次甲午春仲也
山陽顧震福

七、中華古今注跋

（顧震福，載《古今注校正·附錄》）

　　《中華古今注》，後唐大學博士馬縞撰。自序云："昔崔豹《古今注》博識雖廣，殆有闕文。……今添其注以釋其義"，似馬君所著較崔書增益必多。今以豹、縞二書互校，縞書自宋齊以後事二十九條外，餘與豹書大約相同，惟次敘字句稍異。所謂添注釋義者甚罕，可鄙一也。豹書載於《隋志》，隋唐及宋諸古籍並引之，是豹書相傳未墜，後唐學者必多讀之，徐楚金《說文系傳》每引豹說，其證也。縞乃於"棒"注云"棒者，崔正熊《注》'車輻也'"，似縞用豹《注》僅此一則，故特箸豹名，餘皆與豹書異者。竟不知豹書多傳本，不得攘為己作，可鄙二也。豹書"草木注"搜羅精博，頗足以廣見聞，縞獨刪去，豈以其云"大苑有酒杯藤"、"烏孫有青田核"、"波斯有制木、烏文木"（制木、烏文木今脫去，愚從《御覽》引采入佚文）與其命名之《中華》不協乎？可（何）以貂蟬胡服、橫吹胡樂、東夷出莫難、渠搜獻獵犬，豹書亦載之也？《中華》二字命名甚不允當，可鄙三也。蓋縞以豹書為世所罕見，遂視若枕秘，從而剽竊其說。觀由宋迄明諸書援豹說夥，獨無取及縞書者，則縞書之即本於豹久為諸儒所鄙棄可知。馬貴與《文獻通考·王禮門》亦采豹說，而於《經籍門》第收縞書，亦疏略甚矣。愚校豹書知縞所襲取，因箸論以諗學者第當以豹書為寶，至縞書則不足觀也。

八、《宋蜀本古今注校記》前言

(馮璧如撰，載《圖書集刊》一九四二年三月第一期)

涵芬樓影印宋本《古今注》，有李燾、丁黼兩家題識。丁云，"李公守銅梁日刻《古今注》，予在上饒得郡學本，再三參訂，故又刻之夔門云。"知兩刻皆在蜀中，相去不數十年，同一地遂有兩刻，斯誠言蜀本之盛事也。頃於館中蒙文通先生案頭見舊鈔本《古今注》，每半葉十行，行十五字，首尾皆有朱筆題記，因亟取涵芬影本校之，行格并符，惟鈔本李、丁二跋後多方孝孺題記一篇，知為明覆宋本時所增，鈔本乃自明翻出也。勘校二本，點畫不殊，虎賁中郎，幾未易辨。而涵芬影本上卷闕第三、第四、第七三葉，下卷闕第三一葉，經後來寫配。以校此鈔本，非惟文句既殊，而各節次亦異，四葉以外，曾無一字之殊，今乃幸發其覆。宋蜀本節次固不同於他本，補者誤據他本補之，行格不合，則又以意移置，復增損其文，以足其句讀，遂至鈔本文字與他本同者，而妄補本乃不得不獨異，是知補者之為偽作，而此依明刻鈔本乃真宋本也。涵芬影本，菊翁校之綦詳，惜誤以寫補者當宋刻，今一仍菊翁之法，先校節次之異，後校文字之差，海內嗜宋之家，於此幸可以見宋本之全，諒尤菊翁之所快歟？顧氏文房所刊，亦源於宋刻，與此歧異，未敢謂其孰賢，茲惟以祖丁、李者補丁、李之缺，俾蜀本之真，得以有傳。李所見別有冊府本，丁所見又有上饒本，皆各異。此書在宋世固已多殊，此不備論，惟俟博物君子之審其從違可也。

璧如

九、《古今注》提要辯證

(余嘉錫撰，《四庫提要辯證》卷一五《子部雜家類二·古今注》)

《古今注》三卷，舊題晉崔豹撰。《中華古今注》三卷，舊題唐太學博士馬縞撰。豹書無序跋，縞書前有自序，稱"昔崔豹《古今注》博識雖廣，殆有闕文，洎乎黃初，莫之聞見，今添其注，以釋其義。"然今互勘二書，自宋、齊以後事二十九條外，其魏、晉以前之事，豹書惟草木一類，及鳥獸類"吐綬鳥一名功曹"七字,為縞書所無,縞書惟服飾一類,及開卷宮室一條,封部、兵陣二條,馬、獵犬二條,為豹書所闕,其餘所載,並皆相同,不過次序稍有後先,字句偶有加減。縞所謂增注釋義,絕無其事。又縞書中卷云:"棒,崔正熊注車輻也"。使全襲豹語,不應此條獨著豹名。考《太平御覽》所引書名有豹書而無縞書,《文獻通考》雜家類又祇有縞書而無豹書,知豹書久亡,縞書晚出,後人摭其中魏以前事,贋為豹作。

嘉錫案:後漢伏無忌著書,名為《古今注》,崔豹書名蓋取諸此。《廣雅·釋詁》云:"注,識也。"《毛詩注疏》卷一鄭氏箋下孔疏云:"注者,著也,言為之解說,使其著明也。"《儀禮注疏》卷一鄭氏注下賈疏云:"言注者,注義於經下,若水之注物。"然則古人著書名之曰注者,其義如此,不必雙行小字,夾注於正文之下,始得名注也。崔豹書之體,首句舉其事物,以為之題目,(如云"大駕,指南車。")次句以下,解說其名義,(如云"起黃帝與蚩尤戰於涿鹿之野"云云。)即所謂注也。馬縞書卷上云:"棒者,崔正熊注車輻也。"又云:"棒形如車輻,見上注中。"是明明稱豹書及所自作書之本文為注矣。縞書雖多直錄崔豹之說,然往往有所增益,如云:"城者盛也,所以盛受人物也。城門皆築土為之,累土曰臺,故亦謂之臺門也。""城者"二句,豹書也,"城門"以下,縞所增也,所謂添其注以釋其義也。不但此也,凡縞書中所有而為豹書所無者,皆縞所增也,亦即所謂添其注以釋其義也。《提要》第見縞書通體作大字,並無雙行小注,遂謂未嘗添注釋義,其亦弗思焉爾。余嘗取明繙宋本崔豹書及《百川學海》本馬縞書參互校閱,檢得馬書有而崔書無者,凡五十有五條,(凡曾采用崔豹之文者,雖有所增省分合皆不數。)《提要》謂縞書自宋、齊以後事二十九條外,惟服飾一類,(案馬書關於服飾諸條,散見上中兩卷中,實無服飾一類,《提要》約舉之耳,然崔書《輿服篇》亦多言服飾,馬已全錄入之,安得謂服飾一類皆豹書所闕乎?)及開卷宮室一條,封部、兵陣二條,馬、獵犬二條,為豹書所闕。今覆檢縞書卷上有宗廟、旌旂、五輅三條,卷下有問大琴大瑟、女媧問笙簧鴝鵒鱧魚鸂鶒、程雅問蠶、程雅問龜、玄晏先生問鳳,凡八條,亦皆豹書之所無。凡此諸條,既未涉及宋齊以後事,亦與服飾無關,而《提要》置之不言,知其匆匆翻閱,未及細核也。至縞書中"馬自識其駒非其駒則䶎然之"一條,明繙宋本崔豹書亦有之,未嘗闕也,《提要》所據本誤耳。《提要》又以縞書"棒崔正熊注車輻也"一條獨著豹名,而他條皆不著,遂疑今崔豹書之與縞同者,為後人自縞書內摭出。今案縞書他條之襲崔豹語者,雖時有移掇附益,然皆以豹書為主，故直錄其文，不出名姓，以豹之原書具在，不難覆檢也。此條豹書本云"車輻棒也"，縞則云"棒車輻也"，用崔豹之語，而易其題目者，全書惟此一條，故獨從變例，明標崔正熊注，以示有徵，以此議縞為例不純則可，以此疑豹書為贗作，則誤矣。且使豹書果自縞書內摭出，則當出於五代以後，為唐人所未見，然余嘗取《書鈔》、《藝文類聚》、《文選》李善注、《後漢書注》、(《續漢志注》所引《古今注》皆伏侯注，非崔豹書。)《初學記》、《唐六典注》、《史記索隱》、《史記正義》、《通典》、釋慧琳《一切經音義》、《北戶下錄》、《說文繫傳》、《太平御覽》、《廣韻》諸書，檢其所引《古今注》，與今本逐條對校，雖字句時有異同，文義亦互有短長，而大致相合，但多所刪節，不如今本之首尾完具。今本凡一百九十二條，(指明繙宋本，涵芬樓景印。此本所附校記，引雉朝飛、別鶴操兩條，首尾相連，遂以為一條，除去不數，亦不列其目，誤也。)而就諸書所引者，除其複重，尚得一百一十七條，若更舉唐以前書，徧加檢索，當猶不止此。凡此諸書，自《北戶錄》以上，皆唐人著作。徐鍇時代雖較馬縞稍晚，然未必得見縞書，況從其中摭出之豹書乎？《御覽》、《廣韻》雖修於宋代，而《御覽》所據為《修文殿御覽》、《藝文類聚》、《文思博要》。《廣韻》所據為陸法言以下諸家《切韻》及孫愐《唐韻》。使今本《古今注》出於馬縞，則唐以前人安得先引其說乎？然則今本猶是崔豹原書，蓋無疑義。《中華古今注》文多相同，乃是縞書抄豹書，而非後人抄縞書以贗豹書亦明矣。《提要》於唐以前人書皆不一考，而獨執一《中華古今注》以為鐵證，遽定豹書為贗作，是何言之率易也。《提要》又據《文獻通考》祗有縞書而無豹書，以為豹書久亡之證，尤非也。此書著錄於《隋志》、《新唐志》、《宋志》雜家類者皆三卷，惟《舊唐志》獨作五卷，《新唐志》又於儀注類別出崔豹《古今注》一卷，《崇文總目》雜家類有《古今注》三卷，(今本《崇文總目》例不著撰人，錢東垣等輯釋本於古今條下有"崔豹撰"三字，乃錢侗所補也。)尤袤《遂初堂書目》儀注類亦有崔豹《古今注》。(並有馬縞《中華古今注》。)周南《山房集》卷五云："《古今注》三卷，晉大府丞(府字誤)崔豹撰，《輿服》、《都邑》、《音樂》、《鳥獸》、《蟲》、《草木》、《雜注》、《問答釋義》凡八篇。"趙希弁《讀書附志》卷上類書類云："《古今注》三卷，右晉太傅丞崔豹正熊所注也。一《輿服》，二《都邑》，三《音樂》，四《鳥獸》，五《蟲魚》，六《草木》，七《雜注》，八《問答釋義》。"所舉篇名次第，與今本全同。(《書鈔》引崔豹《古今輿服注》、崔豹《古今草木注》、崔豹《古今雜注》，《太平御覽》亦引崔豹《輿服注》，是古本篇名即如此。)陳振孫《直齋書錄解題》卷十雜家類云："《古今注》三卷，晉太傅丞崔豹正熊撰。"（又云《中華古今注》三卷，後唐太學博士馬縞撰，蓋推廣崔豹之書也。）是則崔豹之書，歷隋、唐以至南宋，并見著錄，班班可考，《提要》所謂豹書久亡者，亡於何時也？馬端臨作《經籍考》，僅據《崇文總目》、（馬氏自序云："《崇文總目》，記館閣所儲之書，而論列於其下方，然止及經史，而亦多缺略，子集則但存名目而已。"是馬氏所見《崇文總目》，已非完書，故《經籍考》中採取甚略，《古今注》雖見《總目》，亦遂失收。）《讀書志》、（不採趙希弁《附志》）、《書錄解題》三書為本，而稍採他書附益之，皆直錄舊文，不論書之存佚。崔豹書既見於《書錄解題》，《通考》無不著錄之理，蓋偶然脫去此條，（此不知為馬氏之疏漏，或今本傳刻之脫誤。）而《提要》遽據以為證，不復考之趙希弁、陳振孫之書，何其疏也。諸書引用崔豹《古今注》，或舉姓名，或否，即一書之內，亦復不能一律，（惟《書鈔》引十一條，《廣韻》引十四條，皆舉姓名，《文選注》引二十條，惟《西京賦》注豹尾車一條不著名。）其不舉姓名者，遂與伏無忌所著之《古今注》想混。然《隋書·經籍志》於伏書著錄雜史類，崔書則在雜家類，（《舊唐志》同。）體例截然不同。觀諸書所引《伏侯古今注》，所記皆朝章國故，及災異祥瑞之類，（茅泮林《十種古佚書》內有輯本，雖搜採未廣，體例尚可考見。）與崔書名同而實異。《後漢書·伏湛傳》云："元嘉中，桓帝復詔無忌與黃景、崔寔等共撰《漢紀》，又自采集古今刪著事要，號曰《伏侯注》。"章懷注曰："其書上自黃帝，下盡漢質帝，為八卷，見行於今。"蓋伏氏書意在徵文考獻，故為雜史之類，而崔氏書則意在釋古今事物之名義，為多識之助，故為雜家者流。以此考之，不難分別，檢諸書所引《古今注》，其不見於今本者，大率皆伏氏書，惟《史記·蘇秦傳》《索隱》云"蹵鞠者，崔豹云起黃帝時習兵之勢也。"當是崔書佚文，其他鮮有出於今本之外者。《太平御覽》所引有《古今注》、《伏侯古今注》、崔豹《古今注》之別，其僅題《古今注》者，固是雜引兩書，即其明著姓名者，亦往往伏崔互混。如卷九百六引崔豹《古今注》曰："鹿有角，（影宋本誤作魚。）不能觸。"九百七又引《伏侯古今注》曰："麋有牙而不能噬，鹿有角而不能觸。麋一名麕，青州人謂麕為麋。"相去不過五葉，而彼此不同，其實是崔豹書，（見今本卷中鳥獸篇）非《伏侯注》也。又如光武建武六年"山陽有小蟲，皆類人形，甚眾，明日皆懸樹枝而死"一條，卷九百四十四引作崔豹，卷九百四十七又引作伏侯，（惟少一皆字，末多"乃大蟻也"四字。）其實是《伏侯注》，非崔豹書也。故《御覽》所引崔豹《古今注》，不見今本者，凡十有三條，其中九條記災異祥瑞之事，皆《伏侯注》之誤，惟卷八百四十二引"麻，穄也"，卷九百十九引"夫鶖似鵠而大，頸長八尺，善啖蛇"二條，似是崔豹書佚文。至於卷九百六十引"烏文木出波斯國，每舶上將來，就中烏文爛然，中國亦出溫、括、婺等州"，又引"榹木湖州最多，有子如栗，木有白皮，波斯國來者，皆去其皮，人多不別"二條，固不類《伏侯注》，亦非崔豹書也。《晉書·地理志》云"晉武帝太康元年，既平孫氏，凡十九州司、冀、兗、豫、荊、徐、揚、青、幽、平、并、雍、涼、秦、梁、益、寧、交、廣州"也。當崔豹之時，烏有所謂溫、括、婺、湖州者乎？（唐高宗上元元年，於永嘉縣置溫州，隋開皇十二年改處州為括州，開皇九年平陳，置婺州，仁壽二年置湖州，并見《元和郡縣誌》。）余所檢唐、宋人書凡十有四種，所引彼此重復，無慮數百條，而佚文寥寥可數，然則今本固尚不失真，非如他偽書出於宋、明人之所掇拾也。惟是古書閱時既久，傳寫者不盡通人，於是有佚脫，有妄改。佚脫者，如《御覽》卷九百二十六引"揚（今本作楊）白鷳"條，末多"亦號為印尾鷹"一句，又卷九百四十三引"蠅蝟"（下有注云"音滑"，今明翻本作蚏，各本作蜹）條，末多"俗謂之越王劍"一句，其他脫一二字者，尚不可勝數。（明翻本與各本互有佚脫，詳見涵芬樓本所附校記。）妄改者，如《鳥獸篇》云："狗一名黃耳。"案黃耳乃陸機犬名，其為機齎書還吳，在太康末年機、雲入洛之後，事見《晉書·機本傳》，崔豹咸寧中已為博士，（詳見後。）與機正同時之人，（晉武帝咸寧六年改元太康。）安得遽採以入書？考《玉燭寶典》卷十二引《搜神記》云："漢陰子方當臘日而竈形見，子方再拜受慶，家有黃羊，因以祠之。"《荊楚記》云："以黃犬祭之，謂之黃羊。"自注云："《古今注》，狗一名黃羊。"乃知本作黃羊，淺人不知典故，以為狗安得名羊，習聞陸機黃耳事，遂奮筆改竄，不悟其非也。（顧震福校本注云："羊各本誤作耳，《玉燭寶典》十二、《御覽》九百四並引作黃羊，《中華古今注》同。案晉大夫祁奚字黃羊，奚乃猰段，猰即犬名，故名奚字黃羊。"與余所考不謀而合。）宋曾慥《類說》卷三十六已引作黃耳，則其誤自宋人始矣。《讀書附志》著錄此書凡八篇，與今本同。宋嘉定庚辰丁黼刻本（據明翻本，見後）所附李燾跋，則曰："《古今注》三卷，其書七篇，取古今名物各為考釋。"蓋此書自有兩本，其作七篇者，無《問答釋義》第八篇也。《初學記》卷三十引《董仲舒答牛亨問》曰"牛亨問仲舒，蟬名齊女，何故"云云。《北戶錄》卷二"雞毛筆"條云："世有短書，名為《董仲舒答牛亨問》，曰，蒙恬作秦筆，管鹿毛為柱，羊毛為被，所謂蒼毫，非兔毫也。"知唐時別有一書，名為《董仲舒答牛亨問》，然其文乃並見《問答釋義篇》中。考《初學記》引崔豹《古今注》者凡二十四條，（別有無姓名者四條，三條崔書，一條伏書。）其"蟬名齊女"一條獨不冠以《古今注》，《北戶錄》引《古今注》者三條，（此指正文言之，注中又別引五條。）而"蒙恬作筆"一條獨詆為短書，知所謂《董仲舒答牛亨問》者，本自別行，徐堅、段公路所見《古今注》，並無此篇也。（今本十二條中稱牛亨問者七條，程雅問者四條，孫興公問者一條，惟第一條作程雅問，董仲舒以後並無仲舒字，與徐堅、段公路所見本不同。）牛亨亦西晉人，與豹同時。宋釋契嵩《鐔津文集》卷十九引唐余知古《答歐陽生論文書》曰："近世韓子作《原道》，則崔豹《答牛亨書》。"（謂其文摹擬崔豹此書也。）是其證。或後人以豹嘗與亨相問答，因舉《董仲舒答牛亨問》亦歸之於豹，未可知耳。此董仲舒蓋別一人，非漢膠西相也。《藝文類聚》卷八十九引《古今注》曰："知躅人之忿，（知今本作欲。）則贈以青裳，（今本作青堂，蓋皆青棠之誤。）三名合歡（今本作青堂，一名合懽。）則忘忿，（今本作合懽則忘忿。）枝葉若繁，（今本無若字。）互相交結，每一風來，輒自相解，不相牽綴，（今本作了不相絆綴，以上所舉，皆以今本為長，《類聚》多脫誤，不可據。）嵇康種之舍前。"其"知躅人之忿"以下十七字，今在此篇中，其"枝葉若繁"以下則在《草木篇》，是歐陽詢所據與今本不同，疑其亦無此篇也。至《類聚》卷八十一引"芍藥一名可離"，今見此篇中，作牛亨問，恐亦是《草木篇》文。《文選·懷舊賦》注引崔豹《古今注》曰："堯設誹謗之木，今華表也，以橫木交柱頭。"今亦見此篇作程雅問，恐是《都邑篇》文爾。然此篇僅十二條，而為《御覽》所引者乃至十有一條，（僅程雅問三皇五帝一條未引。）馬縞則全篇錄入書中，皆與今本相合，是五代以前自有八篇之本，至宋而兩本並傳，李燾、趙希弁各就所見者言之。余疑崔豹書本無此篇，有者為後人附入，但既出於五代以前，則相傳固已久矣。縞書尚有程雅問蠶、程雅問龜二條，明是此篇之文，今本脫去，又有問大琴大瑟、（問上脫去人名。）女媧問笙簧、（女媧當作牛亨或程雅，以涉下文女媧伏羲妹而誤。）玄晏先生問鳳三條，疑亦此篇佚文也。

又檢校《永樂大典》所載蘇鶚《演義》，與二書相同十之五六，則不特豹書出於依託，即縞亦不免於勦襲，特以相傳既久，姑存以備一家耳。

案明翻宋丁黼刻本附李燾《題崔豹古今注後》曰："曩時文昌錫山尤公（案尤袤也）守當塗，刻唐武功蘇鶚《演義》十卷，後四卷乃誤勦入豹今書。然予在冊府得本書四卷，（謂得《演義》後四卷也）與豹今所著絕不相類，嘗以遺同年本郡學錢子敬，俾改而正之，庶兩書并行不相混亂。予尋歸蜀，不知子敬能從予言否？"勞氏《碎金》卷下（據《丁丑叢編》排印本）有勞格《古今注跋》云："庚子四月購得此本，係從宋丁黼本出。（勞氏所得本有朱氏注，不知何人，蓋就丁黼本作注也。）前李序各本皆無，（按李燾跋本附刻書後，蓋朱氏作注時錄以弁首，故勞氏稱為前李序。）序言尤延之本蘇氏《演義》，誤勦入《古今注》。今《演義》世無原本，高宗朝館臣從《大典》錄出，以《演義》與《古今注》多相出入，因疑崔、馬書為偽書，勦襲《演義》而作，由未見此序故爾。陳振孫所載《演義》，即尤延之本，（按《書錄解題》卷十云，蘇氏《演義》十卷，尤梁谿以家藏本刻之當塗。）《大典》本亦同，蓋錢子敬實未嘗刻也。"余謂《提要》惟失之不詳考，誤以崔書為偽作，故不謂《演義》襲崔豹，而以為馬縞襲《演義》，因益信崔書之出於依託，是猶執盜贓而罪事主以行竊也。凡人先有成見，則其論事不免以白為黑，往往如此，又不獨考證之學為然爾。此書明刻行世者，有顧元慶《文房小說》本，吳琯《古今逸史》本，何允中《漢魏叢書》本，均無李燾跋，惟明刻單行本有之，並載嘉定庚辰東徐丁黼跋云："左史李公守銅梁日，刻崔豹《古今注》，是正已備，余在上饒得郡學本，再三參訂，於第四篇以下頗多增改，故又刻之夔門云。"案李燾跋明云三卷七篇，而今本乃有八篇，蓋丁黼用上饒本增入，所謂於第四篇以下頗多增改者也。明本不題年月，不知何人所刻，蓋即翻丁黼本。近日武進陶氏據以印入《百川書屋叢書》，上海涵芬樓又印入《四部叢刊》三編，皆題為宋本，誤也。（豐潤張庚樓允亮語余曰，此書係余用家藏本影印，以贈陶蘭泉彙入叢書，不知何以誤題為宋刻。）近人顧震福有此書校本，已付刻，所校亦頗精密，惜其未見明刻本，又將《御覽》所引"制木"、"烏文木"二條輯入佚文，不知非崔豹書，是其千慮之一失耳。

考劉孝標《世說》注載豹字正能，晉惠帝時官至太傅，馬縞稱為正熊，二字相近，必有一誤。

案《世說新語·言語篇》云："崔正熊詣都郡，都郡將姓陳，問正熊：'君去崔杼幾世？'答曰：'民去崔杼，如明府之去陳恒。'"劉孝標注引《晉百官名》曰："崔豹字正熊，燕國人，惠帝時官至太傅丞。"宋刻、（據日本尊經閣影印本。）明刻本同，"正熊"字凡三見，（《金樓子·捷對篇》載此事，"民去崔杼"，作"正熊之去崔杼"，"正熊"字亦三見。）皆不作"正能"，且其官為太傅丞，而非太傅，《提要》不知據何俗刻，遂誤引之而誤辨之？《隋書·經籍志》云："《論語集義》八卷，晉尚書左兵中郎崔豹集。"《經典釋文·序錄》有《論語崔豹注》十卷，注云"字正熊，燕國人，晉尚書左兵中郎"，名字里貫，皆與《晉百官名》合，而署銜不同。考《續漢書》、《晉書》、《宋書·百官志》及《通典·職官典》，並不云太傅有丞，惟《晉志》太子太傅少傅條下云："惠帝元康元年，二傅置丞一人，秩千石。"《宋志》亦云："太子太傅一人，丞一人。"又云："二漢並無丞，魏世無東宮，然則晉世置丞也。"豹以惠帝時為太傅丞，當是太子太傅丞耳，其止稱太傅丞者，省文也，猶之會稽王道子止為太子太傅，而《世說》稱為司馬太傅之比耳，（當時有司雖奏宜進位太傅，而道子固辭不拜，見本傳。）豹蓋終於此官。《隋志》、《經典釋文》題尚書左兵中郎者，舉其著書時言之也。近時洛陽出土晉辟雍行禮碑，（額題"大晉龍興皇帝三臨辟雍，太子又再蒞之，盛德隆熙之頌"。）題名有典行王鄉飲酒禮博士漁陽崔豹正雄。（時行大射鄉飲酒禮，鄭玄、王肅二家並用。）諸書以豹為燕國人，而碑稱漁陽者，《晉書·宣五王傳》云："清惠亭侯京蒞，以文帝子機為嗣。泰始元年封燕王，咸寧初以漁陽郡益其國。"碑立於咸寧四年，漁陽蓋尚未屬燕，故稱其本郡爾。豹字正熊，碑作正雄，同音通用。豹以治王氏禮為博士，又兼通《論語》，在晉初卓然大師，此書特其緒餘，觀其訓釋名物，非湛深經術者不能作，故唐宋人著書，率引以為據，奈何《提要》不加深考，漫詆為偽書乎？

一〇

今樂府之行於世者，章句雖存，聲樂無用。崔豹之徒以義說名，吳兢之徒以事解目，蓋聲失則義起，其與齊、魯、韓、毛之言《詩》無以異也。樂府之道，或幾乎息矣。

《通志·樂略一》

一一

凡歌行，雖主人聲，其中調者，皆可以被之絲竹。凡引、操、吟、弄，雖主絲竹，其有辭者，皆可以形之歌詠。蓋主於人者，有聲必有辭，主於絲竹者，取音而已，不必有辭，其有辭者，通可歌也。近世論歌行者，求名以義，彊生分別，正猶漢儒不識《風》、《雅》、《頌》之聲，而以義論《詩》也。且古有長歌行、短歌行者，謂其聲歌之長短耳。崔豹、吳兢，大儒也，皆謂人壽命之短長，當其時，已有此說，今之人何獨不然？

《通志·樂略一》

附錄二

《古今注》三卷，崔豹撰。

（《隋書·經籍志三·子部雜家類》）

《古今注》五卷，崔豹撰。

（《舊唐書·經籍志下·子部雜家類》）

崔豹《古今注》一卷。

（《新唐書·藝文志二·史部儀注類》）

崔豹《古今注》三卷。（周蒙《續古今注》三卷）

（《新唐書·藝文志三·子部雜家類》）

崔豹《古今注》三卷。（周蒙《續古今注》三卷）

（《宋史·藝文志四·子部雜家類》）

《古今注》三卷，《續古今注》三卷。

（宋王堯臣等《崇文總目》卷五《子部·雜家類》）

崔豹《古今注》五卷，伏侯《古今注》三卷，《續古今注》三卷（唐周蒙撰）。

（宋鄭樵《通志·藝文略第六·子部雜家類》）

《古今注》三卷。右晉太傅丞崔豹正熊所註也。一、輿服，二、都邑，三、音樂，四、鳥獸，五、蟲魚，六、草木，七、雜註，八、問答釋義。

（宋晁公武《郡齋讀書志》卷五上《諸子部·類書類》）

崔豹《古今注》、馬縞《中華古今注》。（俱不標明卷數）

（宋尤袤《遂初堂書目·史部·儀注類》）

《古今注》三卷，晉太傅丞崔豹正熊撰。

（宋陳振孫《直齋書錄解題》卷十《雜家類》）

崔豹《古今注》一册。

（明楊士奇《文淵閣書目》卷一八《來字號第一櫥書目·古今意（雜誌附）》）

崔豹《古今注》一册。

(明葉盛《菉竹堂書目》卷六《古今通志》)

崔豹《古今注》三卷，崔豹正熊著，凡八門。

(明高儒《百川書志》卷九《子部·格物家》)

崔豹《古今注》。(按：此書兩見，皆不標卷數。)

(明晁瑮《寶文堂書目》卷中《子雜》)

《古今注》。

(明趙用賢《趙定宇書目·稗統目錄(黃葵陽家藏)·十七冊》)

崔豹《古今注》五卷。

(明焦竑《國史經籍志》卷四下《子類·雜家》)

崔豹《古今注》。

(明周弘祖《古今書刻》上編《陝西·平涼府》)

《古今注》三卷。(崔豹)

(明徐𤊹《徐氏紅雨樓書目》卷三《子部·小說類》)

《古今注》，崔豹。

(明黃虞稷《千頃堂書目》卷一五《子部·類書類·五十九卷·雜注》)

崔豹《古今注》三卷，《述小說家鈔》(本)。

(清錢曾《虞山錢遵王藏書目錄彙編》第五卷《子部·雜家》)

崔豹《古今注》三卷。(抄)

(清錢曾《述古堂藏書目》卷三《小說家》)

《古今注》(三卷)，晉崔豹。一本。

又一部。一本。

又一部(兩部合釘，內一部抄本)。一本。

(清徐乾學《傳是樓書目·子部·兩字二格·雜家》)

《古今注》二卷一本。晉崔豹，字正熊。三錢。

(清毛扆《汲古閣珍藏秘本書目·子部·小說家類》)

《古今注》，晉崔豹著，三卷，一冊。(《中華古今注》，唐太學博士馬縞序集，三卷，一冊)

(清曹寅《楝亭書目》卷三《子集》)

崔豹《古今注》一冊。(三卷。晉崔豹撰。)

(清汪憲輯《振綺堂書目》卷三《第二十八櫥·醉·子類雜記類書·第二格》)

《古今注》三卷。(晉崔豹撰。一明吳琯刊本，一明胡文煥刊本。)

(清孫星衍《孫氏祠堂書目內編》卷二《諸子第三·雜家》)

崔豹《古今注》三卷。（明刊本。）

宋版崔豹《古今注》，見諸《絳雲樓書目》，近時傳本第得之彙刻書中，未知其本之何從出也。昨於坊間獲一舊刻，末有宋人題識，當從宋版出，特未知與絳雲所云某本同否耳。偶取彙刻書中如吳琯《逸史》本勘之，實為此勝於彼，始從宋本出，當不謬也。越歲辛未四月二日，偶檢及此，因記。百宋一廛主人黃丕烈識。

癸酉春三月二十有一日，索居無聊，偶讀《文選》沈休文詩"賓階綠錢滿"句，李注引崔豹《古今注》曰："空室無人行，則出苔蘚。或青或紫，一名綠錢。"今檢此本，無之，則此書所失多矣。安得有暇日徧索古書所引足之。復翁（長洲顧氏家藏宋本校刊者）分卷：《古今注》上，《古今注》中，《古今注》下。卷上，輿服第一，都邑第二；卷中，音樂第三，鳥獸第四，魚蟲第五；卷下，草木第六，雜注第七，問答釋義第八。今取勘此本，分卷為一、二、三。其卷三以"蟲魚第五"起，又於"程雅問董仲舒曰"一條前，脫去"問答釋義第八"標目一行，是所據各一本矣。兩本當句下皆有"一本作某"云云，亦與所見二本不合，足徵當時傳本不一，難得定本也。乙亥夏，復翁（在卷首）。

乙亥五月，復收得陽山顧氏《文房》本，彼云宋本校刊，多不同。宜兩存之。復翁。本書計二十七番有半。

己卯中秋，得見周香嚴家舊鈔本，末葉有"正德二年丁卯九月十日錄"，前有"重刊崔豹《古今注》序"，中有云："余得於景泰丙子，藏凡一十三年，今歲取之詳加校正，將欲鋟梓以傳。惜是書行世甚少，於其間傳錄之所謬誤者，不敢妄有所穿鑿，姑從其舊焉。"又云："其間有所謂傳錄謬誤，向無從質究者，則深有俟乎博雅好古君子為之訂正焉。"後一行云"己丑歲重九前一日檽齋"，鈐書有圖章云："維蕃清暇"，疑是明之藩王也。亦分卷一、二、三。次行云"晉崔豹正熊撰"，與此刻同。三行云"舜江韓忠子進校正"。不知檽齋之刻向屬校正於韓忠子進，抑子進覆檽齋刻也？行款與此異。每頁廿四行，每行廿二字，字句與此同，當是檽齋用是本翻雕，故末宋人兩跋皆有也。後經盧抱經先生校正，故卷一下有朱書一行云："己亥三月，盧弓父校正。"卷首、卷終皆有"武林盧文弨手校"長方印，通體朱筆細楷書校改，初不知為何據而云然。余以陽山顧氏本證之，蓋所據顧本也。間有不同，當從別本耳。書以最先者為佳，故余謂此刻最佳，而周本次之，盧校雖據顧本，非兩存之道，而校字有可取者，未始不可參也。擬載其異於顧本，不敢入此刻也。自余獲見此本之覆本，而此刻原本愈可珍矣。己卯中秋日，復翁識。

待月深更喜客來，但偕二老共徘徊。今宵不見吳剛影，斫卻低枝桂半摧

(年年中秋,有倪萍江、管佛容、吳梅庵三人來,坐月談心。今歲中秋,唯倪、管二老至,而吳不至。蓋日中來時言,月蝕,恐不明也)。本來如鏡忽如梳,一片清光半是虛。怕向空階久延佇,挑燈重理讀殘書。中秋戌刻月食有作。復翁。如梳,此始虧也。其後食之既,且黑氣摩蕩全無影者有二時(均在末卷後)。

(清黃丕烈《士禮居藏書題跋記續》卷上《子類》)

《古今注》三卷(《漢魏叢書》本),《中華古今注》三卷(《百川學海》本)。

《古今注》舊題晉崔豹撰,《中華古今注》舊題五代馬縞撰(豹,字正熊,惠帝時官太傅丞。縞明經及第,登拔萃科,歷仕梁唐,終國子祭酒。)。《四庫全書》著錄:"《隋志》載《古今注》三卷,崔豹撰。新舊《唐志》、《崇文總目》、《讀書附志》(類書類)、《書錄解題》、《宋志》同(《通考》失載。)。新《志》又見儀注類,作一卷。陳氏又載:'《中華古今注》三卷,後唐太學博士馬縞撰。'《通考》、《宋志》俱同。"按:馬氏書目序稱:"昔崔豹《古今注》,博識雖廣,迨有闕文,洎乎廣初,莫之聞見。今添其注以釋其義,目之為《中華古今注》。"是馬氏已不見崔氏書之全帙矣。今崔氏書凡八篇,一輿版,二都邑,三音樂,四鳥獸,五魚蟲,六草木,七雜注,八問答釋義,與趙氏所載俱合,知南宋時其本已如此,或即馬氏所見本也。陳直齋以馬氏書為推廣崔豹之書,其自序亦言添注釋義,而其卷上為帝王宮闕、都邑、羽儀、冕服、州縣、儀仗、軍器等部注,凡六十六門。卷中以皇后冠帶、士庶衣裳、文籍書契、草木、答問釋義部注,凡四十四門。卷下而古今音樂、鳥獸、魚蟲、龜鱉等部注,凡八十門。則與崔氏書所分八門名異而文相同者十之八九。且考蘇德祥《演義》,與此二書相同者又十之五六,疑二書皆屬後人所依託,不似自家之原本也。特以其皆考證名物,故合而志之,以便互考焉。《秘書廿一種》均收入之,而馬氏書又載入《說郛》云。

(清周中孚《鄭堂讀書記》卷五四《子部·雜家類·雜考之屬上》)

《古今注》。

(清沈複燦《鳴野山房書目》卷五《四部匯》之《漢魏叢書》九十三種九十六本、《古今逸史》五十六種十六本、《格致叢書》四十五種六十本)

《古今注》三卷。(舊鈔。盧抱經校本。一冊。)

(清陳揆《稽瑞樓書目·邑中著述》)

《古今注》三卷。(舊鈔本。)

晉崔豹撰,宋嘉定間刻本,有李某序,丁黻跋。此即據以傳錄,卷末有"正德二年丁卯九月十日錄"一行,不著姓氏。卷首朱筆一行,云"己亥三月盧弓父校正"。舊藏稽瑞樓。卷首有"武林盧文弨手校"朱記。

(清瞿鏞《鐵琴銅劍樓藏書目錄》卷一六《子部四·雜家類》)

《古今注》三卷，附《中華古今注》三卷。

晉崔豹撰。《中華古今注》，五代馬縞撰。《百川》本。《古今逸史》本。《漢魏》本。嘉靖癸巳陳鉞刊本。《格致》本，無附。《說郛》本。《秘書二十一種》本。《文房小說》本，無附。

(清莫友芝《郘亭知見傳本書目》卷九《子部十·雜家類·雜考之屬》)

《古今注》三卷附《中華古今注》三卷。(《古今逸史》刊本。又《文房小說》刊本(僅《古今注》)。又《漢魏叢書》刊本。)

《古今注》，晉崔豹撰。《中華古今注》，五代馬縞撰。

(清丁日昌撰《持靜齋書目》卷三《子部十·雜家類》)

《古今注》三卷，晉崔豹正熊撰。明覆宋本。

(清陸心源《皕宋樓藏書志》卷五五《子部·雜家類一》)

《古今注》三卷，晉崔豹撰，《秘書二十一種》本(附《中華古今注》三卷，五代馬縞撰)。

又(《古今注》)三卷，《秘書二十一種》本(案：清康熙汪士漢印明吳琯刻《古今逸史》本)。

(清楊守敬《觀海堂書目》卷三《子部·雜家類》)

《古今注》三卷，晉崔豹正熊撰。明刊本。

(沈德壽《抱經樓藏書志》卷四二《子部·雜家類二》)

崔豹《古今注》三卷，題晉崔豹撰。明刊本，九行二十一字，白口四周單闌，有黃蕘圃跋，首尾凡七則，不具錄。按：此本吳佩伯校過，云不如《古今逸史》本。(己卯)

(傅增湘《藏園群書經眼錄》卷九《子部三·雜家類二》)

《古今注》三卷(舊鈔本)。

己亥三月盧弓父校正。(卷首)。正德二年丁卯九月十日錄。(卷末)。

(瞿良士《鐵琴銅劍樓藏書題跋集錄》卷三《子部》)

《古今注》三卷，晉崔豹撰。明正德(德字原作統，據本書目錄改)嘉靖間芝秀堂覆宋嘉定本。按：涵芬樓影印之《四部叢刊》，陶氏《百川書屋叢書》，皆據此影印。均誤定為宋本。此書係一九六三年冬中國書店采購同志由廢品收購站搶救出者，棉紙一冊，鈐有"寒雲盧"、"清曠居藏書記"篆文印二方，口下刊"芝秀堂"三字。

(雷夢水《古書經眼錄·子部雜家類》)

《古今注》三卷，晉崔豹撰，清鈔本，省圖。

（《四川省古籍善本書聯合目錄》卷三《子部·雜家類》）

《古今注》三卷，題晉崔豹撰，清光緒元年崇文書局刻《百子全書》本，陳漢章批校。

（《浙江圖書館古籍善本書目·子部·雜家類·雜考》）

《古今注》三卷，附《中華古今注》三卷。《古今注》，晉崔豹撰。《中華古今注》，五代馬縞撰。

顧氏《四十家小説》本。《百名家書》本。《百川學海》本。《古今逸史》本。明嘉靖間有注釋本。又嘉靖癸巳陳釴刊本（佳）。《漢魏叢書》、《格致叢書》本，無附。

【續錄】《説郛》本。《秘書二十一種》本。《文房小説》本，無附。明重刊宋嘉定丁黼本。明吴承中珩刊本。李木齋藏明刊本，九行二十一字，蕘圃跋五段。明單刊《古今注》本。《子書百種》單刊《古今注》本。《秘書二十八種》本。天一閣有嘉靖本《中華古今注》。《畿輔叢書》本。民國陶氏涉園影印明刊本。

（清邵懿辰等《增訂四庫簡明目錄標注》卷一三《子部十·雜家類·雜考之屬》）

附錄三

【說明】本附錄主要包括對《古今注》佚文的辨析或考補兩方面內容，分爲"《古今注校正》所錄佚文辨析"、"《古今注》佚條補輯"、"《古今注》佚條存疑"、"《古今注》佚句存考"四個小部份。"《古今注校正》所錄佚文辨析"是對顧震福所輯四條佚文的辨析，可以看出，其所輯能視爲佚文者，實則僅一條耳。"《古今注》佚條補輯"和"《古今注》佚條存疑"部份所錄，則是指見於諸書所引而今本所不載之條目。其可斷爲佚條者，收入"佚條補輯"下；有些條目，部份書目以爲引自《古今注》，然我們卻難遽斷爲佚條者，則收入"佚條存疑"下，以俟後考。"《古今注》佚句存考"所錄者，則是指見於諸書所引、本屬於今本某條而在傳刻過程中脫去之文字。這些文字已經在具體某條的校記中加以說明，茲特過錄於此，使之更加清晰。這些佚句的情況比較複雜，因而用"存考"二字，意即筆者可斷定爲佚句者，"存"於此；筆者尚有疑慮者，亦存於此，然俟博雅君子在具體某條的校記中予以斟酌"考辨"焉。

一、《古今注校正》所錄佚文辨析

袙服，寶襪，腰綵也。（引見《楊升庵集·詩話類》）

【今案】楊升庵原文作："襪，女人脇衣也。隋煬帝詩：'錦袖淮南舞，寶襪楚宮腰。'盧照隣詩：'娼家寶襪蛟龍被。'是也。或謂起自楊妃，出於小説僞書，不可信也。崔豹《古今注》謂之'腰綵'，註引《左傳》（注）：'袙服，謂（曰曰）近身衣也。'是春秋之世已有之，豈始於唐乎？"顧氏截取其語組合爲佚文，未當。

苔蘚，空室中無人行則生，或紫或青，一名員蘚，一名綠錢，一名綠蘚，一名綠苔。（引見《御覽》一千、《天中記》五十三。《藝文類聚》八十二又引：

"苔或紫或青，一名員蘚，一名綠錢，一名綠蘚。"《文選·冬節後至丞相第詣世子車中》詩注引："空室無人行則生苔蘚，或青或紫，一名綠錢。"）

【今案】此條非佚文，載於今本卷下"草木第六"中。又顧氏引《文選》見卷三〇，然詩題中"世子"作"庶子"。

制木，湖州最多，有子如栗，木有白皮，波斯國來者，皆去其皮，人多不別。（引見《御覽》九百六十一）

烏文木，出波斯國，每舶上將來，就中烏文木爛然。中國亦有，出溫、括、婺等州。（引見《御覽》九百六十一。《本草綱目》三十五引："烏文木，出波斯，舶上將［來］，烏［文］闌然，溫、括、婺等州亦出之。"）

【今案】此二條俱不出崔豹書。余嘉錫曰："《御覽》所引崔豹《古今注》，不見今本者，凡十有三條，其中九條記災異祥瑞之事，皆《伏侯注》之誤，……至於卷九百六十引'烏文木出波斯國，每舶上將來，就中烏文爛然，中國亦出溫、括、婺等州'，又引'制木湖州最多，有子如栗，木有白皮，波斯國來者，皆去其皮，人多不別'二條，固不類《伏侯注》，亦非崔豹書也。《晉書·地理志》云'晉武帝太康元年，既平孫氏，凡十九州司、冀、兗、豫、荊、徐、揚、青、幽、平、并、雍、涼、秦、梁、益、寧、交、廣州'也。當崔豹之時，烏有所謂溫、括、婺、湖州者乎？"（《四庫提要辯證》卷一五《子部雜家類二·古今注》）

芍藥有二種，有草芍藥，有木芍藥。木者花大而色深，俗呼為牡丹，非也。（引見《通志·草木略一》）

【今案】《證類本草》卷八、《能改齋漫錄》卷五、《遵生八牋》卷一六、《天中記》卷五三引此條俱稱出"崔豹《古今注》"，殆實為崔書佚文。

二、《古今注》佚條補輯

秦二世時，丞相趙高用事，乃先獻蒲脯。（《北堂書鈔》卷一四五引）

垣者，援也，人所依以為援衛也。（《蘇氏演義》卷上引）

所謂赤烏者，朱鳥也，其所居高遠。日中三足烏之精，降而生三足烏。何以三足？陽數奇也。是以有虞至孝，三足集其庭，曾參鋤瓜，三足萃其冠。（《類聚》卷九二引、《御覽》卷九二〇引，《天中記》卷五九引）

漢有黃門鼓吹，一名樓車。（《初學記》卷一六引）

縻，稯也。（《初學記》卷二七引）

堯蓂，堯時殿前有蓂樹，自月一至十五，每日開一葉，十六至月末，日凋一葉。（《類說》卷三六引）

魏文帝美人薛靈芸，少選入宮，芸別父母，升車，以玉唾壺承淚，壺皆紅色。帝遣文車一乘迎之，望而嘆曰："昔年朝為行雲，暮為行雨。今非雲非雨，非朝非暮。"因名夜來。妙於針巧，非夜來裁製，帝不服，號針神。（《類說》卷三六引）

盤髻，長安婦人所梳。或梳隨馬髻，亦曰墮馬髻。又有盤龍髻。（《類說》卷三六引）

天雨草，狀如莎，絞如丸無數，皆名曰蓮蔓草。（《御覽》卷九九四引）

麻，秾也。（《御覽》卷八四二引）

夫鵝，似鵠而大，頸長八尺，善鬭，好啖虵。（《御覽》卷九一九引）

黿鼉之類無雄，蜂蝶之類無雌。（《埤雅·釋蟲》引，《海錄碎事》卷二二下引，《留青日札》卷三一引）

魏武帝《與楊彪書》：今贈足下畫輪四，望七香車一乘。（《海錄碎事》卷五引）

漢成帝賜飛燕五明扇、七華扇、雲母扇、翟扇、蟬翼扇。（《海錄碎事》卷五引，《格致鏡原》卷五八引）

蛾似黃蝶而小，其眉勾曲如畫，故《詩》言蛾眉。（《海錄碎事》卷二二下引，《格致鏡原》卷九六引）

自三代及秦皆著角襪，以帶結至踝，洎魏文乃更其樣。（宋釋道誠《釋氏要覽》卷上《法衣》引，載《大正新修大藏經》第五十四冊）

今士大夫簪筆佩劍，言文武之道備也。（《文房四譜》卷一引）

【今案】此條殆是卷上"白筆"條之別本，然畢竟與今本文字不同，故附於此。

銅虎符，銀錯書之。（《續古今玫》卷二四引，《格致鏡原》卷三〇引）

火鼠入火不焚毛，長丈許，可為布，所謂火浣布者是也。（《格致鏡原》卷八八引）

高辛氏娶於陳豐氏女，制鞞、鼓、鐘、磬、塤、簾。（《事物原會》卷一一引）

紂作步搖，即髻後貫珠釵也。（《事物原會》卷二六引）

周公以織絲之文為屏風，樹於門內，名曰罘（音浮）罳（音思）。罘，復也。罳，思也。臣將入奏事，至此復思也。（《事物原會》卷二八引）

秦吞六國，滅前代之美，故蒙恬得稱於時。（《毛詩稽古編》卷三引）

古之筆，不論以竹以木，但能染墨成字，即謂之筆。（《詩疑辨證》卷二引）

【今案】上二條當爲《古今注》卷下"牛亨問曰自古有書契以來"條之佚句，未知當置於該條何處，故置於此俟考。

漁陽以大豬爲豝。（《詩識名解》卷六引）

地以名山爲輔，石爲之骨，川爲之脈，草木爲之毛。（《康熙字典》卷一五"毛"字下引）

程雅問："蠶爲天駟星化，何云女兒？"答曰："大古時，人遠征，家有一女並馬一匹。女思父，乃戲馬曰：'爾能爲我迎得父歸，吾將嫁汝。'馬乃絕韁而去，之父所，父疑家有故，乘之而還。駿馬見女輒怒而奪，父繫之。父怪而密問其女，女具以實答。父乃射殺馬，曝皮於庭所。女以足蹙之，曰：'爾，馬也，欲人爲婦，自取屠剝，何如？'言未竟，皮欻然起，抱女而行。父還，失女。後大樹之間得，乃盡化爲蠶，績於樹，其繭厚大於常蠶，鄰婦取養之，其收二倍。今世人謂蠶爲女兒，蓋古之遺語也。"（《中華古今注》卷下）

程雅問曰："靈龜五色知吉凶，何也？"答曰："靈龜五色，似玉，背陰向陽，知存亡吉凶。千歲遊於蓮之上，五色具焉。其額上兩骨起，骨起似角，解人言，浮於蔾藋下。南方人以龜支床足，經二十餘歲，老人死，移床，龜尚生不死，能行氣導引，至神若此。"（《中華古今注》卷下）

【今案】上二條，余嘉錫以爲豹書佚文，其曰："縞書尚有'程雅問蠶'、'程雅問龜'二條，明是此篇之文，今本脫去。"（《四庫提要辯證》卷一五《子部雜家類二·古今注》）

三、《古今注》佚條存疑

五藏化液，心爲汗。（《格致鏡原》卷一二引）

五臟化液，腎爲唾，脾爲涎。（《格致鏡原》卷一二引）

【今案】此二條未知出豹書否，姑存茲志疑。

冠子，秦始皇之制也。令三妃九嬪當暑戴芙蓉冠子，以碧羅爲之，插五色通草蘇朵子。宮人戴黃羅髻蟬冠子，五花朵子。隋帝令宮人戴通天百葉冠子，插瑟瑟鈿朵，皆垂珠翠。（《格致鏡原》卷一三引）

【今案】此條出《中華古今注》卷中，文字較此處所引尤詳。然《通雅》卷三六、《事物原會》卷二五亦略引此條，並云出《古今注》。頗疑"冠子"至

"五花朵子"數句是豹書原文,而"隋帝令宮人"以下數句則是馬縞添注之文。故而《通雅》、《格致鏡原》、《事物原會》三書並不全錄縞書之文,而僅錄數句,並明標《古今注》之名也。

九月雀入水,不則多淫佚。酒善使人淫佚,故一升曰爵。爵,所以戒也。(《毛詩類釋》卷一六引)

【今案】此條,《埤雅·釋鳥》以為出周蒙《續古今注》,然《六家詩名物疏》卷一二、《格致鏡原》卷四四、《毛詩類釋》卷一六引俱題曰"崔豹《古今注》",未知孰是。故附此存疑。

玄晏先生問曰:"鳳為羣鳥之王,有之乎?"答曰:"非也。鳳,瑞應之鳥也,其雌曰凰。雞頭、蛇頸、鶿頷、龜背、魚尾,五色具采,其高六尺,與鳥之異也。出則為祥,非常見之鳥也。人自敬之,與鳥別也。"(《中華古今注》卷下)

問大琴大瑟。答曰:"古者伏羲氏造二十五絃瑟,不聞二十絃之瑟。《廣雅》云:'瑟長三尺六寸六分,五絃,舜之所造。'有琴,即有瑟云。"(《中華古今注》卷下)

問女媧笙簧。問曰:"上古音樂未和而獨制笙簧,其義云何。"答曰:"女媧,伏羲妹,蛇身人首,斷鼇足而立四極,欲人之生而制其樂,以為發生之象,其大者十九簧,小者十二簧也。"(《中華古今注》卷下)

【今案】上三條,余嘉錫疑為豹書佚文,故錄於此存疑。其曰:"縞書又有'問大琴大瑟'(問上脫去人名)、'女媧問笙簧'('女媧'當作'牛亨'或'程雅',以涉下文'女媧,伏羲妹'而誤)、'玄晏先生問鳳'三條,疑亦此篇(引案:即《問答釋義》第八篇)佚文也。"(《四庫提要辯證》卷一五《子部雜家類二·古今注》)

四、《古今注》佚句存考

【卷上】

太卜令一人在車前執弓箭。("辟惡車"條校記【1】)

平巾幘緋,兩襠大口袴。("辟惡車"條校記【1】)

出則豹尾車最在後。("豹尾車"條校記【2】)

輝光外映,灼灼於目也。("貂蟬,胡服也"條校記【6】)

故曰烏。

或：故曰舄也。

或：故名曰舄。（"舄，以木置履下"條校記[3]）

肆，亦列也，謂列其貨賄於市也。（"肆，所以陳貨鬻之物也"條校記【3】）

罘，復也，罳，思也。（"罘罳"條校記【1】）

臺，所以登高而望遠也。（"城門皆築土爲之"條校記【1】）

【卷中】

長歌，乃續命之長。（"薤露、蒿里"條校記【16】）

趙王乃止。

或：（羅敷）不從。（"陌上桑"條校記【7】）

二絃大，次三絃小，次四絃尤小。（"後漢蔡邕益琴爲九絃"條校記【1】）

脯羞食之，益人氣力，走及奔馬也。（"扶老，禿鶖也"條校記【4】）

燕人亦不知有此鳥也。（"南山有鳥名鷾鴯"條校記【5】）

今俗謂之錦囊。（"吐綬鳥"條校記【1】）

麋臍下亦有香，但不全耳。（"麋有牙而不能噬"條校記【1】）

大者不過三二十斤，老則牙見於外，淮人謂之牙麋。（"麋有牙而不能噬"條校記【1】）

一名神女。（"鸎，一名天女"條校記【1】）

有青褐兩種，一名梭雞。（"莎雞"條校記【1】）

俗云絡緯雄鳴於上風，雌鳴於下風而風化。（"莎雞"條校記【5】）

亦呼爲塞蚓。（"蚯蚓"條校記【5】）

俗名推丸，其鼻高目深者，名胡蜣蜋。（"蜣蜋"條校記【2】）

殼如小螺，白色，生池澤草木間，頭有兩角，行則觸，警則縮，首尾俱能藏入殼中。盛夏日則自懸樹葉下。以其有兩角，故名牛，一名土蝸，一名附蠃。野人謂圓舍如蝸牛，故曰蝸舍，亦曰蝸牛之子舍。蝸殼婉轉有文章，絞轉爲結，似螺殼文，故曰螺縛。童子結髮亦曰螺髻，亦謂其形似螺殼也。（"蝸牛"條校記【3】）

並其頭尾觀之，有似斗形。玄魚言其色，懸針狀其尾也。（"蝦蟇子"條校記【2】）

一名洞玄先生，一名冥靈。

或：一名元緒。

或：又曰神使。（"龜一名玄衣督郵"條校記【2】）

又曰河伯使。

或：一名河伯使者。（"鼈一名河伯從事"條校記【1】）

亦曰彭蚑子。（"蚻蜴"條校記【1】）

俗謂之越王劍。（"蚻蜴"條校記【8】）

一名玄螈。

或：一曰玄螈。（"蝘蜓"條校記【8】）

穴處海底，出穴則水溢，謂之鯨潮。（"鯨，海魚也"條校記【7】）

【卷下】

或言：萑苻亦水楊也。（"水楊"條校記【4】）

白楊，處處有之，北土尤多種于墟墓間，株大，葉圓如梨，皮白，木似楊，故名白楊。（"赤楊"條校記【2】）

事出（或在）張騫《出關志》。（"酒杯藤"條校記【11】）

荊湘多此木。（"枳椇子"條校記【3】）

一名機枸子。（"枳椇子"條校記【3】）

紫者曰蘁蒩，白者曰蘘荷，解毒用蘘荷。（"蘘荷"條校記【2】）

常依蔭而生也。（"蘘荷"條校記【6】）

故名羊躑躅。

或：故曰羊躑躅，今江東多此花，今人呼爲牛黃花。（"羊躑躅"條校記【3】）

愁眉者，細而曲折。（"盤龍釵"條校記【2】）

非謂古筆也。（"牛亨問曰自古有書契以來"條校記【8】）

古人亦施之於墓。

或：蓋始於堯設之也，後立於塚墓之前，以記其識也。（"程雅問曰堯設誹謗之木"條校記【4】）

言經過所在爲證也。（"程雅問曰凡傳者"條校記【7】）

參考文獻

B

百川書志：[明] 高儒等著，上海：古典文学出版社出版，1957

寶文堂書目：[明] 晁瑮著，上海：古典文学出版社出版，1957

皕宋樓藏書志：[清] 陸心源著，北京：中華書局，1990

抱經樓藏書志：沈德壽撰，北京：中華書局，1990

白虎通疏證：[清] 陳立撰，吳則虞點校，北京：中華書局，1994

抱朴子內篇校釋：王明著，北京：中華書局，1986（1996）

編珠：[隋] 杜公瞻編，[清] 高士奇補，文淵閣四庫全書本，上海：上海古籍出版社，1987

北堂書鈔：[隋] 虞世南撰，[清] 孔廣陶校注，孔氏三十有三萬卷堂影宋本

北堂書鈔：[隋] 虞世南撰，[明] 陳禹謨補注，文淵閣四庫全書本，上海：上海古籍出版社，1987

白孔六帖：[唐] 白居易原撰，[宋] 孔傳續撰，文淵閣四庫全書本，上海：上海古籍出版社，1987

北戶錄：[唐] 段公路撰，揚州：廣陵書社影印四庫全書本，2003

白石道人歌曲：[宋] 姜夔撰，光緒十年榆園叢刻本

補注杜詩：[宋] 黃希原注，[宋] 黃鶴補注，文淵閣四庫全書本，上海：上海古籍出版社，1987

本草綱目：[明] 李時珍編，劉衡如、劉山永校注，北京：華夏出版社，2008

C

初學記：[唐] 徐堅等編，司義祖校點，北京：中華書局，1962（1980）

楚辭補注：[宋] 洪興祖撰，北京：中華書局，1983

崇文總目：[宋] 王堯臣等編，[清] 錢東垣輯釋，叢書集成初編本

藏園群書經眼錄：傅增湘撰，北京：中華書局，1983

春在堂隨筆：[清] 俞樾撰，南京：江蘇古籍出版社，2000
詞詮：楊樹達著，北京：中華書局，1978

D

大唐六典：[唐] 張九齡等撰，[唐] 李林甫注，東京大學東洋文化研究所藏正德十年序重刊本
獨斷：[漢] 蔡邕撰，四部叢刊三編本
大智度論：[古印度] 龍樹著，[後秦] 鳩摩羅什譯，中華大藏經本，北京：中華書局，1987
對床夜語：[宋] 范晞文撰，叢書集成初編本
東原錄：[宋] 龔鼎臣撰，文淵閣四庫全書本，上海：上海古籍出版社，1987
丹鉛摘錄：[明] 楊慎撰，梁佐編，文淵閣四庫全書本，上海：上海古籍出版社，1987
杜詩詳注：[清] 仇兆鰲撰，北京：中華書局，1979

E

爾雅注疏：[晉] 郭璞注，[宋] 邢昺疏，北京：北京大學出版社，1999
爾雅義疏：[晉] 郭璞注，[清] 郝懿行義疏，吳慶峰等點校，濟南：齊魯書社，2010
爾雅翼：[宋] 羅願撰，洪焱祖釋，叢書集成初編本

F

方言箋疏：[清] 錢繹撰集，李發舜、黃建中點校，北京：中華書局，1991
方言疏證：[清] 戴震撰，續修四庫全書本，上海：上海古籍出版社，2002
翻譯名義集：[宋] 法雲編，佛學三書本，全國圖書館文獻縮微複製中心，1995
方輿勝覽：[宋] 祝穆撰，[宋] 祝洙增訂，施和金點校，北京：中華書局，2003
風雅翼：[元] 劉履編，文淵閣四庫全書本，上海：上海古籍出版社，1987

G

公羊傳注疏：[漢] 公羊壽傳，[漢] 何休解詁，[唐] 徐彥疏，北京：北京大學出版社，1999
廣雅疏證：[魏] 張揖輯，[清] 王念孫疏證，北京：中華書局，1980
古今韻會舉要：[元] 黃公紹、熊忠著，寧忌浮整理，北京：中華書局，2000
國語集解：徐元誥撰，王樹民等點校，北京：中華書局，2002
古今書刻：[明] 周弘祖撰，上海：古典文學出版社，1957
觀海堂書目：[清] 楊守敬撰，北京：商務印書館景印國家圖書館藏鈔本，2005
古書經眼錄：雷夢水編，濟南：齊魯書社，1984

關尹子：[周] 尹喜撰，上海：上海古籍出版社，1990
管子校注：黎翔鳳撰，北京：中華書局，2004
古今注：[晉] 崔豹撰，四部叢刊三編本
古今注校正：[晉] 崔豹撰，顧震福校正
癸辛雜識：[宋] 周密撰，北京：中華書局，1988（1997）
紺珠集：[宋] 朱勝非編，文淵閣四庫全書本，上海：上海古籍出版社，1987
古今事文類聚：[宋] 祝穆編，[元] 富大用輯，北京：北京圖書館出版社，2005
古今合璧事類備要：[宋] 謝維新編，文淵閣四庫全書本
古樂府：[元] 左克明編，文淵閣四庫全書本，上海：上海古籍出版社，1987
古樂苑：[明] 梅鼎祚撰，文淵閣四庫全書本，上海：上海古籍出版社，1987
古詩紀：[明] 馮惟訥，文淵閣四庫全書本，上海：上海古籍出版社，1987
古詩鏡：[明] 陸時雍編，文淵閣四庫全書本，上海：上海古籍出版社，1987
格致鏡原：[清] 陳元龍撰，文淵閣四庫全書本，上海：上海古籍出版社，1987
廣博物志：[明] 董斯張撰，長沙：岳麓书社，1991
廣東新語：[清] 屈大均撰，北京：中華書局，1985（1997）
管城碩記：[清] 徐文靖著，范祥雍點校，北京：中華書局，1998

H

漢書：[漢] 班固撰，[唐] 顏師古注，北京：中華書局，1962
後漢書：[南朝宋] 范曄編，[唐] 李賢注，北京：中華書局，1965
後漢書集解：[南朝宋] 范曄編，[清] 王先謙集解，北京：中華書局，2006
韓非子集釋：陳奇猷校注，上海：上海人民出版社，1974
淮南子集釋：何寧撰，北京：中華書局，1998
海錄碎事：[宋] 葉廷珪撰，李之亮校點，北京：中華書局，2002
後山詩注補箋：[宋] 陳師道著，冒廣生補箋，冒懷辛整理，北京：中華書局，1995
韓集舉正：[宋] 方崧卿撰，文淵閣四庫全書本，上海：上海古籍出版社，1987
洪武正韻：[明] 宋濂編，[明] 楊時偉箋，崇禎四年刊本

J

校正孔氏大戴禮記補注：王樹枏撰，王豐先點校，北京：中華書局，2013
急就篇：[漢] 史游撰，[唐] 顏師古注，[宋] 王應麟補注，長沙：岳麓書社，1989
經典釋文：[唐] 陸德明撰，北京：中華書局，1983
鉅宋廣韻：[宋] 陳彭年撰，上海：上海古籍出版社，1983
集韻：[宋] 丁度等編，上海：上海古籍出版社，1985
經傳釋詞：[清] 王引之著，黃侃、楊樹達批，長沙：岳麓書社，1982
晉書：[唐] 房玄齡等撰，北京：中華書局，1974

《古今注》校箋　>>>

舊唐書：[後晉] 劉昫等撰，北京：中華書局，1975
汲古閣珍藏秘本書目：[明] 毛扆編，嘉慶士禮居刊本
稽瑞樓書目：[清] 陳揆編，丛书集成初编本
兼明書：[五代] 丘光庭著，丛书集成初编本
記纂淵海：[宋] 潘自牧撰，北京圖書館古籍珍本叢刊本，北京：書目文獻出版社，1998
錦繡萬花谷：四庫類書叢刊本，上海：上海古籍出版社，1991
敬齋古今黈：[元] 李冶撰，文淵閣四庫全書本，上海：上海古籍出版社，1987
酒譜：[宋] 竇苹撰，百川學海本
橘山四六：[宋] 李廷忠撰，[明] 孫雲翼注，文淵閣四庫全書本，上海：上海古籍出版社，1987
九家集注杜詩：[宋] 郭知達編，文淵閣四庫全書本，上海：上海古籍出版社，1987
箋注評點李長吉歌詩：[宋] 吳正子注，劉辰翁評點，文淵閣四庫全書本，上海：上海古籍出版社，1987

K

孔子家語疏證：[清] 陳士珂輯，叢書集成初編本
困學紀聞（全校本）：[宋] 王應麟撰，[清] 翁元圻等注，樂保群等校點，上海：上海古籍出版社，2008

L

六家詩名物疏：[明] 馮復京撰，文淵閣四庫全書本，上海：上海古籍出版社，1987
陸氏詩疏廣要：[明] 毛晉撰，四庫全書薈要本，長春：吉林人民出版社，1997
論語注疏：[魏] 何晏注，[宋] 邢昺疏，北京：北京大學出版社，2000
論語正義：[清] 劉寶楠著，北京：中華書局，1990
禮記注疏：[漢] 鄭玄注，[唐] 孔穎達疏，北京：北京大學出版社，2000
禮記集說：[宋] 衛湜撰，文淵閣四庫全書本，上海：上海古籍出版社，1987
禮記集解：[清] 孫希旦撰，北京：中華書局，1989
龍龕手鑑新編：潘重規編，北京：中華書局，1988
六書故：[宋] 戴侗撰，文淵閣四庫全書本，上海：上海古籍出版社，1987
呂氏春秋集釋：許維遹撰，梁運華整理，北京：中華書局，2009
梁書：[唐] 姚思廉撰，北京：中華書局，1973
遼史：[元] 脫脫等撰，北京：中華書局，1974
楝亭書目：[清] 曹寅編，遼海叢書本，瀋陽：遼沈書社，1985
藏園訂補郘亭知見傳本書目：[清] 莫友芝編，傅增湘訂補，北京：中華書局，2009
列女傳譯注：[漢] 劉向撰，張濤譯注，濟南：山東大學出版社，1990

論衡校釋：［漢］王充撰，黃暉校釋，北京：中華書局，1990
洛陽伽藍記校釋：［北魏］楊衒之撰，周祖謨校釋，北京：中華書局，2010
龍筋鳳髓判校注：［唐］張鷟撰，田濤、郭成偉校注，北京：中國政法大學出版社，1995
類說：［宋］曾慥編，北京圖書館古籍珍本叢刊本，北京：書目文獻出版社，1998
留青日札：［明］田藝蘅撰，上海：上海古籍出版社，1995
蘆浦筆記：［宋］劉昌詩撰，北京：中華書局，1986
兩漢博聞：［宋］楊侃撰，叢書集成初編本
履齋示兒編：［宋］孫奕撰，叢書集成初編本
李太白集分類補注：［宋］楊齊賢集注［元］蕭士贇補注，四部叢刊初編本
李太白集注：［清］王琦撰，文淵閣四庫全書本，上海：上海古籍出版社，1987
歷代詩話：［清］何文煥輯，北京：中華書局，1981

M

墨子閒詁：［清］孫詒讓撰，北京：中華書局，2001
毛詩集解：［宋］李樗、黃櫄撰，通志堂經解本
毛詩名物解：［宋］蔡卞撰，通志堂經解本
毛詩傳箋通釋：［清］馬瑞辰撰，北京：中華書局，1989
孟子注疏：［漢］趙岐注，［宋］孫奭疏，北京：北京大學出版社，2000
孟子集注：［宋］朱熹集注，四書章句集注本，北京：中華書局，1983
墨池編：［宋］朱長文撰，文淵閣四庫全書本，上海：上海古籍出版社，1987
毛詩稽古編：［清］陳啟源著，皇清經解本
名義考：［明］周祈撰，文淵閣四庫全書本，上海：上海古籍出版社，1987
名疑：［明］陳士元撰，文淵閣四庫全書本，上海：上海古籍出版社，1987
明一統志：［明］李賢撰，天順五年司禮監刻本，西安：三秦出版社影印，1990
閩中海錯疏：［明］屠本畯撰，叢書集成初編本
閩小記：［清］周亮工撰，上海：上海古籍出版社，1985
民國期刊資料彙編·善本書題記：賈貴榮、耿素麗選編，北京：國家圖書館出版社，2010

N

南村輟耕錄：［元］陶宗儀撰，北京：中華書局，1980

P

埤雅：［宋］陸佃撰，叢書集成初編本
篇海類編：［明］宋濂撰，［明］屠隆訂正，續修四庫全書本，上海：上海古籍出版

社，2002

駢志：［明］陳禹謨撰，文淵閣四庫全書本，上海：上海古籍出版社，1987

佩文齋廣群芳譜：［清］汪灝等撰，萬有文庫本，上海：商務印書館

Q

羣經音辨：［宋］賈昌朝撰，四部叢刊本

全芳備祖集：［宋］陳景沂撰，上海：上海古籍出版社，1992

群書考索：［宋］章如愚撰，文淵閣四庫全書本，上海：上海古籍出版社，1987

清波雜志校注：［宋］周煇撰，劉永翔校注，北京：中華書局1994年版

齊民要術校釋：［後魏］賈思勰撰，繆啟愉校釋，繆桂龍參校，北京：農業出版社，1982

全唐詩（增訂本）：中華書局編輯部點校，北京：中華書局，1999

清稗類鈔：［清］徐珂編撰，北京：中華書局，1984

R

日聞錄：［元］李翀撰，叢書集成初編本

蠕範：［清］李元撰，叢書集成初編本

日知錄集釋：［清］顧炎武著，［清］黃汝成集釋，上海：上海古籍出版社，2006

日知錄校注：［清］顧炎武著，陳垣校注，合肥：安徽大學出版社，2007

S

尚書今古文注疏：［清］孫星衍撰，北京：中華書局，1986

詩經稗疏：［清］王夫之撰，船山全書本，長沙：岳麓書社，1996~1998

詩傳名物集覽：［清］陳大章著，叢書集成初編本

詩集傳名物鈔：［元］許謙撰，叢書集成初編本

四民月令校注：［漢］崔寔著，石聲漢校注，北京：中華書局，1965

釋名疏證：［漢］劉熙著，［清］畢沅疏證，叢書集成初編本

說文解字校訂本：［漢］許慎著，班吉慶、王劍、王華寶點校，南京：鳳凰出版社，2004

說文解字繫傳：［南唐］徐鍇撰，北京：中華書局，1987

說文解字注箋：［清］徐灝撰，續修四庫全書本，上海：上海古籍出版社，2002

說文通訓定聲：［清］朱駿聲撰，道光二十八年刻本

說文解字約注：張舜徽撰，武漢：華中師範大學出版社，2009

宋本玉篇：［梁］顧野王撰，北京：中國書店影張氏澤存堂本，1983

史記：［漢］司馬遷撰，［南朝宋］裴駰集解，［唐］張守節正義，［唐］司馬貞索隱，北京：中華書局，1959

三國志：［晉］陳壽編，［南朝宋］裴松之注，北京：中華書局，1971

宋書：［梁］沈約撰，北京：中華書局，1974

隋書：［唐］魏徵、令狐德棻撰，北京：中華書局，1973

宋史：［元］脫脫等撰，北京：中華書局，1985

山海經校注：袁珂校注，上海：上海古籍出版社，1985

水經注：［北魏］酈道元原注，陳橋驛注釋，杭州：浙江古籍出版社，2001

十一家注孫子校理：［春秋］孫武撰，［魏］曹操等注，楊丙安校理，北京：中華書局，1999

說苑校證：［漢］劉向著，向宗魯校證，北京：中華書局，1987

三輔黃圖校注：何清谷撰，西安：三秦出版社，1998

遂初堂書目：［宋］尤袤撰，叢書集成初編本

世說新語箋疏：［南朝宋］劉義慶撰，［梁］劉孝標注，余嘉錫箋疏，北京：中華書局，2007

搜神記：［晉］干寶撰，汪紹楹校注，北京：中華書局，1979

述異記：［梁］任昉撰，漢魏叢書本

蘇氏演義：［唐］蘇鶚篹，叢書集成初編本

事類賦注：［宋］吳淑撰注，冀勤等校點，北京：中華書局，1989

說略：［明］顧起元撰，文淵閣四庫全書本，上海：上海古籍出版社，1987

事物紀原：［宋］高承撰，金圓等點校，北京：中華書局，1989

書序指南：［清］任廣編，上海：上海古籍出版社影《和刻本類書集成（第一輯）》本，1990

雙溪醉隱集：［元］耶律鑄撰，光緒十八年刊《知服齋叢書》本

說郛：［明］陶宗儀篹，北京：北京市中國書店影印涵芬樓本，1986

升菴集：［明］楊慎撰，文淵閣四庫全書本，上海：上海古籍出版社，1987

譚苑醍醐：［明］楊慎撰，文淵閣四庫全書本，上海：上海古籍出版社，1987

山堂肆考：［明］彭大翼撰，文淵閣四庫全書本，上海：上海古籍出版社，1987

四六標準：［宋］李劉撰，［明］孫雲翼箋釋，文淵閣四庫全書本，上海：上海古籍出版社，1987

隨園隨筆：［清］袁枚撰，袁枚全集本，南京：江蘇古籍出版社，1993

詩話總龜：［宋］阮閱編，周本淳校點，北京：人民文學出版社，1987

山谷外集詩注：［宋］黃庭堅撰，［宋］史容注，四部叢刊續編本

施注蘇詩：［宋］施元之注，四庫全書薈要本，長春：吉林人民出版社，1997

松隱集：［宋］曹勛撰，文淵閣四庫全書本，上海：上海古籍出版社，1987

詩識名解：［清］姚炳撰，文淵閣四庫全書本，上海：上海古籍出版社，1987

事物異名錄：［清］厲荃輯，續修四庫全書本，上海：上海古籍出版社，2002

四庫提要辯證：余嘉錫撰，北京：中華書局，2008

四川省古籍善本書聯合目錄：四川省中心圖書館委員會編，成都：四川辭書出版社，1989

T

通雅：[明] 方以智著，浮山此藏軒刻本，北京：中國書店影印，1990

通典：[唐] 杜佑撰，王文錦校點，北京：中華書局，1988（1992）

太平寰宇記：[宋] 樂史撰，王文楚等校點，北京：中華書局，2007

通志：[宋] 鄭樵撰，萬有文庫十通本，北京：中華書局影印，1987

鐵琴銅劍樓藏書題跋集錄：瞿仕良輯，中國歷代書目題跋叢刊本，上海：上海古籍出版社，2005

鐵琴銅劍樓藏書目錄：[清] 瞿鏞撰，續修四庫全書本，上海：上海古籍出版社，2002

太平御覽：[宋] 李昉等編，北京：中華書局影宋本，1960

太平廣記：[宋] 李昉等編，北京：中華書局，2006

苕溪漁隱叢話：[宋] 胡仔纂集，北京：人民文學出版社，1962

天中記：[明] 陳耀文撰，文淵閣四庫全書本，上海：上海古籍出版社，1987

唐音：[元] 楊士弘編，[明] 張震注，文淵閣四庫全書本，上海：上海古籍出版社，1987

天工開物：[明] 宋應星著，刻本（未詳年代）

同姓名錄：[明] 余寅撰，文淵閣四庫全書本，上海：上海古籍出版社，1987

天下同文集：[元] 周南瑞撰，文淵閣四庫全書本，上海：上海古籍出版社，1987

W

五總志：[宋] 吳炯撰，知不足齋叢書本

五音集韻：[金] 韓道昭撰，文淵閣四庫全書本，上海：上海古籍出版社，1987

魏書：[北齊] 魏收撰，北京：中華書局，1974

文獻通考：[元] 馬端臨撰，萬有文庫十通本，北京：中華書局影印，1986

文淵閣書目：[明] 楊士奇撰，明代書目題跋叢刊本，馮惠民等選編，北京：書目文獻出版社，1994

文房四譜：[宋] 蘇易簡撰，叢書集成初編本

甕牖閒評：[宋] 袁文撰，叢書集成初編本

文選：[南朝梁] 蕭統編，[唐] 李善注，北京：中華書局影印，1986

文選顏鮑謝詩評：[元] 方回撰，文淵閣四庫全書本，上海：上海古籍出版社，1987

五百家注昌黎文集：[宋] 魏仲舉編，四庫全書薈要本，長春：吉林人民出版社，1997

王荊公詩注補箋：[宋] 李壁注，李之亮補箋，成都：巴蜀書社，2000

萬姓統譜：[明] 凌迪知撰，四庫全書本，成都：巴蜀書社影印版，1995
吳都文粹：[宋] 鄭虎臣編，文淵閣四庫全書本，上海：上海古籍出版社，1987

X

小爾雅集釋：遲鐸集釋，中華書局，北京：2008
新安志：[宋] 羅願撰，宋元方志叢刊本，北京：中華書局，1990
荀子集解：[清] 王先謙撰，沉嘯寰、王星賢點校，北京：中華書局，1988
新書校注：[漢] 賈誼撰，閻振益、鍾夏校注，北京：中華書局，2000
西京雜記：[晉] 葛洪撰，北京：中華書局，1985
新輯搜神記：[晉] 干寶撰，李建國輯校，北京：中華書局，2007
小學紺珠：[宋] 王應麟撰，叢書集成初編本
新校正夢溪筆談：[宋] 沈括著，胡道靜校注，北京：中華書局，1957
項氏家說：[宋] 項安世撰，叢書集成初編本
學林：[宋] 王觀國撰，田瑞娟點校，北京：中華書局，1988
席上腐談：[宋] 俞琰撰，叢書集成初編本
續博物志：[宋] 李石撰，叢書集成初編本
遜志齋集：[明] 方孝孺著，徐光大校點，寧波：寧波出版社，2000
學禮管釋：[清] 夏炘撰，皇清經解續編本
學齋佔畢：[宋] 史繩祖撰，百川學海本

Y

儀禮注疏：[漢] 鄭玄箋，[唐] 賈公彥疏，北京：北京大學出版社，1999
儀禮譯注：楊天宇譯注，上海：上海古籍出版社，2004
玉篇校釋：[梁] 顧野王撰，胡吉宣校釋，上海：上海古籍出版社，1989
韻府羣玉：[元] 陰時夫撰，文淵閣四庫全書本，上海：上海古籍出版社，1987
逸周書匯校集注：黃懷信等撰，上海：上海古籍出版社，1995
越絕書校釋：李步嘉校釋，武漢：武漢大學出版社，1992
虞山錢遵王藏書目錄彙編：[清] 錢遵撰，瞿鳳起編，上海：古典文學出版社，1958
晏子春秋集釋：吳則虞撰，北京：中華書局，1962
鹽鐵論校注：王利器撰，北京：中華書局，1992
顏氏家訓集解（增補本）[北齊] 顏之推著，王利器集解，北京：中華書局，2002
一切經音義（三種校本合刊）：徐時儀校注，上海：上海古籍出版社，2008
藝文類聚：[唐] 歐陽詢撰，汪紹楹校，上海：上海古籍出版社1965（1985）
酉陽雜俎：[唐] 段成式撰，方南生點校，北京：中華書局，1981
雲笈七籤：[宋] 張君房編，李永晟點校，北京：中華書局，2003
野客叢書：[宋] 王楙撰，叢書集成初編本

《古今注》校箋　　>>>

雲麓漫鈔：[宋] 趙彥衛撰，傅根清點校，北京：中華書局，1996
剡錄：[宋] 高似孫撰，臺北：成文出版社，1970
潁川語小：[宋] 陳叔方撰，叢書集成初編本
演繁露：[宋] 程大昌撰，文淵閣四庫全書本，上海：上海古籍出版社，1987
玉海：[宋] 王應麟撰，江蘇古籍出版社、上海書店影印本，1987
義門讀書記：[清] 何焯撰，北京：中華書局，1987
玉芝堂談薈：[明] 徐應秋撰，文淵閣四庫全書本，上海：上海古籍出版社，1987
藝林彙考：[清] 沈自南撰，北京：中華書局，1988
樂府詩集：[宋] 郭茂倩編，北京：中華書局，1979
樂書：[宋] 陳暘撰，文淵閣四庫全書本，上海：上海古籍出版社，1987
異魚圖贊補：[清] 胡世安撰，文淵閣四庫全書本，上海：上海古籍出版社，1987
永樂大典：[明] 解縉編，北京：中華書局影印本，1986
淵鑒類函：[清] 張英、王士禎等纂，北京：中國書店影印上海同文書局石印本，1985
庾子山集注：[北周] 庾信撰，[清] 倪璠注，許逸民校點，中華書局，1980
咏史詩：[唐] 胡曾撰，文淵閣四庫全書本，上海：上海古籍出版社，1987
玉堂嘉話：[元] 王惲撰，叢書集成初編本
义府续貂：蔣礼鴻著，蔣礼鴻集（第二卷），杭州：浙江教育出版社，2001
營造法式：[宋] 李誡撰，萬有文庫本，1933（1954）
揚雄方言校釋匯證：華學誠等匯證，北京：中華書局，2006

Z

周易正義：[魏] 王弼注，[唐] 孔穎達疏，北京：北京大學出版社，2000
周易集注：[明] 來知德著，張萬彬點校，北京：九州出版社，2004
春秋左傳正義：[晉] 杜預注，[唐] 孔穎達疏，北京大學出版社，1999
周禮注疏：[漢] 鄭玄箋，[唐] 賈公彥疏，北京：北京大學出版社，2000
正字通：[明] 張自烈、廖文英編，續修四庫全書本，上海：上海古籍出版社，2002
字彙：[明] 梅鼎祚編，文淵閣四庫全書本，上海：上海古籍出版社，1987
字彙補：[清] 吳任臣編，續修四庫全書本，上海：上海古籍出版社，2002
周髀算經：[漢] 趙君卿注，[周] 甄鸞重述，[唐] 李淳風注釋，北京：文物出版社影宋本，1980
戰國策箋證：范祥雍箋證，上海：上海古籍出版社，2006
職官分紀：[宋] 孫逢吉撰，文淵閣四庫全書本，上海：上海古籍出版社，1987
資治通鑒：[宋] 司馬光撰，[元] 胡三省音注，北京：中華書局，2007
直齋書錄解題：[宋] 陳振孫撰；上海：上海古籍出版社，1987
莊子集釋：[清] 郭慶藩撰，王孝魚點校，北京：中華書局，1961（1985）

卮林：[明]周嬰纂，叢書集成初編本
竹坡老人詩話：[宋]周紫芝撰，百川學海本
中華古今注：[五代]馬縞集，百川學海本
重修政和證類本草：[宋]唐慎微撰，四部叢刊本
浙江圖書館古籍善本書目：浙江圖書館古籍部編，杭州：浙江教育出版社，2002